HANNOVERSCHE GEOGRAPHISCHE ARBEITEN

vormals
Jahrbuch der Geographischen Gesellschaft
zu Hannover

Band 45

Wolfgang Köhn

Die nacheiszeitliche Entwicklung der südlichen Nordsee

Paläogeographische Karten für die südliche Nordseeküste

Hannover 1991

HÖLLER UND ZWICK

HANNOVERSCHE GEOGRAPHISCHE ARBEITEN (HGA)

Herausgegeben von der Geographischen Gesellschaft zu Hannover e.V.
und dem Geographischen Institut der Universität Hannover

"Hannoversche Geographische Arbeiten" (HGA) lautet von 1991 an die Bezeichnung des bisherigen **"Jahrbuchs der Geographischen Gesellschaft zu Hannover"**, das im Jahre 1924 von Erich Obst gegründet wurde. Mit der Änderung des Namens wurden das Format vergrößert und das äußere Bild modernisiert. Damit sollen die Lesbarkeit erleichtert und die graphische Ausstattung verbessert werden.

Druck: POPP, Langenhagen
ISBN 3-89057-045-3

Bestellungen: CORNELSEN VERLAGSKONTOR Postfach 8729 D-4800 Bielefeld
Anfragen bezüglich Tauschverkehr:
Geographische Gesellschaft zu Hannover
Schneiderberg 50
D-3000 Hannover 1

Entwurf des Umschlags: L. Redlin
Gestaltung und Layout: M. Krüger

Gedruckt mit Forschungsmitteln des Landes Niedersachsen

Vorwort und Dank

Das Ziel der vorliegenden Arbeit war es, für verschiedene Perioden des Holozäns möglichst genaue paläogeographische Rekonstruktionen der Nordsee-Küstenlinie zu entwickeln. Dieses Vorhaben konnte nur mit Unterstützung einer größeren Anzahl von Wissenschaftlern verschiedener Institutionen aus den Nordseeanrainerstaaten umgesetzt werden. Es handelt sich dabei neben der Bundesrepublik Deutschland um Belgien, die Niederlande und Dänemark.

Bereits 1983 habe ich im Rahmen meiner Diplomarbeit durch ein intensives Literaturstudium, verbunden mit praktischen Hinweisen und Diskussionen mit Wissenschaftlern, die sich der Küstenforschung widmen, die Grundlage für die vorliegende Arbeit geschaffen.

Dennoch war ich mir darüber im klaren, daß weitere Daten für die zeitliche Einstufung der abgelagerten Sedimente, besonders im südlichen Jadegebiet, nötig sind, um eine exaktere zeitliche Fixierung der Transgressions- und Regressionsphasen zu ermöglichen.

Besonders hervorzuheben ist in diesem Zusammenhang die Kooperationsbereitschaft des Belgischen Geologischen Dienstes in Brüssel. Er stand mir über ein zu erwartendes Maß hinaus bei meinen Bemühungen mit Rat und Tat zur Seite. Aus diesem Grunde wurden den Untersuchungen über das belgische Küstengebiet Priorität eingeräumt, und zwar sowohl was den Platz in dieser Arbeit angeht als auch der Intensität der Forschung.

Alle Bereiche dieser Arbeit bedürfen selbstverständlich weiterer, intensiver Untersuchungen zur Komplettierung und Verifizierung der entsprechenden Daten; zumal, wie diese Arbeit zeigen wird, für die Zukunft Veränderungen im Bereich der Küstenentwicklung von nicht hoch genug einzuschätzender Relevanz auf uns zukommen.

Meines Wissens sollen beispielsweise im Jahr 1990 mit einem Stab von Wissenschaftlern die Untersuchungen im südlichen Jadegebiet intensiviert werden.

Als einzelner konnte ich mich allerdings bei meinen Überlegungen nur auf das Material stützen, das mir zugänglich war bzw. das mir bereitwillig von diversen Seiten (vor allem vom Niedersächsischen Landesamt für Bodenforschung) zur Verfügung gestellt wurde.

Da es sich im vorliegenden Falle um ein Thema handelt, das sui generis auf innovative Progression hin angelegt ist, kann diese Abhandlung nicht den Anspruch auf Vollständigkeit erheben, sondern stellt durch ihre Systematik eine Hilfe und Motivation für weiterführende Forschungen dar.

Insbesondere hoffe ich, mit diesem Beitrag einen Überblick über den Stand der Forschung und zur Überschaubarkeit des komplexen und teilweise divergierenden Materials gegeben zu haben.

Angeregt wurde die Arbeit durch meinen verehrten Lehrer, Professor Dr. H.H. SEEDORF. Ihm gebührt mein besonderer Dank; denn er machte mich mit den Problemen der paläogeographischen Rekonstruktionen vertraut und stand mir stets als Betreuer und Diskussionspartner zur Seite.

Aufrichtigen Dank schulde ich Professor Dr. R. PAEPE und Dr. J. BOUCKAERT sowie vor allem Frau Dr. Cecile BAETEMAN (Belgischer Geologischer Dienst, Brüssel). Im Rahmen eines halbjährigen Aufenthaltes in Belgien von Juni bis Dezember 1986 verhalf sie mir zu umfangreichen Kenntnissen und Material über den Aufbau des belgischen Küstenholozäns. Auch die Teil nahme an Feldarbeiten wurde mir hier ermöglicht. Es muß aus drücklich betont werden, daß ohne ihre Hilfe keine detaillierten Aussagen über die Paläogeographie der belgischen Küste möglich gewesen wären.

Außerdem machte sie mich in Belgien mit Dr. R. DE CEUNYNCK und Dr. F. MOSTAERT (Universität Gent) bekannt. Von ihnen erhielt ich dankenswerterweise wertvolle Information über die fossile Dünenentwicklung an der Küste und den Aufbau des östlichen Teils der belgischen Marschen.

Besonderer Dank gilt auch Dr. H. STREIF, Dr. J. BARCKHAUSEN und W. POSSIN (Niedersächsisches Landesamt für Bodenforschung, Hannover) sowie Prof. Dr. K.-E. BEHRE (Niedersächsisches Landesinstitut für historische Küstenforschung, früher: Marschen- und Wurtenforschung), Wilhelmshaven. Von ihnen erhielt ich Unterstützung und wertvolle Hinweise zur Geologie der deutschen Nordseeküste (besonders des südlichen Jadegebietes) sowie des deutschen Nordseeschelfes.

Dank gilt auch Frau Dr. Saskia JELGERSMA (Rÿks Geologische Dienst, Haarlem, Niederlande), die mir bei der Materialbeschaffung über die niederländische Küste hilfreich zur Seite stand.

Darüber hinaus sei noch herzlich den folgenden Personen für ihre Hilfsbereitschaft gedankt: Dr. H. KROG (Danmarks Geologiske UndersöKopenhagen, Dänemark), Dr. C. CHRISTIAN-SEN (Geologisches Institut der Universität Århus, Dänemark), Professor Dr.-Ing. A. FÜHRBÖTER (Leichtweiß-Institut für Wasserbau, Technische Universität Braunschweig, Professor Dr. D. KELLETAT (Fachbereich

Physiogeographie, Gesamthochschule Essen), Dr. W. LANGE und Dr. B. MENKE (Geologisches Landesamt Schleswig-Holstein, Kiel), Dr. D. HOFFMANN (Institut für Ur- und Frühgeschichte der Universität Kiel), Dr. G. TIETZE (Geophysik Consulting GmbH, Kiel), Dr. C. HINZE und Dr. H.D. LANG (Niedersächsisches Landesamt für Bodenforschung, Hannover), Dr.-Ing. H. ROHDE (Bundesanstalt für Wasserbau, Hamburg), Dr. O. VAN DE PLASSCHE (Vrÿe Universiteit Amster dam, Niederlande) und Prof. Dr. W.H. ZAGWIJN (Rÿks Geologische Dienst, Haarlem, Niederlande).

Diese Arbeit wäre nicht durchführbar gewesen, ohne die finanzielle Unterstützung, die mir dankenswerterweise anfangs von meinen Eltern, ab Juni bis Dezember 1986 durch ein Kurzzeitstipendium für Belgien vom Deutschen Akademischen Austauschdienst (DAAD) und danach durch ein Stipendium nach dem Graduiertenförderungsgesetz (GradFöG) der Universität Hannover gewährt wurde.

Schließlich muß noch darauf verwiesen werden, daß überall dort, wo keine Quellenangabe erfolgte, die Meinung des Verfassers wiedergegeben wurde.

INHALTSVERZEICHNIS:

[1] 8000 BP = 8000 konventionelle ^{14}C-Jahre vor heute (Before Present), Bezugsjahr 1950

EINLEITUNG

Aufgabe der Arbeit, Problemstellung, Arbeitsgebiet und Methodik

Die vorliegende Arbeit gehört in den Wissenschaftszweig der ***Paläogeographie***. Unter "Paläogeographie"[1], d.h. der Geographie der "Vorzeit"[2],versteht man die Beschreibung und die kartographische Darstellung der Verhältnisse auf der Erdoberfläche in bestimmten Epochen der Vergangenheit in Verbindung mit den damals räumlich wirksamen Kräften (Geofaktoren).

Die Geschichte der Paläogeographie reicht bis in das 19. Jahrhundert zurück. Das Wort selbst prägte A. BOUÉ (1875)[3] in seinem Bericht "Einiges zur paläogeographischen Geographie", nachdem das englische Äquivalent (paleogeography) kurz zuvor von T. STERRY HUNT (1872)[4] erstmals verwandt worden war. Die ersten paläogeographischen Karten veröffentlichten bereits G. GEMMELLARO (1834) und E. DE BEAUMONT (1836).[5]

Im Gegensatz zur Paläogeographie ist die Geographie gegenwartsbezogen. Der Geograph geht bei der Untersuchung seines Forschungsobjektes nur soweit in die Vergangenheit zurück, wie das für die Erklärung seiner Entstehung (Genese) notwendig ist. Anschließend kann er auf direktem Wege, d.h. aus unmittelbarer Anschauung eine Beschreibung seines Objektes und der daran beteiligten raumwirksamen Kräfte vornehmen.

Der Paläogeograph hingegen muß den umgekehrten Weg beschreiten. Er definiert zunächst sein Forschungsobjekt nicht nur räumlich, sondern auch zeitlich. Danach bemüht er sich um eine Rekonstruktion seines Objektes unter Zuhilfenahme von "Zeugen" (im allgemeinen Fest- und Lockergesteine), die mit ihren tierischen und pflanzlichen Fossilien Zeitzeugen sind, aus ihnen kann er auch auf die ehemals räumlich wirkenden Kräfte Bezug nehmen. Eine Schwierigkeit besteht darin, daß solche Zeugen oftmals ganz oder teilweise im Laufe der Vergangenheit verlorengegangen sind, so daß man sich mit mühsam erbohrten und erschürften Resten begnügen muß.

Durch Erosion wurden vielfach Zeugen abgetragen oder umgelagert. Dadurch bleibt es der Ausdauer, dem Geländegespür und dem Vorstellungsvermögen des Forschers überlassen, bei der Herstellung von paläogeographischen Karten die Wissenslücken zu überbrücken. Hierbei können erhebliche Fehler auftreten.

Der Paläogeograph wählt den indirekten Weg; er geht bei der Rekonstruktion seines Objektes vom gegenwärtigen Zustand aus und gewinnt seine Erkenntnisse durch fortgesetztes Vergleichen petrographischer, stratigraphischer und paläontologischer Befunde. Der ***Analogieschluß*** steht bei ihm im Vordergrund seiner Forschungsmethodik.

Ohne die Zusammenarbeit mit verschiedenen benachbarten Wissenszweigen wie Geologie (bes. Sedimentologie und Paläontologie), Paläoklimatologie, Glaziologie, Ozeanographie, Paläobotanik, Geophysik, Hydrologie und Geographie (hier bes. ***Küstenmorphologie*** und Klimageographie) können keine befriedigenden Ergebnisse erzielt werden.

Diese werden schließlich, ebenso wie in der Geographie, in Form von Karten dargestellt. Die Genauigkeit einer solchen Karte kann nicht die einer gegenwärtig-geographischen erreichen; denn ein Vergleich mit dem Originalzustand des Forschungsobjektes ist dem Paläogeographen nicht möglich.

Die Zeugen, die zur Anfertigung der paläogeographischen Karte unentbehrlich sind, finden sich i.a. unter jüngeren Ablagerungen verborgen. Der Paläogeograph muß also wie der Geologe unter die Erdoberfläche, d.h. in die Lithosphäre gehen, um diese Zeugen zu erreichen. Deswegen wird die Paläogeographie allgemein als Zweig der Geologie verstanden.

Die ***unterste zeitliche Grenze*** des paläogeographischen Arbeitsbereiches fällt prinzipiell mit der Bildung der festen Erdkruste zusammen. Sie liegt also im frühen Paläozoikum. Die ***obere Zeitgrenze*** ist dagegen relativ willkürlich und unscharf. Sie liegt in der geologischen Jetztzeit, dem ***Holozän*** (s. Gliederung in Tab. 1). Dort verzahnt sie sich mit dem Forschungsgebiet der Geographie, die bekanntlich den gegenwärtigen Zustand der Erdoberfläche untersucht.

Im Rahmen dieser Arbeit ist die Paläogeographie auch als geographische Disziplin anzusehen, da nur der jüngste Abschnitt der Erdgeschichte betrachtet wird. Der derzeitige Endzustand der hier beleuchteten Entwicklung findet sich in der heutigen Küstenlandschaft. Sie läßt sich aber nur erklären, wenn man in vergangene Zeiträume, als diese Küste entstand, zurückgeht. Dieses Kriterium zeigt den deutlichen Bezug zur geographischen Betrachtungsweise. Die ***holozäne Paläogeographie*** paßt damit sowohl zur Geologie als auch zur Geographie; denn die raumwirksamen Kräfte im jüngsten Abschnitt der Erdgeschichte sind heute noch wirksam bzw. haben ihre deutlichen Spuren hinterlassen.

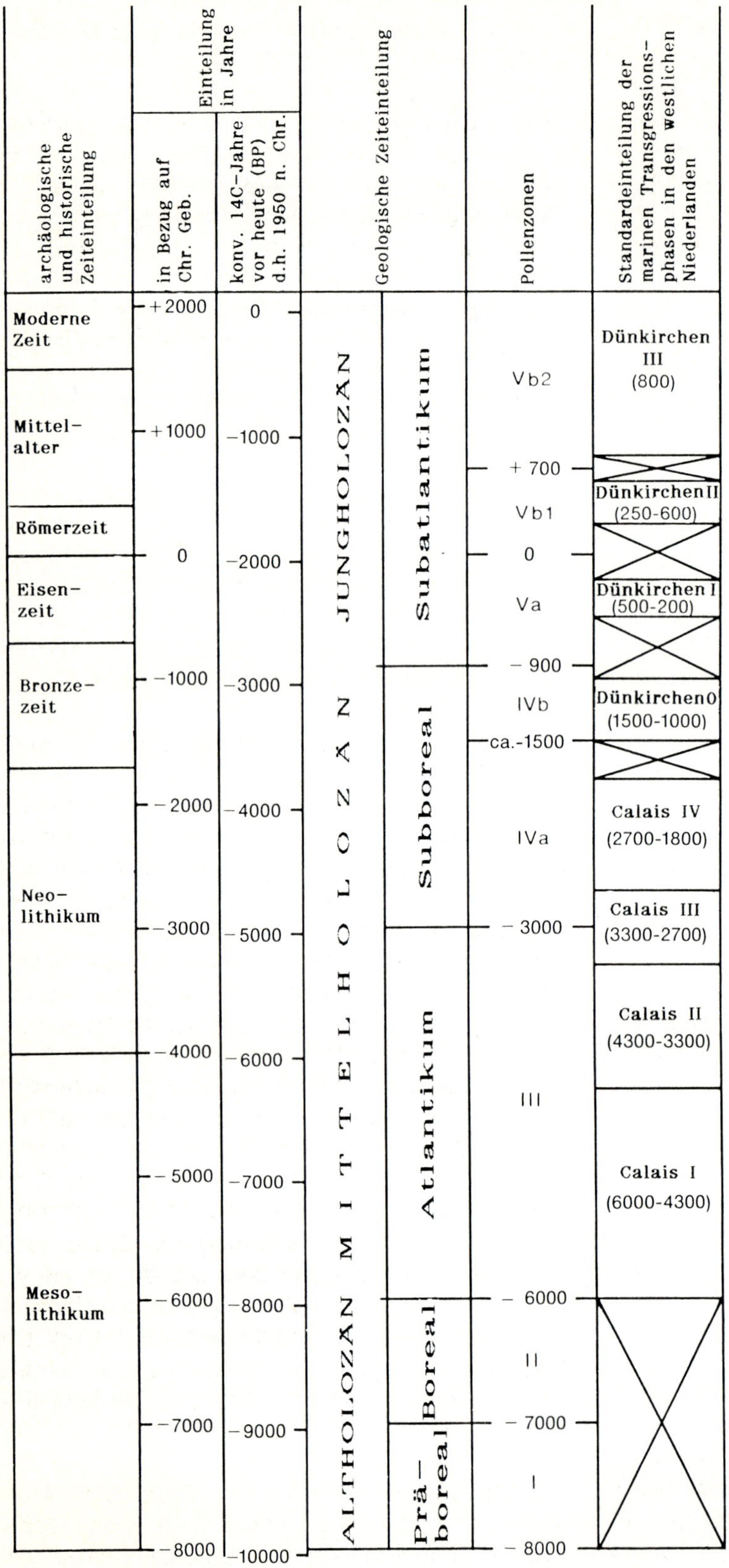

Tab. 1 Gliederung des Holozäns

n. C.J. VAN STAALDUINEN (1979)

Das Arbeitsgebiet, seine Lage, Abgrenzung und Gliederung

Das ***Küstengebiet***, gleichzeitig identisch mit dem ***Arbeitsgebiet*** (s.u.), befindet sich im dreidimensionalen Grenzbereich zwischen Atmosphäre, Lithosphäre und Hydrospäre (Abb. 1). Damit befaßt sich als spezielle Wissenschaft die ***Küstenmorphologie***. Sie untersucht die Küstengestalt mit ihrem Formenschatz im Detail (z.B. Rinnen, Platen, Watten, Marschen, Dünen etc.) und versucht eine Typisierung. Die Küstenmorphologie wird nach H. VALENTIN (1952) innerhalb der Geomorphologie dem mittleren Bereich zugeordnet (Abb. 2):

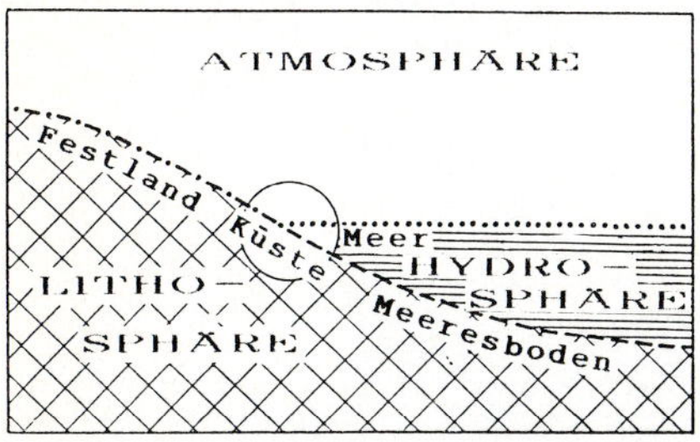

Abb. 1: Die drei großen Bereiche der Erdoberfläche (punktiert) und der Krustenoberfläche (gestrichelt) (n. H. VALENTIN 1952: Abb. 1)

1. Geomorphologie des Festlandes (terrestrische Morphologie)

2. Geomorphologie der Küste (Küstenmorphologie)

3. Geomorphologie des Meeresbodens (submarine Morphologie).

Der in dieser Arbeit beschriebene und untersuchte Raum in seiner gegenwärtigen Ausdehnung gehört in das Arbeitsgebiet der Küstenmorphologie.

Das Küstengebiet war jedoch im Laufe des Betrachtungszeitraumes (10000 Jahre) erheblichen Lageverschiebungen ausgesetzt, bedingt durch den postglazialen Meeresspiegelanstieg mit sukzessiver Verlagerung der Küste. Weite ehemalige Küstenregionen liegen heute auf dem Grund des Meeres. Dadurch fallen sie in den Forschungsbereich der submarinen Morphologie.

Die Besonderheit des Küstentypes der südlichen Nordsee liegt darin, daß sie eine ausgesprochene ***Flachküste*** ist. Für die paläogeographische Rekonstruktion ist es daher bedeutsam, daß schon bei einem Meeresspiegelanstieg um wenige Meter in der Vertikalen eine horizontale Verlagerung der Küste um mehrere Kilometer eintritt. Gleichzeitig wird dabei die Küstenlandschaft nicht nur verschoben, sondern auch völlig neu gestaltet. Die Darstellung dieser Vorgänge, verbunden mit einer zeitlichen Einordnung sowie Aussagen über die künftige Entwicklung des Meeresspiegelanstiegs[6] sind das Ergebnis der vorliegenden Untersuchung.

Das ***Arbeitsgebiet*** umfaßt das ***Küstengebiet*** der südlichen Nordsee mit seiner maximalen Ausdehnung während des Holozäns sowohl land- als auch seewärts. Dazu gehören der im Altholozän noch landfeste Nordseeschelf bis zum Nordrand der Doggerbank, die ***Watten***, ***Barriereinseln***, ***Ästuare***, die im Jungholozän zeitweilig überfluteten und heute wieder landfesten ***Marschen*** und auch die ***Basismoore***[7].

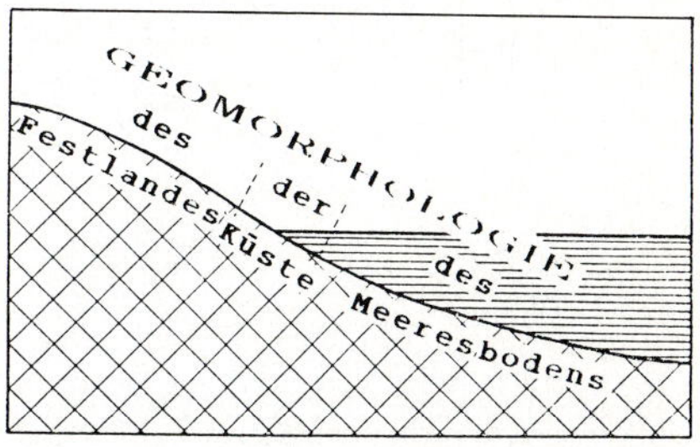

Abb. 2: Die drei großen Zweige der Geomorphologie (n. H. VALENTIN 1952: Abb. 3)

Unter dem Begriff ***Küstengebiet*** wird im Rahmen dieser Arbeit jener Bereich verstanden, in dem im Laufe des Holozäns marine, brackische oder semi-terrestrische ***(Basistorfe)*** Sedimente abgelagert wurden bzw. entstanden. Die gegenwärtigen Grenzen dieses Gebietes stellen der ***Geestrand*** landwärtig und die ***Küstenlinie*** seewärtig dar. Sie bildet die Trennung zwischen dem begrünten Vorland (oberhalb MThw) und dem voll-marinen Watt (zwischen dem MTnw und MThw gelegen). Hier kommt es an der Marschenküste nur zu geringem Pflanzenwuchs, meist in Form von Schlickgras oder Queller. An einer Dünenküste trennt die Küstenlinie den trockenen (oberhalb MThw) vom nassen Strand (zwischen MThw und -2 m NN). Die "Küstenlinie" in dieser Arbeit entspricht der "Uferlinie" nach K. LÜDERS & G. LUCK (1976: 219, Abb. 158 und 159). Siehe zur Erläuterung Abb. 3. Der Verfasser hält diese Linie für besonders wichtig, da sie vielfach die Grenze zwischen dem nahezu geschlossen bewachsenen und dem vegetationsarmen Gebiet an der Küste darstellt. Da es in der Arbeit um die Darstellung der Küste geht, wurde der Terminus "Küstenlinie" anstelle der "Uferlinie" vorgezogen.

Insgesamt umfaßt das Untersuchungsgebiet das südliche Nordseebecken sowie die Seemarschen der Anrainerstaaten: Dänemark, Bundesrepublik Deutschland, Niederlande, Belgien und Frankreich.

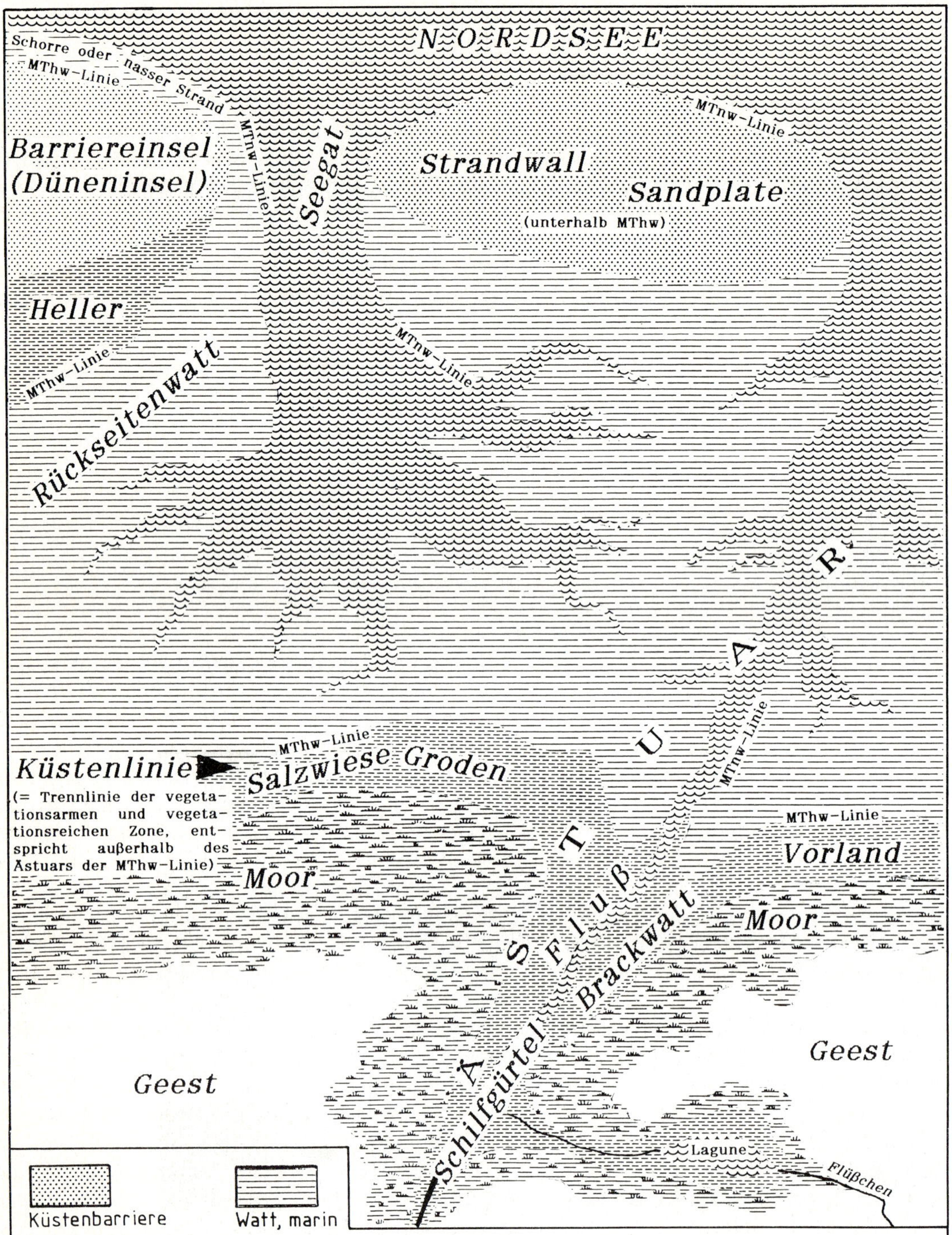

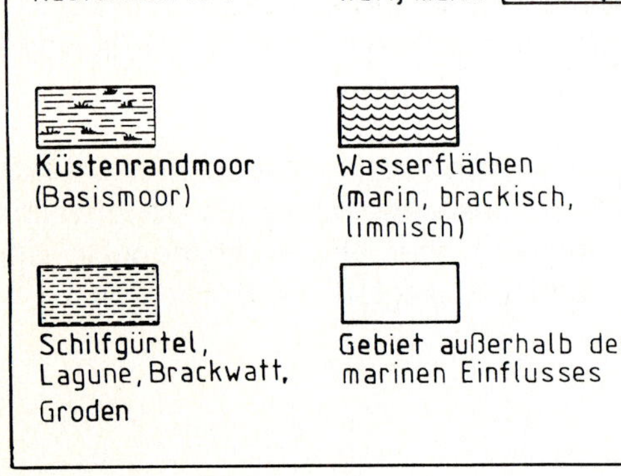

Abb. 3: Die Küstenlandschaft, wie sie ohne menschlichen Einfluß aussehen würde (idealisiert). Dieses Schema diente als Vorbild für die paläogeographischen Karten. Das Untersuchungsziel bestand darin, die Küstenlandschaft für bestimmte Zeiträume zu rekonstruieren. Sie besteht aus den angegebenen Landschaftseinheiten. Sie galt es mit Hilfe eines dichten Bohrnetzes darzustellen. Die Ablagerungen sind Zeitzeugen (Datierung mittels ^{14}C-Daten oder Pollenanalyse), die Auskunft darüber geben, in welchem Teil der Küstenlandschaft sie gebildet wurden.

eigener Entwurf

Abb. 3 (vorherige Seite): Die Küstenlandschaft, wie sie ohne menschlichen Einfluß aussehen würde (idealisiert). Dieses Schema diente als Vorbild für die paläogeographischen Karten. Das Untersuchungsziel bestand darin, die Küstenlandschaft für bestimmte Zeiträume zu rekonstruieren. Sie setzt sich aus den angegebenen Landschafteinheiten zusammen. Sie galt es mit Hilfe eines dichten Bohrnetzes darzustellen. Die Ablagerungen sind Zeitzeugen (Datierung mittels ^{14}C-Daten oder Pollenanalyse), die Auskunft darüber geben, in welchem Teil der Küstenlandschaft sie gebildet wurden.

Die Entwicklung der britischen Nordseeküste kann wegen der anderen Entstehungsbedingungen nur peripher behandelt werden.

Das Arbeitsgebiet (Beilage 1) in seinem gegenwärtigen Zustand gliedert sich in den unter marinen Einfluß entstandenen Marschen- und Wattensaum, dem seewärtig meist eine Küstenbarriere (Dünengürtel, Inseln, Platen u.a.) vorgelagert ist, sowie in den Nordseeschelf bis zu einer Tiefe von ca. -65 m NN. Dies entspricht etwa dem Meeresspiegelniveau zum Übergang Pleistozän-Holozän.[8)]

Der Marschen- und Wattensaum ist in den Anrainerstaaten unterschiedlich breit, abhängig vom Ausgangsrelief und dem Tidenhub. In den Niederlanden ist der Saum am breitesten, während seine Ausdehnung sowohl nach SW in Richtung Frankreich als auch nach NE in Richtung Dänemark abnimmt (vgl. Beilage 1). Die südliche Nordseeküste ist sowohl eine Flach- als auch eine Gezeitenküste. Die Marschenbildung ist von den Gezeiten abhängig. Ist der Tidenhub kleiner als ca. 1,5 m (vgl. Abb. 4), so findet keine Marschenbildung mehr statt, wie an der dänischen Küste nördlich von Blåvands Huk (Beilage 1).

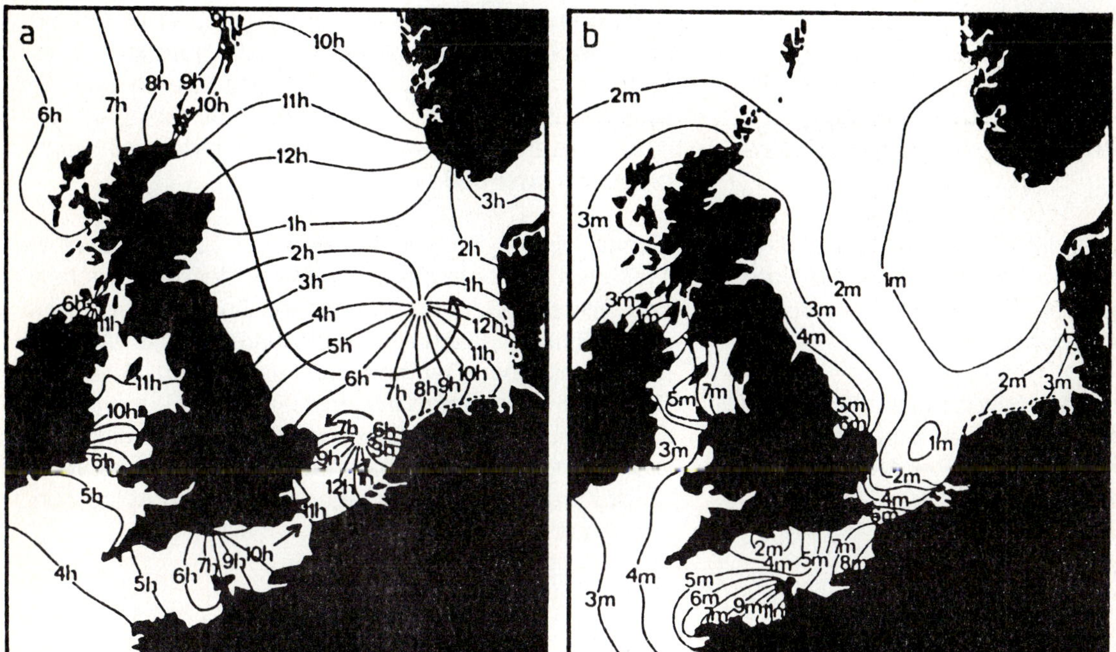

Abb. 4a und b: Die Gezeiten in der Nordsee (n. H.-E. REINECK 1982: Abb. 7 und 8, leicht verändert).

a: Linien gleicher Hochwasserzeiten. Die Gezeitenwelle läuft gegen den Uhrzeigersinn (Drehtide).

b: Linien gleichen Tidenhubes bei Springtide.

0 500 1000 km

Gang der Untersuchung

Der erste (praktische) Hauptteil der Arbeit besteht im wesentlichen aus der Interpretation von Bohrkernen, mit deren Hilfe an zwei Beispielen (Einzeluntersuchungen: belgisches Küstengebiet und südliches Jadegebiet, vgl. Abb. 30) versucht wurde, das Aussehen der fossilen Landschaften während unterschiedlicher Zeiträume nachzuzeichnen. Die einschlägige Literatur wurde zur Auswertung herangezogen.

Die Ergebnisse des zweiten Hauptteils hingegen basieren auf einer Literaturauswertung, die zu einem Gesamtbild des holozänen Entwicklungsgeschehens der Nordsee kompiliert wurde. Dabei hat der Verfasser die im ersten Hauptteil gewonnenen Ergebnisse auf die allgemeine Situation der Nordsee übertragen. Die letzte ausführliche Gesamtbetrachtung des Nordseeraumes publizierten E. OELE, R.T.E. SCHÜTTENHELM & A.J. WIGGERS (1979). Seitdem sind zehn Jahre vergangen. In der vorliegenden Arbeit wird, z.T. hierauf aufbauend, versucht, ein aktuelles Bild zum Stand der Forschung im südlichen Nordseebereich zu zeigen. Bisher fehlt es an einer aktuellen Untersuchung zur Gesamtbetrachtung der Entwicklung des südlichen Nordseegebietes.

Die Reihenfolge der behandelten Küstenabschnitte beschreibt einen Weg gegen den Uhrzeigersinn von W nach E, gewissermaßen im Sinne der "Drehtide" in der Nordsee (vgl. Abb. 4a).

Für die Wahl der Zeitstufen, in denen der Zustand der Einzeluntersuchungsgebiete und des südlichen Nordseebeckens (Beilagen 2 bis 6) gezeigt werden soll, waren folgende Gründe ausschlaggebend:

1. Es sollte der Zeitraum des Holozäns erfaßt werden, in dem das Geschehen alleine von den natürlichen Kräften bestimmt wurde, also bevor der Mensch in die Vorgänge eingriff.

2. Die Zeitstufen sollten annähernd den gleichem Abstand haben.

3. Es mußte für eine gewählte Zeitstufe ausreichendes Quellenmaterial verfügbar sein.

4. Es sollten ausgeprägte Trans- und Regressionsphasen dargestellt werden können. Die ersten drei Zeitstufen zeigen die Paläogeographie während transgressiver Phasen. Um 3700 BP herrschte eine transgressive Tendenz im Bereich der nördlichen Niederlande und in der Deutschen Bucht. In Belgien und an der niederländischen Westküste verhielt sich die See dagegen regressiv. Um 1950 BP waren an der deutschen Küste überwiegend Regressionen vorherrschend, an der belgischen dagegen Transgressionen.

Bei der Erstellung paläogeographischer Karten, dem Hauptanliegen dieser Arbeit, wurde streng genommen ***"Paläo-Küstenmorphologie"*** betrieben; denn es ging um die Darstellung der Küstenlandschaft in der Vergangenheit. Die Küstenmorphologie ist als solche ein Zweig der Geographie und daher gegenwartsbezogen.

Von der Gegenwart ausgehend, wurde in dieser Arbeit versucht, entsprechende Darstellungen für verschiedene Zeiträume in der Vergangenheit zu rekonstruieren. Dabei dienten die durch die Küstenmorphologie gewonnenen Erkenntnisse als Basis. Als Zeugen der Vergangenheit, mit deren Hilfe der Beweis für eine inzwischen nicht mehr existierende Landschaftseinheit (z.B. Moor, Dünen etc.) erbracht wurde, dienen vor allem die Bohrkerne und in Baugruben und an Gräben auch Aufschlüsse. Im allgemeinen ist es dabei einfach, eine Gliederung nach petrographischen Gesichtspunkten vorzunehmen.

Aus den klastischen Ablagerungen (z.B. Sand, Schluff, Ton) lassen sich fossile Watten oder Lagunen interpretieren. Werden dazu noch Pflanzenreste und der Kalkgehalt bestimmt, so kann auf das Ablagerungsmilieu geschlossen werden, das entweder voll marin, brackisch oder süß war (Abb. 7).

Liegen diese Sedimente zwischen zwei datierten Torflagen, so kann die Bildungszeit des entsprechenden Milieus eingegrenzt werden. Dadurch wird eine zusätzliche Landschaftseinheit, nämlich das Watt, in einem zeitlichen Rahmen darstellbar (Abb. 5 und 6). Die Salzmarsch und Grodenschichten wurden grundsätzlich zum Typ der Landschaftseinheit "Schilfgürtel, Brackwatt, Lagune" gerechnet, da hier Pflanzenreste "in situ" vorkommen, im Gegensatz zu den Ablagerungen eines voll-marinen Wattes.

Die ^{14}C-Daten zu Abb. 5 wurden freundlicherweise von Frau Dr. C. BAETEMAN, Belgischer Geologischer Dienst, Brüssel, zur Verfügung gestellt sowie der Publikation von R. DE CEUNYNCK (1985) *) entnommen. Die Lage der Bohrpunkte ist in Abb. 32 dargestellt.

Tab. 2

Auflistung der in den Abbildungen 5 und 32 angebenen ^{14}C-Daten:

Labor-Nr.	Bohrung	Alter [konv. ^{14}C-Jahre BP]	Identifikation [m NN]	Tiefenintervall
IRPA 282	Leffinge	4465±220	Basis Basaltorf	um -1,50
-"- 290	Booitshoeke-Vaart	4025±395	Basis ob. Torf	um -0,79
-"- 512	Vliegveld	2580±60	Top oberer Torf	-2,57 bis -2,60
-"- 515	Drie Grachten	6500±95	Basis unterer T.	-6,63 bis -6,69
-"- 518	Spermalie 2	4860±70	Basis ob. Torf	-2,63 bis -2,73
-"- 520	Drie Grachten	7030±85	Mitte Basaltorf	-9,09 bis -9,19
-"- 521	-"-	1750±55	Top oberer Torf	-1,27 bis -1,31
-"- 528	Wulpen	2970±60	-"-	um -0,34
-"- 532	Orthodoxe Kerk	5130±70	Basis ob. Torf	-2,80 bis -2,93
-"- 533	-"-	7230±85	Basis Basaltorf	-7,54 bis -7,57
-"- 534	-"-	7110±90	Top Basaltorf	-7,47 bis -7,51
-"- 537	Jacobs	1870±55	Top oberer Torf	-1,21 bis -1,24
-"- 538	-"-	5360±70	Basis ob. Torf	-3,14 bis -3,16
-"- 541	Dÿk	6680±80	Top Basaltorf	-7,24 bis -7,27
-"- 542	-"-	6870±70	Basis Basaltorf	-7,41 bis -7,44
-"- 560	Wolvennest	4970±70	Basis ob. Torf	-2,83 bis -2,87
-"- 561	-"-	6420±80	Basis unterer T.	-5,07 bis -5,11
-"- 562	Violon	5160±70	Basis ob. Torf	-2,74 bis -2,79
-"- 564	Moerhof	4830±70	-"-	-1,39 bis -1,44
-"- 566	Allaertshuizenhoeve	8250±95	Top Basaltorf	-13,61 bis -13,68
-"- 612	Orthodoxe Kerk	5810±75	Top unterer T.	-5,29 bis -5,35
-"- 613	Dÿk	5550±75	-"-	-4,88 bis -4,93
-"- 614	Westende 4	7160±85	Top Basaltorf	-7,37 bis -7,42
-"- 615	-"-	6780±80	Basis Basaltorf	-7,48 bis -7,53
-"- 616	De Woestÿn	8120±100	Top Basaltorf	-17,51 bis -17,59
-"- 617	Jacobs	5715±75	-"-	-4,92 bis -5,04
-"- 677	Noord Gasthuis	9190±185	Mitte Basaltorf	-16,39 bis -16,46
-"- 722	B 746	5490±100	Basis Basaltorf	-2,80 bis -2,90
-"- 723	B 747	4990±70	-"-	-1,35 bis -1,45
-"- 725	B 742	5970±120	-"-	um -4,54
-"- 726	Nieuwpoort 2	4220±65	Basis ob. Torf	-2,14 bis -2,21
-"- 729	Noordhoek	5770±100	-"-	-4,63 bis -4,70
-"- 734	Oostkerke	8170±90	Basis Basaltorf	-17,94 bis -17,98
Hv 8793	B 363	3290±80	Top oberer Torf	um -0,62
Hv 8794	-"-	4800±80	Basis ob. Torf	um -2,32
Hv 8796	-"-	6245±70	Basis unterer T.	um -5,04
Hv 8797 u. 8798	-"- gemittel	7155±270	Basaltorf	von -9,47 bis -9,84
Hv 8799	B 362	6015±65	Basis unterer T.	um -4,34
Hv 9136	De Panne-Duine	1965±110 *)	Top Vegetations-	
Hv 9137	-"-	2660±100 *)	Basis horizont	um +2,8
ANTW 248	B 71	2040±60	Top oberer Torf	um -0,34
ANTW 249	-"-	4640±65	Basis ob. Torf	um -1,34
ANTW 250	-"-	5100±140	Top Basaltorf	um -3,24
ANTW 251	-"-	5310±190	Basis Basaltorf	um -3,49

Die ^{14}C-Daten zu Abb. 6 (südliches Jadegebiet) entstammen der Arbeit von H. STREIF (1984a) sowie den Diplomarbeiten von D. MÜNSTERMANN (1986)*) und C. SCHWARZ (1986)**). Sie wurden freundlicherweise von Dr. H. STREIF (Niedersächsisches Landesamt für Bodenforschung, Hannover) zur Verfügung gestellt. Die Pollenanalysen (unten) wurden dem Aufsatz von H.D. LANG (1959) entnommen. Die Lage der Bohrpunkte ist in Abb. 42 dargestellt.

Tab. 3

Auflistung der in Abbildung 6 angebenen ^{14}C-Daten sowie Pollenanalysen:

Labor-Nr.	Bohrung	Alter [konv. ^{14}C-Jahre BP]	Identifikation	Tiefenintervall [m NN]
Hv 8017	GE 60	3065±70	Basis ob. Torf	-0,53 bis -0,57
Hv 8018	-"-	4185±60	Torf	-2,87 bis -2,92
Hv 8019	-"-	4160±45	Torf	-3,10 bis -3,15
Hv 8020	GE 61	1915±65	Top oberer Torf	0,0 bis -0,1
Hv 8021	-"-	2950±50	Basis ob. Torf	-0,90 bis -1,00
Hv 8022	GE 142	1915±60	Top oberer Torf	+0,5 bis +0,45
Hv 8023	-"-	3065±70	Basis ob. Torf	-0,5 bis -0,55
Hv 8024	-"-	4490±65	Basis mittl. Torf	-6,45 bis -6,48
Hv 8025	-"-	5195±80	Top Basaltorf	-7,07 bis -7,10
Hv 8026	-"-	6100±70	Mitte Basaltorf	-7,50 bis -7,53
Hv 10676	GE 62	4500±90	Torf	-5,45 bis -5,47
Hv 10679	-"-	6045±110	Torf	-6,20 bis -6,22
Hv 10680	-"-	6040±115	Torf	-6,27 bis -6,30
Hv 10681	-"-	6450±80	Top Basaltorf	-10,74 bis -10,77
Hv 10682	-"-	6905±95	Basis Basaltorf	-11,17 bis -11,20
Hv 14260	GE 163*)	5270±70	Top Basaltorf	-5,43 bis -5,78
Hv 14261	GE 161*)	4740±95	Torf	-5,75 bis -5,90
Hv 14262	-"- *)	5945±165	Torf	-6,50 bis -6,70
Hv 14263	GE 65 **)	5110±155	Mitte Basaltorf	-7,82 bis -7,92

Pollenanalysen: IG 48 n. H.D. LANG (1959)

Abb. 5 und 6 (folgende Seiten): Aufbau des Küstenholozäns in Belgien und im südlichen Jadegebiet (schematisch, zur Auflistung der ^{14}C-Daten s. Tab. 2 und 3, zur Lage der Bohrpunkte s. Abb. 32 und 42). Gezeigt wird jeweils ein Idealprofil aus diesen Regionen, das die Abfolge der durch den direkten oder indirekten Meereseinfluß bedingten Sedimentation darstellt. Jede Art der Ablagerung läßt Rückschlüsse auf das ehemals dazugehörige Milieu zu. Die zeitliche Ein ordnung erfolgte durch datierte Torfproben. Auffallend ist dabei, daß die Torfhorizonte in beiden Untersuchungsgebieten nicht synchron gebildet wurden. Beispielsweise war um 3700 BP der intensivste vorchristliche marine Einfluß im Jadegebiet zu verzeichnen, während das belgische Küstengebiet kurz vor dem Höhepunkt ihrer ausgehehntesten Vermoorungsphase stand. Für das südliche Jadegebiet standen vergleichsweise nur wenige ^{14}C-Daten zur Verfügung, deshalb sollte dieses Schema unter Vorbehalt betrachtet werden.

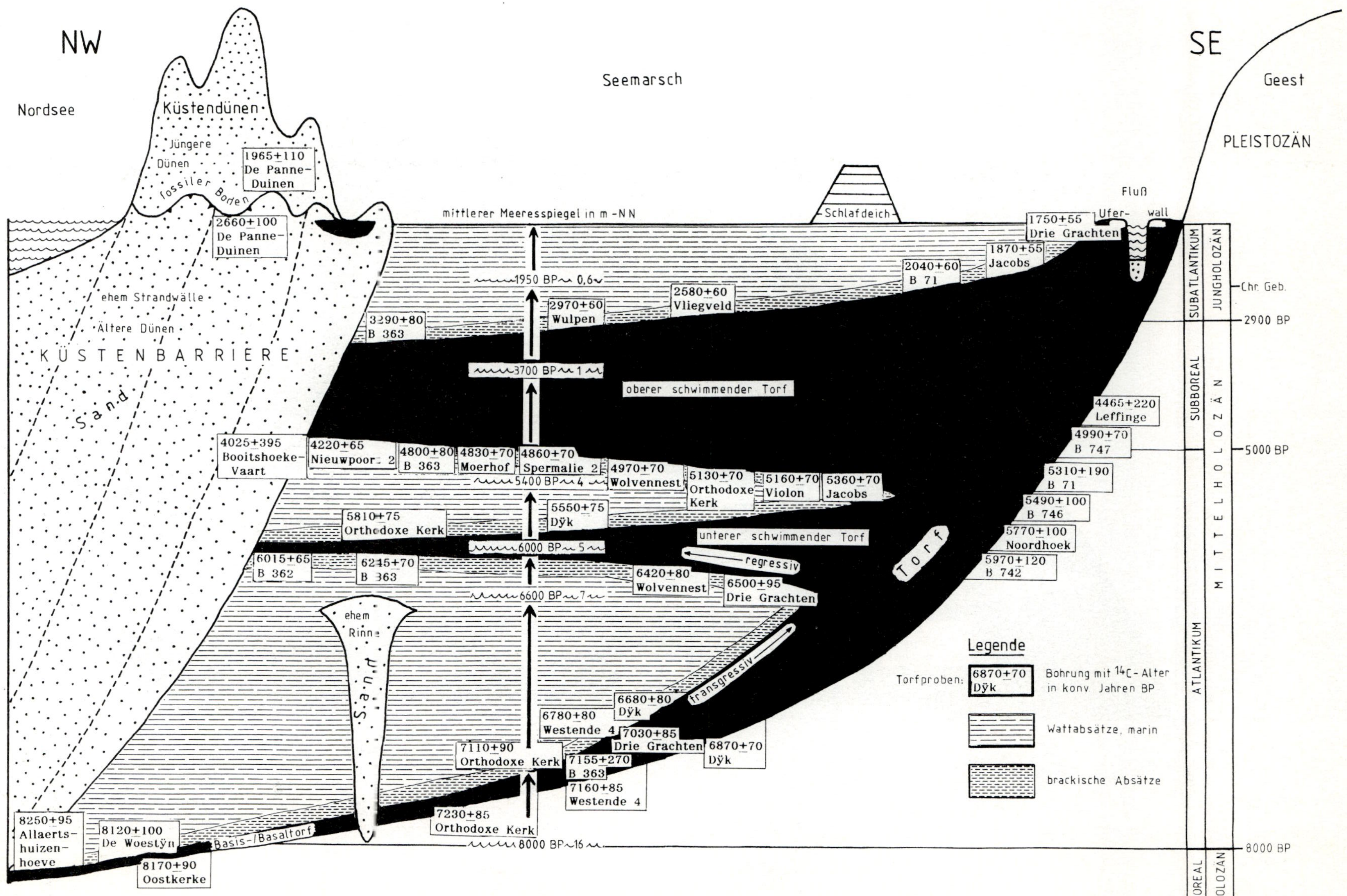

Abb. 5: Aufbau des Küstenholozäns in Belgien (schematisch) eigener Entwurf

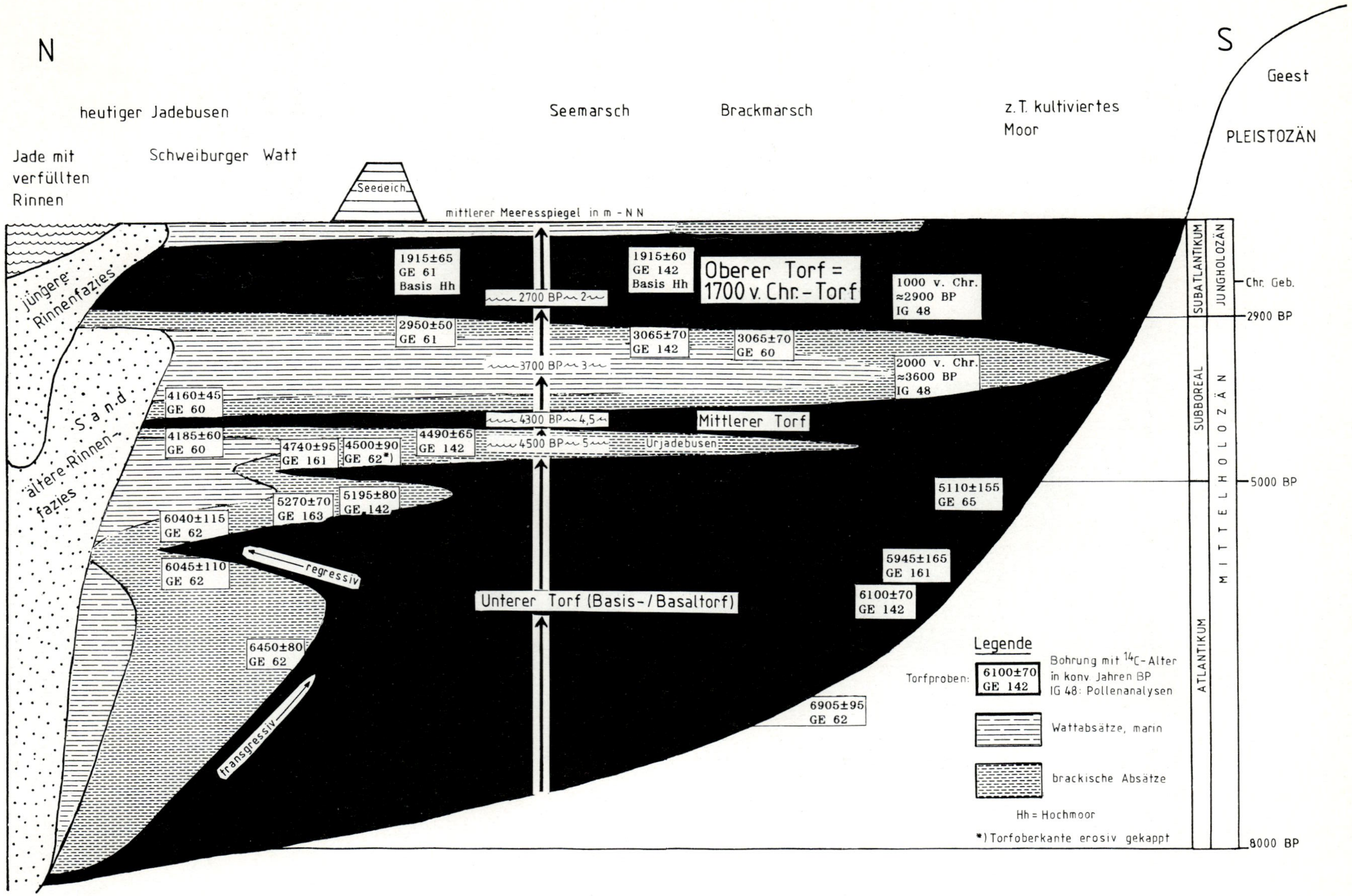

Abb. 6: Aufbau des Küstenholozäns im südlichen Jadebusen (schematisch) eigener Entwurf

Methodische Schwierigkeiten und Interpretationsfehler bei der genetischen Bestimmung der Sedimente

Die Aufgabe dieser Untersuchungen bestand in der Konstruktion paläogeographischer Karten. Dies bedeutet die Rekonstruktion der jeweiligen Landschaftseinheiten, die Teil der ehemaligen Küstenlandschaft waren (Abb. 3). Deswegen soll an dieser Stelle zuerst auf die speziellen Probleme eingegangen werden, die sich bei der Bearbeitung beider Einzeluntersuchungsgebiete (belgisches Küstengebiet und südliches Jadegebiet) auftaten.

Die Konstruktion der paläogeographischen Karten beruhte auf der Basis einer umfassenden Stratigraphie des Küstenholozäns.[9] Die zeitliche Einordnung der Sedimente erfolgte mittels ^{14}C-Daten[10] oder der Pollenanalyse. Um paläogeographische Karten zu erstellen, wurden bei den Einzeluntersuchungen die Sedimentkörper des Küstenholozäns jeweils in ein Gitter, bestehend aus Längs- und Querprofilreihen, eingespannt (vgl. Abb. 31 und 42). Möchte man daraus auf die Verbreitung bestimmter Ablagerungsverhältnisse in einem vorher definierten Zeitintervall schließen, so muß man besonders im Küstenholozän damit rechnen, daß zur gleichen Zeit abgelagerte Schichten heute in unterschiedlichen Niveaus angetroffen werden.

So wurde z.B. eine im geolog. Schnitt des Blattes 2608 Emden-West (J. BARCKHAUSEN & H. STREIF 1978) befindliche Torflage in Höhen von -6,6 m, -2,7 m und -1,8 m erbohrt. Auf eine Horizontalerstreckung von 800 m gab es somit eine Höhendifferenz von 4,8 m. Die Gründe für die wechselnde Höhenlage der ***ursprünglich nahezu ebenen*** Mooroberfläche, die später vertorfte, sind:

1. die große Kompaktionsfähigkeit der Torfe

2. die unterschiedliche Mächtigkeit und Setzungsfähigkeit der Liegendschichten

3. die unterschiedlich große Auflast der Hangendschichten.

Diese ***Welligkeit*** und unterschiedliche Höhenlage einer ursprünglich ebenen, zusammenhängenden Schicht muß bei der paläogeographischen Rekonstruktion unbedingt berücksichtigt werden. Es ist also falsch, bei der kartographischen Zusammenstellung der Bohrergebnisse, die als Ziel eine paläogeographische Karte hat, für eine gegebene Tiefe sämtliche Ablagerungsmilieus als zeitgleich zu betrachten. Weiter ist das Ausgangsmaterial zur Zeit der Ablagerungen von Bedeutung. Außerdem muß überlegt werden, ob nicht eventuell durch Erosion die ursprünglich abgesetzten Sedimente umgelagert oder entfernt worden sind.

Als Übergang vom terrestrischen zum marinen Milieu stellen die Küstenrandmoore, die als semi-terrestrisch anzusehen sind, eine bedeutende Landschaftseinheit in der paläogeographischen Rekonstruktion dar. An der unteren Ems z.B. entstanden diese Moore im Niveau des herrschenden MThw oder darüber (J. BARCKHAUSEN 1984: 64).

Schwierig ist häufig die genetische Interpretation (Moor, Lagune, Watt etc.) des petrographisch analysierten Materials. So ist es z.B. möglich, daß man wegen der nachträglichen Auswaschung des marinen Kalkes zu einer falschen Schlußfolgerung kommt. Es ist wiederholt vorgekommen, daß (fast) entkalkte Rinnensande für anstehendes Pleistozän gehalten wurden. Erst weitere Untersuchungen nach Resten von Meerestieren (z.B. Muscheln) oder anderen organischen Erosionsresten (z.B. Torfbrocken) konnten hier Gewißheit verschaffen.

Es sind gerade die organischen Bestandteile in einem Bohrkern, die sich durch die Radiokohlenstoff-Datierungstechnik (^{14}C) oder mit der Pollenanalyse zeitlich ziemlich genau einordnen lassen.

Hat man mit Hilfe hinreichend vieler Bohrkerne eine Stratigraphie des holozänen Sedimentkörpers erstellt, so läßt sich anschließend mit den ^{14}C-Datierungen eine chronologische Einordnung der Ablagerungen (sog. "Chronostratigraphie") vornehmen.

Beispielsweise kann durch die Datierung der Unter- und Oberkante eines Torfes der zeitliche Bestand eines fossilen Moores bestimmt werden. Man erhält damit einen wichtigen Baustein zur Landschaftsdarstellung für eine vergangene Zeit.

Ein wesentlicher Fehler kann dadurch entstehen, daß ursprünglich marine Wattsedimente als brackisch-lagunär interpretiert werden. Dies kann dann der Fall sein, wenn sich über ehemalige Wattsedimente ein Moor seewärts ausdehnte. Besonders Schilf (Phragmites communis), das gewöhnlich die Niedermoorausbreitung ankündigt, entzieht dem Untergrund Kalk. Außerdem können seine Rhizome bis zu 1 m tief in den Untergrund eindringen, kleinere Wurzeln sogar noch tiefer (J. BARCKHAUSEN 1988: pers. Mittlg.).

Bei der Interpretation derartiger Ablagerungen in einer herkömmlichen Bohrung könnte man u.U. annehmen, die im marinen Wattenmilieu abgelagerten Sedimente seien von Anfang an wegen der Pflanzenreste (Schilfrhizome) und des verminderten Kalkgehaltes in einem brackisch-lagunären Milieu entstanden.

Um diesen Fehler zu vermeiden werden die neueren Bohrungen mit größter Sorgfalt niedergebracht um die Sedimentgenese besser nachvollziehen zu können.[11)] Das Beispiel einer sorgfältig niedergebrachten Bohrung zeigt Abb. 7.

Erosionen

Erosive Vorgänge machen eine paläogeographische Rekonstruktion im großen Maßstab stellenweise unmöglich, besonders wenn sie ausgedehnte Areale erfaßt haben. Ist der pleistozäne Untergrund durch Basaltorf "plombiert", so kann davon ausgegangen werden, daß das ursprüngliche präholozäne Relief noch vollständig vorhanden ist.

Eine Torfschicht, deren ehemalige räumliche Verbreitung kartographisch dargestellt werden soll, muß zunächst in einen zeitlichen Rahmen eingeordnet worden sein. Dies geschieht i.a. mittels ^{14}C-Datierungen oder der Pollenanalyse. Am besten verwendet man zur Altersbestimmung die Torfunter- und Oberkanten, um den Beginn und das Ende des Moorwachstums zu bestimmen. Dabei muß unbedingt darauf geachtet werden, daß die Oberkante nicht erosiv gekappt worden ist. In diesem Fall zeigt die Schichtenfolge nach oben keinen allmählichen Übergang zum brackischen und weiter zum marinen Milieu, sondern eine scharfe Grenze nach oben vom Torf zu marinen klastischen Sedimenten, die deutlich sichtbar ausgeprägt ist.

Die Datierung klastischer Sedimentschichten erfolgt durch die Altersbestimmung der im Liegenden und Hangenden befindlichen Torfschichten, sofern diese vorhanden sind. Fehlt der Basaltorf jedoch, so waren erosive Vorgänge wahrscheinlich. Dies gilt besonders im Bereich tief eingeschnittener Gezeitenrinnen. In diesem Zusammenhang muß festgehalten werden, daß Torfe viel schwerer erodierbar sind als z.B. "pleistozäne" Sande (vgl. F. MOSTAERT 1987a: 25). Abhängig von der Lage und Exposition eines Areals kann es aber auch sein, daß der Basaltorf primär fehlt, dadurch wird oft fälschlicherweise auf Erosion geschlossen.

Auf der Basis der Längs- und Querprofile war es möglich, die flächenhafte Verbreitung der Fazieseinheiten als Landschaftseinheiten in Verbindung mit der zeitlichen Einordnung kartographisch darzustellen. Berücksichtigt werden mußten ferner die Ablagerungsverhältnisse und die präholozänen Oberflächen formen, die sich wiederum aus den eigens dazu konstruierten Holozänbasiskarten (Abb. 33 und 42) ableiten ließen. Die pleistozäne Oberfläche wurde generell als kompaktionsfrei angesehen.

Meeresspiegelanstieg und Küstenverschiebung

Im Spätglazial und Altholozän war das heutige Gebiet der süd lichen Nordsee noch größtenteils landfest. Sie repräsentierte überwiegend eine flache Periglazial--Landschaft mit geringen Höhenunterschieden. Vergleichsweise größere Reliefunterschiedegab es nur im ehemaligen Wirkungsbereich des britischen Inlandeises. Hier hatten die Gletschervorstöße Moränen akkumuliert (Doggerbank, Norfolk-Bänke) sowie glaziale Zungenbecken geschaffen, wozu vermutlich die Äußere Silbergrube gehörte (vgl. Beilage 1 und Abb. 8)

Abb. 7 (folgende Seite): Beispiel einer Bohrung aus dem belgischen Küstengebiet, die das Holozän durchteuft. Deutlich sind Abschnitte mit verschiedenen Arten der Ablagerung zu sehen. Aufgrund ihrer Merkmale (z.B. Kalkgehalt, Farbe, Korngröße) lassen sie sich jeweils einem bestimmten Entstehungsmilieu zuordnen (genetische Interpretation). Besondere Bedeutung kommt den Torfen zu, da hier zeitliche Einordnungen vorgenommen werden konnten.

Abb. 7: Beispiel eines Bohrprofils

[Belgische Küste] Name: "Pervÿze 1 - Orthodoxe Kerk"

Diese Bohrung wurde freundlicherweise von Frau Dr. C. BAETEMAN zur Verfügung gestellt. Die ^{14}C-Datierungen entstammen dem Archiv des Belgischen Geologischen Dienstes, Brüssel.

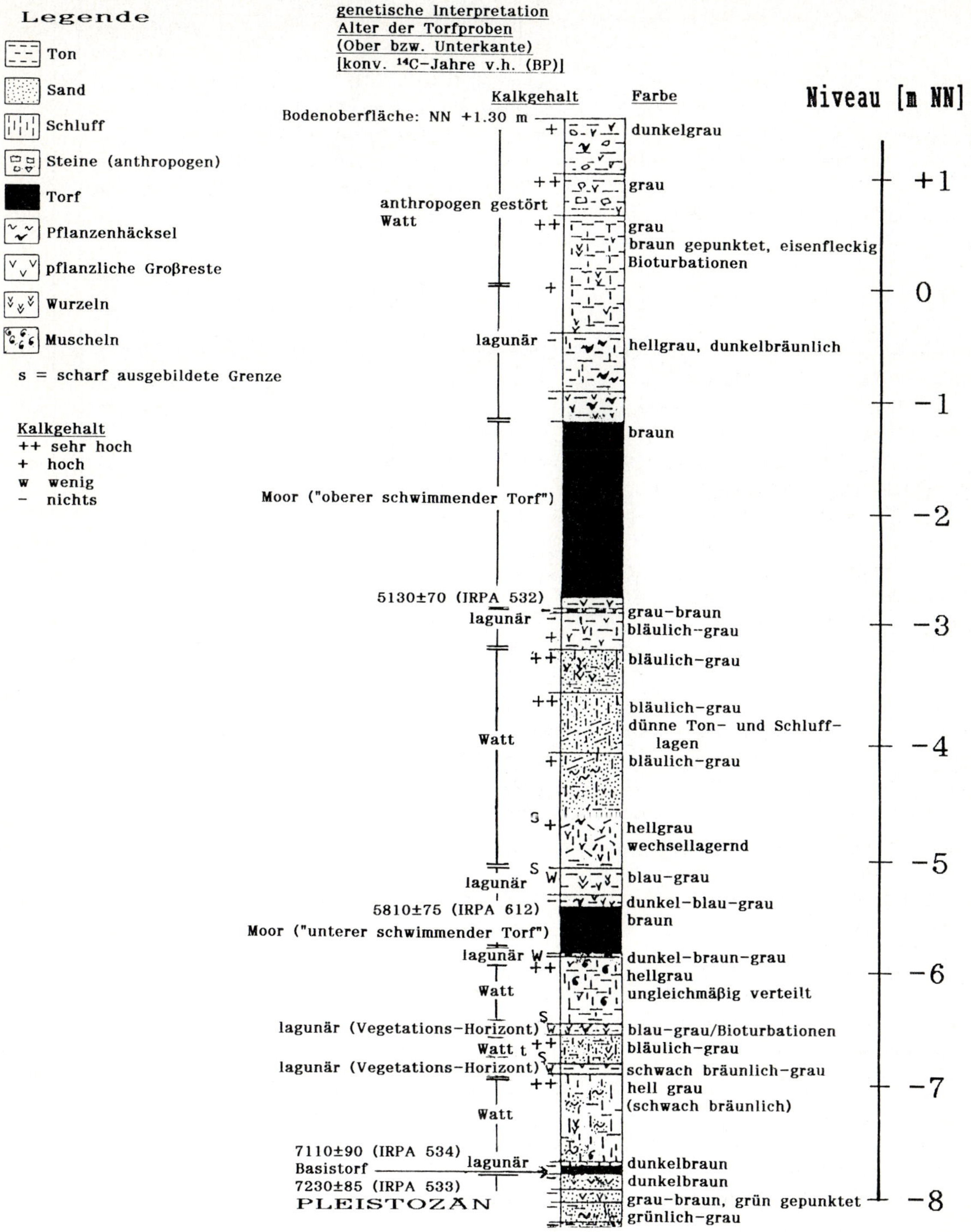

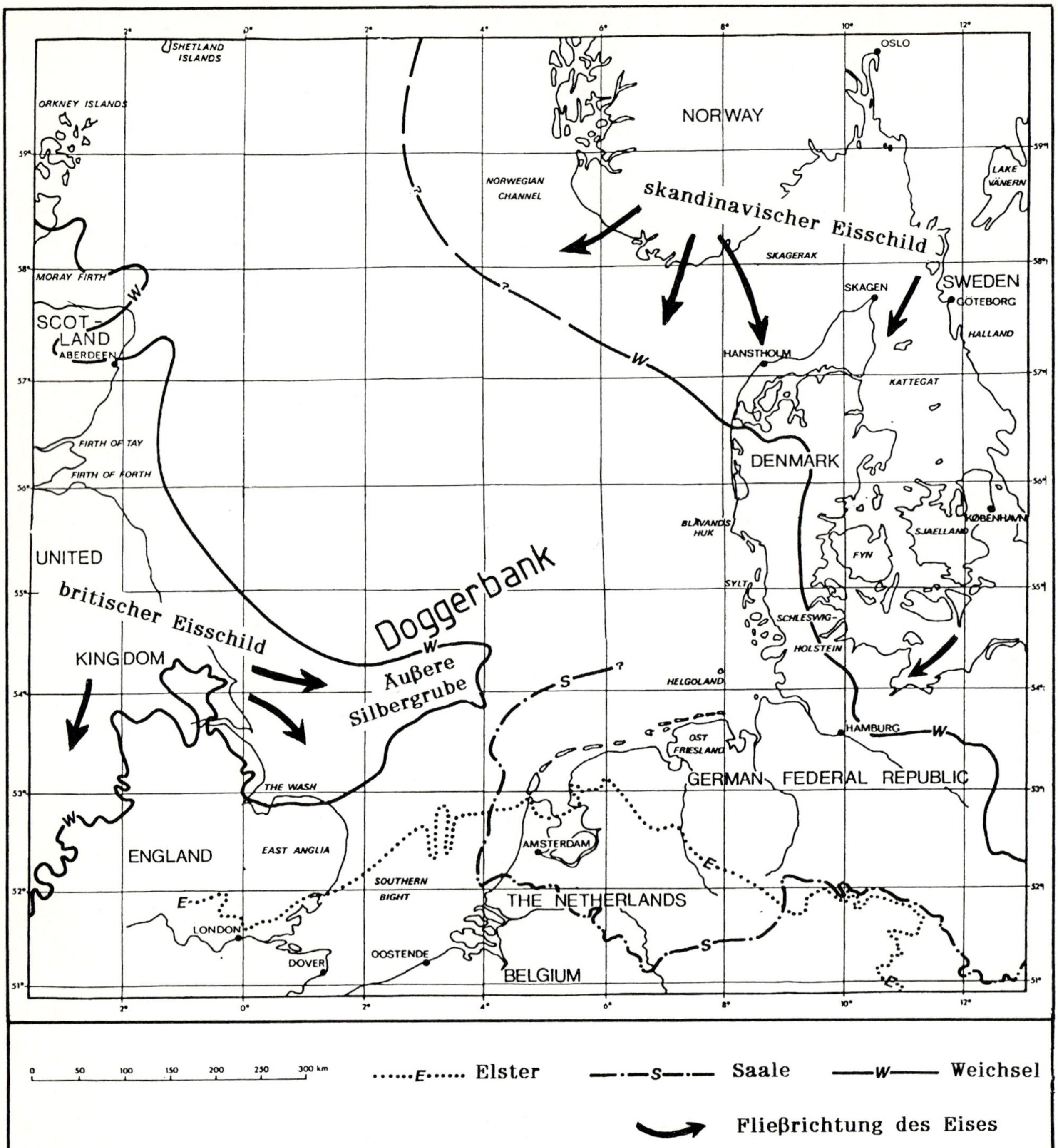

Abb. 8: Die maximalen Eisrandlagen des Elster-, Saale- und Weichselglazials im Bereich der Nordsee (nach D. LONG et al. 1988, verändert). Entgegen früheren Annahmen (vgl. 15 und 18) bestand im Weichselglazial keine Verbindung zwischen dem britischen und dem skandinavischen Eisschild. Der weite Vorstoß des britischen Inlandeises südlich der Doggerbank nach E war vermutlich maßgeblich am relativ großen Reliefunterschied in diesem Bereich beteiligt (vgl. Beilage 1, "Äußere Silbergrube"). Der größte Teil der Nordsee blieb in der letzten Eiszeit jedoch unvergletschert.

Abb. 9: Der Rückzug der Eisdecke auf der Nordhalbkugel im Spätpleistozän und Frühholozän. Gezeigt werden die Grenzen der geschlossen vergletscherten Gebiete (größtenteils Inlandeis) um 18000, 12700, 10000, 8700 und 7100 konv. ^{14}C-Jahre BP (vor heute, Bezugsjahr 1950). Ohne Jahreszahl und Name dargestellt sind lokale Maximal-Gebirgsvergletscherungen im Hochglazial (um 18000 BP); punktiert sind heutige Inlandsvergletscherungen.

nach: G.H. DENTON & T.J. HUGHES (1981) und D. LONG et al. (1987), verändert

0 1000 2000 km

Bezugsbreite 60° N

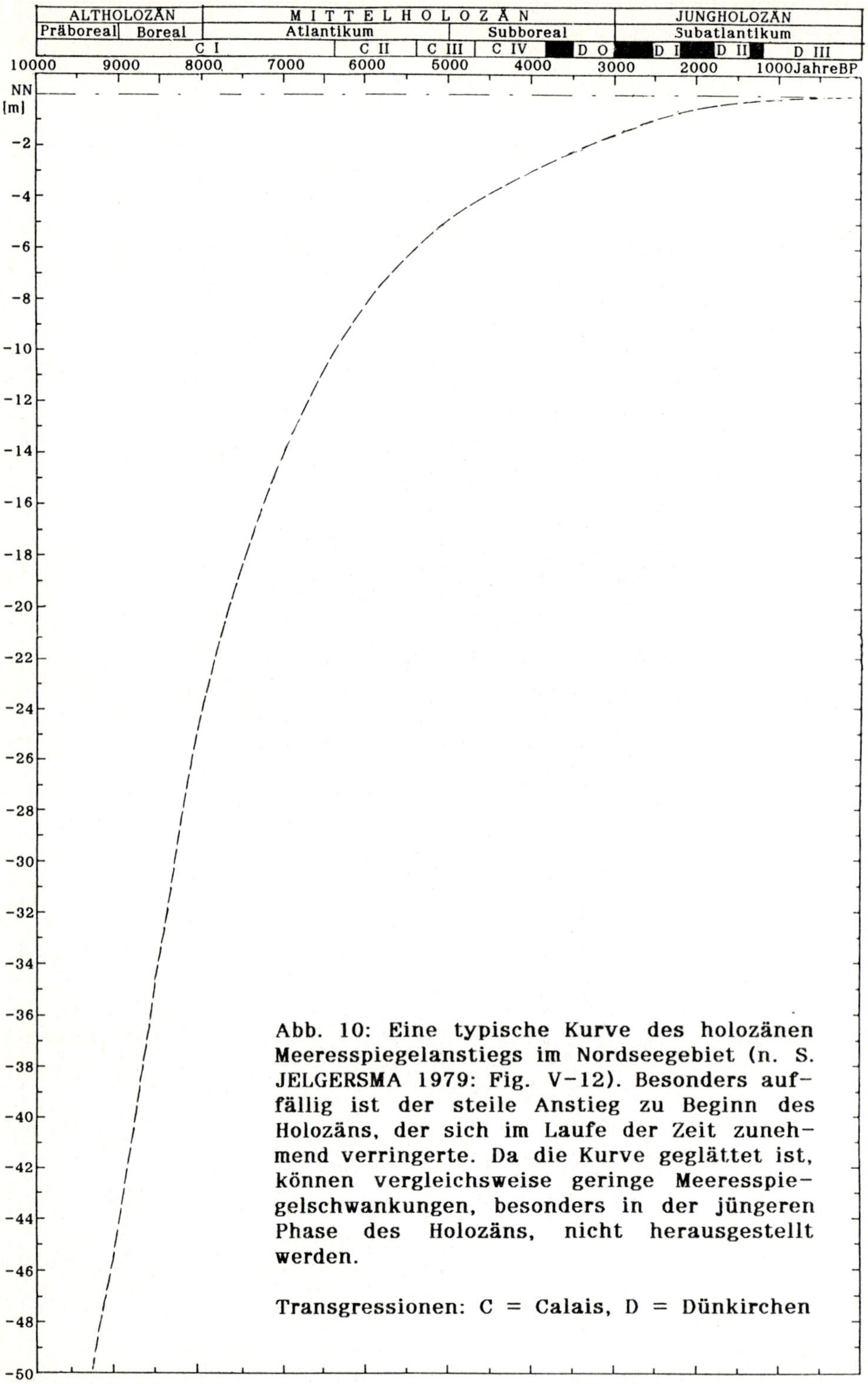

Abb. 10: Eine typische Kurve des holozänen Meeresspiegelanstiegs im Nordseegebiet (n. S. JELGERSMA 1979: Fig. V-12). Besonders auffällig ist der steile Anstieg zu Beginn des Holozäns, der sich im Laufe der Zeit zunehmend verringerte. Da die Kurve geglättet ist, können vergleichsweise geringe Meeresspiegelschwankungen, besonders in der jüngeren Phase des Holozäns, nicht herausgestellt werden.

Transgressionen: C = Calais, D = Dünkirchen

Das nichtvergletscherte Gebiet der südlichen Nordsee blieb währenddessen vegetationslos und wurde durch Solifluktion und Deflation überformt, wodurch die in früheren Vereisungen (Saale, Elster) geschaffenen Reliefunterschiede verringert wurden. Morphologisch bedeutsam war außerdem das große Urstromtal der Elbe und die Ausflüsse von Rhein, Themse, Ems, Weser und Eider (vgl. Beilage 1).

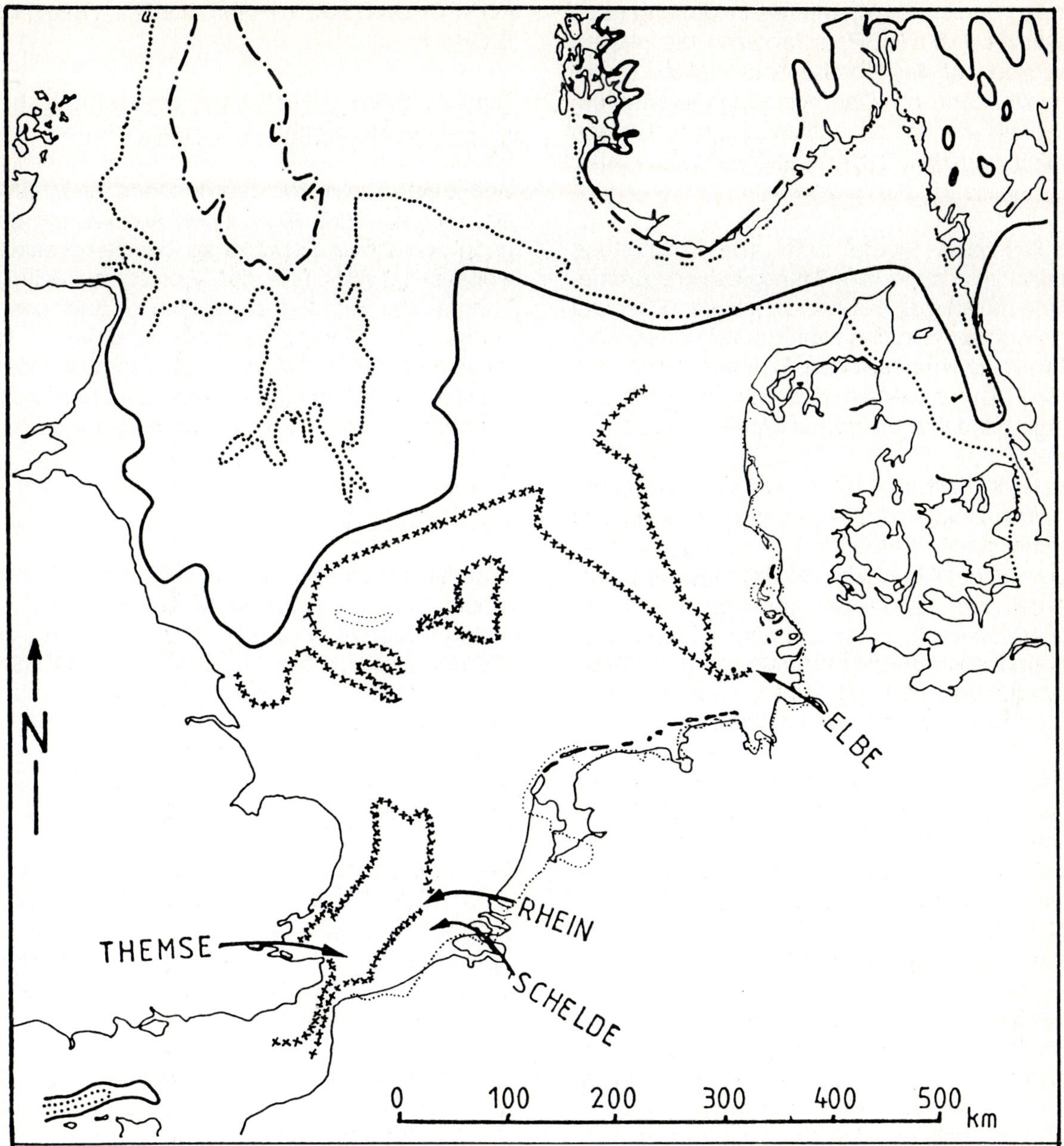

Abb. 11: Die Verschiebung der Küstenlinie im Nordseebecken während des Spätglazials und Holozäns. Die Küstenlinien um 18000 BP, 12000 BP und 10000 BP sind nach S. JELGERSMA (1979: Fig. V-11), die jüngeren stützen sich auf Überlegungen des Verfassers dieser Arbeit. Die Tiefenangaben erfolgten in [m -NN].

Küstenlinie um 18000 BP, Meeresspiegel bei ca. -130 m

Küstenlinie um 12000 BP, Meeresspiegel bei ca. -90 m

Küstenlinie um 10000 BP, Meeresspiegel bei ca. -65 m

Küstenlinie um 8700 BP, Meeresspiegel zwischen -47 und -36 m

Küstenlinie um 5400 BP, Meeresspiegel zwischen -7 und -4 m

gegenwärtige Küstenlinie

Hervorgerufen durch die allgemeine Erwärmung nach dem Pleniglazial (18000 BP) schmolzen die großen Inlandeisschilde auf der Nordhalbkugel (Abb. 9) bis 7000 BP weitgehend ab. Dadurch stieg der Meeresspiegel weltweit um 100 bis 120 m an (Abb. 10) und die Küstenlinie näherte sich der heutigen Position (Abb. 11).

Die Glazialeustasie wurde zum vorherrschenden Wirkungsfaktor im postglazialen Transgressionsgeschehen. Mit dem Ausklingen des Abschmelzprozesses trat er jedoch zunehmend in den Hintergrund und es kam sogar zeitweilig zu Regressionen. Stattdessen wurden nun andere Faktoren bei der Küstenformung bedeutungsvoll, die bis dahin überlagert worden waren.

Zu den weiteren Faktoren, die für die Gestaltung der Nordseeküste im mittleren und jüngeren Abschnitt des Holozäns dominierend wurden, zählen epirogenetische, isostatische und halokinetische Bewegungen des Landes. Außerdem trifft man im Marschenbereich auf Setzung unterschiedlich kompaktionsfähiger Sedimente. Allgemein sind noch Meeresströmungen und Winde sowie anthropogen bedingte Veränderungen (z.B. Deichbau, Landgewinnung) von Bedeutung.

Grundsätzlich neigen die natürlichen Kräfte bei annähernd konstantem Meeresspiegel dazu, eine Küstenlinie zu begradigen. Das heißt, Landvorsprünge werden erodiert, derzeit gut zu beobachten an der Insel Sylt, Meeresbuchten dagegen verlanden, z.B. die Harlebucht in Ostfriesland, sofern nicht Flüsse einmünden, die die Gezeitenästuare offenhalten.

Der eustatische Meeresspiegelanstieg könnte in Zukunft wieder an Bedeutung gewinnen, wenn das grönländische und antarktische Inlandeis verstärkt zum Schmelzen gebracht würde. Schwimmendes Eis, wie am Nordpol, befindet sich dagegen im Gleichgewichtszustand mit dem Meeresspiegel und könnte diesen durch Abschmelzen nicht verändern.

Bei einem weiteren Meeresspiegelanstieg wird die Küstenkonfiguration einen neuen Gleichgewichtszustand anstreben. Dieser wird auf jeden Fall mit weiteren Landverlusten gekoppelt sein. Ob sich der Mensch hiergegen mit Küstenschutzmaßnahmen langfristig erfolgreich zur Wehr setzen kann, bleibt zweifelhaft, da schließlich ein wirtschaftlich vertretbares Maß überschritten wird.

FORSCHUNGSGESCHICHTE MIT LITERATURÜBERSICHT

Zur Geschichte der Küstenforschung in bezug auf paläogeographische Rekonstruktionen

Seit Beginn des 20. Jahrhunderts beschäftigte sich eine zunehmende Anzahl von Autoren mit der paläogeographischen Entwicklung der Nordseeküste. Der weitaus größte Teil der Forschungsbeiträge zum Thema stammt aus Deutschland und den Niederlanden. Der Beitrag Belgiens wird im 1. Hauptteil, gesondert behandelt. Der Beitrag zur Forschungsgeschichte der übrigen Nordseeanrainer ist nicht sehr ergiebig und wird daher nicht extra aufgeführt.

I. Deutschland

Von deutscher Seite nahm der Geologe F. SCHUCHT (1903: 21ff) als Ursache für die holozäne Nordseetransgression eine einphasige Küstensenkung an. Der Oldenburger Lehrer H. SCHÜTTE (1908: 437)[12] schloß sich zunächst dieser Meinung an. Er postulierte eine säkulare Bodensenkung von 0,76 m/100 a. Als Beweis führte er die Lage von Pflugspuren unterhalb des MThw (Mitteltidehochwasser) auf den Oberahneschen Feldern im Jadebusen an.

Gegenteiliger Ansicht war der Oldenburger Archäologe J. MARTIN (1908; 1910, zit. bei A.E. VAN GIFFEN 1954: 226). Er stützte sich auf die Lage eines kaiserzeitlichen Gräberfeldes bei Dingen in der Butjadinger Marsch, das er als Beweis für stabile Niveauverhältnisse in der heutigen Zeit anführte.

Es sah zunächst so aus, als behielte SCHÜTTE recht und bald darauf modifizierte er seine Auffassung (1913; 1927; 1934; 1935; 1939). Er glaubte nun, abwechselnde Landsenkungs- und Hebungsphasen unterscheiden zu können. Sein Hauptwerk (1939) trägt den bezeichnenden Titel "Sinkendes Land an der Nordsee?". Noch bis in die 50er Jahre konnte sich diese Theorie halten.

D. WILDVANG (1915, 1920, 1933, 1938) dagegen, der die Geologie und postglaziale Landschaftsgenese im Gebiet der Emsmündung erklärte, wollte die SCHÜTTEsche "Senkungskurve" für sein Forschungsgebiet nicht widerspruchslos übernehmen. D. WILDVANG (1933: 648) kam bei einem Vergleich seiner "Vier gliederung des Marschenalluviums" an der Ems mit den Ausführungen H. SCHÜTTEs im Jade-Weser-Gebiet zu dem Ergebnis, daß die Küste Ostfrieslands während des Holozäns zwar beträchtlichen Niveauänderungen

in die Ablagerungen eingebettet. Durch die Altersbestimmung der pollenführenden Schichten wurde es möglich, paläogeographische Karten des Holozäns direkt aufgrund geologisch-botanischer Forschungsergebnisse für das Nordseeküstengebiet zu konstruieren.

H. SCHÜTTE (1934: Blatt 8) publizierte z.B. "echte" paläogeographische Karten des Weser-Jade-Gebietes für verschiedene Zeiträume im Holozän. Sie waren das Ergebnis von geologischen Untersuchungen, die er seit mehr als 30 Jahren durchgeführt hatte. Besonders bemerkenswert war, daß er einen Großteil der Bohrungen selbst niedergebracht hatte. Daneben waren für ihn die Bohrungen, die für den Ausbau des Kriegshafens Wilhelmshaven und die Erkundung des linken Weserufers durch die Wasserstraßendirektion Bremen durchgeführt wurden, eine unverzichtbare Hilfe.

H. SCHÜTTE versuchte hiermit, seine Theorie von der ***neuzeitlichen Küstensenkung*** zu untermauern und nicht die Ursache der postglazialen Transgression in einem weltweiten Meeresspiegelanstieg zu suchen. Weil ihm Ergebnisse vergleichbarer Untersuchungen mit anderen Küstenabschnitten der Erde nicht zur Verfügung standen, blieb seine Auffassung in den Fachkreisen umstritten.

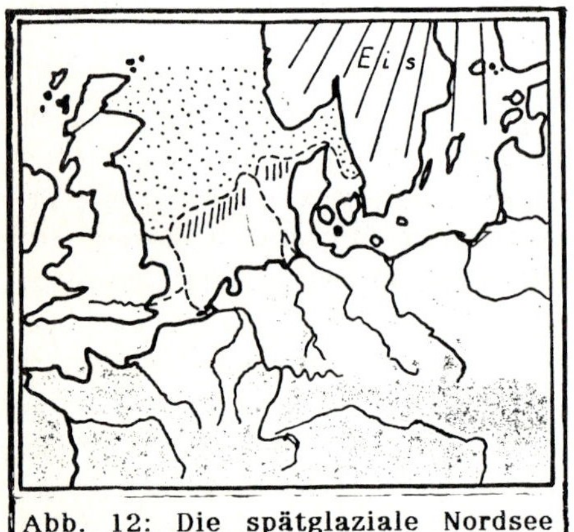

Abb. 12: Die spätglaziale Nordsee nach O. PRATJE (1937: Karte 11) Die Karte zeigt, daß die südliche Nordsee noch weitgehend trocken lag, während sich das Inlandeis zurückzog. Vor der Doggerbank sollte es zu einem vorübergehenden Stillstand des Meeresspiegelanstiegs gekommen sein, so daß sich auf der Dogger- und Jütlandbank ausgedehnte Dünenareale ausbilden konnten (gestrichelt). Die Lage der Küstenlinie etwa in der Mitte des Nordseebeckens deckt sich größtenteis mit den heutigen Vorstellungen, während der Rhein jedoch nicht nach N entwässerte.

Allerdings war zum erstenmal der gesamte Weser-Jade-Raum von einem schon beachtlich dichten Bohrnetz überzogen worden, auch wenn es mit den heutigen engmaschigen Bohrnetzen nicht vergleichbar ist. Diese paläogeographischen Karten stellen noch bis in die Gegenwart hinein eine wichtige Diskussionsgrundlage dar, auch wenn inzwischen eine Menge Detailberichtigungen vorgenommen wurden. H. SCHÜTTE und D. WILDVANG sind durch ihre exakten Geländearbeiten und Bohrungen zu ***den*** Wegbereitern der modernen deutschen Küstenforschung geworden.

Die Karte von O. PRATJE (1937: Karte 11) zeigt die spätglaziale Nordsee (Abb. 12). Auf der Dogger- und Jütlandbank nahm er ausgedehnte Dünenareale an. Die Küstenlinie wurde bereits richtig am Nordrand der Doggerbank vermutet. Da er nur unzureichende Angaben über das präholozäne Relief besaß, ging er von einer Entwässerung des Rheins nach N aus. Mit zunehmender Kenntnis über die Holozänbasis in der südwestlichen Nordsee erwies sich diese Annahme als unzutreffend. So nahm die Niederländerin S. JELGERSMA (1961: Fig. 46, hier s. Abb. 27) den Rheinausfluß bereits zum Ärmelkanal an.

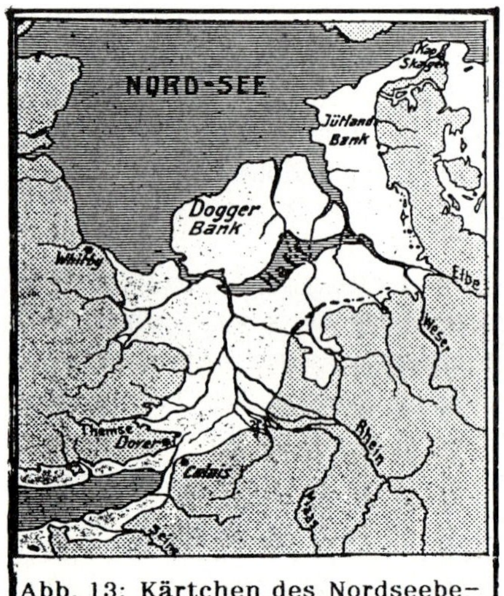

Abb. 13: Kärtchen des Nordseebereiches vor 7000 Jahren (nach K. v. BÜLOW 1941: Abb. 324). Ähnlich wie bei O. PRATJE (s. Abb. 12) sollte der Rhein nach N entwässert haben, was nicht zutraf. Richtig dargestellt ist die Existenz eines Haffs im SE der Doggerbank. Allerdings dürfte die überflutung des südlichen Nordseebeckens schon bedeutend weiter vorangeschrit ten sein (vgl. Beilage 3, dort wird eine ähnliche Land-Meer-Verteilung bereits für einen viel früheren Zeitraum – um 8700 BP – postuliert).

Auch K. VON BÜLOW (1941: Abb. 324) entschied sich für die Darstellung der Rheinentwässerung nach N in der Zeit vor 7000 Jahren (Abb. 13). Besonders auffällig ist, daß seiner Meinung nach zu diesem Zeitpunkt noch fast die gesamte südliche Nordsee landfest war. Diese Auffassung widerspricht den neueren Erkenntnissen. Bei den beiden letztgenannten Publikationen handelt es sich nur um eine Darstellung der Land-Meer-Verteilung, ausgedrückt durch die "Küstenlinie".

K. GRIPP (1944: Abb. 12, Abb. 26) stellte die Richtung der Sandwanderung in der Deutschen Bucht mit der Veränderung des bogenförmigen Aufbaus der Nehrungsinselreihe vor der Küste der Niederlande, Deutschlands und Dänemarks dar. Das hätte zur Folge, daß das Alter der West- und Ostfriesischen Inseln von W nach E abnehmen müßte. Tatsächlich sind sie aber nahezu gleich alt.[14)]

Großmaßstäbige Karten vom Raum Wilhelmshaven zu verschiedenen Zeitpunkten im Holozän unter Anwendung der Pollenanalyse publizierte erstmals W. HAARNAGEL (1950: Abb. 1-4 im Anhang). Als Gründe für die holozänen Transgressionen sah er jedoch im Gegensatz zu seinem Lehrer H. SCHÜTTE sowohl Schwankungen des Meeresspiegels als auch Niveauänderungen der festen Erdkruste an (ebenda: 84), da ihm weltweite Beobachtungen bekannt waren.

H. SCHWABEDISSEN (1951: Abb. 1) veröffentlichte erstmals eine Serie von 6 Kärtchen zur Land-Meer-Verteilung im Nordseeraum während verschiedener Epochen im Holozän (Abb. 14). Zur Konstruktion der Karten diente eine Vielzahl archäologischer Funde. Es wurden hierbei zwar nur Meerestiefenlinien abgefahren, jedoch weisen die angenommenen Meeresspiegelstände bereits große Ähnlichkeiten mit den heutigen auf. Lediglich für das mittlere und späte Weichselglazial wurden zu hohe Niveaus vorausgesetzt.

H. VALENTIN (1957: Karte 4) stellte den Nordseeraum während des Höhepunktes der letzten Eiszeit dar. Auffällig ist ein großer Eisstausee südöstlich der Doggerbank (Abb. 15). Da sein Niveau deutlich über dem des Meeres gelegen haben sollte und eine Entwässerung infolge Eisabschlusses nach N unterbunden gewesen sein sollte, nahm er einen Abfluß durch den "Kanal-Urstrom" zum Atlantik an.

Mittlerweile wird nicht mehr von einer Verbindung des skandinavischen Inlandeises mit dem britischen ausgegangen (vgl. Abb. 8). Die relativ hohe Schwelle zwischen Großbritannien und dem Festland machen eine Entwässerung dieses Eisstausees nach S unmöglich (vgl. Beilage 1).

Seit den 50er Jahren gewann die durch den Amerikaner W.F. LIBBY (1949) entdeckte Radiokarbon-Methode zur Altersbestimmung organischer Ablagerungen immer mehr an Bedeutung (vgl. W.H. ZAGWIJN 1986: 9f; M. VAN STRYDONCK 1987: 38ff). Die hiermit gewonnenen ^{14}C-Daten sind noch verläßlicher als die Altersangaben durch die Pollenanalyse. Bis heute hat diese Methode daher zumindest in der Geologie verbreitet Anwendung gefunden.

A. BANTELMANN (1966) rekonstruierte die Landschaftgenese an der Westküste Schleswig-Holsteins seit 3000 v. Chr. im anschaulichen Blockdiagrammstil. Eine Auswahl zeigen die Abbildungen 16 und 17 a, b.

K.-H. SINDOWSKI (1969a: Abb. 10) untersuchte im Rahmen der Kartierung zur Geologischen Karte von Niedersachsen 1:25000 die Oxstedt-Berensche Marsch südwestlich von Cuxhaven und publizierte vier paläogeographische Kärtchen über dieses Gebiet. Sie sollten die Landschaftsveränderung während 4 Ingressionsfolgen zeigen. Diese Ingressionsfolgen wurden in der lithostratigraphischen Gliederung der südlichen Nordseeküste nach G. BRAND et al. (1965) definiert (Abb. 18). Hiermit sollte erstmals eine einheitliche Terminologie für die holozäne Küstenforschung in den Niederlanden, Niedersachsen und Schleswig-Holstein geschaffen werden.

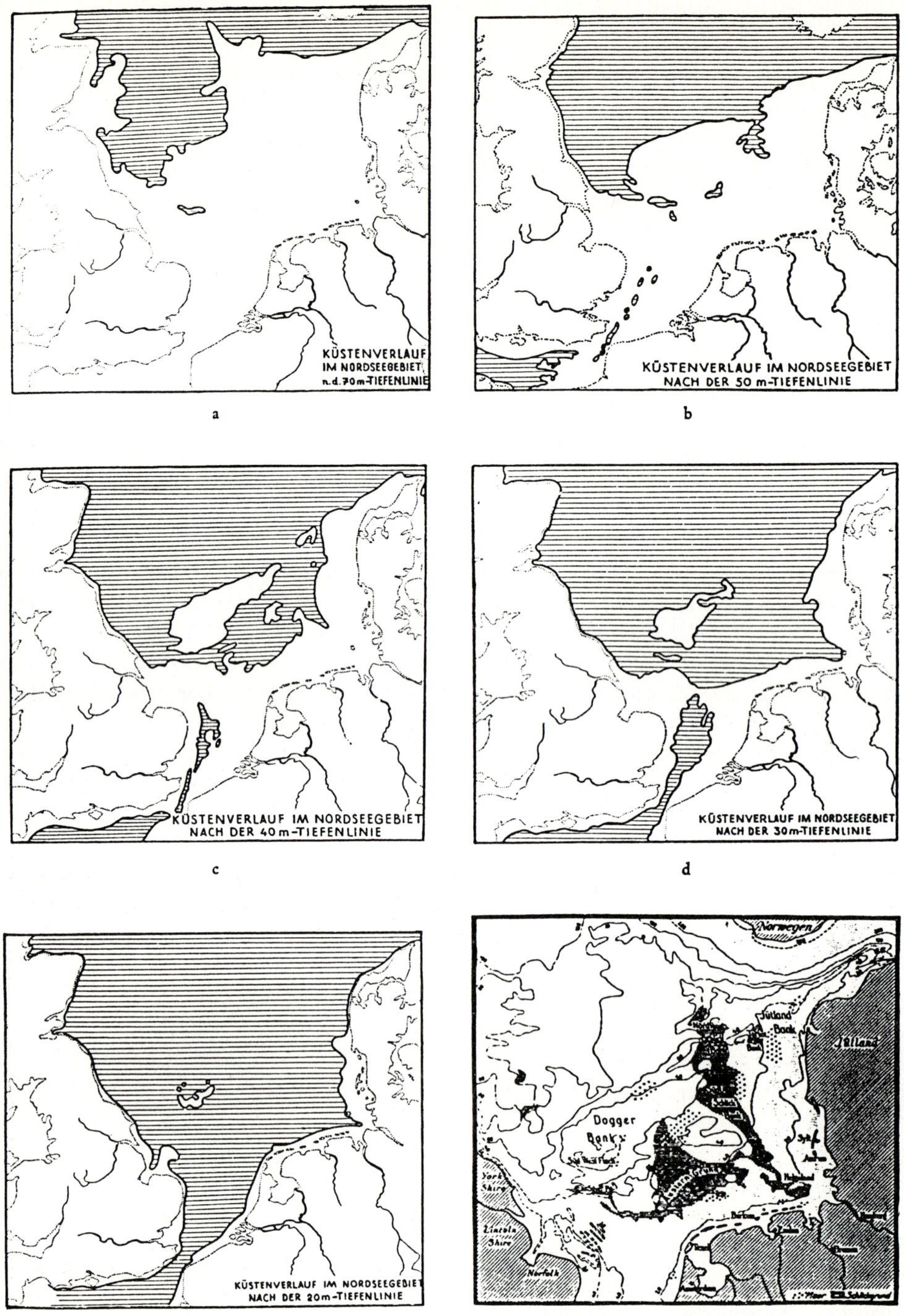

Abb. 14: Der Nordseeraum im Postglazial (n. H. SCHWABEDISSEN 1951: Abb. 1) Für das mittlere und späte Würmglazial (Karten a bzw. b) setzte er zu hohe Wasserstände an, während sich die übrigen Niveaus durchaus mit den heuigen Vorstellungen decken. Diese Darstellung war also schon recht genau, verglichen mit denen aus früheren Jahren. Die zeitliche Einstufung stützte sich hauptsächlich auf Angaben aus der Archäologie (ebenda: 62). Es muß jedoch darauf verwiesen werden, daß für gegebene Zeitpunkte keine konstante Tiefenlinie als überregionale Wasserstandsmarke gelten kann. Diese Schlußfolgerung ergab sich aber erst, nachdem man in der Folgezeit Meeresspiegelanstiegskurven aus den verschiedenen Bereichen der Nordsee miteinander vergleichen konnte, deren Altersangaben auf ^{14}C-Daten (Radiokarbon-Methode) beruhten.

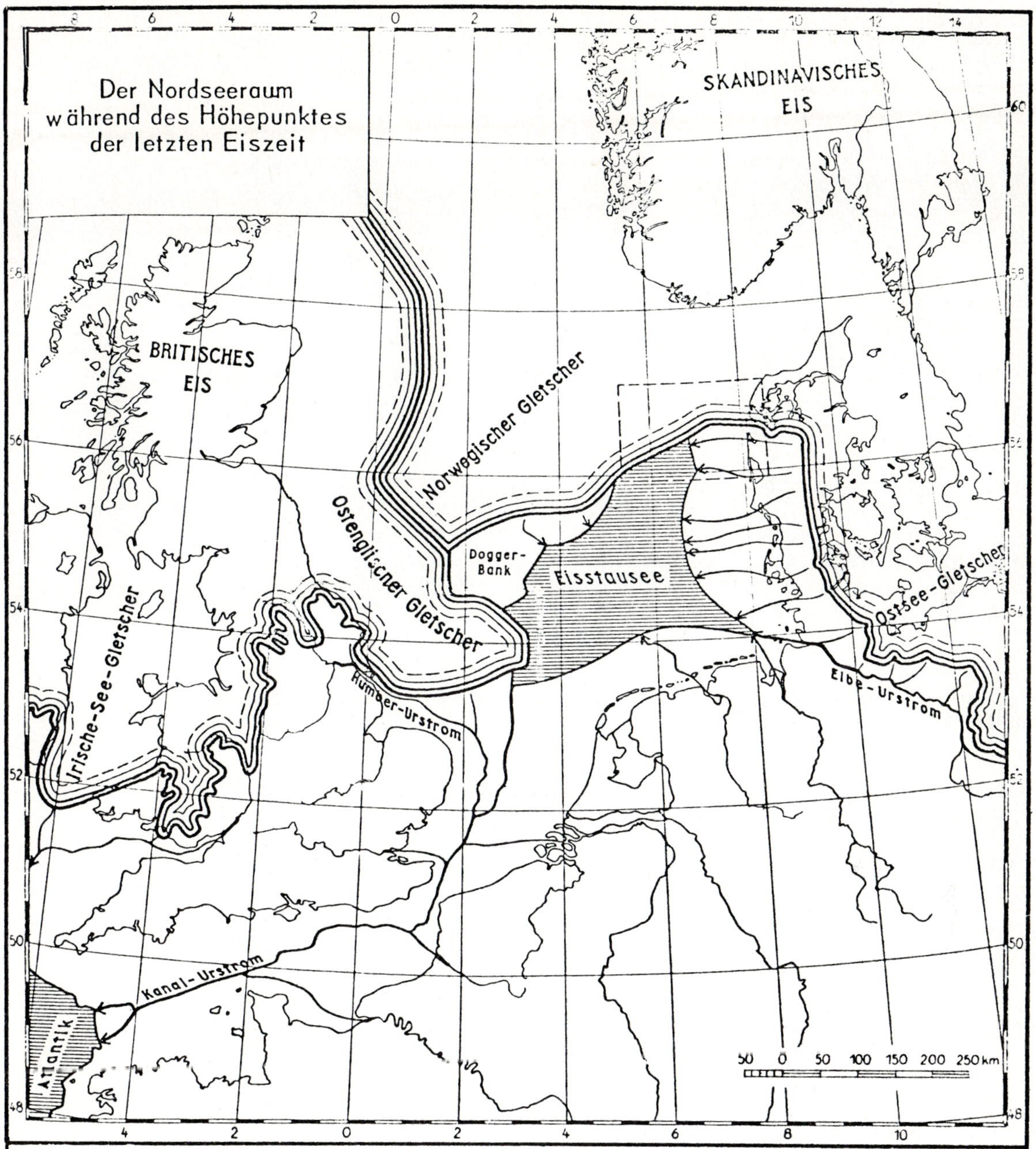

Abb. 15: Der Nordseeraum während des Höhepunktes der letzten Eiszeit (n. H. VALENTIN 1957: Karte 4). Der von VALENTIN postulierte "Eisstausee" hatte erwiesenermaßen nicht existieren können, weil es im Weichsel-Glazial keine zusammenhängende Eisbarriere nördlich der Doggerbank gegeben hatte, die den Ostenglischen mit dem Norwegischen Gletscher verband (vgl. Abb. 8). Als beachtlicher Fortschritt galten seine Erhebungen zur Vergletscherung Großbritanniens und an der englischen Ostküste.

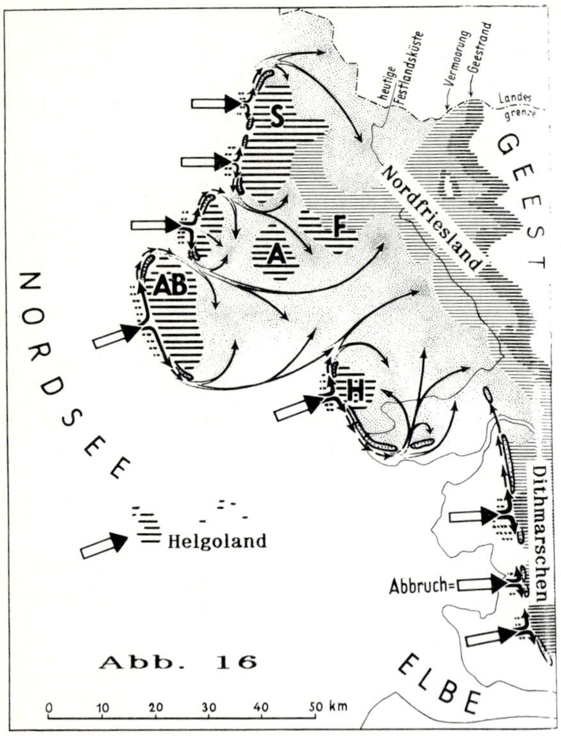

Abb. 16

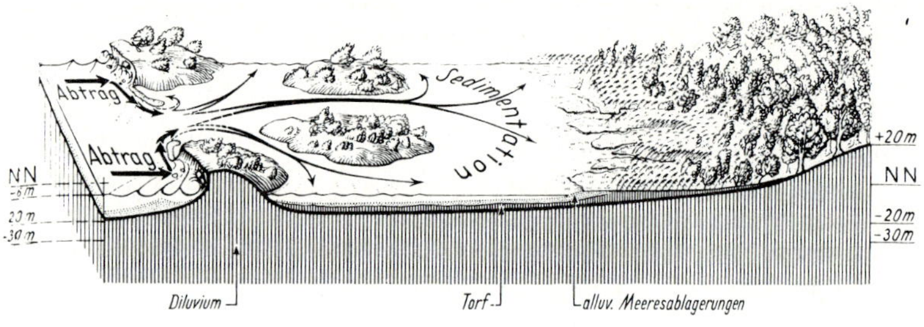

Abb. 17a

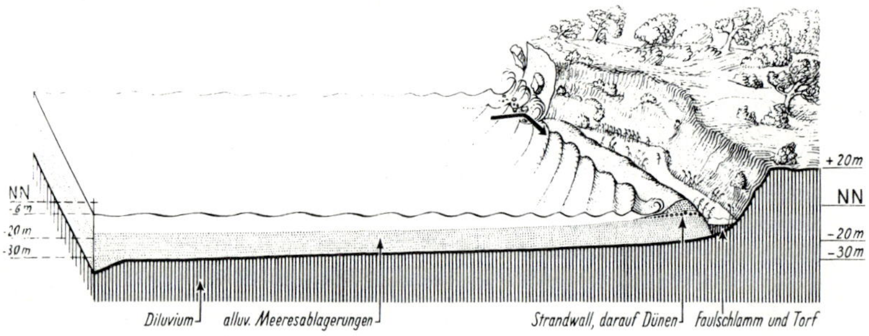

Abb. 17b

Abb. 16 und 17 a,b: Die Verhältnisse an der Westküste Schleswig-Holsteins um 3000 v. Chr., nach A. BANTELMANN (1966: Abb. 1, 1a, 1b), mittlerer Meeresspiegel: ca. -6 m NN.

punktierte Flächen: niedrig gelegene, überflutete, ehemals vermoorte Talsandoberflächen der Schmelzwasserablagerungen

feine Striche: höher gelegene, noch nicht überflutete, basale Vermoorungsgebiete (Talsandoberflächen)

starke Strichlagen: herausragende Altmoränenhorste von Sylt (S), Föhr (F), Amrum (A), sowie die erodierten Horste Amrum-Bank (AB) und Hever-Geestinsel (H)

unterbr. Striche: der Erosion und Brandung ausgesetzte Westflanken der Altmoränenhöhen, durch Abtrag zurückverlegt und mit seitlicher Nehrungsbildung verbunden

schwache gebogene Pfeile: Sinkstofftransport

breite offene Pfeile: frontaler Meerresangriff

Auf der Leeseite der Altmoränenhorste *Nordfrieslands* setzte mit der Überflutung bedingt durch den Meeresspiegelanstieg gleichzeitig ein ausgleichender schneller Sedimentationsvorgang ein (punktiert). In diesen Flachwassergebieten wurden für den betrachteten Zeitraum keine Zerstörungsprozesse nachgewiesen (Abb. 17 a).

Vor dem *Dithmarscher Geestrand* war der Abfall der pleistozänen Oberfläche verhältnismäßig steil, es gab auch keine schützenden Altmoränenhorste. Dadurch wurde der festländische Geestrand schon früh der erodierenden Wirkung der transgredierenden Nordsee ausgesetzt. Brandung und Strömung schufen schon hier eine Ausgleichsküste mit zahlreichen Nehrungen (Abb. 17 b).

Abb. 18: **Lithostratigraphische Parallelisierung des Küsten-Holozäns (Grenzwerte gemittelte ^{14}C-Daten)**

Niederlande	Niedersachsen	Schleswig-Holstein	Schicht	Schichten	Unterformation	Formation
	o_4 1400 n.					Holozäne Nordsee-Formation
D IIIb 1100 n.	o_3 1100 n.	J_2	Wyk	Pewsum		
D IIIa 800 n.	o_2 750 n.	J_1	Tönning			
D II 250 n.						
0	o_1 0	0			Dünkirchen	
D I 500 v.	200 v.	V 600 v.	Schwabstedt			
1000 v.	u_2 1000 v.	1000 v.		Midlum		
D 0 1600 v.	u_1 1700 v.	IV 1900 v.	Meldorf			
2200 v.			Husum			
C IV	m_{3B}	III B		Dornum		
2800 v.	m_{3A} 2900 v.		Fiel			
C III 3200		III A 3500 v.			Calais	
	m_{2B}	II B	Eesch			
C II 4300 v.	m_{2A} 4200 v.	II A 5000 v.		Baltrum		
C I 5400	m_1 ?5800 v.	I ?	Barlt			

nach G. BRAND et al. (1965: Tab. 3)

Dieses Ziel wurde nicht erreicht, in der deutschen Küstenforschung, vor allem im geologischen Bereich, setzte sich das lithologische Ordnungsprinzip nach J. BARCKHAUSEN et al. (1977) durch[15], während die niederländische Holozänforschung noch immer an der Calais-Dünkirchen-Klassifikation festhält.

W. HAARNAGEL (1969: Abb. 2-7) befaßte sich mit der Paläogeographie des gesamten Jadegebietes im Holozän. Die holozäne Entwicklung des Jaderaums wurde zwar deutlich in einer Kartenserie dargestellt; dennoch ist die Ähnlichkeit mit den Karten von H. SCHÜTTE (1935: Blatt 8) unverkennbar.

J. BARCKHAUSEN (1969: Tafeln V bis IX) fertigte paläogeographische Karten für das Holozän der Insel Langeoog und ihrer Umgebung an, die auf sehr umfangreichen Untersuchungen (eigene Bohrungen) speziell in diesem Gebiet basierten. Hierdurch konnten manche bis dahin noch offenen Fragen zur Genese der Ostfriesischen Inseln geklärt werden.

Die Land-Meer-Verteilung des gesamten Nordseeraumes im Spätglazial und Frühholozän zeichnete H. REINHARD (1974: Abb. 7 bis 10, hier Abb. 19-22) nach. Diese Arbeit ist als Gesamtdarstellung als sehr wertvoll zu betrachten. Im Gegensatz zur Darstellung K. VON BÜLOWs (1941: Abb. 324) sollte die Nordseetransgression jedoch ungewöhnlich schnell verlaufen sein. Das widerspricht allerdings den heutigen Auffassungen.

Ein wichtiger Einschnitt in die Entwicklung der deutschen Küstengeologie war die Veröffentlichung des ***lithologischen Ordnungsprinzips für das Küstenholozän und seine Darstellung in Form von Profiltypen*** durch J. BARCKHAUSEN et al. (1977). Es dient der Gliederung der Sedimentabfolgen im Küstenholozän und stellt eine wesentliche Erleichterung der Sedimentklassifizierung bei der geologischen Kartierung im Gelände dar. Gegenüber der bis dahin verwendeten Calais-Dünkirchen-Klassifikation spielt die chronologische Einordnung der Sedimente zunächst keine Rolle. Sie kann später z.B. durch datierte "schwimmende Torfe" vorgenommen werden. Diese Zeitgrenzen sind überdies sehr verläßlich, was die Arbeit des Paläogeo graphen erleichtert und präzisiert.[16] Weitere Ausführungen hierzu finden sich auf Abb. 52.

H. PREUSS (1979) untersuchte die holozäne Entwicklung der Nordseeküste im Gebiet der östlichen Wesermarsch vom geologischen Standpunkt aus. Seine Arbeit stützt sich im wesentlichen auf eigene Bohrergebnisse. Auch hier findet sich, ähnlich wie bei den Niederländern W. ROELEVELD (1974) und J.W. GRIEDE (1978), (s.u.) eine große Anzahl von Graphiken, Profilen und Karten. Besonders hervorzuheben ist die exakte Darstellungsweise. Schließlich trifft man hier auf eine Serie ausführlich gestalteter Paläogeographien des Holozäns (ebenda: Abb. 21 bis 25).

K. FIGGE (1980: 209f, Abb. 5 und 6) rekonstruierte erstmals die genaue Lage des Elbe-Urstromtales im

Abb. 19: Meerestransgression im Nordseeraum um ca. 17000 vor heute

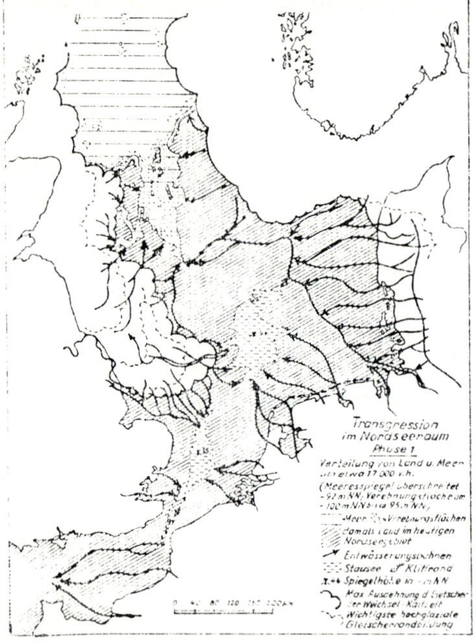

Abb. 20: Meerestransgression im Nordseeraum um ca 12500 vor heute

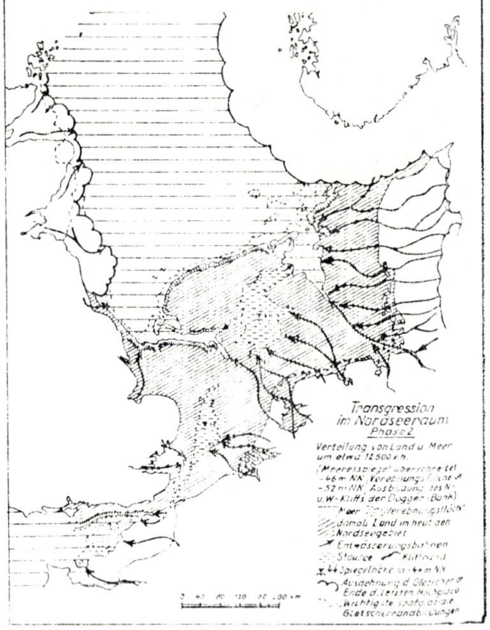

Abb. 21: Meerestransgression im Nordseeraum um ca. 11000 vor heute

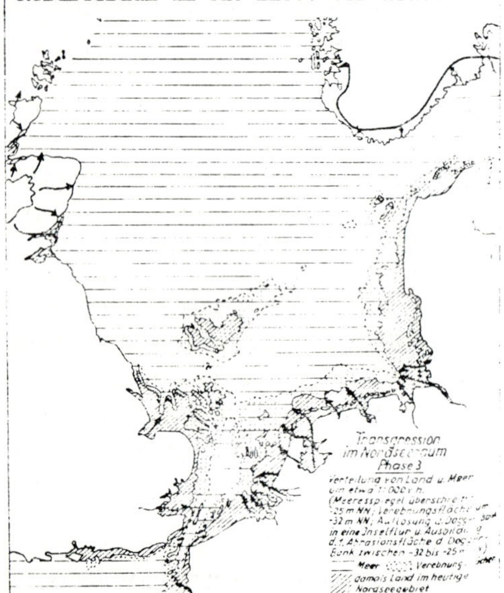

Abb. 22: Meerestransgression im Nordseeraum um ca. 8500 vor heute

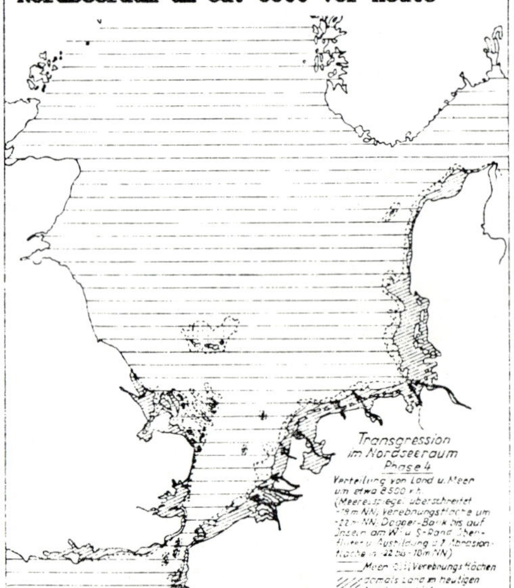

Abb. 19 bis 22: Die spätglazialen und frühholozänen Meerestransgressionen im Nordseeraum (n. H. REINHARD 1974: Abb. 7 bis 10). Als großer Fortschritt muß die vergleichsweise sehr detaillierte Darstellungsweise angesehen werden, die den gesamten Nordseebereich umfaßte. Wichitg ist dabei, daß er bereits nicht mehr von einer Verbindung zwischen dem skandinavischen und dem britischen Inlandeis ausging. Allerdings legte er eine zu rasch verlaufende Transgression zugrunde.

Bereich der Deutschen Bucht mit Hilfe von "sedimentechographischer" Messungen. Bisher hatte es diesbezüglich nur Vermutungen gegeben.

Die Ergebnisse seismischer Messungen nordwestlich von Eiderstedt (Schleswig-Holstein), gewonnen und interpretiert durch G. TIETZE (1983a und b) lassen den präholozänen Eiderlauf zwischen dem ertrunkenen Elbe-Urstromtal (vgl. K. FIGGE 1980) und der heutigen schleswig-holsteinischen Westküste wiedererkennen. In diesem Zusammenhang stellte G. TIETZE (1983a: Abb. 37) unter Zuhilfenahme der Ergebnisse früherer Veröffentlichungen bedeutende morphologische Elemente (Moränenrücken mit Stauchungszonen, Hochlagen, Stauchungen, Bereiche mit Schluff und Mehlsand bzw. Mittel- und Grobsand sowie von der Halokinese beeinflußte Zonen, außerdem Rinnen, Hänge, Becken und schließlich das präholozäne Elbe-Urstromtal) auf dem Grund der östlichen Deutschen Bucht dar. Sie erschienen dem Verfasser gerade für die Konstruktion der paläogeographischen Karten (s. Beilagen) besonders wichtig.

H. STREIF, H. UFFENORDE & R. VINKEN (1983) beschrieben die Ergebnisse der geologischen Bohrungen auf dem deutschen Nordseeschelf. Dabei wurde das fossile Elbe-Urstromtal, das bereits durch K. FIGGE (1980) eingegrenzt worden war, noch genauer kartiert und kartographisch dargestellt (ebenda: Abb. 1).

Die Veränderung saaleeiszeitlicher Endmoränenreste, verbunden mit dem Aufbau von Nehrungen und Haken in Nordfriesland während der holozänen Meerestransgression, skizzierten A. BANTELMANN et al. (1984: Abb. 8 u. 9), während sich K.-E. BEHRE & W. HAARNAGEL (1984: Abb. 14) mit der Verschiebung der Küstenlinie Niedersachsens befaßten.

Schließlich stellte H. STREIF (1986a) die holozäne Entwicklungsgeschichte der Ostfriesischen Inseln nach neuesten Erkenntnissen dar. Besonders hervorzuheben ist dabei, daß die Genese hier im Zusammenhang mit den übrigen Barriereinseln der südlichen Nordseeküste (West- und Nordfriesische Inseln) dokumentiert wird, wodurch dem Leser die geologischen Zusammenhänge besser verdeutlicht werden.

Zusammenfassend läßt sich sagen, daß von der deutschen Küstenforschung starke Impulse zur Erforschung der holozänen Entwicklung im Nordseebereich ausgegangen sind. Es gibt eine Fülle von Einzeluntersuchungen, jedoch nur wenige Gesamtschauen (W. HAARNAGEL 1950, H. VALENTIN 1957, H. REINHARD 1974), die nicht mehr mit dem gegenwärtigen Stand der Forschung im Einklang stehen.

II. Niederlande

Die folgenden Ausführungen befassen sich mit der Forschungsgeschichte in den Niederlanden.

Die Besonderheit der geographischen Lage der Niederlande besteht darin, daß etwa die Hälfte des Staatsgebietes unterhalb des heutigen mittleren Meeresspiegels liegt. Diese Bereiche, im W und N des Landes gelegen, wurden dadurch direkt oder indirekt von der holozänen marinen Sedimentation beeinflußt und wären ohne menschliches Zutun gewiß nicht mehr landfest (vgl. Abb. 23). Den Bewohnern dieses dichtbesiedelten Gebietes ist die unmittelbare Bedrohung durch das Meer allgegenwärtig. Außerdem weisen die Böden dort entsprechende marin beeinflußte genetische Merkmale auf.

Folglich war die Bodenkunde in den Niederlanden als Hilfswissenschaft für die Feststellung alter Küstenlinien bedeutungsvoller als in Deutschland. Dennoch blieb die Geologie für die Küstenforschung nicht minder wichtig.

In die Diskussion um die SCHÜTTEsche Küstensenkungstheorie griff seitens der Biologie und Archäologie A.E. VAN GIFFEN (1910; 1936) ein. Basierend auf archäologischen Funden nahm er einen relativen Meeresspiegelanstieg von maximal 10 cm/100 a an. Den Beitrag der Krustenbewegungen hielt er dabei für unbedeutend. Er ging stattdessen von einem Meeresspiegelanstieg aus, verbunden mit einer Sackung des Bodens.

Der Bodenkundler P. KUENEN (1941) untersuchte die Landsenkung in den Niederlanden. Er (ebenda: 213) errechnete einen säkularen Senkungsbetrag der Küste von ca. 5 cm für die Gegenwart. Dieser Wert entspricht, wie weiter unten gezeigt wird, durchaus den heutigen Vorstellungen.

Der Geologe P. TESCH (1924; 1942) unternahm zwei Versuche, jeweils nach dem neuesten Kenntnisstand zusammenfassende Artikel über die Entwicklungsgeschichte der Nordsee seit dem Spättertiär zu verfassen. Dazu gehören Serien paläogeographischer Karten. Während zu Beginn des 2. Weltkrieges in Deutschland noch über das Für und Wider der SCHÜTTEschen Küstensenkungstheorie diskutiert wurde, kam P. TESCH (1942: 18ff) den heute anerkannten Auffassungen schon bedeutend näher. Er kombinierte (ebenda: 22), daß die postglaziale Küstenlinienverschiebung in der südlichen Nordsee sowohl das Ergebnis von eustatischem Meeresspiegelanstieg

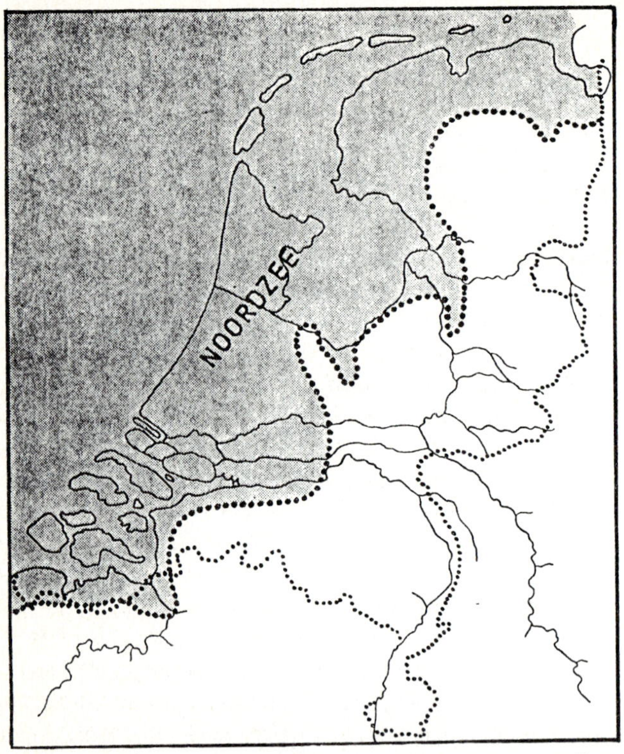

Abb. 23: Die niederländische Nordseeküste sähe nach den Vorstellungen von P. TESCH (1942: Kaartje 14) heute so aus, wenn der Mensch nicht eingegriffen hätte.

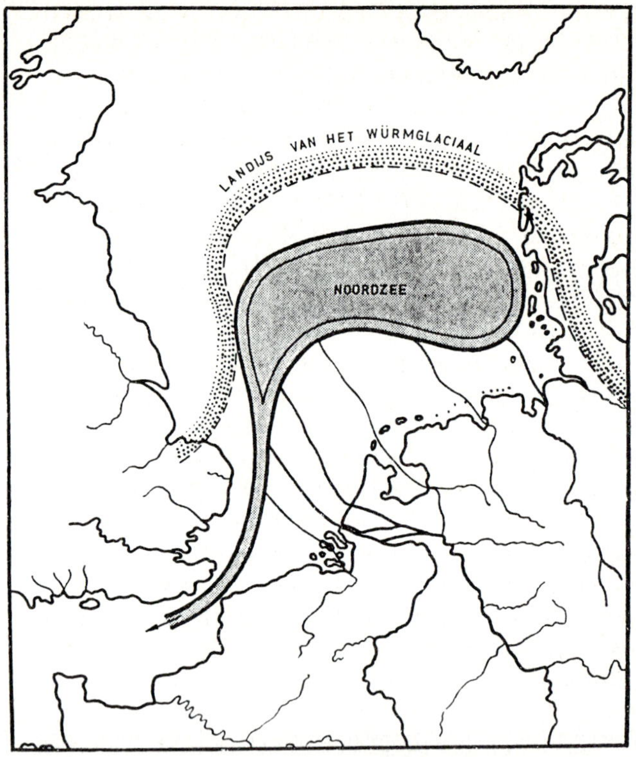

Abb. 24: Die Nordsee auf dem Höhepunkt der letzten Eiszeit (n. P. TESCH 1942: Kaartje 11). Im Gegensatz zu den heutigen Vorstellungen legte er das letzte Hochglazial auf 50000 Jahre vor heute (ebenda: 18). Nach neueren Untersuchungen gab es während des Weichsel- (Würm-) Glazials in der Nordsee weder eine Verbindung zwischen dem britischen und skandinavischen Inlandeis (vgl. Abb. 8), noch bestand eine "kleine" Nordsee südlich davon. Wie die Holozänbasiskarte (Beilage 1) zeigt, war ein Abfluß der Nordsee zu dieser Zeit nach SW unwahrscheinlich; denn zwischen Großbritannien und den Niederlanden steigt die pleistozäne Oberfläche in Form einer Schwelle auf ca. -30 m NN an.

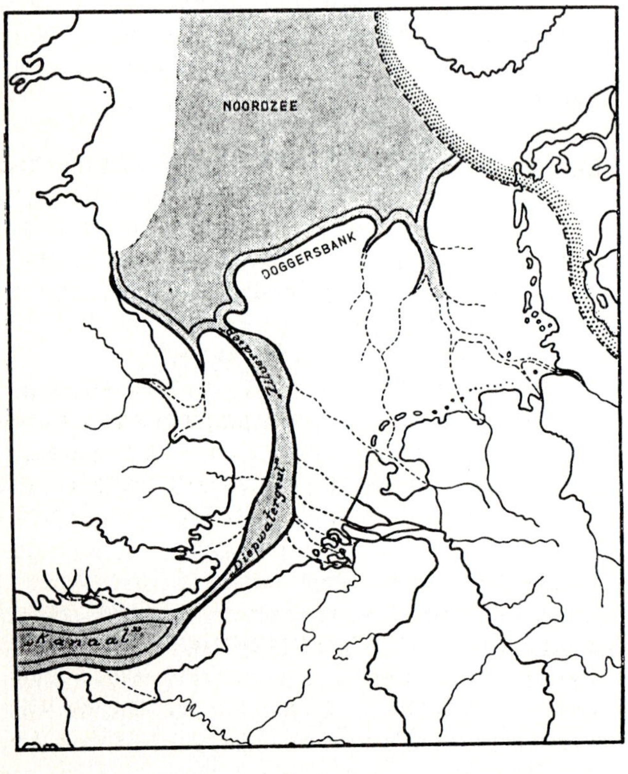

Abb. 25: Die Nordsee im Daniglazial vor 15000 Jahren (n. P. TESCH 1942: Kaartje 12). Neuere Untersuchungen im Gebiet zwischen den Niederlanden und Großbritannien belegen (s.u.), daß es dort noch bis ca. 8000 BP eine Landverbindung gegeben hatte (vgl. Beilagen 1 bis 3). Auf diese "Schwelle" wurde bereits in Abb. 24 hingewiesen. Insofern konnte der "Diepwatergeul" als Verbindung zwischen dem Ärmelkanal ("Kanaal") und der Nordsee zu dieser Zeit nicht existiert haben.

als auch von der Landsenkung sei. Dem Meeresspiegelanstieg komme dabei eine überragende Bedeutung zu. Allerdings konnte er diese Wirkungsfaktoren größenordnungsmäßig noch nicht einschätzen. Ein weiterer Fehler war, daß er den Höhepunkt der letzten Kaltzeit (Würm- oder Weichselglazial) auf 50000 BP (ebenda: 18) anstatt auf 18000 BP legte und dabei eine maximale Meeresspiegelabsenkung von nur 60 m zugrundelegte (anstelle der heute allgemein akzeptierten 100-130 m). Daraus resultierten die folgenden Vorstellungen von der Konfiguration der Nordsee im Hochglazial (50000 BP) sowie um 15000 BP. (vgl. Abb. 24 und 25).

An dieser Stelle ist auf zwei Kritikpunkte hinzuweisen. Nach neueren Erkenntnissen hat die Verbindung des skandinavischen mit dem britischen Inlandeis auch im Weichselhochglazial nicht bestanden (vgl. Abb. 8), wodurch fälschlicherweise eine Art "Stausee" nach P. TESCH (1942: Kaartje 11, hier: Abb. 24) angenommen wurde. Daraus sollte notwendigerweise eine Entwässerung zum Atlantik durch den Ärmelkanal resultieren, die aber aufgrund der erhöhten Holozänbasis zwischen Ostengland und den Niederlanden so nicht hatte existieren können (vgl. Beilagen 1, 2, 3).

Zweitens: Bereits zum Ausklang des Weichsel- (Würm-) Glazials (15000 BP) nahm P. TESCH (1942: kaartje 12, hier Abb. 25) die Küstenlinie direkt nördlich der Doggerbank an, und Großbritannien sollte ***nicht*** mit dem Festland in Verbindung stehen. Ein Vergleich mit Beilage 2 macht den Unterschied zur heutigen Anschauung deutlich.

Der Geologe A.J. PANNEKOEK (1954: 163) untersuchte die tektonischen Absenkungsvorgänge in den Niederlanden. Er fand heraus, daß sich der W und N des Landes während des Holozäns gesenkt hatte, der N dabei am stärksten. T. EDELMAN (1954), der für den Rÿkswaterstaat arbeitete, bestätigte diese Aussagen durch den Vergleich zweier Präzisions-Nivellierungen.

Der Bodenkundler J. BENNEMA (1954a; 1954b) versuchte die Auswirkungen der Krustenbewegungen vom eustatischen Meeresspiegelanstiegsgeschehen im Holozän für die westlichen Niederlande zu trennen. Er entwickelte ein Diagramm (1954a: Fig. 13; 1954b: Fig. 1), das den relativen Meeresspiegelanstieg zeigen soll.

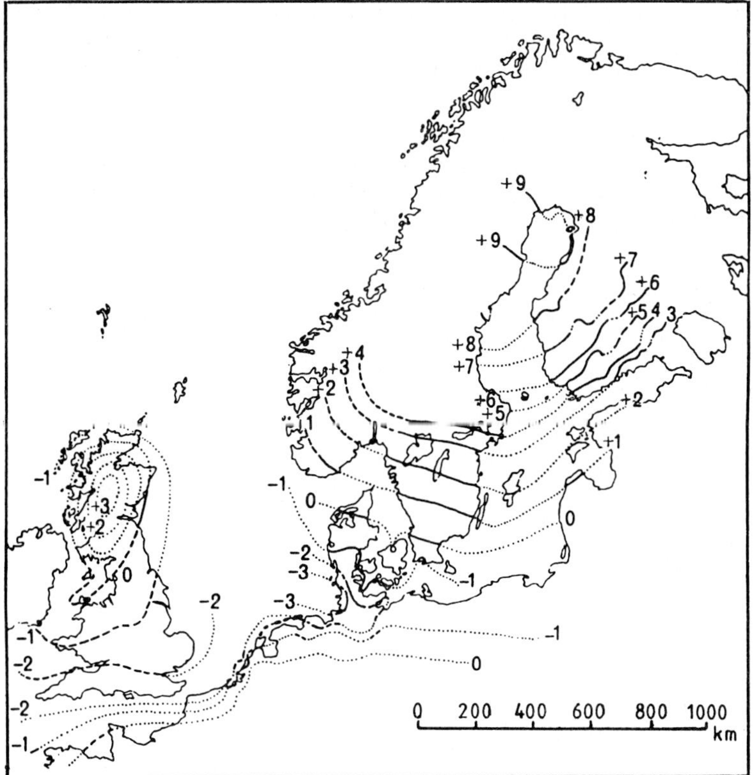

Abb. 26: Gegenwärtige Hebung und Senkung in NW-Europa. Die Isolinien repräsentieren die jeweilige Änderungsrate (+ = Hebung, − = Senkung) in mm/a. Gestrichelte Linien sind unsicher, gepunktete basieren auf Interpolation (n. S. JELGERSMA 1979: Fig. V-10).

Für die Küste Zuid-Hollands bezifferte er die Senkungsrate der Erdkruste auf 2-3 cm/100 a[17)] (1954a: 88; 1954b: 261). Außerdem glaubte er (aaO) zwischen den transgressiven und regressiven Phasen eine Periodizität mit Intervallen von ca. 525 Jahren zu erkennen, und zwar klimaabhängig.

S. JELGERSMA (1961: Fig. 22) entwarf ein Zeit-Tiefen-Diagramm des holozänen Meeresspiegelanstieges unter Zuhilfenahme von ^{14}C-Daten. Dabei kam sie zu der Feststellung, daß eine einfache Periodizität von ca. 525 Jahren nicht nachweisbar sei.

Das umfangreiche Werk von A.J. PANNEKOEK (1956) lieferte eine detaillierte Zusammenfassung des derzeitigen Forschungsstandes über die holozäne Geologie der Niederlande.

Von bodenkundlicher Seite kamen die Untersuchungsergebnisse zum holozänen Entwicklungsgeschehen Noord-Hollands und des Zuiderzee-Gebietes durch L.J. PONS & A.J. WIGGERS

(1959/60). Zwar finden sich auch hier, wie bei den zuletztgenannten Autoren keine Paläogeographien; dennoch wird an Hand von zahlreichen Profilen und Kärtchen die Verbreitung bestimmten Sedimenttypen gezeigt, die ihrerseits durch eine Reihe von ^{14}C-Daten zeitlich eingeordnet wurden. Deshalb kann diese Arbeit trotzdem als ein wichtiger Baustein zur Rekonstruktion der vorzeitlichen Landschaft angesehen werden.

L.J. PONS & A.J. WIGGERS (1961) widmeten sich der Frage nach der Trennung von Meeresspiegel- und Bodenbewegungen im niederländischen Küstenraum. Sie gingen dabei von einer starken isostatischen Bewegung aus, die vom Beginn des Holozäns (10000 BP) bis zum Boreal/Frühatlantikum (8000 BP) das Land um 20 m angehoben habe. Ab 7700 BP habe dann eine Landsenkung eingesetzt, die von 3000 BP an aufwärts zu einer Erniedrigung des Landes unter das holozäne Ausgangsniveau geführt haben sollte. Gegenwärtig müßte sich das Küstengebiet 7 m unterhalb dieses Niveaus befinden. Ehemals höhere Meeresspiegelstände im früheren Verlauf des Holozäns seien dadurch völlig maskiert worden (ebenda: 209f, Fig. 3 und 4).

Nach Meinung von S. JELGERSMA (1961: 94; 1979: Fig. V-10) ist eine postglaziale Landsenkung im südlichen Nordseebereich als Ausgleichsbewegung zur isostatischen Hebung Skandinaviens und Schottlands mit einem Betrag von 1,5-3,5 cm/ 100 a durchaus als realistisch anzusehen (vgl. Abb. 26).

Die Karten der altholozänen Land-Meer-Verteilung in der südwestlichen Nordsee im Holozän von S. JELGERSMA (1961: Fig. 46) stützten sich noch ausschließlich auf palynologischen (pollenanalytischen) Daten von Basistorfproben. Bekanntlich ist das echte Basismoor i.S.v. W. LANGE & B. MENKE (1967) ein grundwasserabhängiges Niedermoor. In küstennahen Regionen besteht eine unmittelbare Beziehung zwischen dem Meeresspiegelstand und dem Grundwasserstand. S. JELGERSMA (1961: 21f) ging noch davon aus, daß dieser an das Niveau des MThw gekoppelt sei. Diese Annahme stellte sich später als falsch heraus (vgl. W.H. ZAGWIJN 1986: 11). Demnach steht das Grundwasserniveau in direktem Zusammenhang mit dem mittleren Wasserstand einer Gezeitenküste.

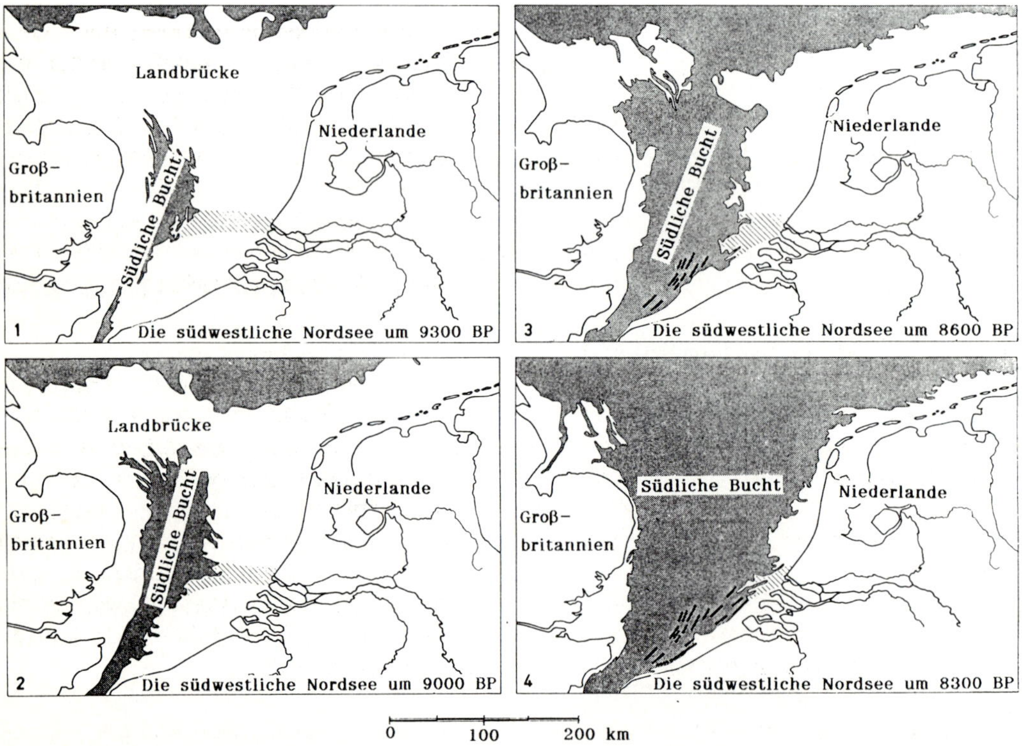

Abb. 27: Hypothetische Karten der Land-Meer-Verteilung im südlichen Nordseeraum während des frühen Holozäns nach S. JELGERSMA (1961: Fig. 46). Die Datierungen beruhen auf den Pollenanalysen sog. "Moorlogs" (= Torfbrocken vom Grund der Nordsee). Ein wesentlicher Fortschritt dieser Darstellung bestand in der Erkenntnis, daß eine Landbrücke zwischen Großbritannien und den Niederlanden ein Abfließen des Rheins nach SW bewirkte.

// Sandbänke   vermutlicher Rhein-Maas-Lauf

Erstmals wurde bei S. JELGERSMA (1961: Fig. 46) ein Abfließen des Rheins nach S durch den Ärmelkanal vor der Abtrennung Großbritanniens (Englands) dargestellt (vgl. Abb. 27). Bis dahin ging man von einer Entwässerung nach N aus. Die Küstenlinien entstanden durch Nachzeichnen der entsprechenden Wasserstandsmarken; denn die Holozänbasis war noch zu wenig bekannt (S. JELGERSMA 1984: pers. Mittlg.).

Die Verwendung von palynologischen und ^{14}C-Daten führte zu der ersten umfangreichen echten paläogeographischen Darstellung (d.h. Aufzeigen von Landschaftseinheiten) des gesamten niederländischen Küstengebietes für insgesamt sieben Zeitabschnitte im Holozän durch L.J. PONS, S. JELGERSMA, A.J. WIGGERS & J.D. DE JONG (1963: Beilagen 3-9). Diese Kartenserie besticht durch ihre detaillierte Darstellungsweise, bei der die unterschiedlichen Landschaftseinheiten sorgfältig kartographisch rekonstruiert wurden (Abb. 28 a-g).

Eine zusammenfassenden Überblick zum geologischen Kenntnisstand in den Niederlanden mit einer umfangreichen Literaturübersicht verfaßte J.D. DE JONG (1967).

Mit der Untersuchung der Groninger Marsch beschäftigte sich W. ROELEVELD (1974). Diese Arbeit beschreibt in sehr ausführlicher Weise den holozän--geologischen Aufbau der Marsch anhand von Graphiken, Karten und Profilen. Bei der Alterseinstufung der Sedimente spielten siedlungsgeographische und archäologische Gesichtspunkte sowie ^{14}C-Daten eine wesentliche Rolle. Dadurch wurde es schließlich möglich, eine sehr detaillierte Abfolge von paläogeographischen Rekonstruktionen (ebenda: Fig. 57 bis 64) anzufertigen.

Unter Einbeziehung der Ergebnisse von W. ROELEVELD sowie aufgrund neuer verfügbarer Daten entstanden zwei überarbeitete paläogeographische Karten der gesamten Niederlande im Holozän, die W.H. ZAGWIJN (1974: Karten 11 u. 12) veröffentlichte.

Die Entwicklungsgeschichte der niederländischen Nordküste in Anlehnung und Ergänzung zu W. ROELEVELD (1974) erläuterte die Arbeit von S. JELGERSMA & P.J. ENTE (1977: Fig. 2.2.8.). Die paläogeographische Entwicklung des Küstengebietes der niederländischen Provinz Friesland im Holozän stellte J.W. GRIEDE (1978: Fig. 33-41) in starker Anlehnung an die Arbeit W. ROELEVELDs dar. Wie diese, so zeichnet sich auch die Arbeit J.W. GRIEDEs durch eingehende Detailuntersuchungsergebnisse (Profile, Karten, Diagramme) aus, die bis dahin in diesem Gebiet noch nicht erreicht worden waren.

Die bisher präziseste Karte der Land-Meer-Verteilung im Holozän für den gesamten Nordseebereich veröffentlichten E. OELE et al. (1979: colour chart) in Zusammenhang mit der darin enthaltenden Darstellung der frühholozänen Küstenlinien nach S. JELGERSMA (1979: Fig. V-11, V-14, V-15, V-16). Ebenfalls darin enthalten sind überarbeitete holozäne Paläogeographien der Niederlande nach S. JELGERSMA et al. (1979: Fig. IV-38, IV-39, IV-40). Dieses Werk ist eine ausführliche Zusammenstellung nahezu aller bis dahin verfügbaren geologischen und archäologischen Forschungsergebnisse zur Entwicklungsgeschichte der gesamten Nordsee im Quartär. Allerdings ist die Kartenserie, die den gesamten Nordseeraum im Überblick darstellt (ebenda: colour chart), keine "echte" Paläogeographie; denn es werden keine Landschaftseinheiten unterschieden, sondern nur die "Küstenlinie" sowie Barriereinseln gezeigt.

Eine Rekonstruktion der Rhein-Maas-Mündung bei Hoek van Holland publizierten C.J. VAN STAALDUINEN (1979: Fig. 41 bis 48) sowie D.P. HALLEWAS & J.F. VAN REGTEREN ALTENA (1980: 170, 178, 184, 190, 198, 200, Abb. 2, 4, 6, 7, 9, 10). Der behandelte Zeitraum beginnt bei ca. 3000 BP und endet im 19. Jh. n. Chr. Hier stand bereits eine große Anzahl von Bohrergebnissen zur Verfügung.

Eine holozäne Stratigraphie, verbunden mit ^{14}C-Datierungen sowie paläogeographischen Karten der nördlichen Provinz Noord-Holland stellten E.F.J. DE MULDER & J.H.A. BOSCH (1982: Fig. 17 bis 22) dar. Die Gründe für die Erstellung dieser Studie sind in der Vielzahl neu gewonnener geologischer Bohrergebnisse sowie einer Menge neuer ^{14}C-Daten zu suchen. Hierdurch waren die Voraussetzungen für eine Serie präziser paläogeographischer Darstellungen geschaffen worden.

Dieser Küstenabschnitt ist insofern von besonderem Interesse, weil hier (nördlich von Amsterdam, vgl. Beilage 1) das Pleistozän einen besonders tiefen Einschnitt aufweist. Hierdurch floß der Rhein schon im Eem-Interglazial. Während des Holozäns verlandete dieser Flußarm jedoch zusehends. Dennoch spielte dieser als "Bergen-Inlet" bekannte Einschnitt noch lange Zeit bei der holozänen Küstenentwicklung eine beachtliche Rolle, mit der sich S. JELGERSMA (1983) eingehend auseinandersetzte.

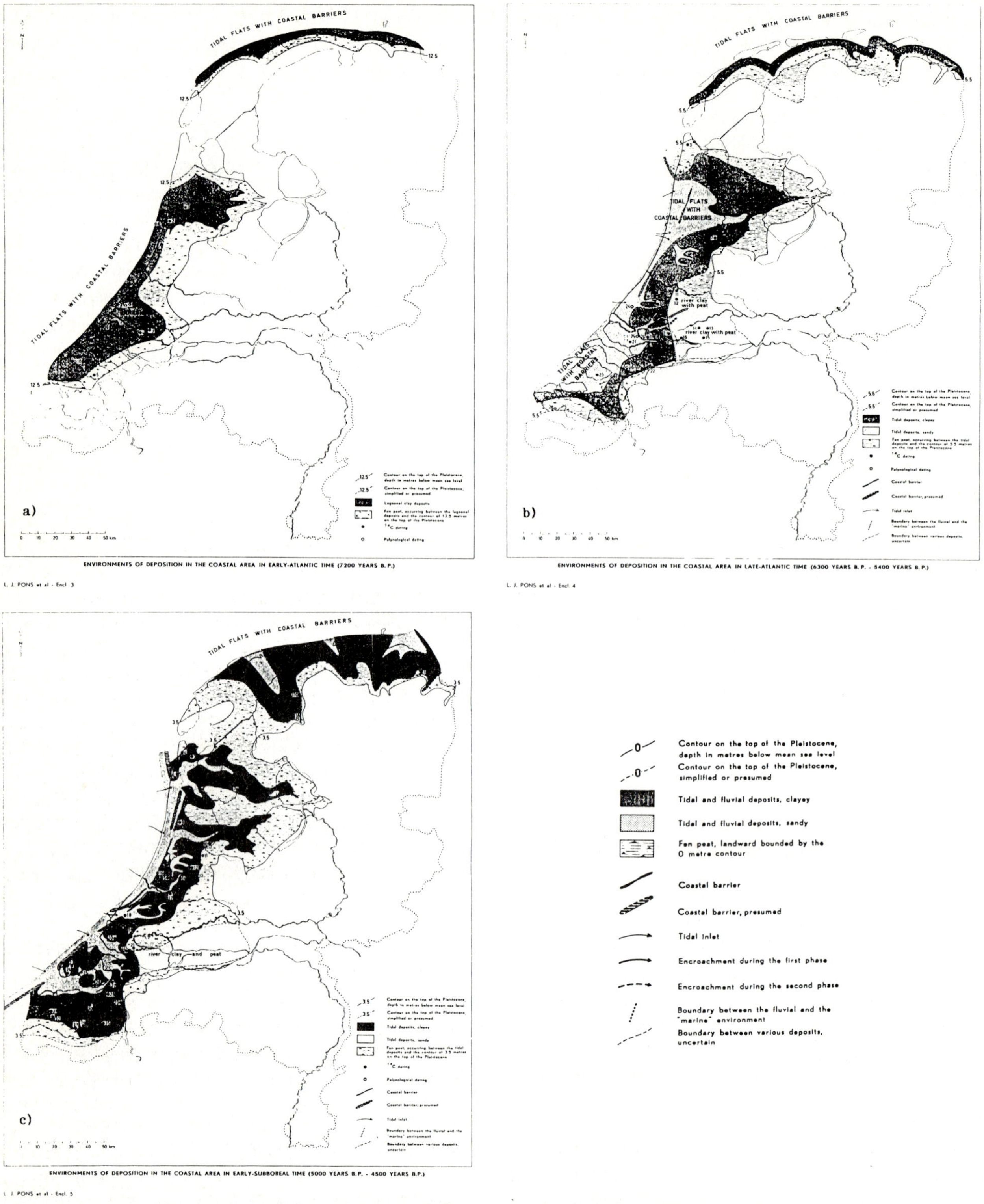

Abb. 28 a–g: Die paläogeographische Entwicklung des niederländischen Küstengebietes vom frühen Atlantikum (7200 BP) bis zum Subatlantikum (1250 BP) nach L.J. PONS et al. (1963: Encl. 3 bis 9). Diese Kartenserie zeichnet sich besonders durch ihre detaillierte Darstellungsweise der Küstenlandschaftseinheiten (Watt, Moor, Flußmarsch, Küstenbarriere) aus, für den damaligen Forschungsstand eine Besonderheit.

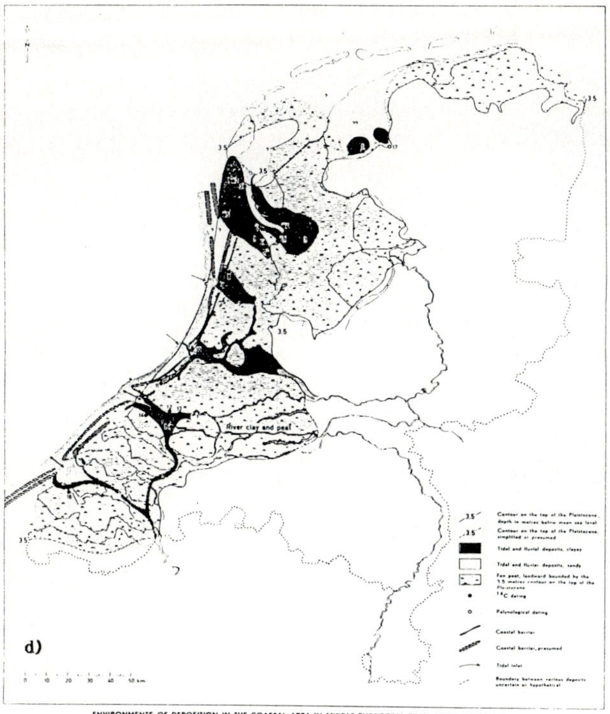

ENVIRONMENTS OF DEPOSITION IN THE COASTAL AREA IN MIDDLE-SUBBOREAL TIME (3900 YEARS B. P.)

L. J. PONS et al - Encl. 6

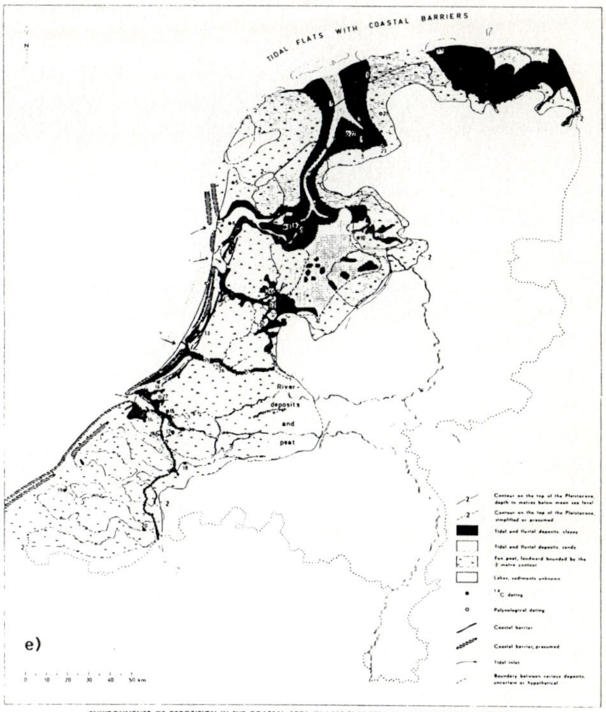

ENVIRONMENTS OF DEPOSITION IN THE COASTAL AREA IN LATE-SUBBOREAL AND EARLY-SUBATLANTIC TIME (3600 YEARS B. P. - 2600 YEARS B. P. IN THE NORTH, AND 3600 YEARS B. P. - 3200 YEARS B. P. IN THE SOUTHWEST)

L. J. PONS et al - Encl. 7

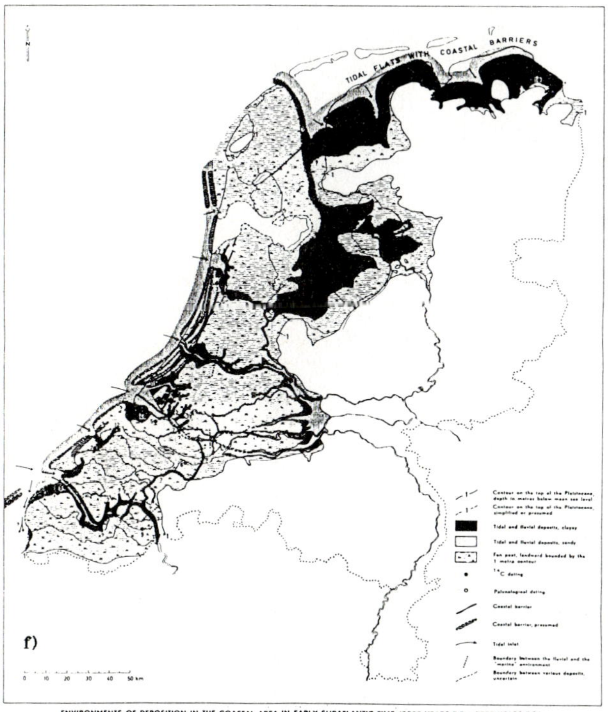

ENVIRONMENTS OF DEPOSITION IN THE COASTAL AREA IN EARLY-SUBATLANTIC TIME (2300 YEARS B.P. - 2000 YEARS B.P.)

L. J. PONS et al - Encl. 8

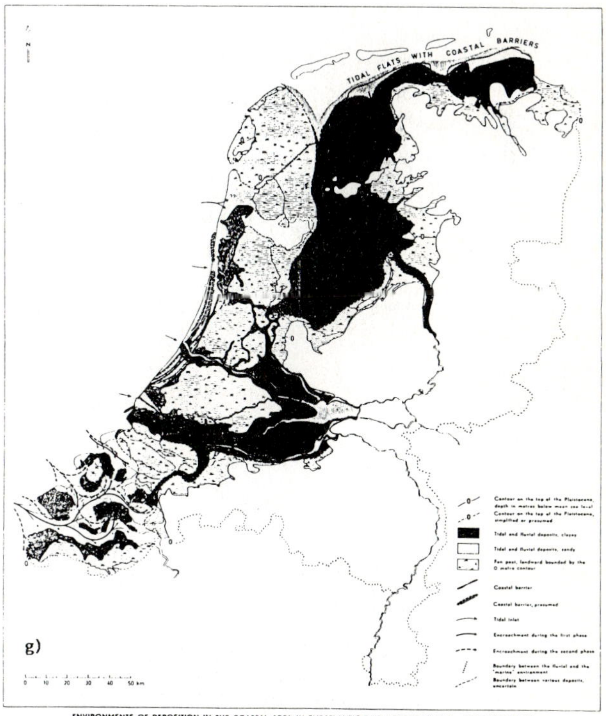

ENVIRONMENTS OF DEPOSITION IN THE COASTAL AREA IN SUBATLANTIC TIME (1700 YEARS B. P. - 1250 YEARS B. P.)

L. J. PONS et al - Encl. 9

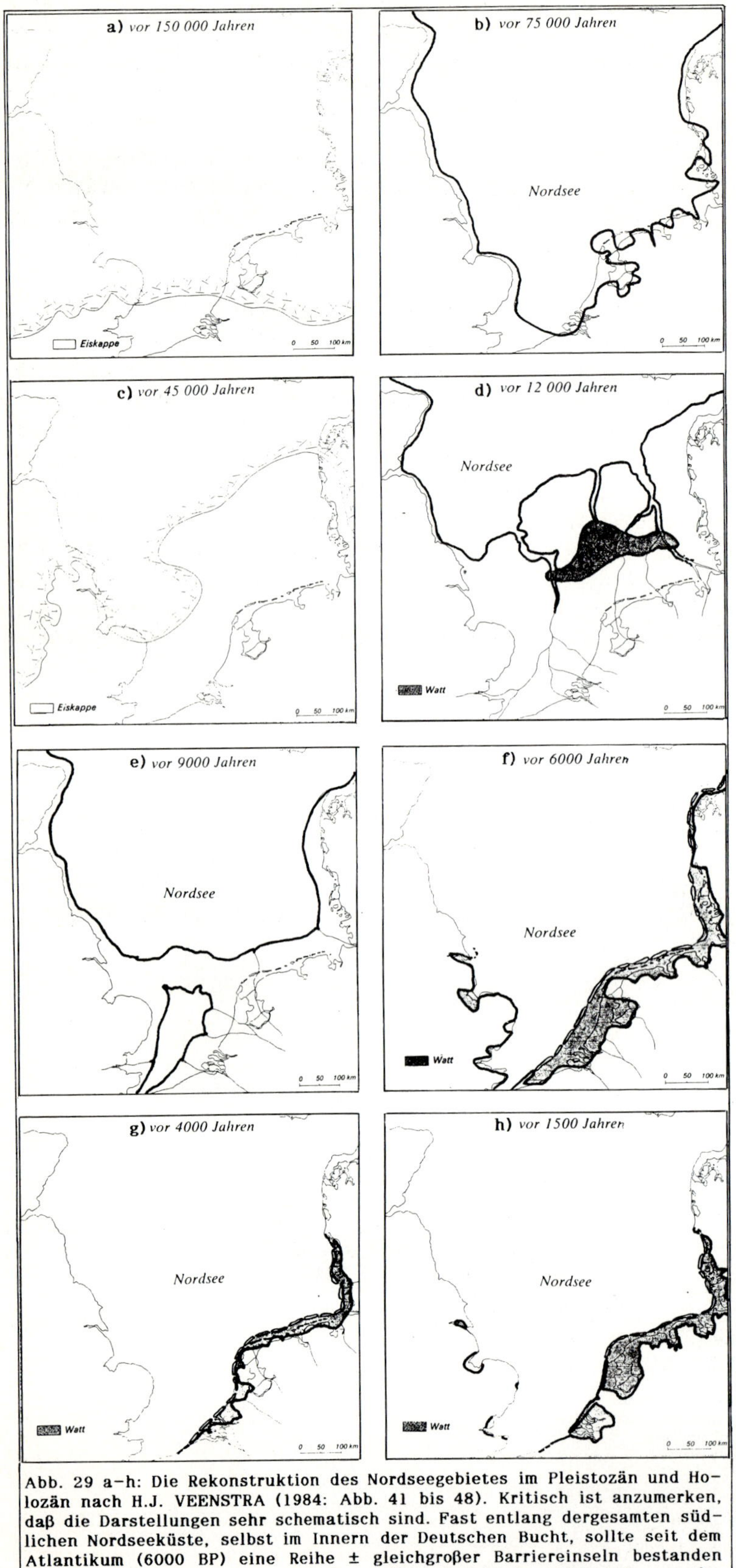

Abb. 29 a–h: Die Rekonstruktion des Nordseegebietes im Pleistozän und Holozän nach H.J. VEENSTRA (1984: Abb. 41 bis 48). Kritisch ist anzumerken, daß die Darstellungen sehr schematisch sind. Fast entlang dergesamten südlichen Nordseeküste, selbst im Innern der Deutschen Bucht, sollte seit dem Atlantikum (6000 BP) eine Reihe ± gleichgroßer Barriereinseln bestanden haben. Diese Annahme setzt einen annähernd gleichen Tidenhub von der französischen bis zur dänischen Küste voraus. Doch dies darf sehr bezweifelt werden. ——— ehem. Küstenlinie

Einen weiteren Versuch, die Gestalt des Nordseegebietes im Pleistozän und Holozän zu rekonstruieren, unternahm H.J. VEENSTRA (1984: Abb. 41 bis 48, hier Abb. 29 a-h).

Eine neuere Serie paläogeographischer Karten der Niederlande im Holozän findet sich bei W.H. ZAGWIJN et al. (1985: Abb. 69 bis 73). Im Gegensatz zu seiner Veröffentlichung von 1974, wo nur 2 Karten vorhanden sind, stellte er nun die Niederlande in 5 Zeitabschnitten dar.

Die Kartenserie von S. JELGERSMA et al. (1985) umfaßt zwar demgegenüber nur 4 holozäne Paläogeographien. Zusätzlich wurde jedoch versucht, den Einfluß der Meeresströmungen in Verbindung mit dem Tidenhub auf die Küstenentwicklung kartographisch darzustellen.

W.H. ZAGWIJN (1986: Karten 1 bis 10) verbesserte die o.g. Kartenserien. Außerdem wurden jetzt sogar insgesamt 9 Zeitstufen behandelt. Diese neue Auflage stellt gleichzeitig die aktuellste ihrer Art dar. Sie ist eine Zusammenfassung nahezu aller Arbeiten zur holozänen Paläogeographie der Niederlande.

Zusammenfassung

Der derzeitige Stand der Küstenforschung ist in den einzelnen Anrainerstaaten unterschiedlich. Seitens der Geologie erfolgte dabei zum Thema der Paläogeographie der weitaus größte Beitrag. Die ergiebigsten Forschungserträge hinsichtlich der holozänen Paläogeographie der Küste kommen von niederländischer und deutscher Seite. Daneben machte die belgische Küstenforschung in den letzten 10 Jahren beachtliche Fortschritte (s. hierzu 1. Hauptteil, Kap. I.A.1.)

Eine paläogeographische Rekonstruktion eines größeren Nordseeküstenabschnittes existiert bislang nur vom niederländischen Bereich. Von den Küsten der übrigen Anrainer gibt es jeweils nur Ausschnitte. Eine landschaftsbezogene Darstellung, die den Küstenraum der gesamten südlichen Nordsee im Holozän umfaßt, ist das Ziel der vorliegenden Arbeit. Fossile Zeugen, meist in Form von Ablagerungen wie Torfe oder klastische Sedimente, aber auch kleine Meerestiere stellten die Basis für die paläogeographischen Karten dar. Ein Vergleich mit der heutigen Situation an der Küste leistete bei der Rekonstruktion wertvolle Hilfestellung.

ERSTER HAUPTTEIL:

Beispiele für die Konstruktion paläogeographischer Karten, dargestellt an zwei Einzeluntersuchungen: belgisches Küstengebiet und südliches Jadegebiet

Die in der Enleitung beschriebene Untersuchungsmethodik findet im ersten Hauptteil ihre praktische Anwendung an zwei Beisepilen, dem belgischen Küstengebiet und dem südlichen Jadegegbiet (Abb. 30).

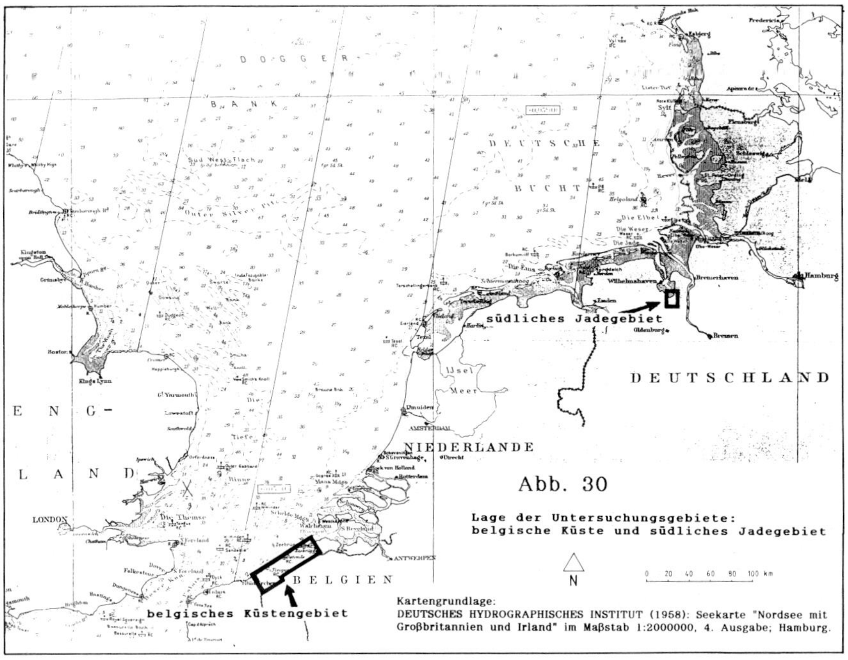

Abb. 30

Lage der Untersuchungsgebiete: belgische Küste und südliches Jadegebiet

I. BELGISCHES KÜSTENGEBIET

A. Einleitung

1. Forschungsgeschichte mit Literaturübersicht

Nach der Behandlung der Forschungsgeschichte in Deutschland und den Niederlanden folgt nun eine Übersicht zur Forschungsgeschichte zu diesem Thema in Belgien. Ein Abriß bezüglich der holozänen Entwicklung an der belgischen Küste findet sich bei C. BAETEMAN (1981a; 1981b; 1987a). Die wichtigsten Gesichtspunkte wurden in die folgenden Ausführungen einbezogen.

Eine der ersten wissenschaftlichen Abhandlungen über die belgische Küste verfasste A. BELPAIRE (1827; zit. bei C. BAETEMAN 1987a; 16). Seine Arbeit, sowohl physisch-geographisch als auch historisch-geographisch ausgerichtet, hatte hauptsächlich beschreibenden Charakter.

Noch bis ins 20. Jh. beschränkten sich die wissenschaftlichen Autoren vorzugsweise mit der nachchristlichen Geschichte der Küstenentwicklung, historische Quellen sowie Wahrnehmungen an der Bodenoberfläche, jedoch nur wenige tiefe Bohrungen bildeten das Ausgangsmaterial. In diesem Zudammenhang ist die Arbeit "La Flandre" von R.BLANCHARD (1906) zu nennen. Hier finden sich einfache Kärtchen, die die ehemaligen Küstenverläufe zeigen (ebenda: Fig. 32, 34).

Um die Jahrhundertwende hatte man damit begonnen, den eingeschalteten "schimmenden Torfen" große Aufmerksamkeit zu schenken. H. DEBRAY (1873; 1874, zit. bei C. BAETEMAN 1987a; 16) gehörte dazu, aber es war vor allem A. RUTOT (1897a; 1897b; 1900, zit. bei C. BAETEMAN 1981a; 1987a; 16), der ein Pionierwerk über die quartäre Geologie von Belgien verfasste (1897b). Er unterschied dabei, ähnlich wie H. SCHÜTTE in Deutschland, Phasen der Landhebung und der Landsenkung, verbunden jeweils mit Moorbildung bzw. Meeresvorstößen.

Es scheint merkwürdig, daß die klassische belgische Küstenforschung seit den 40er Jahren fast nie wieder auf A. RUTOT zurückgegriffen hat, während R. BLANCHARD noch oft zitiert wurde (vgl. C. BAETEMAN 1987a; 16).

Die erste geologische Kartierung des Küstengebietes übernahmen um die Jahrhundertwende M. MOURLON & A.RUTOT (zit. bei C. BAETEMAN 1987a; 16).

Der Franzose G. DUBOIS (1924) führte bei seinen Untersuchungen im angrenzenden französischen Küstengebiet die "Dünkirchen-" und "Calais"-Nomenklatur für die klastischen Sedimente des marinen Küstenholozäns ein. Diese Bezeichnung fand auch in Belgien, den Niederlanden und Deutschland Anwendung. Auch heute wird sie noch teilweise verwandt, besonders in den Niederlanden.

A. BRIQUET (1930) publizierte beachtenswerte paläogeographische Karten des Küstenabschnittes von Nordfrankreich über Belgien bis zu den Niederlanden, die die holozäne Küstenentwicklung aufzeigen sollte. Dabei unterschied er Küstenabschnitte mit Akkumulation und Erosion (ebenda: Fig. 130).

Eine systematische Bodenkartierung der belgischen Marschen führte R. TAVERNIER ab 1940 durch. Eine sehr große Anzahl von Bohrungen bis 1,25m Tiefe lieferten ein gutes Bild der obersten Sedimente. Ältere Entwicklungen konnten damit aber keineswegs gedeutet werden. Diese Bodenkartierung erlabte einen detaillierten Einblick nur in die sog. "landschaftsformenden Prozesse", unter denen die oberen Schichten abgelagert wurden, wie botanische Studien von F. STOCKMANS & R. VANHOORNE (1954) belegen.

J. B. AMERYCKS (1952; 1953; 1954a; 1954b; 1954c; 1958a; 1958b; 1975) führte diesen Trend, d. h. die Forschung der Dünkirchen-Transgressionen, weiter. Dabei beschränkt er seine Aufmerksamkeit vorwiegend auf die nachchristlichen Geschehnisse.

Von 1960 bis 1975 ist wenig Neues zu vermelden. Erst danach begann man unter verstärkter Zuhilfenahme der ^{14}C-Datierungsmethode der Pollenanalyse eine zeitlich genauere Rekonstruktion der Landschaftsentwicklung nachzuvollziehen. Besonders hervorzuheben ist dabei die Arbeit von H. THOEN (1978), der mit seinem Werk: "De Belgische kustvlakte in de Romeinse Tyd" die Situation um die Zeitwende ausführlich darstellte.

Ende der 70er und in den 80er Jahren entwickelten sich die Möglichkeiten für die Forschung günstig. Man konnte sich vielfältigerer Untersuchungsmethoden bedienen, die vor allem die zeitliche Einordnung der Sedimente erleichterte. Ein neuer Forschungstrend wurde sichtbar. Nun wurden sämtliche zugänglichen Zeugnisse (geologische, archäologische und botanische) in den Ablagerungen dazu herangezogen, um die paläogeographische Entwicklung nachzuvollziehen. Ein interdisziplinärer Forschungsansatz, der aus verschiedenen Untersuchungsmethoden eine Synthese liefern sollte, war jetzt gefragt.

Gleichzeitig setzte in Belgien die Abkehr von der klassischen "Calais-Dünkirchen-Nomenklatur" ein. Sie hatte sich als zu unflexibel erwiesen. Die für ihre Anwendung unverzichtbaren "schwimmenden Torfe" sind nämlich im belgischen Küstengebiet oftmals nicht (mehr) vorhanden. Die bisher umfassendste Arbeit über das belgische Küstenholozän (Westteil) stammt von C. BAETEMAN (1981a) mit ihrem Werk: "De Holocene ontwikkeling aan de Westelyke kustvlakte (Belgie)".

C. BAETEMAN (1981a) widmete sich nach langer Forschungspause in Belgien ausführlich der holozänen Geologie des westlichen Teils der belgischen Küstenebene. Als Grundlage dienten ihr Ergebnisse einer großen Anzahl selbst niedergebrachter Bohrungen. In ihrer Arbeit setzt sie sich sehr kritisch mit den älteren Forschungsergebnissen bezüglich der belgischen Küste auseinander. Sie bemängelt insbesondere, daß dort zu wenig Feldarbeit geleistet wurde und viele Auffassungen in den geologischen Arbeiten arglos abgeschrieben wurde. Den Abschluß bildet eine Serie paläogeographischer Karten des Holozäns (ebenda: Abb. 41-44). Allerdings ging sie hierbei nicht auf die Entwicklung der eventuell vorgelagerten Küstenbarriere ein. Weitere Arbeiten von ihr können als Vorarbeit bzw. Ergänzung betrachtet werden (1978; 1981b; 1985a; 1985b; 1986; 1987a).

Wichtige Beiträge zur Erforschung der belgischen Dünenentwicklung lieferte R. DE CEUNYNCK (1985; 1987a; 1987b), während F. MOSTAERT (1987a; 1987b) wichtige neue Forschungsergebnisse aus den bislang weniger untersuchten Ostteil der belgischen Marschen beisteuerte.

2. Der spezielle Untersuchungsvorgang in Belgien

Die Bearbeitung des belgischen Küstenholozäns erfolgte in den nachstehenden Schritten:

Die Schichtenverzeichnisse und ^{14}C-Datierungen aller verfügbaren Bohrungen wurden freundlicherweise von Frau C. BAETEMAN in Zusammenarbeit mit dem Belgischen Geologischen Dienst in Brüssel bereitgestellt. Der Schwerpunkt der Arbeit lag auf dem westlichen Teilgebiet, das bedeutend früher und damit länger unter marinem Einfluß stand als sein östliches Gegenstück. Hier ist eine vollständige Ausbildung der holozänen Schichtenfolge anzutreffen.

C. BAETEMAN (1981a) hatte bereits Versuche unternommen, paläogeoraphische Karten des Westteils zu konstruieren. auch aus dem östlichen Bereich stehen nun auch neuere Publikationen zur Verfügung. So hat es sich der Verfasser dieser Arbeit zur Aufgabe gemacht, die paläogeographischen Karten von C. BAETEMAN zu überarbeiten, zu aktualisieren und zu vervollständigen. Dazu wurden hauptsächlich neue Bohrungen und ^{14}C-Daten benutzt, die bisher nicht berücksichtigt worden waren. Darüber hinaus hat der Verfasser erstmals eine Auswertung des umfangreichen Archivmaterials des belgischen Geologischen Dienstes zum östlichen Teilgebiet vorgenommen. ***Dadurch war es schießlich möglich, nun auch den gesammten belgischen Küstenraum zu erfassen***

Es wurden insgesammt 26 geologische Schnitte (Längs- und Querprofile) durch das Küstenholozän gelegt, 16 von NW nach SE, 10 von SW nach NE. Dazu kamen noch die Profile der Autobahntrassen Brügge-Calais (R. PAEPE 1971; C. BAETEMAN et al. 1974), und Brügge-Ostende (Archivmaterial des belgischen Geologischen Dienstes), siehe Abb. 31. Die Profile wurden genetisch interpretiert und in Beziehung gesetzt, so daß die räumliche Verbreitung eines bestimmten Ablagerungsmilieus zur Rekonstruktion des jeweils herrschenden Landschaftstyps für einen gegebenen Zeitpunkt in der Vergangenheit bestimmt werden konnte. Die zeitliche Einordnung erfolgte mittels ^{14}C-Daten. Abb. 5 zeigt eine schematische Darstellung des belgischen Küstenholozäns.

Ähnlich wie an der Jade gibt es auch in Belgien die typische Abfolge der Schichten vom Geestrand (im SE) zur offenen See (im NW). In der Nähe des Geestrandes ist vielfach ein kontinuierliches Moorwachstum im Holozän festgestellt worden. Zur See hin (nach NW) trifft man auf Verzahnungen von Torfen mit klastischen Sedimenten, wobei sich Rinnen eingeschnitten haben. Schließlich keilen die Torfe in Richtung NW aus und es folgt ein meist rein mineralischer holozäner Sedimentkörper, der stellenweise von Basaltorfen gegen das Pleistozän abgegrenzt ist.

Dort wo sich Torfe und klastische Sedimente verzahnen, fallen i.a. zwei "schwimmende" Torflagen auf, die wichtige Leithorizonte im belgischen Küstenholozän darstellen. Von örtlichen Unregelmäßigkeiten abgesehen, trifft man den unteren "schwimmenden" Torf in einem Niveau um -5m NN an (mittleres Alter: 6000 BP). Die obere schwimmende Torfschicht ist mächtiger, sie liegt um -2,5m NN und wurde grob zwischen 5000 und 2500 BP datiert.

Der östliche Teil belgischen Marsch konnte nicht so detailliert untersucht werden wie der westliche, da hier

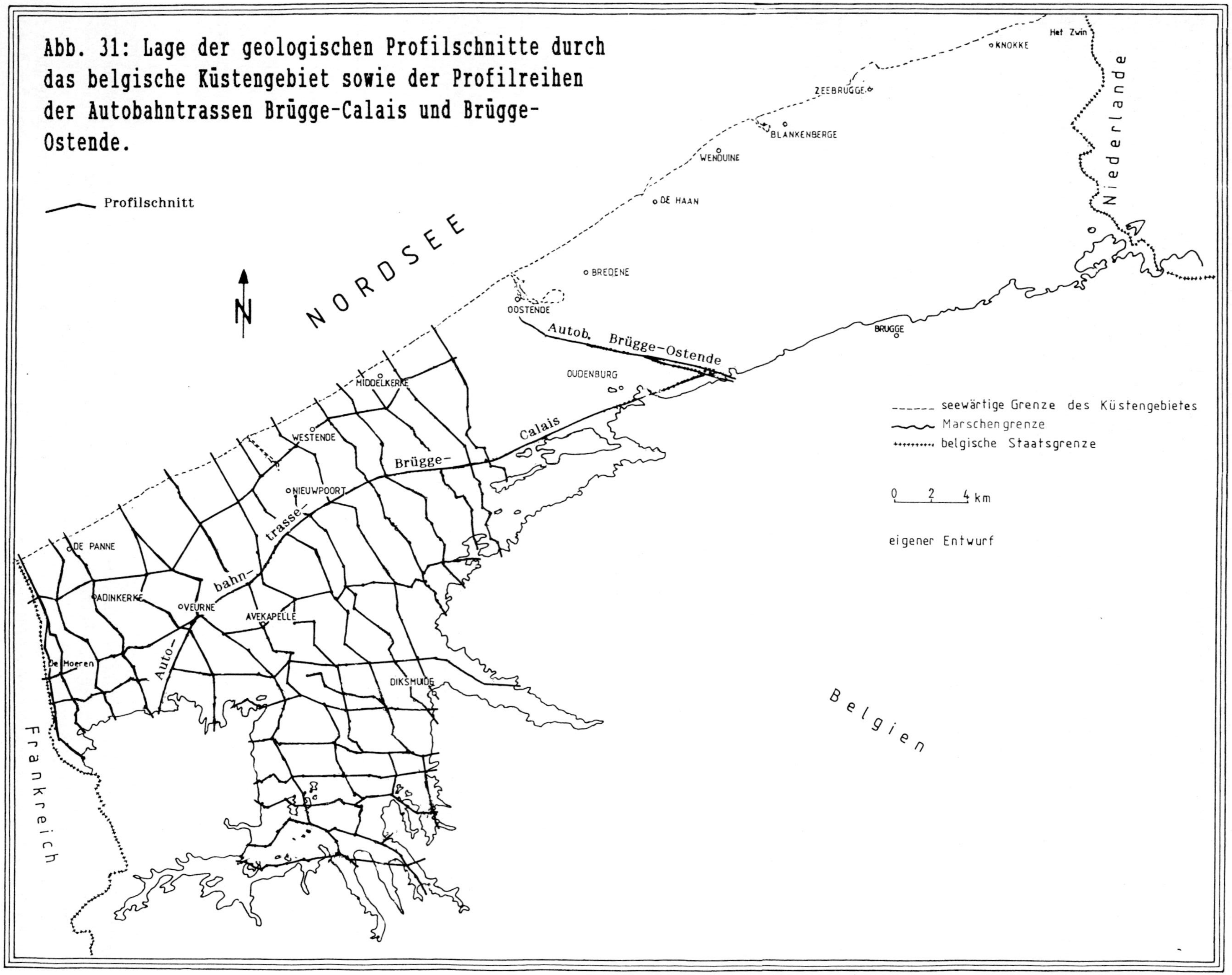

Abb. 31: Lage der geologischen Profilschnitte durch das belgische Küstengebiet sowie der Profilreihen der Autobahntrassen Brügge-Calais und Brügge-Ostende.

weniger Bohrungen verfügbar waren[18] (vgl. Karte der Holozänbasis und der Bohrdichte, Abb. 33). Die Qualität der Schichtenverzeichnisse war darüberhinaus nicht immer zufriedenstellend und ^{14}C-Datierungen fehlten völlig.

So wurden für den östlichen Bereich keine Profile gezeichnet, sondern nur die Mächtigkeit des Küstenholozäns, das Vorhandensein von Torfen und die Art der klastischen Sedimente in die Bewertung einbezogen. Die zeitliche Einordnung der Schichten sowie die räumliche Ausdehnung des dazugehörigen Milieus unter Berücksichtigung späterer Erosionsvorgänge ließ sich dank der mündlichen und schriftlichen Aussagen von R. DE CEUNYNCK und F. MOSTAERT (pers.Mittlgn. 1986-88) bewerkstelligen.

3. Der holozäne Meeresspiegelanstieg

Zunächst soll noch einmal auf die Frage nach der Entstehung der basalen Küstenrandmoore in Bezug auf den herrschenden Meeresspiegel eingegangen werden. W.H. ZAGWIJN (1986: 11) bemerkte hierzu, daß man früher davon ausgegangen sei, daß das Moorwachstum und auch das Grundwasserniveau an der Küste an das jetzt MThw gekoppelt wären; diese Annahme erwies sich jedoch als nicht immer zutreffend; denn das Grundwasserniveau hängt direkt mit dem mittleren Wasserstand zusammen.

Zur Meeresspiegelrekonstruktion dürfen nur echte "Basis" - Torfe i.S.v. W. LANG & B. MENKE (196 herangezogen werden; denn nur sie stehen mit dem Meeresspiegelanstieg in ursächlichem Zusammenhang. Anderenfalls ist der Torf über der pleistozänen Oberfläche neutral als "Basal"-Torf zu bezeichnen. Ein Problem bleibt der Beweis, ob es sich um einen "echten Basistorf" handelt. Für ein gegebenes Alter gilt bei der Kurvenkonstrukion stets die tiefstgelegene Torfprobe, da Sie den Grundwasserstand und damit den direkten Bezug zum Meeresspigelniveau am ehesten repräsentiert. Lokale Abweichungen sind nicht selten. So können ältere Torfe manchmal höher angetroffen werden als jüngere. In diesem Fall sind die älteren Proben meeresspiegelunabhängig entstanden. Generell eignen sich nur die datierten Unterkanten der Basistorfproben.

Ist der Torf, der sich direkt auf dem Pleistozän befindet nachweislich in einem oligotrophen Milieu entstanden, so ist ein direkter Zusammenhang mit dem Meeresspiegelanstieg auszuschließen. Dies trifft z.B. auf basale Torfproben aus Mulden zu; denn das zur Bildung notwendige Niederschlagswasser sammelt sich vorzugsweise dort an. Deshalb ist für die Konstruktion einer Meeresspiegelanstiegskurve ein hinreichend ebenes Relief notwendig (J.W: GRIEDE 1978: 50ff).

Unter Berücksichtigung dieser Tatsachen entstand die holözäne Meeresspiegelanstiegskurve für die belgische Küste[19] (Abb. 32). Es zeigten sich große Übereinstimmungen mit dem Wasserstand in der benachbartern niederländischen Provinz Zeeland (W.H. ZAGWIJN 1986: 33ff), während für die Abschnitte der übrigen niederländischen Küste der Verlauf nicht so steil ausfällt. Für diese Gebiete zeigt auch die Kurve von S. JELGERSMA (1979: Fig. V.-12) ähnliche Werte wie bei W.H. ZAGWIJN (aaO).

Als Ursachen für den steileren Verlauf des Meeresspiegelanstiegs in Zeeland und Belgien im Verhältnis zur übrigen niederländischen Küste sind nach W.H. ZAGWIJN (1986: 11f) ein größerer Tidenhub und/oder eine geringere Senkung des Bodens im Süden der Niederlande anzunehmen[20].

Abb. 32 (folgende Seite): Der holozäne Meeresspiegelanstieg an der belgischen Nordseeküste nach Auswertung von Archivunterlagen des belgischen Geologischen Dienstes.

Abb.32: Der holozäne Meeresspiegelanstieg an der belgischen Nordseeküste

Zeit-Tiefen-Diagramm bezüglich des mittleren Wasserstandes

-eigener Entwurf-

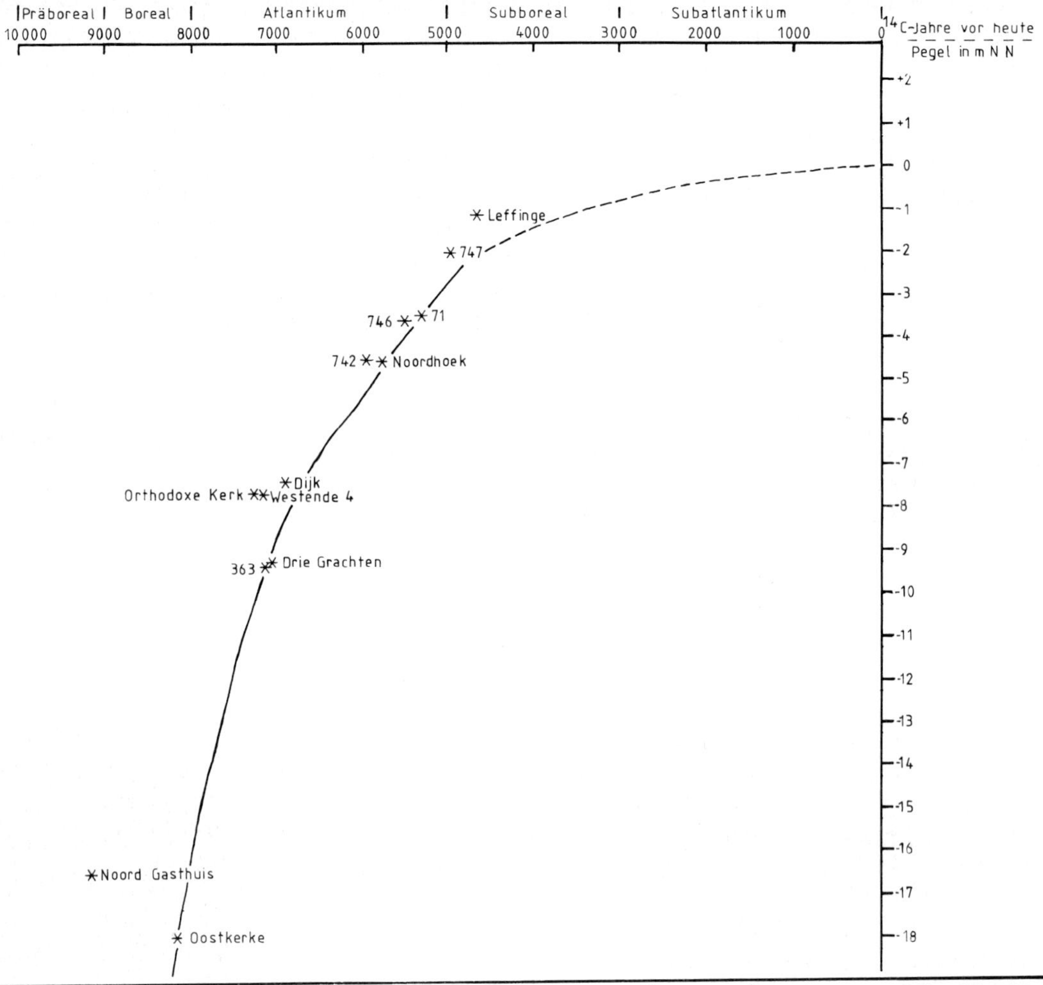

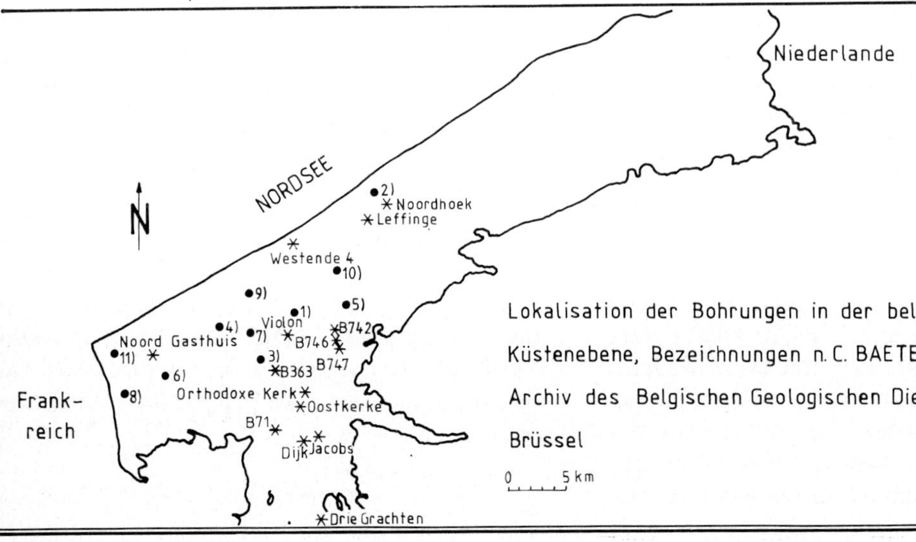

Weitere Bohrungen, die in Tab. 2 aufgeführt sind: ●

1) Wolvennest
2) Vliegveld
3) Booitshoeke Vaart
4) Wulpen
5) Spermalie 2
6) Moerhof
7) Allaertshuizenhoeve
8) De Woestÿn
9) Nieuwpoort 2
10) B 362
11) De Panne-Duinen n. R. DE CEUNYNCK (1985)

Lokalisation der Bohrungen in der belgischen Küstenebene, Bezeichnungen n. C. BAETEMAN - Archiv des Belgischen Geologischen Dienstes, Brüssel

B. Paläogeographische Entwicklung

Nach Auswertung der Bohrungen und der Literatur ergibt sich folgendes Bild, das die bisherigen Ergebnisse aktualisiert und ergänzt:

1. Entwicklung bis zur frühatlantischen Transgression (8000 BP)

Das belgische Küstengebiet erstreckt sich als ca. 10 bis 13 km breiter Marschensaum entlang der Nordseeküste. Nur im Bereich der IJzer-Mündung im SW erreicht er etwa die doppelte Breite. Da er seit über 8000 Jahren im Grenzbereich der See und dem Festlandes liegt, war das Aussehen der Landschaft dort starken Veränderungen unterworfen, wobei abwechselnd marine und terrestrische Einflüsse dominierten.

Auf der Holozänbasiskarte (Abb. 33) erkennt man das unruhige präholozäne Relief. In dem am tiefsten gelegenen Bereich (unter -25m NN) der IJzer- Mündung im SW mußte die See viel früher eingedrungen sein als im höheren NE (s.u.). Obwohl das pleistozäne Niveau im mittleren und östlichen Teil ziemlich hoch ausfällt, ist die pleistozäne Hangneigung bedeutend größer als an der deutschen Küste (z.B. Jadebusen). Der tiefe Einschnitt "Het Zwin" ist auf nachchristliche Erosionen zurückzuführen (vgl. S. 76). Heute sind fast sämtliche Reliefunterschiede durch holozäne Ablegerungen ausgeglichen. Man findet hier ein ebenes Marschenland vor, eine Ausnahme bildet der Dünengürtel, auf den noch später eingegangen werden soll.

Abb. 33 (folgende Seite): Karte der Holozänbasis und der Bohrpunktdichte des belgischen Küstengebietes (nach Auswertung der Archivunterlagen). Es fällt auf, daß die Holozänbasis im westlichen Teilbereich bedeutend niedriger liegt als im östlichen. Der relativ teife Einschnitt an der Grenze zu den Niederlanden ("Het Zwin") ist auf neuzeitliche Erosion zurüchzuführen.

Abb. 34 zeigt die Landschaft, wie sie vermutlich um 8000 BP aussah. Im Bereich der tiefgelegenen IJzer-Mündung sind die ältesten marinen Einflüsse nachgewiesen worden (C. BAETEMAN 1987b: 18, Fig.6). Da der Meeresspiegelanstieg zunächst noch relativ schnell erfolgte, wird angenommen, daß in Belgien bis 8000 BP etwa die -16 m NN-Marke erreicht wurde (Abb. 32). Wegen des ebenfalls ansteigenden Grundwasserspiegels schob sich an der Küste vermutlich der Saum des "Basismoores" auf der pleistozänen Oberfläche empor. Durch die nachfolgende marine Überflutung wurde es zum Absterben gebracht und seine Relikte sind als "Basistorf" i.S.v. W. LANGE & B. MENKE (1967) zwischen den pleistozänen Decksanden und dem marinen Küstenholozän zu finden.
Es gab Mulden, die schlecht entwässert wurden, auch wenn sie relativ hoch gelegen waren. Sie vermoorten nachweislich recht früh, allerdings ohne marinen Einfluß (C. BAETEMAN 1986: pers. Mittlg.).

Bei der Konstruktion der paläogeographischen Karte wurde davon ausgegangen, daß das Basismoor die -16 m NN-Marke noch nicht überschritten hatte. Was die Gezeitenverhältnisse betraf, so herrschten vermutlich Mikrotiden oder niedrige Mesotiden.[21)] Entprechend klein mußten die Wattflächen ausgefallen sein, nicht zuletzt auch wegen des steilen pleistozänen Hanges. Im W war die See in der IJzer-Mündung die sog. "Avekapelle-Rinne" (vgl. C. BAETEMAN 1981a: 188, 236) am weitesten landeinwärts vorgedrungen. Diese Rinne, die bereits im Pleisteozän fluviatil angelegt worden war, wurde nun zur Gezeitenrinne ausgeformt. In ihrem Einzugsbereich lagerten sich Wattsedimente ab.

Die lagunenartige Meeresbucht bei Nieuwport war klein, sie wurde nach J. AMERICKS (1960: 244ff) erst zu Beginn des 11. Jh. n. Chr. ausgeweitet. Allerdings bestand in diesem Gebiet schon eine Rinne, die C. BAETEMAN (1981a: 236) als "Spermalie-Rinne" bezeichnete. Sie bestand demnach schon im Pleistiozän als fluviatil angelegtes Tal oder als Depression.

Der östliche Teil des belgischen Küstengebietes war wegen seines höheren Niveaus zu dieser Zeit dem marinen Einfluß weitgehend entzogen (F. MOSTAERT 1987: pers. Mittlg.). Vermutlich bestand aber ein basaler Moorsaum entlang der heutigen Küstenlinie. Diese Schlußfolgerung ergab sich aus erbohrten Basaltorfen (Bohrarchiv des BGD[22)]) in der entsprechenden Tiefe.

Eine weitere Rinne bei Middelkerke ist aufgrund der Analysen der Schichtonverzeichnisse denkbar. Die Frage nach einer schützenden Küstenbarriere muß zum jetzigen Zeitpunkt ungeklärt bleiben. Die endgültige Feststellung bleibt späteren Untersuchungen überlassen.

Abb. 34 (übernächste Seite): Paläogeographie der belgischen Küstengebietes um 8000 BP (Übergang Boreal-Antlantkum). Bei einem mittleren Meeresspiegel um -16 m NN herrschten vermutlich Mikro- oder niedrige Mesetiden. Außerdem fällt die plesistozäne Oberfläche im Küstenbereich relativ steil ab. Aus diesen Gründen dürften die Wattflächen nur kleinräumig gewesen sein. In den präholozän vorgeformten Rinnen im W (Avekapelle- und Spermalie-Rinne) herrschte bereits ein brackisch lagunäres Milieu. Der östliche Teil war aufgrund seines höheren Niveaus noch nicht marin beeinflußt.

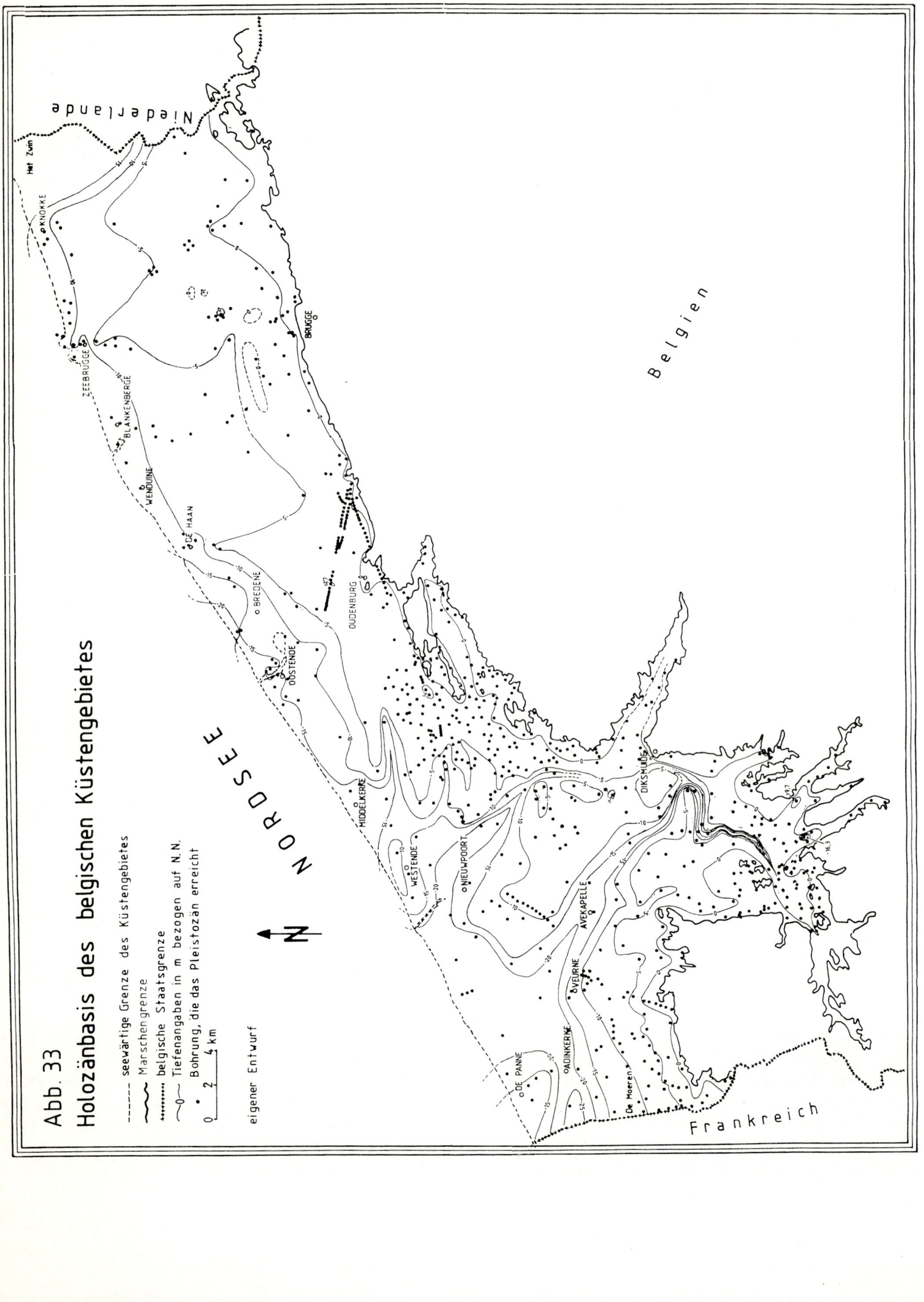

Abb. 33
Holozänbasis des belgischen Küstengebietes

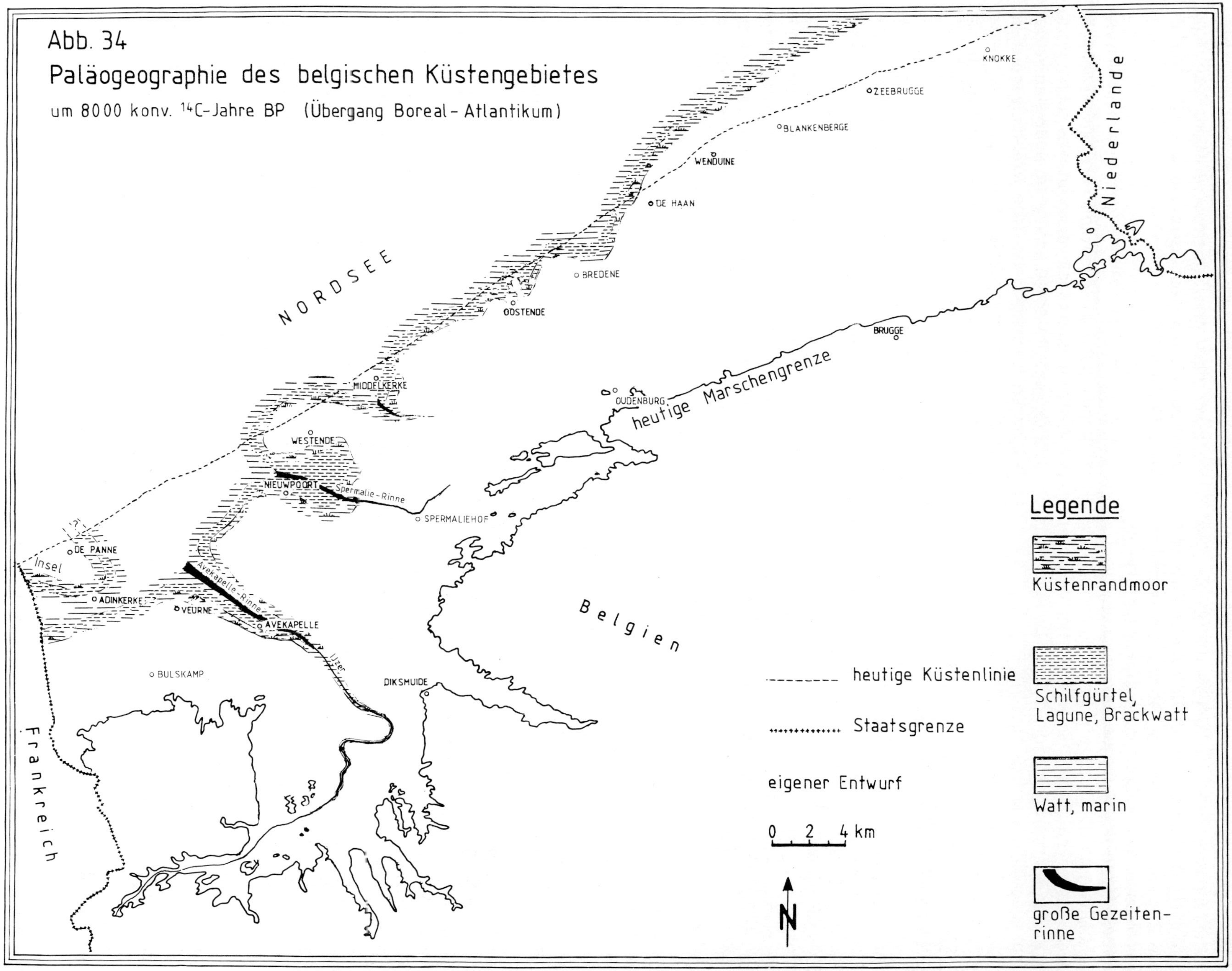

Abb. 34
Paläogeographie des belgischen Küstengebietes
um 8000 konv. ^{14}C-Jahre BP (Übergang Boreal - Atlantikum)

Ein möglicher Grund, der für die Existenz spricht, ist die Tatsache, daß das angenommene Basismoor als Küstenrandmoor gegen die Angriffe der offenen See (Strömung, Brandung) schutzbedürftig war. Falls also eine Barriere vorhanden war, so war sie vermutlich geschlossen, da der Tidenhub wahrscheinlich kleiner war als heute (s.o.). Gegen eine vorgelagerte Küstenbarriere spricht aber der immer noch ansteigende Meeresspiegel zu dieser Zeit, weshalb der Verfasser eher der Auffassung zuneigt, daß die Barriere noch nicht ausgebildet war (vgl. Abb. 34).

2. Die Entwicklung bis zur mittelatlantischen Transgression (8000-6600 BP)

Nach der Auswertung der Bohrungen und der Literatur ergab sich folgendes Bild (Abb. 35): C. BAETEMAN (1981a: 236) zufolge reichte der marine Einfluß um 6600 BP bis auf etwa -7 m NN. Die Meeresvorstöße erfolgten bei weiter ansteigendem Meeresspiegel vornehmlich entlang der Gezeitenrinnen. Der Haupteinlass war die o. g. "Avekapelle-Rinne". Von ihr ausgehend, zweigte östlich von Veurne eine Nebenrinne ab, die zur Geest nach SW in Richtung Bulskamp verlief.

Schließlich gab es noch ein kleineres Rinnensystem östlich von Nieuwpoort. Der östliche Zweig, bei C. BAETEMAN (1981a: 236) als Fortsetzung der "Spermalie"-Hauptrinne angesehen, war wahrscheinlich schon im Pleistozän vorgeformt, entweder als Depression oder fluviatil angelegtes Tal.

Durch die Gezeitenrinnen breitete sich der marine Einfluß landeinwärts aus. Besondere Bedeutung kam dabei, wie oben angedeutet, der "Avekapelle-Rinne" zu, die von einem breiten Watt gesäumt wurde. Ein ähnliches Milieu muß man sich auch im Bereich der "Spermalie-Rinne" und ihrer Nebenrinnen vorstellen.

Abb. 35 (folgende Seite): Paläogeographie des belgischen Küstengebietes um 6600 BP (mittleres Atlantikum). Der Meeresspiegel hatte vermutlich die -7 m NN-Marke erreicht. Es herrschte ein transgressiver Charakter vor. Der marine Einfluß drang tiefer in die Rinnen im W ein. Sie entwickelten sich zu großen Gezeitenrinnen. Die basale Vermoorung erstreckte sich bereits über weite Gebiete im östlichen Teil. Vermutlich hatte sich schon eine Küstenbarriere gebildet, die im O geschlossen, im W dagegen unterbrochen war. Es wird angenommen, daß im Schutze dieser Barriere im Westteil brackisch-lagunäre Zonen über zuvor entstandene Watten ausbreiteten.

Der steigende Meeresspiegel verursachte einen weiteren Grundwasseranstieg. Dadurch konnten in der Nähe des Geestrandes flache Lagunen mit ausgedehnten Schilfbeständen (Phragmites communis) entstehen, wo zuvor noch das Basismoor existiert hatte. Nun schob es sich weiter am Geestrand hinauf (C. BAETEMAN 1981a: 237).

Nach C. BAETEMAN (1981a: 238) muß man sich die größeren lagunären Zonen stark verzahnt mit dem benachbarten marinen Watt vorstellen, was auf der Karte nicht dargestellt werden konnte. Im äußersten W des belgischen Küstengebietes ("De Moeren")werden im holozänen Sedimentkörper fast keine lagunären Ablegerungen angetroffen. Der Grund liegt in der starken Hangneigung des pleistozänen Untergrundes.

Größere lagunäre Zonen werden auch im Süden von Nieuwpoort und SW von Veurne nachgewiesen, die sich über ehemalige Watten ausgebildet hatten. Offensichtlich war hier der marine Einfluß wieder zurückgegangen, weil vorgelagerte Sandwattplatten einen Schutz darstellten (R. DE CEUNYNCK 1987: pers. Mittlg.). C.BAETEMAN (1978: 53) legte sogar für den ***Zeitraum ab 6750 BP die Existenz eines Küstenbarrieresystems*** nahe. Die Lage der in Karte (Abb. 35) eingezeichneten Küstenbarriere ist rein hypothetisch, da entsprechende Sedimente bis heute nicht nachgewiesen wurden.

Östlich von Nieuwpoort kann man davon ausgehen, daß die Küstenlinie weiter seewärts als gegenwärtig verlief. Dort werden lagunäre Absätze aus jener Zeit dicht an der heutigen Küste angetroffen (C.BAETEMAN 1981a: 239).

Von welchem Zeitpunkt diese "flandrische" Küstenbarriere auch immer bestand, es steht fest, daß sie sich an zwei inzwischen erodierte Landvorsprünge orientierte (zur Lage s. Beilagen 1 bis 6). Der "westliche " lag bei Cap Blanc Nez nahe Sangatte (Frankreich), wo heute noch fossile Nehrungen nachweisbar sind, die nach E verlaufen (vgl. J. SOMMÉ 1969: Fig. 1; 1977: Fig. 147; A. BRIQUET 1930: Figuren: 2, 102, 130, 131, 141, 142). Der "östliche" muß sich im Bereich der Insel Walcheren (Niederlande) befunden haben (R. DE CEUNYNCK 1987: pers. Mittlg.). Starke marine Erosionen suchten besonders im Subatlantikum den niederländischen Teil Flanderns (Zeeuws-Vlaanderen) heim. Dabei wurde die Meeresbucht "Het Zwin" im äußersten NE Belgiens geschaffen[23] (vgl. F.F.F.E. VAN RUMMELEN 1965: 6f, 36). Sie ist heute wieder landfest.

Abb. 35
Paläogeographie des belgischen Küstengebietes
um 6600 konv. ^{14}C-Jahre BP (mittleres Atlantikum)

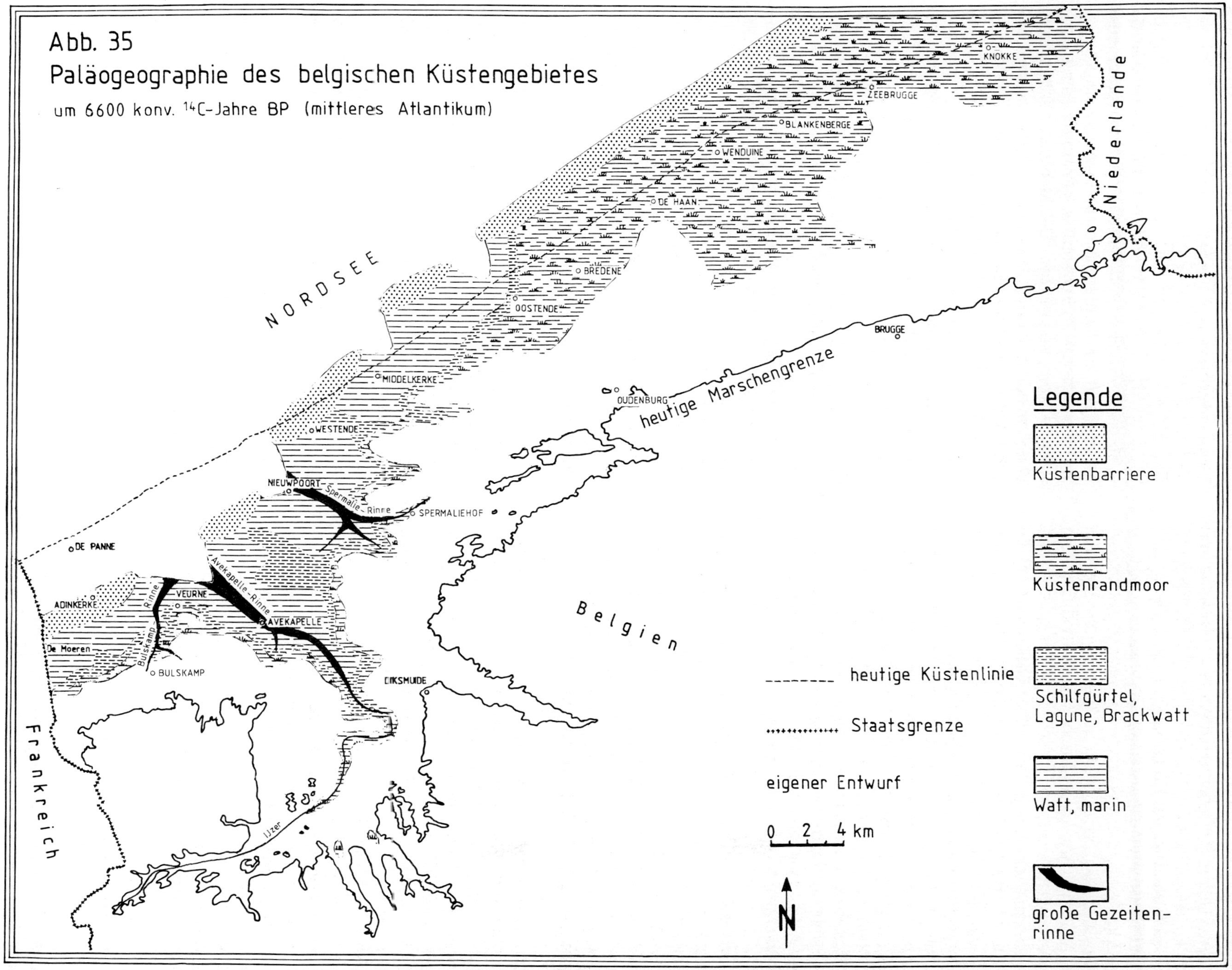

3. Die Entwicklung bis zur spätatlantischen Regression (6600 bis 6000 BP)

Wie die Untersuchungen ergaben, fand die Annahme von C. BAETEMAN (1981a: 239ff) die Bestätigung, daß sich das Bild der Küstenlandschaft in dieser Zeit grundlegend wandelte (Abb.36). Demnach mußte eine Verlangsamung des Meeresspiegelanstiegs eingetreten sein. Schließlich erreichte er noch ein Niveau um -5 m NN (vgl. Abb. 32). Im gewissen Rahmen hatte sich ein Gleichgewichtszustand zwischen Anstiegsrate des Meeresspiegelanstiegs und der Sedimentation im Küstenraum eingestellt. Der Bereich der Ablagerungen war ausgebreiteter als zuvor, wodurch der direkte marine Einfluß nun nicht mehr so weit landeinwärts reichte. Außerdem ist nochmals auf den eventuellen Bestand einer Küstenbarriere hinzuweisen. Zwar ist er wegen der fehlenden Ablagerungen auch aus dieser Zeit hypothetisch, doch geht der Verfasser davon aus, daß eine bestand (Abb. 36); denn der Meeresspiegel war stark verzögert, was die Ausbildung einer Barriere begünstigt haben mußte. Spätere Erosionen besitigten wahrscheinlich sämtliche Zeugen.

Durch den abnehmenden marinen Einfluß begann ein verstärkter Verlandungsprozeß des Wattes. Begünstigt wurde die Aufschlickung durch den anhaltenden Süßwasserzufluß vom Land her, besonders durch die IJzer. Das Küstenrandmoor schob sich großflächig über die Wattflächen, nachdem sie zuvor bereits lagunären Charakter angenommen hatte (c. BAETEMAN 1981a: 239ff). Die Reste dieses fossilen Moores bilden in Belgien heute den unteren schwimmenden Torf. Die regressive Tendenz des Meeresspiegelanstiegs ist nicht notwendigerweise als Absenkung des Meeresspiegels zu erklären. Wahrscheinlich ist es, daß um etwa 6000 BP oder kurz vorher die Anstiegsrate langsamer war als in den Zeiten davor. Dadurch konnte das Moorwachstum mindestens Schritt halten oder sich sogar seeewärts ausdehnen (C. BAETEMAN 1981a: 240f).

Es ist auffällig, daß etwa um diese Zeit (6000 BP) auch an der niederländischen und deutschen Nordseeküste regressive Meeresspiegeltendenzen mit seewärtiger Moorausbildung stattfanden (H.STREIF 1981: 72; 1984: 15f; W. ROELEVELD 1974: Tab. 2; J.W. GRIEDE 1978: Tab. 3; W.H. ZAGWIJN 1986: Fig. 6; K.-E. BEHRE et al. 1979: 100f).

Abb. 36 (folgende Seite): Paläogeographie des belgischen Küstenraumes um 6000 BP (spätes Atlantikum). Der Meeresspiegelanstieg hatte sich stark verlangsamt und erreichte bis zum Betrachtungszeitpunkt eine Niveau von ca. -5 m NN. Aus dem seewärtigen Ausbreiten des Küstenmoores über ehemalige Watten und Lagunen ergibt sich eine regressive Überlagerung der Sedimente (unterer "schwimmender Torf"), die nicht nur durch verstärkte Süßwasserzufuhr vom Land her, sondern vermutlich auch durch eine Küstenbarriere hervorgerufen wurde.

Das Moor konnte sich nach C. BAETEMAN (1981a: 240f) an der belgischen Küste jedoch nicht überall ausbreiten. Südlich und östlich von Nieuwpoort behauptet sich das Wattenmillieu im Gebiet der Spermalie-Rinne, ebenso im Bereich der Avekapelle-Rinne und westlich von Veurne im "De Moeren"-Gebiet. Der abnehmende marine Einfluß und die Süßwasserzufuhr von Land her ließ den Salzgehalt in den Gezeitenrinnen sinken, so daß das Moor ihre Einengung bewirkte. Schließlich wurden diese Rinnen so zu Moorflüßchen. Die auf der Abb. 36 verzeichnete Rinne bei Ostende ist nicht sicher belegt.

4. Die Entwicklung bis zur spätatlantischen Transgression (6000 bis 5400 BP)

An dieser Stelle soll der Versuch unternommen werden, die Gestalt der vermuteten Barriere vor der belgischen Küste zu rekonstruieren. Wie oben (für 6000 BP) erwähnt, könnte sie durchaus schon im Atlantikum bestanden haben. Der direkte Nachweis wurden aber bislang noch nicht erbracht. Wahrscheinlich haben spätere Umlagerungsprozesse ihre Spuren verwischt.

Rekonstruktion der Küstenbarriere

Eine Küstenbarriere in einem flachen Gezeitenmeer wie der Nordsee mit in das Land greifenden Flußmündungen besteht gewöhnlich aus einer Reihe von Barriereinseln, die sich an der Wattkante im Küstenvorfeld gebildet haben. Größe und Gestalt dieser Inseln werden im Gezeitenregime und dem Hinterland bestimmt.

M.O. HAYES (1979: 5ff, Tab. 2 und 4) stellte einen Zusammenhang zwischen der Konfiguration von Barriereinseln und dem Gezeitenregime her. Dabei ging er von einem mittleren Wellenregime (Wellenhöhe: 60 bis 100cm) aus. Er unterschied folgende Gezeitentypen nach Tidenhüben:

Mikrotiden (0 bis1 m)
niedrige Mesotiden (1 bis2 m)
hohe Mesotiden (2 bis 3,5 m)
niedrige Makrotiden (3,5 bis5 m)
Makrotiden (> 5 m)

Abb. 36
Paläogeographie des belgischen Küstengebietes
um 6000 konv. ^{14}C-Jahre BP (spätes Atlantikum)

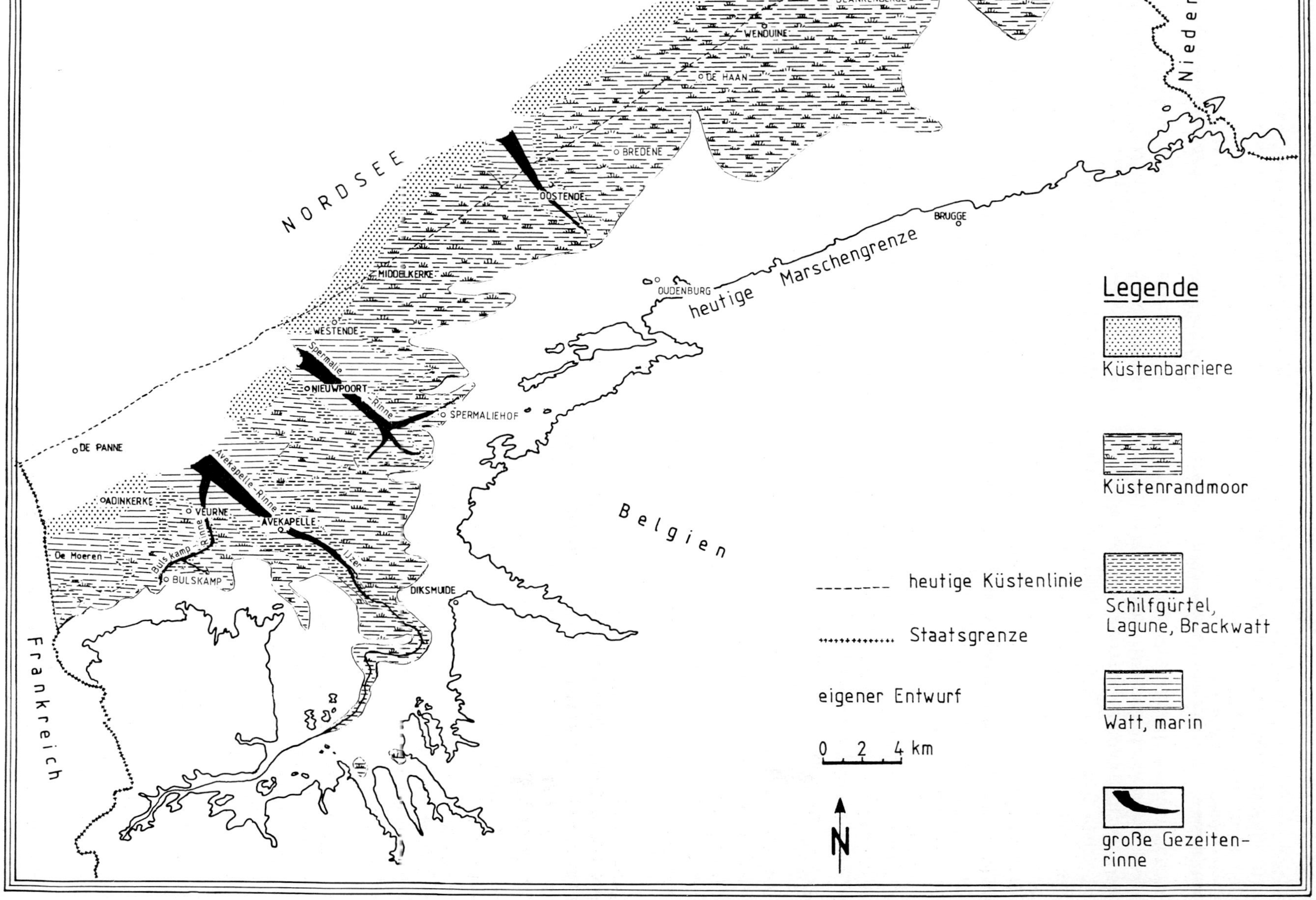

Typisch für die Küstenabschnitte mit Mikrotiden sind 30-100 km lange Barriereinseln. Sie sind lang und schmal. Es gibt daher nur wenige Seegaten, jedoch häufiges Auftreten von "Durchbruchs-Schwemmfächern", die temporär bei Sturmfluten entstehen. Dabei bilden sich häufig Flutdeltas aus, aber keine oder höchstens kleine Ebbdeltas.

Mesotidale Küstenabschnitte besitzen weitaus kürzere, keulenförmige Barriereinseln, meist 3-20 km lang, selten mit Durchbruchs-Schwemmfächern, jedoch mit zahlreichen Seegaten, Flutdeltas sind nur klein oder fehlen völlig, Ebbdeltas sind gut entwickelt.

Küstenabschnitte mit Makrotiden zeichnen sich durch Salzmarschen und ausgedehnte Watten mit Gezeitenrinnen und hohen Sandplaten aus, Barriereinseln fehlen ganz.

H. STREIF (1986: 40ff) übertrug die Ausführungen M.O. HAYES (aaO) auf die Küsten der südlichen Nordsee. Es zeigten sich gute Übereinstimmungen.

Um die Paläo-Gezeitenverhältnisse (Paläo-Tidenhübe) an der Küste Belgiens für die Zeit um 5400 BP nachzuvollziehen, wurde die hier vorgestellte Meeresspiegelanstiegskurve (Abb. 32) und die Untersuchungen zum Paläo-Gezeitenverhalten von J.POST (1976) zu Rate gezogen. Dabei wurde ein mittlerer Meeresspiegelanstieg von -4 m NN zugrundegelegt[24].

Nach J.POST (1976: Abb. 15a) ergäbe sich bei einer Absenkung des gegenwärtigen Meeresspiegels um 5 m ein Springtidenhub von 4-4,5 m für die westliche Hälfte der belgischen Küste, für die östliche Hälfte entsprechend 3,5-4 m . Der mittlere Tidenhub (MThw) sollte dabei jeweils um 0,5 m niedriger gelegen haben. J. POST (1976: Vergleich zwischen 15a und 15b) kam zu dem Ergebnis, daß sich auch bei einer Meeresspiegelabsenkung auch der Tidenhub verringern würde. Daraus kann nach Ansicht des Verfassers gefolgert werden, daß für den mittleren Tidenhub an der Küste Belgiens um 5400 BP im Westteil ein Betrag von <3,5-4 m (niedrige Makrotiden) und im Ostteil ein Betrag von <3-3,5 m (hohe Mesotiden) anzusetzen ist.

Für die Konfiguration der belgischen Küstenbarriere um 5400 BP können die folgenden Überlegungen angestellt werden: Dem Westteil des Küstenabschnittes waren hohe Sandplaten mit ausgedehnten Watten und Gezeitenrinnen vorgelagert. Es ist denkbar, daß die Sandplaten nach 5400 BP teilweise schon zu Strandwällen umgeformt wurden; denn für 4300 BP erwähnte R. DE CEUNYNCK (1985: 34) Dünen im Gebiet von Adinkerke. Es ist anzunehmen, daß sie über zuvor entstandenen Strandwällen gebildet wurden.

Wie Abb. 37 zeigt, verläuft die mutmaßliche Küstenbarriere etwa ab Westende nordostwärts im Bereich der gegenwärtigen offenen See. Folglich muß sie späteren Erosionen zum Opfer gefallen sein. Hohe Mesotiden können hier den Aufbau eines Strandwallsystems bewirkt haben, das durch Seegaten unterbrochen wurde. Relikt eines Wattes im Schutz dieser Strandwälle sind zwischen Westende und Wenduine nachgewiesen worden (R. DE CEUNYNCK 1987: pers. Mittlg.).

Zur Rekonstrukton der Küstenlandschaft um 5400 BP ist festzuhalten , daß dieser Zeitpunkt zwischen die Entstehung des "oberen" und "unteren" schwimmenden Torfes fällt (Abb. 5 und Tab. 2). Der mittlere Wasserstand lag bei -3,5 m NN (Abb. 32). Nach C.BAETEMAN (1981a: 241) wurde ab 5600 BP die zuvor entstandene untere (schwimmende) Torfschicht in ihrem seewärtigen Teil überflutet, so daß sich dort Lagunen ausbildeten, da das Moorwachstum mit dem Meeresspiegelanstieg nicht mehr Schritt halten konnte. Die vorher bereits vorhandenen Watten dehnten sich trotz des Meeresspiegelanstiegs aber nur wenig landeinwärts aus. Die IJzer hatte ihr Flußbett im südlichen Bereich des Küstengebietes weiter nach W verlegt (C.BATEMAN 1988: pers. Mittlg.).

Besonders deutlich fällt auf, daß der marine Einfluß im W der Küstenrgion weiter landeinwärts reichte als im E. Im Ostteil begann sich nach F. MOSTAERT (1987a: 23) in der Folgezeit ein ausgedehntes Küstenrandmoor zu entwickeln, das durch eine nahezu geschlossen Küstenbarriere geschützt wurden, s.u. Allerdings wurden im Bereich von Bredene (östlich Oostende) marine Wattsedimente der Calais-Serie (= Atlantikum) nachgewisen (L. VANSIELEGHEM 1980: 61). Sie lassen auf marinen Einfluß vor der Bildung des subborealen Torfes schließen.

Abb. 37 (folgende Seite): Paläogeographie des belgischen Küstengebietes um 5400 BP (spätes Atlantikum). Für diesen Zeitpunkt ist in der Westhälfte des Küstengebietes eine Transgression nachgewiesen. Lagunäre Verhältnisse breiteten sich vielfach über zuvor vermoorte Gebiete aus. Basierend auf den Überlegungen im Text zum Gezeitenverhalten wird davon ausgegangen, daß die Küstenbarriere im W vermutlich aus einer Reihe kleinerer Barriereinseln oder Sandplaten bestand. Dem Ostteil war wegen des ungestörten Moorwachstums wahrscheinlich eine geschlossen Barriere vorgelagert. Der Meeresspiegel erreichte etwa -3,5 m NN.

Abb. 37
Paläogeographie des belgischen Küstengebietes
um 5400 konv. ¹⁴C-Jahre BP (spätes Atlantikum)

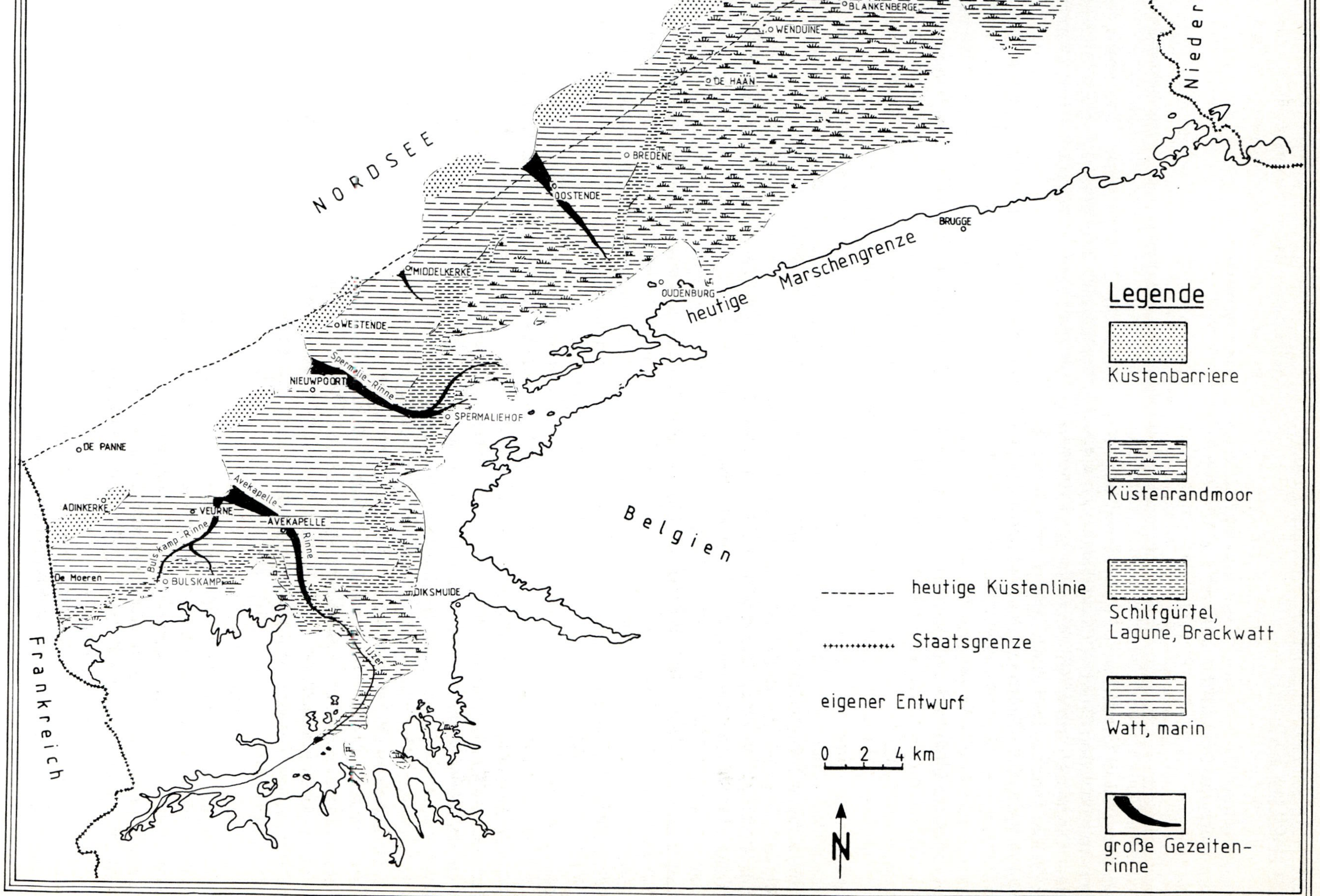

5. Die Entwicklung der mittelsubborealen Regression (5400 bis 3700 BP)

Ein Rekonstruktionsversuch dieser Landschaft nach Auswertung der Bohrdaten findet sich auf Abb. 38. So wies bereits R. DE CEUNYNCK (1985: 34; 1987a: 26ff) darauf hin, daß ab 5300 BP der älteste bisher nachgewiesene Dünengürtel (Küstenbarriere) an der Küste Belgiens gebildet worden war. Er verlief von der belgisch-französischen Grenze ("Oude duinen van Aidinkerke- Ghyvelde") nach NE, über eine Linie nördlich der Städte Veurne, Nieuwpoort und Westende. Sein weiterer Verlauf muß sich auf der heute offenen See befunden haben. Nahe der niederländisch-belgischen Grenze, vor der Halbinsel Walcheren, befand sich vermutlich ein Landvorsprung, der der Küstenbarriere als Aufhängepunkt diente. Auch er fiel der späteren Erosion zum Opfer.

Diese Küstenbarriere ist bis auf Reste im W ("Oude duinen van Aidinkerke- Ghyvelde") völlig erodiert worden. Seine Anwesenheit wird dadurch unterstützt, daß vom Beginn seines Bildungszeitraumes an in seinem Schutz ab etwa 5300/5000 BP ein ausgedehntes Moorwachstum einsetzte, dessen Relikte heute noch auffindbar sind. Wahrscheinlich war die Küstenbarriere größtenteils geschlossen (J.B. AMERYCKS 1952: 10; 1953: 10; 1954a: 10; 1954b: 10; 1954c: 11; 1958a: 37; 1958b: 38; R. DE CEUNYNCK 1987a: 26ff). Zur gleichen Ansicht kam auch L. VANSIELEGHEM (1980: 63) bei seinen Untersuchungen im Raum Bredene.

C. BAETEMAN (1981a: 242ff; 1987b: 20) wies auf einen grundlegenden Landschaftswandel ab ca. 5300 BP an der Küste hin, der mit der Dünenbildung parallel verlief. Von nun an breitete sich das Küstenmoor nicht mehr nur landwärts, sondern auch wieder seewärts aus. So schob es sich sowohl auf vorher voll-marinen Watten als auch den pleistozänen Hang aufwärts. Die Küstenbarriere war nicht völlig abgeschlossen, sondern wurden zeitweise unterbrochen. Hieraus wird deutlich, daß der Meeresspiegelanstieg weiter fortsetzte, wenn auch möglicherweise stark verlangsamt.

Abb. 38 (folgende Seite): Paläogeographie des belgischen Küstengebietes um 3700 BP (mittleres Subboreal). Dieser Zeitpunkt stand im Zeichen der überregionalen subborealen Regression. Auch wenn in Belgien keine Anzeichen für eine echte Absenkung des Meersspiegels vorligen, so sind doch fast überall regressive Überlagerungen anzutreffen, d.h. das Küstenrandmoor hatte sich weit seewärts über ehemalige Lagunen und Watten ausgedehnt. Der fossile Zeuge dieses Moores ist der "obere schwimmende Torf", der auch in Belgien die mächtigste Torflage darstellt. Für diesen Zeitpunkt liegen auch Beweise für eine Küstenbarriere vor. Sie hatte auf belgischem Gebiet wahrscheinlich nur drei schmale Seegaten, wodurch das Hinterland vor dem marinen Einfluß geschützt wurde.

Wahrscheinlich begünstigte eine Tidenhubverminderung, verbunden mit Kimaänderungen, das Moorwachstum. Das Meeresniveau überschritt um 4500 BP etwa die -3 m NN-Marke. Die obere "schwimmende Torfschicht" repräsentiert diese inzwischen fossile, ehemals sehr umfangreiche Küstenrandmoor.

Ab 4200 BP war fast das gesamte Küstengebiet vermoort, sogar auch die bisher nicht vom Meeresspiegelanstiegsgeschehen erfassten Gebiete auf dem pleistozänen Hang. Das gilt besonders für die Gebiete östlich Wenduine, das Handzame-Tal und große Teilgebiete des IJzergolfes östlich der Stadt Lo (s. Abb. 39, vgl. C.BAETEMAN aaO). Zwischen Nieuwpoort und Oostende tritt dieser Torf am Strand heute offen zu Tage und beweist die erosive Tätigkeit des Meeres in diesem Bereich.

Dennoch gab es im Küstengebiet auch Zonen, die nicht vermoorten (C. BAETEMAN 1987b: aaO). Dies gilt für einige seewärts gelegene Gebiete, in denen sich das Wattenmilieu behauptete. Hier ist besonders der an der französichen Grenze gelegene Bereich von "De Moeren" zu nennen, sowie eine Zone östlich von Nieuwpoort (C. BAETEMAN 1981a: 245).

Hinsichtlich der Entstehung von De Moeren bestand lange Zeit Ungewissheit. Zunächst ging man davon aus, daß "De Moeren" ursprünglich ein großes Moor (Name!) bezeichnete, das im Mittelalter fast vollständig abgetorft wurde (D.P. OOIJVAAR 1975: 12; Tab. IV). Dem widersprechen jedoch neuere interdisziplinäre Untersuchungen (R. DE CEUNYNNCK 1986: 61ff, 69).

Nach C.BAETEMAN (1981a: 245ff; 1985b: 40ff) waren De Moeren niemals ein großes Moor. Es gab bestenfalls marginale Moorbildungen; denn erwiesenermaßen (Sedimentanalysen) war der marine Einfluß zwischen 5000 und 3500 BP für eine Moorbildung zu stark und so konnte es hier nicht zu einem regressiven Übergreifen des Küstenrandmoores kommen, wie es verbreitet andernorts der Fall war.

Stattdessen (vgl. C.BAETEMAN aaO) herrschte ein Wattenmilieu vor, das nach NW über französisches Gebiet mit der offenen Nordsee in Verbindung stand.

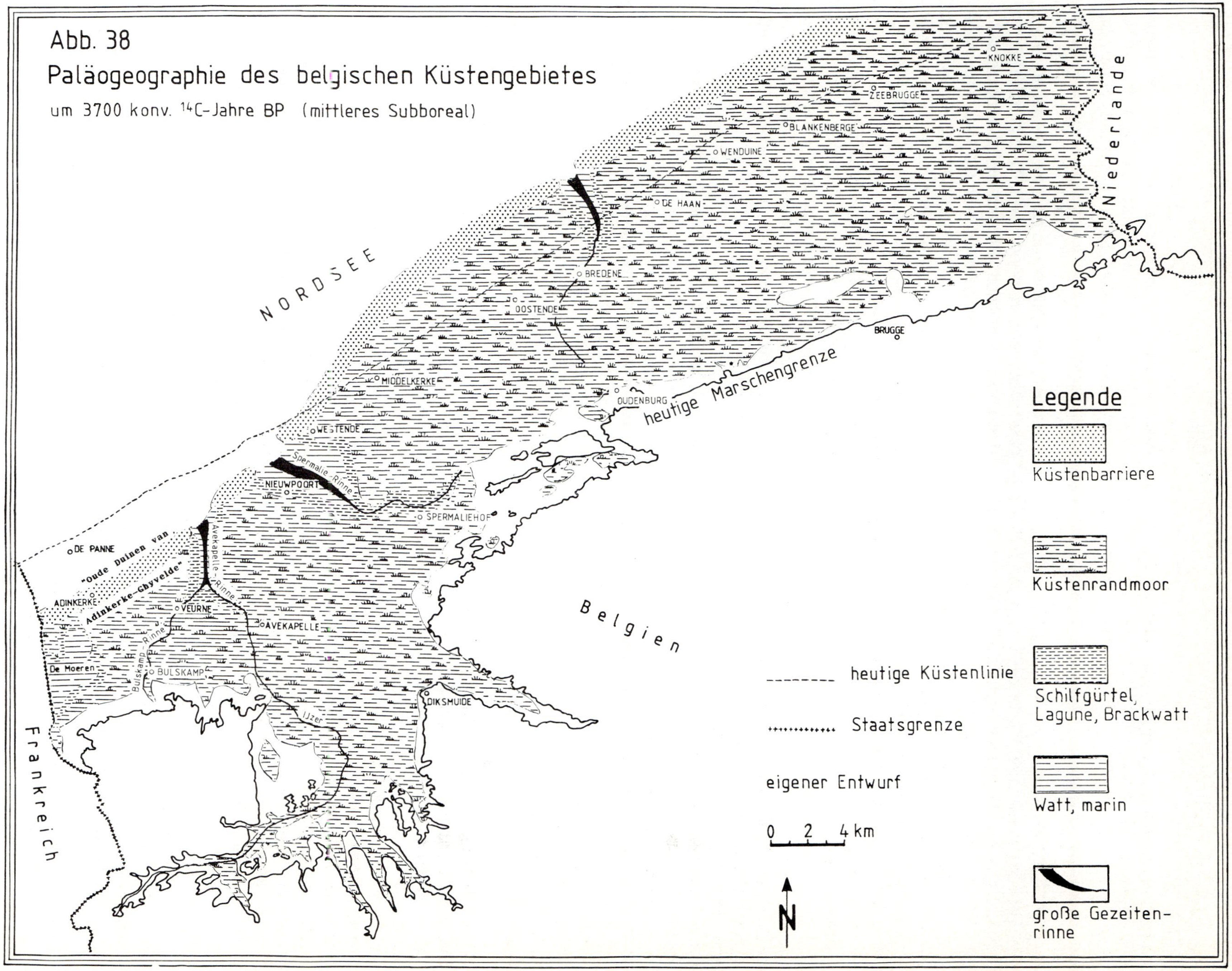

Abb. 38
Paläogeographie des belgischen Küstengebietes
um 3700 konv. ^{14}C-Jahre BP (mittleres Subboreal)

Abb. 39:
Lageskizze im westlichen Teil des belgischen Küstengebietes

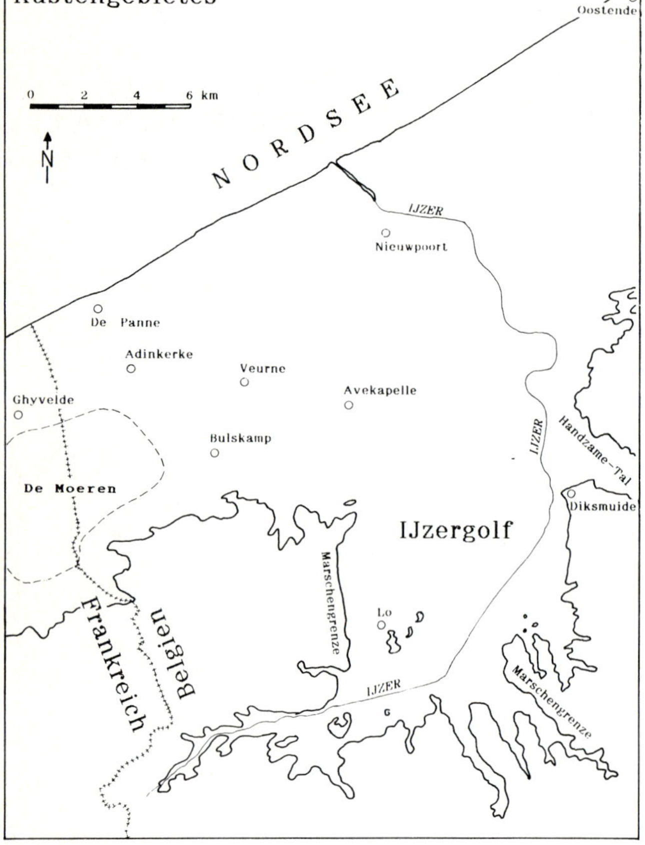

Die großen Rinnen, die Spermelie-Rinne (C. BAETEMAN et al. 1981: 14f), die Bulskamp-Rinne und teilweise auch die Avekapelle-Rinne blieben trotz der enormen Ausdehnung des Moores, offen. Die Avekapelle-Rinne war gleichzeitig die Mündung der IJzer, die ihren Lauf während der Moorausbreitung ab Avekapelle flußaufwärts etwas nach SW verlagert hatte (vgl. Abb. 38)[25].

Die Rinne bei Bredene bestand eventuell schon, aber östlich einer Linie Oudenburg- Wenduine existierte ein geschlossenes Moor (F. MOSTAERT 1987: pers. Mittlg.).

Das hier beschriebene belgische Küstenrandmoor, das den weitaus größten Teil der heutigen Seemarsch einnahm, ist das bedeutendste in der holozänen Geschichte dieses Küstengebietes. Dies gilt nicht nur wegen seiner enormen räumlichen Ausdehnung, sondern auch wegen der langen Zeit seines Bestehens (C. BAETEMAN 1981a: 242; 1985a: 28; 1987b: 20; F. MOSTAERT 1987a: 23).

6. Die Entwicklung bis zur Gegenwart (nach 3700 BP)

Abb. 40 zeigt die Landschaft um 1950 BP, also zur Zeitenwende. Die Entwicklung bis dahin war durch eine Reihe von Ereignissen geprägt, die sich in den Bohrprofilen niederschlagen. Nach R. DE CEUNYNCK (1987a: 28) hatten weite Bereich des großen belgischen Küstenrandmoores ab 3400 BP einen oligotrophen Charakter angenommen. Damit hatte sich ein Hochmoor entwickelt. Bis auf einige Moorzonen am Rand des Küstengebietes war die Wachstumsphase jedoch zu kurz, um uhrglasförmige Aufwölbungen entstehen zu lassen, wie sie typisch für Hochmoore sind; denn ab 3300 BP setzte ein Rückgang der Moorentwicklung ein
(J.B. AMERYCKS 1975: 61; C. BAETEMAN & C. VERBRUGGEN 1979: 17; C. BAETEMAN 1981a: 249). Als mögliche Ursachen werden eine allgemeine Klimaverschlechterung mit erhöhtem Niederschlag sowie Meereseinbrüche genannt (C. BAETEMAN 1981a: 249ff; 1987b: 20ff).

Nach C. BAETEMAN (1987c: 22) wurde der bis dahin schützende Dünengürtel um die Zeitenwende zunehmend starker Erosion ausgesetzt, so daß Seegaten entstehen konnten bzw. verbreitert wurden. Die Bildung von Gezeitenrinnen beschleunigte sich oder ältere Rinnen wurden reaktiviert. Während der Römerzeit waren folgende Rinnen im W die bedeutendsten (Abb. 40): Bulskamp-Rinne, Avekapelle-Rinne, Spermalie-Rinne , die Rinnen bei Bredene, De Haan, Blankenberge und Knokke.

In der poströmischen Zeit muß dann wieder eine Flußbettverbreiterung der IJzer stattgefunden haben (Abb. 41); denn gegenwärtig verläuft sie weiter östlich, vorbei an Diksmuide und mündet bei Nieuwpoort (C. BAETEMAN 1986: Fig. 9B; H. THOEN 1987: Karte).

Der östliche Bereich des belgischen Küstengebietes besitzt einen höheren pleistozänen Untergrund als sein westliches Gegenstück. Dadurch wurde er bis ins frühe Subatlantikum von direkten marinen Einflüssen weitgehend ausgespart. Anschließend veränderten sich die Verhältnisse grundlegend. F. MOSTAERT (1987a: 24) wies für die Osthälfte ab 2800 BP katastrophale Meereseinbrüche nach. Aus dem bis dahin schützenden nahezu geschlossenen Dünengürtel entstand eine Reihe bogenförmiger Barriereinseln, die durch Seegaten getrennt waren.

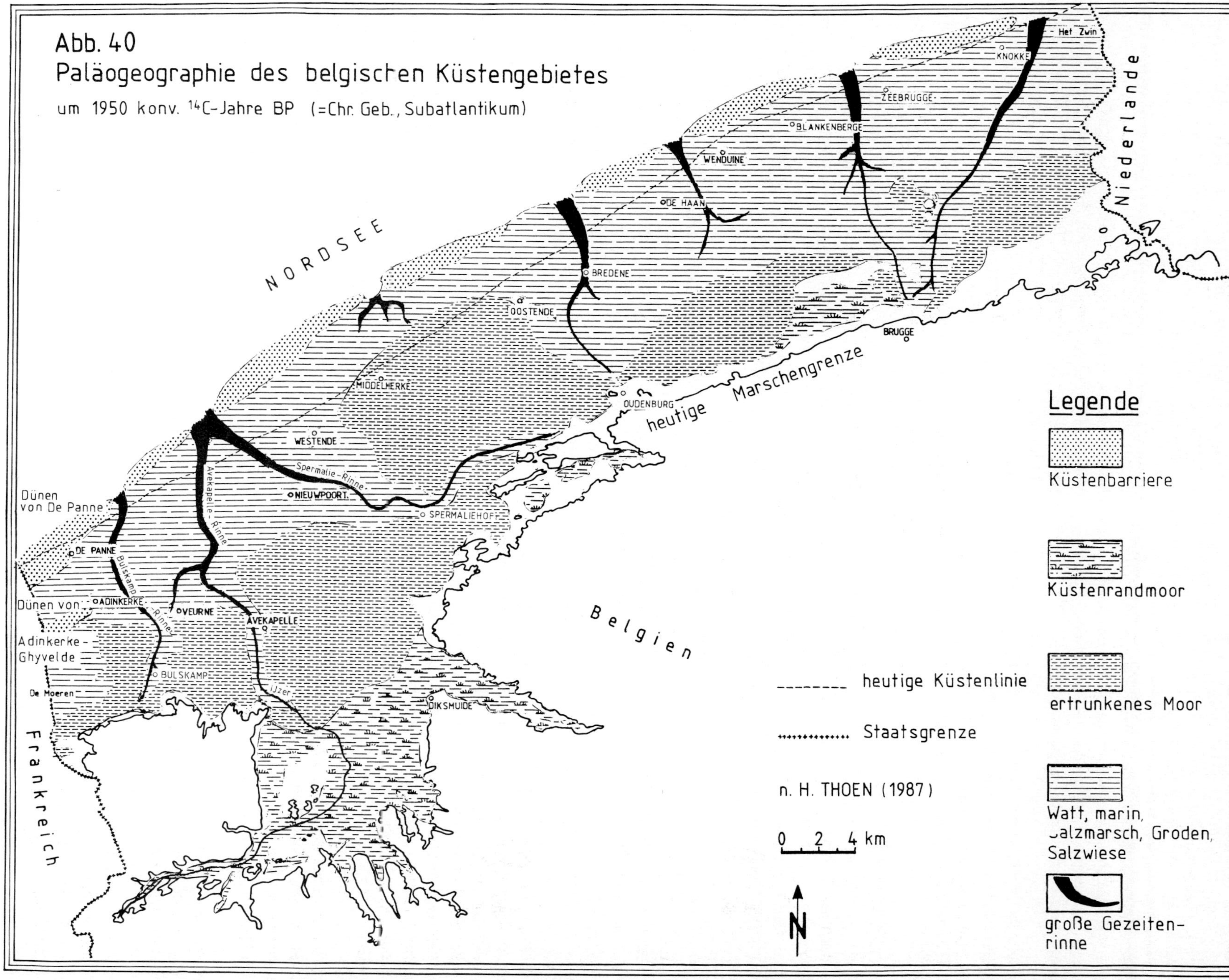

Abb. 40
Paläogeographie des belgischen Küstengebietes
um 1950 konv. ^{14}C-Jahre BP (=Chr. Geb., Subatlantikum)

Abb. 40 (vorherige Seite): Paläogeographie des belgischen Küstengebiets um Christi Geburt (1950 BP, n. H. THOEN 1987). Wurden an vielen Stellen der südlichen Nordseeküste Meeresspiegelabsenkungen beobachtet, so war das belgische Küstengebiet von einer Transgression gekenzeichnet. Als mögliche Folge einer allgemeinen Klimaverschlechterung mit erhöhtem Niederschlag und starker Erosion der Küstenbarriere "ertranken" weite Areale des Küstenrandmoores und das Meer überflutete die Bereiche unmittelbar hinter der Küstenbarriere, die in eine Reihe von Barriereinseln zerrissen wurde.

Sie wurden zu Durchlässen für große Gezeitensysteme, durch die das Moor überflutet und teilweise sogar ausgeräumt wurde. Es sind dies die Rinnen von Bredene, De Haan[26)], Blankenberge und etwas später Het Zwin[27)].

J.B. AMERYCKs (1952: 10; 1953: 10; 1954a: 10; 1954b: 10; 1954c: 11; 1958a: 37: 1958b: 38) setzte für den marinen Einbruch in den Dünengürtel das 2. Jh. n. Chr. an.

Der zunehmende marine Einfluß bewirkte bereits ab 3000 BP allgemein eine erhebliche Veränderung der Küstenlandschaft (vgl. C. BAETEMAN 1981a: 249ff; 1987b: 20ff; C. BAETEMAN et al. 1981: 15; F. MOSTAERT 1987a: 23f). Der seewärtige Teil der Küstenebene entwickelte sich von einem Moor zu einem ausgedehneten Watt. Die Gezeitenrinnen brachten verstärkt Sedimentfracht mit. Zwischen dem Watt und dem Geestrand entstand ein ertrunkens Moor (ehemals Hochmoor). Zwar war es bald durch einen hochaufgeschlickten Salzwiesengürtel vor den täglichen Überflutungen, die das Watt erreichten, geschützt, trotzdem herrschte dort ein brackisches Milieu. In Abb. 40 wurden die Salzwiesen zum Watt gerechnet. Weil die dahinter überflutete Moorvegetation zum Absterben gebracht wurde, traten beträchtliche Setzungen auf. Aufgrund dieser erniedrigten Lagen sammelte sich verstärkt Wasser an, teilweise durch vermehrte Niederschlagsmengen bedingt. So wurde das "ertrunkene" Hochmoor zum ausgedehnten Sumpf. Fortbestand hatte das Moor nur an besonders geschützten Stellen, hauptsächlich im IJzergolf und westlich von Brügge. Dort lag es im Schutz eines kleinen Geestrückens.

Nach R. DE CEUNYNCK (1985: 34f, Fig. 1) hatte sich seewärts der Dünen von Adinkerek-Ghyvelde bis 2660 BP ein neuer Dünenzug ausgebildet: Die "oude duienen van De Panne". Anfangs mag sich dort nur eine Watteninsel (Plate) befunden haben, die langsam zur Sandbank aufwuchs und schließlich trockenfiel. Dieser Teil ist der einzige, der noch von der Küstenbarriere mit den aufgesetzten Dünen aus der Römerzeit übriggeblieben ist. Bereits nördlich von De Panne befand sie sich um die Zeitenwende jenseits der heutigen Strandlinie und stellte vermutlich eine Kette von Barriereinseln dar, die durch große Seegaten voneinander getrennt waren (H. THOEN 1987: Paläogeographische Karte der Römerzeit)[28)]. Inzwischen sind die Relikte erodiert.

Diese Barriereinseln mit ihren Dünen lieferten zur Römerzeit einen geeigneten Siedlungs- und Baugrund. In den Moorbereichen, die noch nicht überflutet waren, wurde Torf gestochen, um Salz und Brennstoff zu gewinnen (H. THOEN 1978: 65ff). Selbst im "ertrunkenen" Moorgebiet wurde während trockener Klimaphasen gesiedelt (C. BAETEMAN 1987c: 22).

Eine tatsächliche Meeresspiegelabsenkung, wie z.B. an der deutschen Nordseeküste, konnte in Belgien bislang nicht nachgewiesen werden. Im Gegenteil, C: BAETEMAN (1981a: 251)[29)] hält es sogar für denkbar, daß der ***Meeresspiegel zur Zeitenwende noch höher lag als gegenwärtig. Ein fossiler Bodenhorizont aus dieser Zeit, der als sicheres Kriterium für eine Absenkung angesehen wird, ist bisher allerdings dort nirgends gefunden worden.***

Die katastrophalen Meereseinbrüche an der belgischen Küste begannen aber erst nach der Römerzeit mit der sog. "Dünkirchen II"-Transgression, vom 4. bis 8. Jh. n. Chr. (C: BAETEMAN 1987c: 22) . Hierbei wurde nahezu die gesamte Küstenebene überflutet und in ein Watt verwandelt (J.B. AMERYCKS 1946 244ff, Beilage; C. BAETEMAN et al. 1981: 16; F. LENTACKER 1972: 3ff).

Anders als beispielsweise an der deutschen Nordseeküste wurde in Belgien der gesamte Bereich der ehemaligen Watten und der Marsch zwischen der Küstenbarriere und dem Festland eingedeicht. Deshalb ist das belgische Küstengebiet heute ein Polder, d.h. eine anthropogen gestaltete Landschaft. Das flache Land, das sich kaum über den mittleren Wasserstand der Nordsee erhebt, wird nicht mehr überflutet, da Deiche, Dünen, Kanäle und Schleusen dies verhindern (C. BAETEMAN 1987b: 18). Ausgeprägte Erosionsvorgänge bewirken eine stetige Rückverlegung der Küstenlinie (vgl. G. DE MOOR 1979; 1981).

Als Beweis dafür, daß sich die Küste gegenwärtig im Abbruch befindet, kann die Lage vieler Bunker angesehen werden, die von der deutschen Wehrmacht im 2. Weltkrieg in den Dünen errichtet wurden. Eine große Anzahl dieser Bunker befindet sich, durch Erosion des Strandes bedingt, mittlerweile auf der Seeseite der Dünen. Sie sind oftmals umgestürzt, schiefliegend und der Meeresbrandung ausgesetzt. Besonders deutlich

Abb. 41:
Das Bett des Flüßchens IJzer um Christi Geburt und heute.

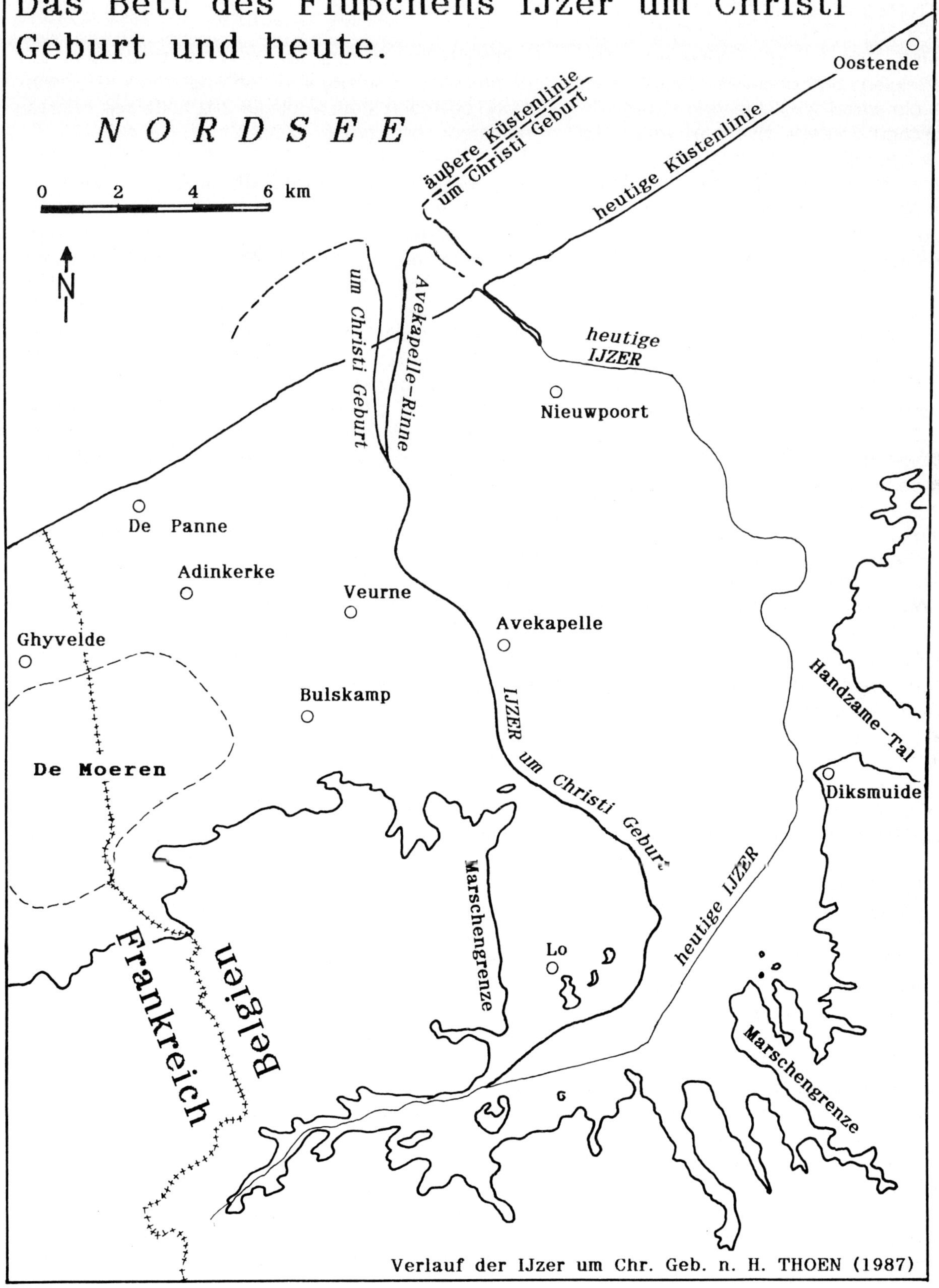

wird dies an der belgisch-französischen Grenze.

Zusammenfassung (Belgien)

Die holozäne Sedimentabfolge im belgischen Küstengebiet weist drei Torflagen als Leithorizonte auf, wobei die beiden oberen sog. "schwimmende Torfe " darstellen (vgl. Abb.5). Die holozäne Meeresspiegelanstiegskurve in Belgien zeigt höhere Wasserstände im Holozän auf als die weiter NE liegenden Küstenabschnitte der südlichen Nordsee. Eventuell waren die Tidenhübe an der belgischen Küste in der Vergangenheit im Vergleich zu den gegenwärtigen Verhältnissen merklich größer als an der deutschen oder niederländischen Küste. Schlüssige Beweise stehen aber noch aus. Außerdem ist eine spätquartäre Landhebung in Belgien nicht wahrscheinlich, und der Grund hierfür kann eventuell auch in einer leichten Absenkungstendenz des nördlich anschließenden Bereiches des Nordseebeckens liegen.

Die Hangneigung der pleistozänen Oberfläche ist an der belgischen Küste recht. Das Pleistozän steht im Westteil deutlich niedriger an als im Ostteil, weshalb im W die ersten Meeresingressionen stattfanden, und zwar im präholozän angelegten IJzer-Tal, wahrscheilich schon im Boreal. Für diese Zeit wird ein sehr geringer Tidenhub angenommen.

Bis 6600 BP könnte sich bereits eine initiale Küstenbarriere aufgebaut haben. Wenn das zutrifft, bestand sie wahrscheinlich aus Sandplaten. Ihre Aufhängepunkte lagen im SW am Cap Blanc Nez (Frankreich) und im NE seewärts der ehemaligen Insel Walcheren (Niederlande).

Bis 6000 BP wäre erstmals eine regressive Tendenz (als Verlangsamung) im postglazialen Meeresspiegelanstieg vorstellbar. Da der marine Einfluß zurückging, konnte sich möglicherweise im Schutz einer Küstenbarriere das Moor seewärts vorschieben; denn die notwendige Süßwasserzufuhr vom Festland hielt an. So entstand der "untere schwimmense Torf".

Die anschließende Periode bis 5400 BP war wieder transgressiv geprägt. Marine Watten bildeten sich über den zuvor vermoorten Flächen im Westteil. Der östliche Teil hingegen blieb geschlossen vermoort. Nachfolgend setzte wieder ein Rückgang des Meereseinflusses ein. Das begünstigte die Bildung des "oberen schwimmenden Torfes". Er stellt wie im Jadegebiet (s.u.), die mächtigste Torfschicht dar, seine Entstehung begann jedoch schon rund 2000 Jahre vorher.

Bis auf drei Durchlässe (Avekapelle- und Spermalie-Rinne und die Rinne bei Bredene) war die Küstenbarriere bis 3700 BP auf belgischem Gebiet volständig geschlossen. Bei Adinkerke wurde ein Dünenzug auf 4300 BP datiert. Auch der W war bis auf das Gebiet von " De Moeren" nahezu völlig vermoort. Dieses Gebiet, an der Grenze zu Frankreich gelegen, blieb als Meeresbucht erhalten und unterstand den Gezeiteneinflüssen. Die Verbindung zur Nordsee erfolgte über französisches Gebiet. Ab 3400 BP fand sogar ein verbreiteter Umschlag von der Niedermoor zur Hochmoorvegetation statt. In dieser Zeit hatte das Küstenrandmoor seine größte Ausdehnung.

Ab 3300/3000 BP setzten katastrophale Transgressionen ein, zunächst im W, ab 2800 BP auch im E des Küstengebietes. Die zuvor nahezu geschlossene Küstenbarriere wurde in Barriereinseln geteilt, in die sich Seegaten einschnitten. Dadurch breiteten sich marine Watten auf Kosten der Moore aus. Weitere Moore "ertranken" infolge allgemeiner Klimaverschlechterung mit erhöhten Niederschlägen. So wurde aus dem Hochnoor ein Sumpf.

Bis zur Zeitenwende waren bogenförmige Barriereinseln gebildet worden, die starker Erosion ausgesetzt waren. Römische Siedlungsspuren sind sowohl auf den Inseln als auch auf den Uferwällen gefunden worden. Anders als an der deutschen oder der niederländischen Küste sind fossile Bodenbildungshorizonte aus dieser Zeit in den belgischen Marschen nicht bekannt. Daher darf hier nicht auf eine Meeresspiegelabsenkung geschlossen werden. Im Gegenteil, es liegen Hinweise auf anhaltende transgressive Tätigkeit des Meeres vor. So stieg der Meeresspiegel während des gesamten Holozäns weiter an, selbst in den Phasen mit regressiver Tendenz; denn die basale Vermoorung stieg am pleistozänen Hang laufend an.

Im Mittelalter begann man damit, Watten und Marschen im belgischen Küstengebiet einzudeichen. Damit erfuhr das Land keine Sedimentation mehr. Außerdem wurde, ebenso wie in den deutschen und niederländischen Marschen, Salztorf abgebaut. Daurch nahm man schließlich eine Erniedrigung der Bodenoberfläche in Kauf. So wurde die Überflutungsgefahr bei Sturmfluten erhöht.

Das belgische Küstengebiet stellt sich heute als Polder dar. Die geschlossene Küstenform ist ein anthropogenes Produkt. Eindeichungen spielten hierbei die entscheidende Rolle. Das Land liegt größtenteils unter dem MThw. Ausgeprägte Erosionsvorgänge führen weiterhin zur Rückverlagerung der Küstenlinie in der Gegenwart.

II. SÜDLICHES JADEGEBIET

A. Einleitung

1. Forschungsgeschichte mit Literaturübersicht

Der Schwerpunkt der vorliegenden zweiten Teiluntersuchung liegt in der paläogeographischen Rekonstruktion des südlichen Jadegebietes seit dem Beginn des marinen Einflusses im Holozän, der im Atlantikum einsetzte. Die Entwicklungsgeschichte dieses Raumes in der nachchristlichen Zeit, für die es sehr viel Literatur gibt, kann hier nur kurz behandelt werden.

H. SCHÜTTE (1934: Blatt 8) stellte erstmals in 8 Karten die paläogeographische Entwicklung des Jade--Weser-Gebietes für die vergangenen 10000 Jahre (= Holozän) dar. Er führte Transgressionen und Regressionen auf Hebungs- und Senkungsphasen des Landes zurück und erklärte sie zum bestimmenden Faktor (ebenda: Blatt 7).

Bei Betrachtung seiner Karten ist es auffallend (ebenda: Blatt 8), daß sich die Nordseeküste bereits vor 10000 Jahren nur wenig nördlich der heutigen Küstenlinie befunden haben soll. Darüber hinaus wurde das Entwässerungssystem von Jade und Weser periodisch als eng miteinander verbunden angesehen; d.h. die Wesermündungsarme sollten durch das Jadegebiet geflossen sein (ebenda: Blatt 8, Karte II, IV, VI). Diese Anschauungen stehen im Widerspruch zu den heutigen Auffassungen (vgl. 1. Hauptteil, Kap. II.B.3, Seite 96).

Einvernehmen besteht jedoch darin, daß es während bestimmter Perioden zu Einbruchs- und Verlandungsphasen kam, wie sie bei H. SCHÜTTE (1934: aaO; 1939: 24ff) und W. HÄNTZSCHEL et al. (1941: 114) beschrieben wurden. W. HAARNAGEL (1950) lehnte sich bei seiner Arbeit zur paläogeographischen Entwicklung des Weser-Jade-Gebietes noch stark an die Vorstellungen H. SCHÜTTES an (ebenda: 3ff). Er entwarf aber eigene detaillierte paläogeographische Karten vom Gebiet der Stadt Wilhelmshaven (ebenda: Abb. 2, 3, 4). Seine Darstellungen des Jade-Weser-Gebietes (1969: Abb. 2 bis 6) zeigen ebenfalls noch die Entwässerung der Jade nach E zur Weser. Dieses Vorstellung gilt heute als überholt.

H.D. LANG (1959) untersuchte die Butjadinger Marsch. Er bestätigte die Verzahnung von Torfen mit klastischen Sedimenten als Zeugen von Verlandungs- und Überflutungsphasen. Außerdem beschrieb er schon die große, im Pleistozän angelegte, zentrale Rinne, die sich heute im Jadebusen und südlich davon rekonstruieren läßt, jedoch an der Oberfläche nicht sichtbar ist. Dort nahm die holozäne Meerestransgression ihren Anfang.[30] Doch er (ebenda: 549) interpretierte diese Rinne fälschlicherweise als verlandeten Weserarm, was sich in die Vorstellungen H. SCHÜTTEs einfügte. Auch W. HARTUNG (1967: 3) nahm an, daß die Weser in vorgeschichtlicher Zeit (vor 900 v. Chr.) an dieser Stelle, wo sich die Rinne befand, in den Jadebusen mündete. Wie aber die folgenden Ausführungen zeigen werden (Seite 96), war die Tendenz der Weser, zumindest im Holozän, äußerst schwach ausgeprägt, ihren Lauf in das Jadegebiet zu verlagern.

Neuere Untersuchungen (K.-H. SINDOWSKI 1972: 176; 1973: 117f; K.-E. BEHRE 1982: 39ff; H. STREIF (1984a) ermöglichten es, das pleistozäne Entwässerungssystem besser zu durchleuchten und die Phasen von Trans- und Regressionen genauer zeitlich zu erfassen. Auch wurde die Frage nach dem gemeinsamen Entwässerungssystem von Jade und Weser verneint.[31)]

2. Spezielle Vorgehensweise bei den Untersuchungen

Das hier behandelte Arbeitsgebiet (Abb. 30) umfaßt die Meßtischblätter 2615 (Jade), sowie den südlichen Teil des Blattes 2515 (Jadebusen). Im letztgenannten Blatt standen nur im südlichen Bereich Bohrungen zur Verfügung, so daß nur hier Auswertungen vorgenommen werden konnten. Auf bisher veröffentlichte Rekonstruktionen in einem hinreichend großen Maßstab konnte, anders als in Belgien, nicht zurückgegriffen werden.

Die Aufgabe der Verfassers bestand wie im belgischen Küstengebiet auch an der Jade darin, von der flächenhaften Verbreitung bestimmter Fazieseinheiten auf die Rekonstruktion einer fossilen Landschaft zu schließen und sie für ein bestimmtes Zeitintervall kartograhisch darzustellen und zu interpretieren. Dazu mußte auch auf die Ursachen und Wirkungsfaktoren Bezug genommen werden, die die jeweiligen Veränderungen im Landschaftsbild bewirkten.

Der Untersuchungsablauf gestaltete sich folgendermaßen: Als Hilfsmittel dienten Bohrungen aus dem Archiv des Niedersächsischen Landesamtes für Bodenforschung (NLfB) sowie Publikationen, die sich mit diesem Gebiet befassen, vornehmlich von K.-E. BEHRE und H. STREIF. Zunächst wurde das Archivmaterial in die geologische Kürzelschreibweise umgesetzt und digitalisiert, soweit dies noch nicht geschehen war. Nachdem anhand der Bohrungsschichtenverzeichnisse auf die Genese der Sedimente rückgeschlossen worden war, konnten für beide o.g. Meßtischblätter jeweils eine Bohrpunktkarte sowie eine Holozänbasis- und Profiltypenkarte des Küstenholozäns erstellt werden. Durch die Zusammenstellung der einzelnen Bohrungen, die das Küstenholozän größtenteils durchteufen, in Reihenprofilen, gewinnt man außerdem einen guten Einblick in die Sedimentabfolge.

Folgende Fazieseinheiten wurden unterschieden: Moorfazies (bestehend aus Nieder-, Übergangs- und Hochmoorfazies), brackische Fazies (bestehend aus lagunärer Fazies und Brackwattfazies), marine Watt- und Rinnenfazies. Die zeitliche Einordnung der genannten Fazieseinheiten erfolgte mit Hilfe von Literaturhinweisen, ^{14}C-Daten und Pollenanalysen des NLfB. Die Lage der insgesamt neun Profilreihen ist der Abb. 42 zu entnehmen. Als Beispiel eines Bohrprofils siehe Abb. 7.

Das Ergebnis[32)] waren fünf paläogeographische Karten, die die untersuchte Landschaft zu folgenden Zeitpunkten wiedergeben: 4500, 4300, 3700, 2700 konv. ^{14}C-Jahre BP sowie nach der Antoniflut 1511 n. Chr.

Abb. 42 (folgende Seite): Lage der Holozänbasis mit Bohrpunkten und Profilen im südlichen Jadegebiet. Das Untersuchungsgebiet umfaßt die Meßtischblätter TK 2615 (Jade) und die südliche Hälfte der TK 2515 (Jadebusen). Auffälligstes morphologisches Merkmal ist die große "zentrale Rinne", die von NW nach SE verläuft. Das Gebiet wurde von insgesamt neun Profilreihen durchzogen, die einen Einblick in den Aufbau des Küstenholozäns ermöglichten. Darüber hinaus stand zu diesem Zweck noch eine große Anzahl weiterer Bohrungen zur Verfügung, mit deren Hilfe die räumliche Verbreitung bestimmter Fazieseinheiten kartiert werden konnte. Hierdurch konnte auf das Vorkommen und die Ausdehnung fossiler Landschaftseinheiten geschlossen werden. Für ihre zeitliche Einordnung existierten jedoch nur wenige Daten.

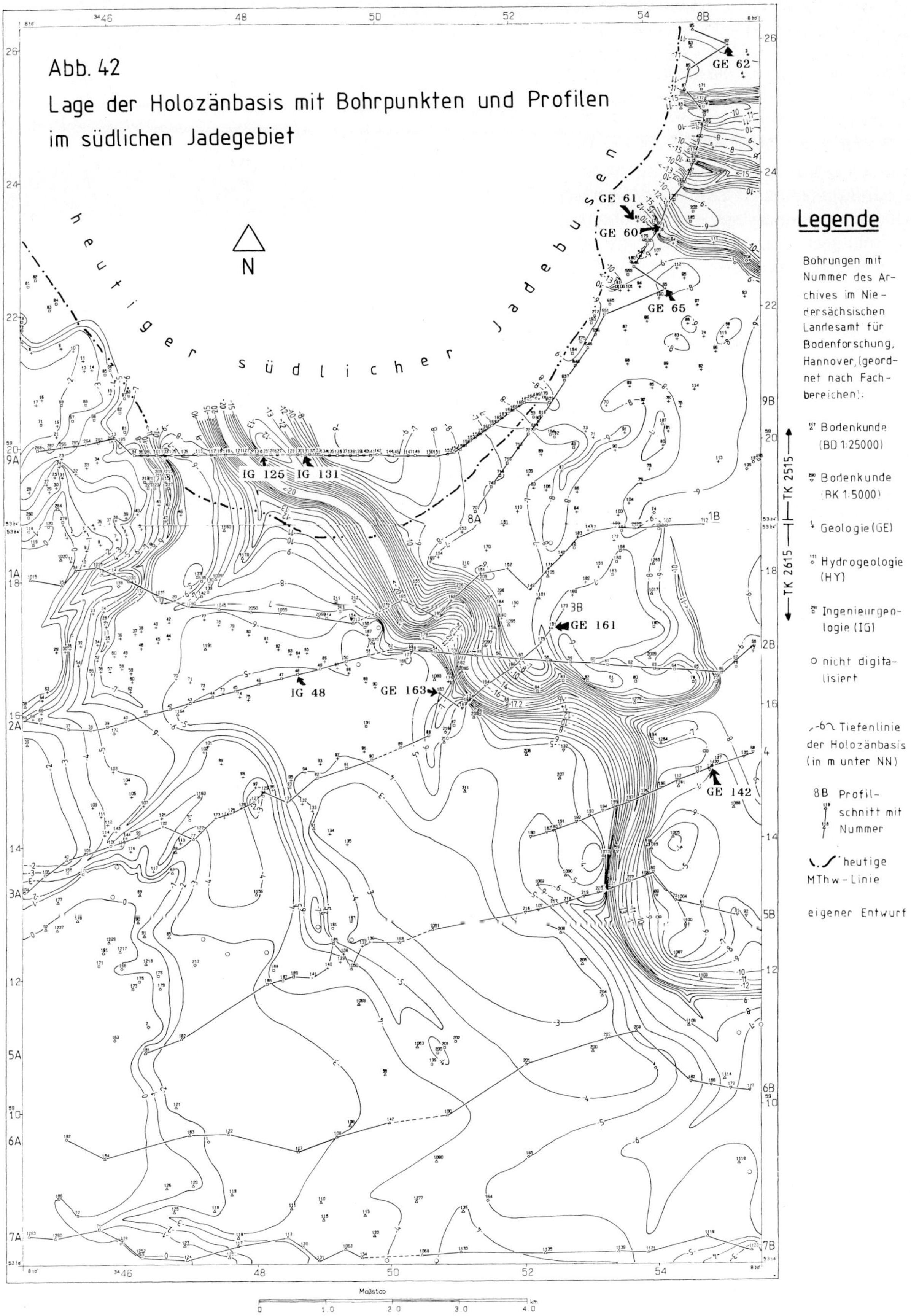

Abb. 42
Lage der Holozänbasis mit Bohrpunkten und Profilen im südlichen Jadegebiet

Der holozäne Meeresspiegelanstieg im Bereich der Jade

Der Meeresspiegelanstieg vollzog sich wie auf Abb. 43 dargestellt. Die Bezeichnungen für die in diesem Raum typischen "schwimmenden Torfe" sowie den Basaltorf bezogen sich ursprünglich auf den weiter nördlich anschließenden Bereich der Jade im Gebiet um Wilhelmshaven. Einen Querschnitt durch das Küstenholozän des südlichen Jadegebietes (Untersuchungsgebiet) zeigt Abb. 6. Es lassen sich auch hier, wie in Wilhelmshaven, "unterer", "mittlerer" und "oberer Torf" als Zeugen ehemaliger Moorbildungsphasen unterscheiden.

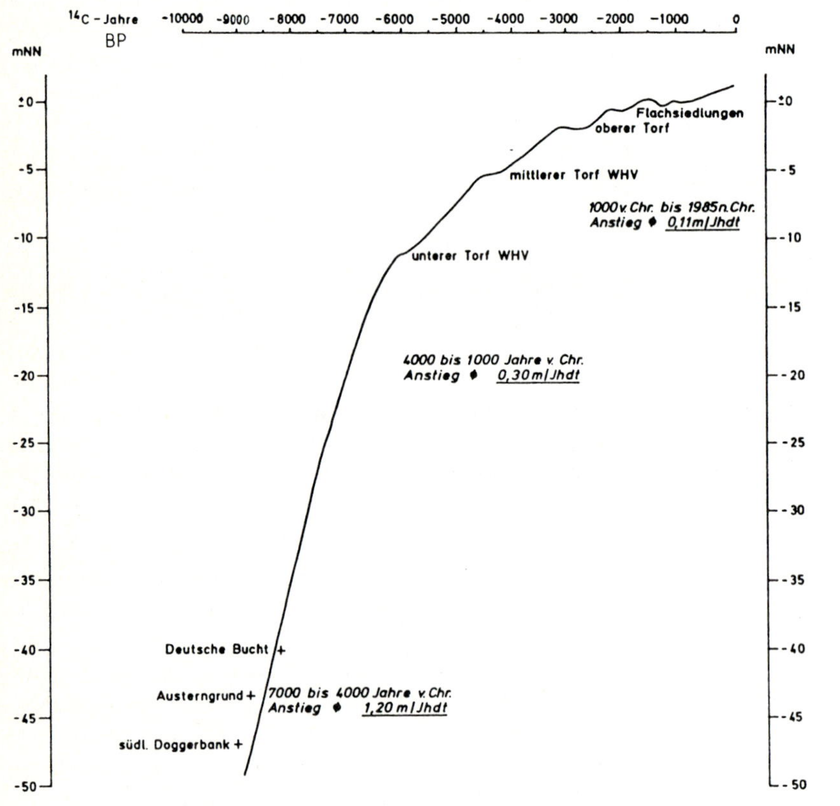

Abb. 43: Zeit-Tiefenkurve des postglazialen Meeresspiegelanstiegs (MThw, nach K.-E. BEHRE 1987a: Abb. 3; 1987b: Abb. 2) Die jüngeren Daten stammen aus dem Raum Wilhelmshaven. Es wird angenommen, daß die Phasen der Torfbildung durch eine deutliche Verlangsamung bzw. Stillstand des Meeresspiegelanstieges hervorgerufen wurden. Die Periode der "Flachsiedlungen" um Christi Geburt (Siedlungen zu ebener Erde) in der Marsch wurde durch eine Absenkung der Sturmflutpegels ermöglicht. Im Untersuchungsgebiet selbst sind jedoch keine "Flachsiedlungen" nachgewiesen worden, da dieses Gebiet fast vollständig vermoort und damit zur Besiedlung ungeeignet war.

Abb. 43: Zeit-Tiefenkurve des postglazialen Meeresspiegelanstiegs (MThw, nach K.-E. BEHRE 1987a: Abb. 3; 1987b: Abb. 2) Die jüngeren Daten stammen aus dem Raum Wilhelmshaven. Es wird angenommen, daß die Phasen der Torfbildung durch eine deutliche Verlangsamung bzw. Stillstand des Meeresspiegel anstieges hervorgerufen wurden. Die Periode der "Flachsiedlungen" um Christi Geburt (Siedlungen zu ebener Erde) in der Marsch wurde durch eine Absenkung der Sturmflutpegels ermöglicht. Im Untersuchungsgebiet selbst sind jedoch keine "Flachsiedlungen" nachgewiesen worden, da dieses Gebiet fast vollständig vermoort und damit zur Besiedlung ungeeignet war.

B. Paläogeographische Entwicklung

1. Die Entwicklung bis zur frühsubborealen Transgression (vor 4500 BP)

Wie die Landschaft im südlichen Jadegebiet im Frühholozän aussah, also z. Zt. bevor sich der erste marine Einfluß auswirken konnte, hat man sich etwa so vorzustellen, wie es H. STREIF (1971: 14, 44) für die Krummhörn/ Ostfriesland beschrieb:

Die Oberflächenmorphologie der Holozänbasis dürfte durch basale Torfbildungen und limnische Absätze weitgehend ausgeglichen worden sein. Es ist anzunehmen, daß pleistozäne Aufragungen diese nivellierenden holozänen Sedimente stellenweise durchragten. Bereits die ersten marinen Ingressionen um 6000 BP verursachten erhebliche Erosionsvorgänge. Dadurch wurden Torfe und limnische Sedimente größtenteils ausgeräumt und auch Ablagerungen an der Holozänbasis aufgearbeitet. Nach dieser Erosionsphase setzte schon bald darauf die Sedimentation mit brackischen Rinnenfüllungen ein. Die Geländeoberfläche wurde wieder eingeebnet, der Sandanteil in den Absätzen war nun aber stärker vertreten als zuvor.

Der älteste Basistorf[33)] im Jadegebiet stammt aus einer Tiefe von -15 m NN und datiert eine brackisch-marine Transgression des frühen Atlantikums (K.-E. BEHRE 1982: 41). Zu dieser Zeit dürfte erstmals der marine Einfluß aufgrund des eustatisch bedingten Meeresspiegelanstiegs[34)] in das Untersuchungsgebiet vorgedrungen sein, und zwar in die zentral gelegene große Rinne.

H. STREIF (1981: Tab. 2) publizierte ^{14}C-Daten, die den Beginn (untere Zeile) und das Ende (obere Zeile) der Basaltorfbildung für eine Bohrung in Wilhelmshaven zeigen:

Bohrung/Tiefe der Basaltorfprobe/ihre Archiv-Nr./ ^{14}C-Alter			
G 738	-12,35 bis -12,39 m NN	Hv 8928	7070±150 BP
"	-12,51 bis -12,56 m NN	Hv 8929	8220±115 BP

In der bereits oben erwähnten fossilen "zentralen Rinne" im Jadebusen fand die initiale marine Ingression vermutlich noch früher statt (H. STREIF 1984a: 14). Diese Rinne bestand bereits im Pleistozän (K.-E. BEHRE 1982: 40; H. STREIF 1984a: 14). Die Basaltorfe der Bohrungen IG 125 und IG 131 innerhalb der Rinne im Profilschnitt 9A und 9B (Abb. 42) liegen deutlich tiefer als die ihrer Nachbarbohrungen und lassen daher diesen Schluß zu. Da jedoch der Basaltorf im Bereich dieser Rinne überwiegend erodiert ist, muß daraus gefolgert werden, daß sie in der Folgezeit weiter vertieft wurde.

Dennoch ergaben sich bei der Auswertung der Bohrprofilreihen und ihren zeitlichen Einordnungen Anzeichen für zwei kurze Unterbrechungen durch Phasen mit Torfbildung (Regression) um 6000 BP und 4800 BP.

Die Abb. 44 zeigt das südliche Jadegebiet um 4500 BP, d.h. im frühesten Subboreal. Während dieser transgressiven Phase, die nun ihr Endstadium erreicht hatte, war der "Urjadebusen" entstanden, der überwiegend brackisch-lagunäre Sedimente hinterließ (H. STREIF aaO), siehe auch Abb. 6.
Bei der Konstruktion der paläogeographischen Karte wurde angenommen, daß sich ein geschlossenes Küstenrandmoor bis auf höchstens -5 m NN erstrecken konnte. Höher gelegene Gebiete sind nur lokal vermoort (vgl. Meeresspiegelanstiegskurve auf Abb. 43). Die Wattrinnen folgten den präholozänen Tälern. Das Gebiet südwestlich der zentralen Rinne war dem marinen Einfluß noch weitestgehend entzogen.

Nach J. BARCKHAUSEN (1988: pers. Mittlg.), der z. Zt. das östlich anschließende Kartenblatt (TK 2615 Brake) bearbeitet, erstreckte sich der Urjadebusen noch weit bis in jenes Gebiet. Er verlief nach NW über das Kartenblatt Jade dort, wo sich die zentrale Rinne befand, und hatte eine Verbindung mit der offenen Nordsee in der Form eines Flaschenhalses. Bei Betrachtung der Landschaftsdarstellung um 4500 BP (Abb. 44) fällt auf, daß sich im NE ein inselartig aufgelöstes Gebiet mit vorherrschendem Schilfwuchs befindet, das unter die Signatur "Schilfgürtel, Brackwatt, Lagune" fällt.

Es muß noch einmal betont werden, daß diese Darstellung der Paläo-Landschaft ***grundsätzlich als Versuch*** anzusehen ist. Es stellte sich als großer Nachteil heraus, daß bislang nur wenige ^{14}C-Daten zur Alterseinstufung der Sedimente verfügbar waren. Ein engmaschiges Datengerüst wird hier in Zukunft die Interpretationsmöglichkeiten entscheidend verbessern können. So stützten sich die zeitlichen Einordnungen der Schichten im wesentlichen nur auf die beigefügten Profilschnitte zur Bodenkarte 1:25000, Blätter 2515 (Jadebusen) und 2615 (Jade).

Abb. 44 (folgende Seite): Paläogeographie des südlichen Jadegebietes um 4500 BP (frühes Subboreal). Die Karte zeigt das Endstadium der ersten Transgressionsphase in diesem Gebiet, die zur Bildung des "Urjadebusens" geführt hatte. Im Gegensatz zum heutigen Jadebusen, in dem das marine Wattenmilieu vorherrscht, besaß der Urjadebusen vorwiegend brackisch-lagunären Charakter.

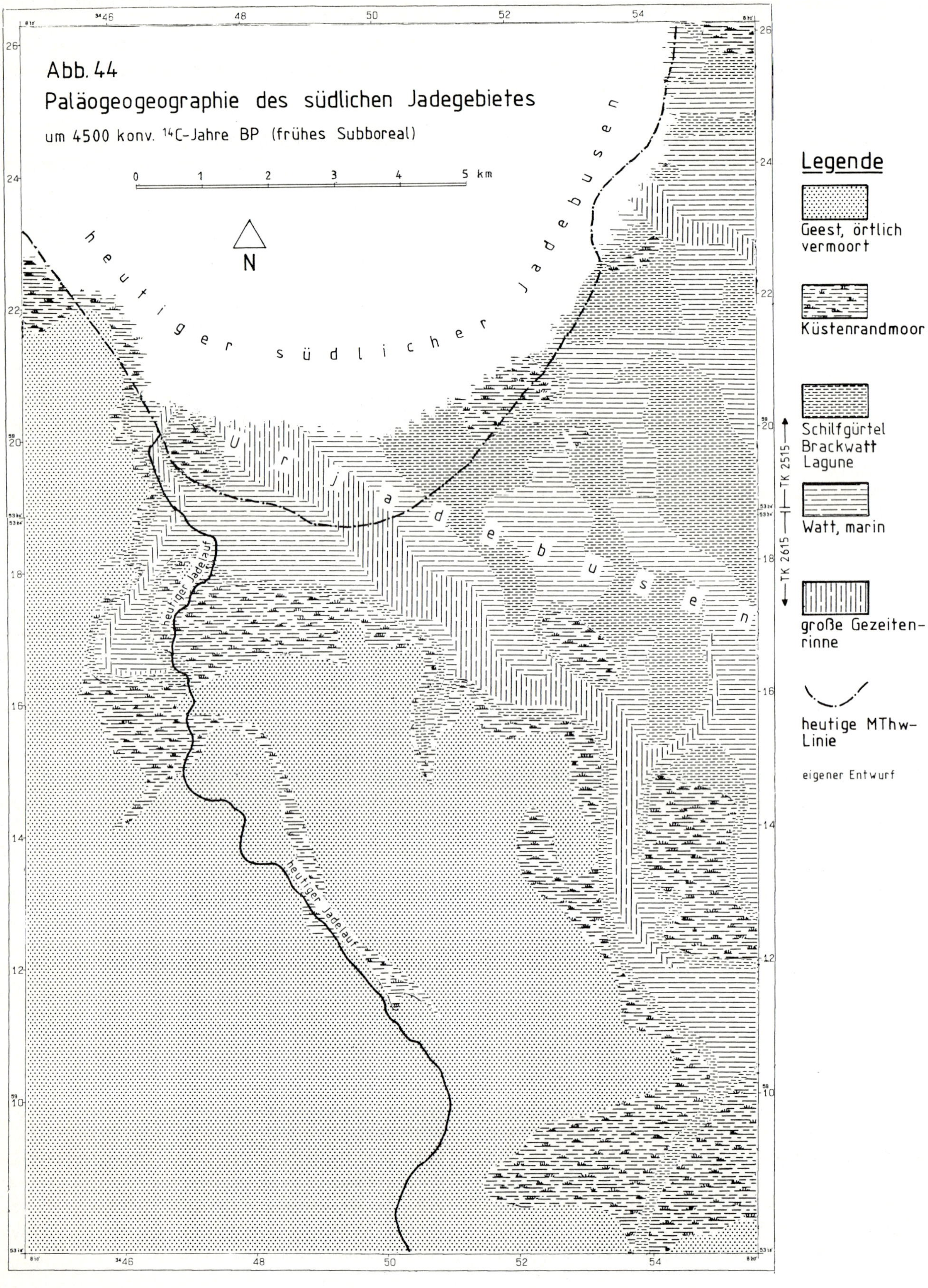
Abb. 44
Paläogeogeographie des südlichen Jadegebietes
um 4500 konv. 14C-Jahre BP (frühes Subboreal)
0 1 2 3 4 5 km
N
heutiger südlicher Jadebusen
Urjadebusen
heutiger Jadelauf
heutiger Jadelauf
TK 2515
TK 2615
Legende
Geest, örtlich vermoort
Küstenrandmoor
Schilfgürtel Brackwatt Lagune
Watt, marin
große Gezeitenrinne
heutige MThw-Linie
eigener Entwurf

Das MThw lag um 4500 BP etwa bei -6 m NN (K.-E. BEHRE 1987: Abb. 3). Auf den Karten sind daher die Sedimente wiedergegeben, die sich in dieser Tiefe befinden, wobei noch eine gewisse Setzung (Kompaktion) angenommen wurde. Der Verfasser war sich der Tatsache bewußt, daß Ablagerungen in gleicher Tiefe nicht unbedingt als zeitgleich angesehen werden dürfen ***(schrägverlaufende Isochronen)***.

Schon auf engem Raum treten erhebliche Setzungsunterschiede auf, die von der Art der Ablagerungen abhängen (J. BARCKHAUSEN 1988: pers. Mittlg.). Ohne die Möglichkeit der zeitlichen Einordnung mittels ^{14}C-Daten war eine ausreichende Berücksichtigung dieses Sachverhaltes sehr problematisch. Es bleibt zudem weiteren Untersuchungen vorbehalten zu klären, ob es möglich war, daß zur Zeit der Transgressionen um 4500 BP und 3700 BP (Abb. 44 und 46) inselartige Bestände mit Schilf (Phragmites communis) im Jadebusen existieren konnten.

Dieses Problem diskutierte der Verfasser mit C. BAETEMAN (Brüssel) und K.-E. BEHRE (Wilhelmshaven).[35)] Diese Gesprächspartner hielten die Existenz derartiger "Schilfinseln" nicht für möglich, weil dort das Niederschlagswasser nicht zur ausreichenden Verbrackung des salinen Milieus und damit das Gedeihen des Schilfes hätte einleiten können. Selbst auf höher gelegenen Inseln sei dies nicht möglich gewesen.

Demgegenüber zeigte J. BARCKHAUSEN in einem Gespräch auf, daß "inselartig aufgelöste Schilfhorste" an dieser Stelle durchaus gedeihen konnten. Die Verbrackung des marinen Milieus wurde sowohl durch den Niederschlag als auch durch den Süßwasserzufluß vom Land durch die Priele hervorgerufen. Hierdurch entstünden brackische Ablagerunsbedingungen, bei denen Schilfwachstum möglich sei. Er verwies auf den Aufsatz von Frau K. SCHEER (1953), wo eine lebende freistehende Schilfinsel im Dangaster Watt untersucht wurde (ebenda: 19).[36)]

J. BARCKHAUSEN wies noch darauf hin, daß in diesem Zusammenhang das unterschiedliche Kompaktionsverhalten der Sedimente sehr bedeutsam sei. So war das Watt an den Rändern der Rinnen besonders schnell aufgeschlickt, so daß das Schilfwachstum dort zuerst einsetzte, zumal besonders im ufernahen Bereich in den Rinnen ein hoher Süßwasseranteil mitgeführt wurde. Schließlich sei von diesen "Schilfinseln" die jeweils nachfolgende großflächige Vermoorung ausgegangen. Der Verfasser schließt sich dieser Auffassung an.

Ein weiterer Sachverhalt, der zur Diskussion steht, ist die unmittelbare Nachbarschaft von Moor und voll--marinem Watt. K.-E. BEHRE und C. BAETEMAN beurteilten diesen Zustand als ziemlich unwahrscheinlich und gaben an, daß sich im Übergangsbereich Moor-Watt im allgemeinen eine Salzmarsch[37)] befinde. Demgegenüber führte J. BARCKHAUSEN aus, daß es bei transgressivem Verhalten des Meeres durchaus zu dieser Situation kommen könne. Dies gelte besonders für ein Hochmoor im Abbruch, wie es heute am Sehestedter Außendeichsmoor[38)] noch zu beobachten sei. Dabei kommt es bei Sturmfluten neben Erosionen am Rand zusätzlich zu einem Aufschwimmen des Moores infolge eindringenden Salzwassers. Nach Abzug des Wassers bleiben die Klappklei-Einschaltungen zurück.

In diesem Zusammenhang ist es noch sehr bedeutsam zu erwähnen, daß die eventuell zwischen dem Moor und dem marinen Watt vorhandenen Groden- oder Salzmarschschichten (als Supra-Litoral des Wattes) aufgrund der schlechten Qualität und Beschreibung vieler älterer Bohrungen nicht extra als solche ausgewiesen wurden. Die Folge war, daß sie bei der Interpretation der Sedimentgenese zum marinen Watt gerechnet wurden. Sonst gilt allgemein: ***Im Rahmen dieser Arbeit wurden die Salzmarsch- und Grodenschichten grundsätzlich zur Gruppe der Landschaftseinheit "Schilfgürtel, Brackwatt, Lagune" zugerechnet; denn im Gegensatz zum voll-marinem Watt fanden sich in den fossilen Salzmarsch- und Grodensedimenten stets in situ entstandene Pflanzenreste, die hierfür als gutes Unterscheidungsmerkmal bei der genetischen Interpretation herangezogen werden konnten.***

An der niedersächsischen Nordseeküste gibt es im überregionalen Zeitvergleich regressiver Tendenzen zwei Phasen, in denen besondes günstige Voraussetzungen für die Entstehung sog. "schwimmender Torfe" bestanden haben müssen. Die erste Phase reichte von 4800 bis 4200 BP, die zweite von 3300 bis 2300 BP (H. PREUSS et al. 1983: 74ff, Abb. 38, unveröff., zit. bei H. STREIF 1986a: 31). Sie sind synchron mit jeweils einem stark verlangsamten Meeresspiegelanstieg, so daß sich die Küstenrandmoore seewärts ausdehnen konnten. Anfang und Ende dieser Moorwachstumsphasen sind jedoch regional betrachtet nicht unbedingt zeitgleich. Unterschiedliche Wachstumsbedingungen konnten unter Umständen zu erheblichen Zeitverschiebungen führen.

Einen wichtigen Beitrag zur ***Bedeutung des Schilfwachstums für die Frage der Küstenbildung*** lieferte die oben bereits zitierte Arbeit von Frau K. SCHEER (1953):

Sie untersuchte (ebenda: 15ff) die gegenwärtigen Schilfbestände (Phragmites communis) im Jadegebiet. Sehr bedeutend war dabei ein Schilfbestand, inselartig frei im Dangaster Watt wachsend, der nur bei Ebbe trockenfiel. Phragmites communis kann dort noch bis ca. 30 cm unter MThw gedeihen. Im Jahresdurchschnitt wird dieser Bestand nur rd. 100 mal nicht vom Hochwasser erreicht, gewöhnlich aber täglich zweimal. Infolge der starken Gezeitenbewegung ist eine Ablagerung von abgerissenen Schilfhalmen nicht möglich. Entweder werden sie zur offenen See transportiert oder zermahlen als Treibsel, landwärts verschoben.

Das Schilf erwies sich an diesem Standort durchaus als lebensfähig, jedoch war seine Vitalität im Vergleich zu den Vorkommen binnendeichs unverkennbar geschwächt. Gegenwärtig kann also Schilfwachstum nicht zur Verlandung beitragen. Die Gezeitenströmungen verhindern dies.

Es konnte auch nachgewiesen werden (ebenda: 21), daß kein Süßwasserzufluß stattfindet, der das Schilfwachstum fördert oder gar erst ermöglicht. Allerdings zeigte sich (ebenda: aaO) daß sich die Schilfrhizome der einzelnen Schilfvorkommen an der Küste des Jadegebietes immer in der salzärmsten Schicht ausbildeten. Diese Schicht liegt jeweils in unterschiedlicher Tiefe, jedoch nicht tiefer als 36 cm unter der Wattenoberfläche. Der Salzgehalt dieser Oberfläche ist den Untersuchungen zufolge also nicht entscheidend. Selbst auf einem Boden mit einem Salzgehalt von 1% wurde noch Schilfwachstum beobachtet. Es erwies sich daher als ökologisch sehr anpassungsfähig, das gilt auch für seine Lage zum MThw.

Warum sich aber zu früheren Zeiten im Jadegebiet große Schilfbestände ausbreiten konnten und heute nicht, war abschließend nicht zu klären. Nach den Beobachtungen mußte das Schilfwachstum an den erhöhten Prielrändern begonnen haben, um sich von dort auszubreiten. Voraussetzung war ein Brackwassergebiet, das sumpfig und flach gewesen sein muß und zumindest in der Initialphase häufigen Überflutungen ausgesetzt war. Ein bereits mit Gras bewachsenes Gebiet kann nicht mehr vom Schilf besiedelt werden. Es mußte also eine Küstenverschiebung erfolgt sein, eventuell durch Bildung einer Barriere (Barriereinseln in Niedersachsen), ohne daß sich der Grundwasserspiegel merklich änderte.

Auf jeden Fall ist dadurch bewiesen, daß die Existenz von inselartig aufgelösten Schilfarealen auch in früheren Zeiten durchaus als gegeben angesehen werden kann.

2. Entwicklung bis zur frühsubborealen Regression (4500 bis 4300 BP)

Nach 4500 BP bildete sich als überregionaler schwimmender Torf der sog. "mittlere Torf". Er liegt heute zwischen -4 und -7 m NN (Abb. 6) und datiert vom späten Atlantikum bis zum frühen Subboreal (H. STREIF 1984a: 14). Aus dem Urjadebusen entstand ein ausgedehntes Moorgebiet, das sich gebietsweise schon zu einem Hochmoor entwickeln konnte, besonders im S des Untersuchungsgebietes, wie aus den Arbeitsprofilen des Verfassers hervorging. Es wird angenommen, daß die zentrale Rinne während dieser Vermoorungsphase offen blieb und das Moor entwässerte. (Abb. 45).

Abb. 45 (folgende Seite): Paläogeographie des südlichen Jadegebietes um 4300 BP (frühes Subboreal). Es wird davon ausgegangen, daß das Untersuchungsgebiet bis auf die höher gelegenen Geestareale im SW nahezu geschlossen vermoort war (Bildungsphase des "mittleren Torfes"). Nur die zentrale Rinne, die schon vorher bestand, blieb wahrscheinlich offen und diente der Entwässerung nach NW.

3. Die Entwicklung bis zur mittelsubborealen Transgression (4300 bis 3700 BP)

Die anschließende Transgression brach noch tiefer in das südliche Jadegebiet ein als vorher bei der Bildung des Urjadebusens (Abb. 46). Die zentrale Rinne wurde als große Gezeitenrinne reaktiviert, und voll-marine Wattbedingungen waren vorherrschend (H. STREIF 1984a: 14, K.-E. BEHRE 1982: 41; s.a. hier Abb. 6 von -2 bis -6 m NN). Sie erstreckten sich außerdem tief in das Gebiet des heutigen Jadelaufes.

Der Verfasser bestätigt nach Auswertung des Archivmaterials und der Literatur die Ausführungen K.-E. BEHREs (1982: 41), nach denen ***die Auswirkungen der Überflutungs- und Verlandungsphasen aufgrund der lokalen Gegebenheiten sehr unterschiedlich waren. Sie sind selbst im relativ engen Raum des niedersächsischen Küstenabschnitts nicht immer synchron verlaufen.***

Auch während dieser Phase existierten "Schilfinseln" (brackisches Milieu), besonders im NE des Untersuchungsgebietes.[39] Marine Sedimente wurden nur in einem Zeitraum von 500 Jahren abgelagert, bevor sich erneut ein Moor ausbreiten konnte (J. BARCKHAUSEN 1988: pers. Mittlg.). Ausgangspunkt war hierbei das Gebiet im SE des Blattes 2615 (Jade) bzw. der NW des Blattes 2716 (Elsfleth).

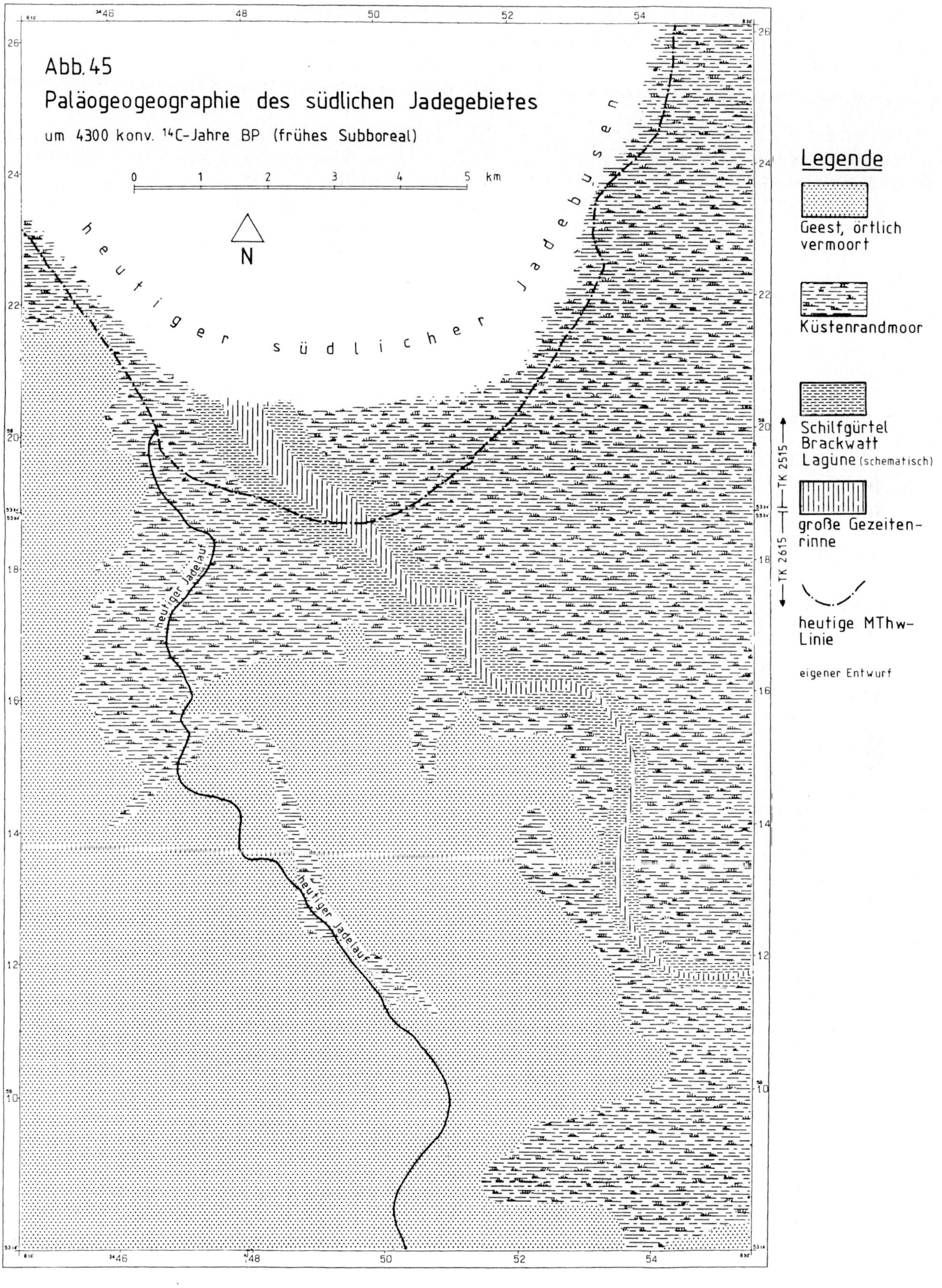
Abb. 45
Paläogeogeographie des südlichen Jadegebietes
um 4300 konv. 14C-Jahre BP (frühes Subboreal)
0 1 2 3 4 5 km
N
heutiger südlicher Jadebusen
heutiger Jadelauf
heutiger Jadelauf
Legende
Geest, örtlich vermoort
Küstenrandmoor
Schilfgürtel Brackwatt Lagüne (schematisch)
große Gezeitenrinne
heutige MThw-Linie
eigener Entwurf
TK 2515
TK 2615
46
48
50
52
54
26
24
22
20
18
16
14
12
10

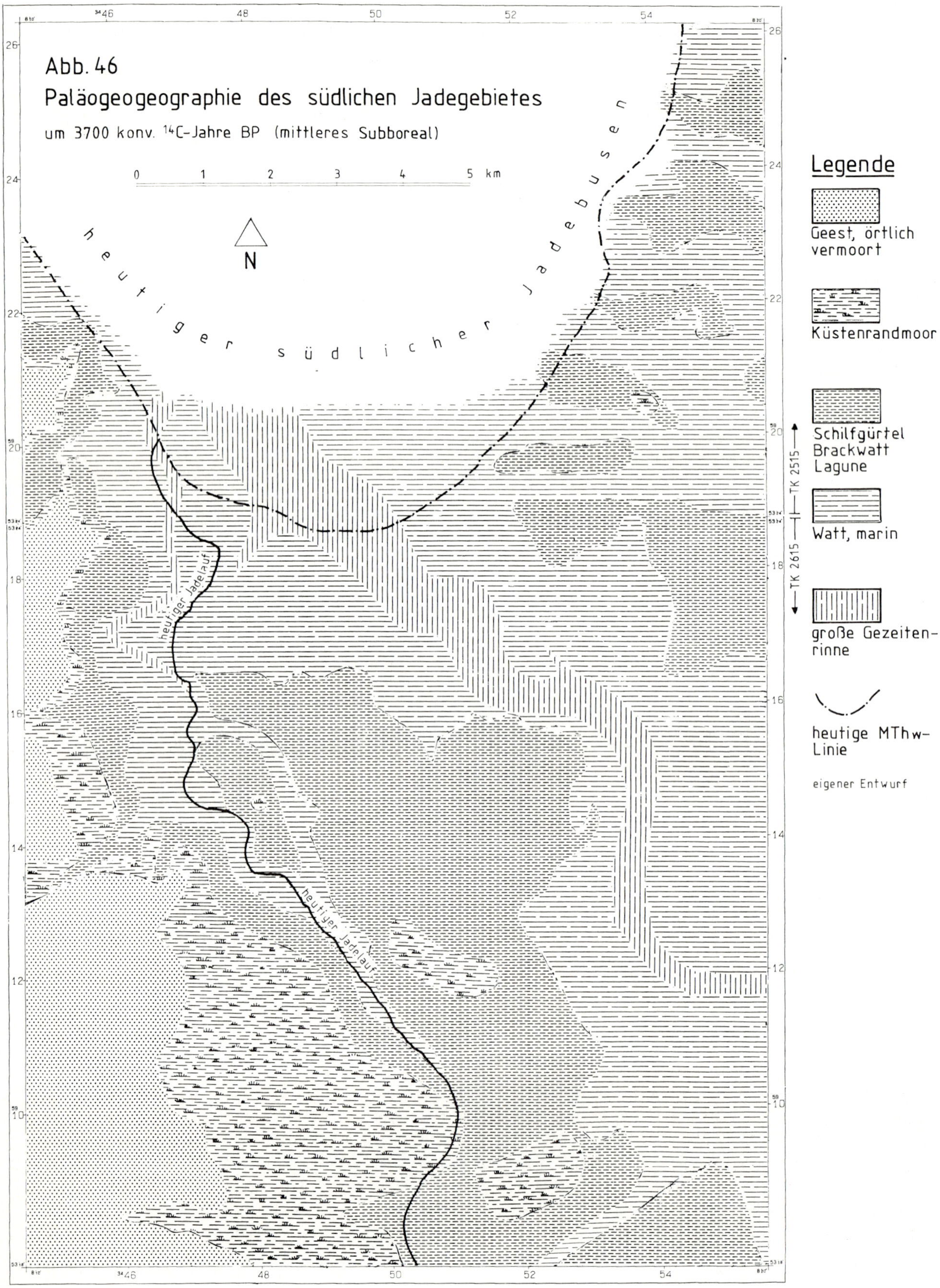
Abb. 46
Paläogeogeographie des südlichen Jadegebietes
um 3700 konv. ¹⁴C-Jahre BP (mittleres Subboreal)
0 1 2 3 4 5 km
N
heutiger südlicher Jadebusen
heutiger Jadelauf
heutiger Jadelauf
TK 2515
TK 2615
Legende
Geest, örtlich vermoort
Küstenrandmoor
Schilfgürtel Brackwatt Lagune
Watt, marin
große Gezeiten-rinne
heutige MThw-Linie
eigener Entwurf

Bohrungen im Bereich des reaktivierten Urjadebusens führten zu der Hypothese, daß eventuell doch eine Verbindung zur Weser bestanden haben könnte. Das Gezeitenverhalten war und ist immer noch in der Weser gegenüber der Jade stark verzögert. Somit könnte es passiert sein, daß bei Ebbe im Jadebusen von der Weser größere Mengen Süßwassers aufgrund des dort noch herrschenden höheren Wasserstandes in die Jade floß und so einer erneuten Schilfausbreitung Vorschub leistete. (J. BARCKHAUSEN 1988: pers. Mittlg.). Beweise hierfür stehen noch aus.

Im Bereich zwischen dem Jadebusen und der Weser werden Erosionsrinnen angetroffen, die sich bis auf -16 m NN eingeschnitten haben. H. STREIF (1986c: 12) merkt dazu an, daß sie ***nicht*** als Mündungsarme eines ehemaligen Weserdeltas gedeutet werden dürfen, wie es beispielsweise W. MÜLLER (1977: 28) tat. Wahrscheinlich sei ihr Einschneiden auf ein System von Gezeitenrinnen zurückzuführen, das sich vom Urjadebusen nach E erstreckte, ohne jedoch die Weser zu erreichen.

Abb. 46 (vorherige Seite): Paläogeographie des südlichen Jadegebietes um 3700 BP (mittleres Subboreal). Während dieser Zeit fand im südlichen Jaderaum wahrscheinlich die ausgedehnteste holozäne Transgression statt. Sie dauerte etwa 500 Jahre. Währenddessen wurden weite Bereiche des Untersuchungsgebietes in ein Watt verwandelt.

4. Die Entwicklung bis zur frühsubatlantischen Regression (3700 bis 2700 BP)

Der "obere Torf", gleichzeitig der jüngste, befindet sich durchschnittlich in einer Höhe von -1 bis -2 m NN (H. STREIF 1984a: 14), (vgl. Abb. 6). Die Darstellung auf Abb. 47 zeigt eine geschlossene Vermoorung der Geest bis auf eine Höhe von 0 m NN, darüber wird nur eine lokale Vermoorung angenommen. Das Küstenrandmoor war zu dieser Zeit am ausgedehntesten. Es datiert vom späten Subboreal bis ins frühe Subatlantikum und stellt einen wichtigen Leithorizont für eine Verlandungsphase im Jade-Weser-Raum dar (K.-E. BEHRE & W. HAARNAGEL 1984: 75, Abb. 15). Da auch für diese Zeit nur wenig ^{14}C-Daten zur Verfügung standen, konnte nur eine schematische Darstellung der Landschaft vorgenommen werden.

Ab 3300/3200 BP war das südliche Jadegebiet fast vollständig mit Niedermoorvegetation bedeckt. Von 3000 BP an bildete sich verbreitet eine Hochmoorvegetation (H. STREIF 1984a: 14; K.-E. BEHRE 1982: 41f; J. BARCKHAUSEN 1987: pers. Mittlg.).[40] Auf Abb. 6 läßt sich dieser Sachverhalt zwischen 0 und -1,2 m NN für den Raum Wilhelmshaven gut erkennen. Die Bohrung GE 142 (Abb. 42, Profil 4, am östlichen Kartenrand des Untersuchungsgebietes), zeigt, daß die Vermoorung dort um 3065±70 BP (Hv 8023, Tab. 3) begann. Die Torfuntergrenze liegt hier bei -0,7 m NN. Die große Rinne, welche der Moorentwässerung diente, bestand vermutlich weiterhin. H.D. LANG (1959: 549) ging davon aus, daß diese Rinne noch etwa bis zur Zeitenwende offen war und erst dann verlandete.

Abb. 47 (folgende Seite): Paläogeographie des südlichen Jadegebietes um 2700 BP (frühes Subatlantikum). Nach 3300 bis 3200 BP war das Untersuchungsgebiet fast vollständig mit Niedermoorvegetation bedeckt. Ab 3000 BP fand verbreitet ein Umschlag zum Hochmoor statt. Dennoch kann angenommen werden, daß die zentrale Rinne bis zur Zeitenwende offen blieb. Die fossilen Überreste dieses Moores stellen heute den "oberen Torf" oder den sog. "1700 v. Chr.-Torf" dar. Er gilt als wichtiger Leithorizont nicht nur im Bereich des Weser-Jade-Raumes, sondern auch überregional entlang der südlichen Nordseeküste. Seine Bildung setzte an der niedersächsischen Küste schon ab 1700 v. Chr. ein,wovon sich der Name ableitet.

Das Hochmoor sollte nach J. BARCKHAUSEN (1988: pers. Mittlg.) bis in eine Höhe von +7 m NN aufgewachsen sein. Im Be reich des ehemaligen Urjadebusens ist der Torf später jedoch anthropogen entfernt worden, auch deswegen, um auf den darunterliegenden Wattsedimenten, die kalkhaltig und somit auch fruchtbar waren, Ackerbau betreiben zu können.

Die Frage nach Torfzersetzungs- und Bodenbildungshorizonten, die eine vorübergehende Meesesspiegelabsenkung nachweisen, kann hier nicht ausführlich behandelt werden, da das verfügbare Material nicht ausreichte, um die Verbreitung solcher Horizonte flächenhaft darzustellen.

Man kann jedoch davon ausgehen, daß sich auch im südlichen Jadegebiet, ebenso wie an der übrigen niedersächsischen Nord seeküste, derartige Horizonte gebildet haben. Folgende Zeitabschnitte waren hierfür besonders günstig: 2800 bis 2700 BP und die Zeit um Christi Geburt (K.-BEHRE & H. STREIF 1980: 158; H. STREIF & C. HINZE 1980: 43; H. STREIF 1986a: 31).

5. Die Entwicklung bis zur Gegenwart

Die Transgressionsphase, die etwa von 500 v. Chr. bis kurz vor Chr. Geb. dauerte (K.-.E. BEHRE 1982: 42; H.STREIF 1984a: 15), hat das südliche Jadegebiet nicht mehr erreicht. Das Moorwachstum, nun verbreitet Hochmoorvegetation, setzte sich fort bis zu den markanten Meereseinbrüchen, die ab 1164 (Julianenflut) den neuzeitlichen Jadebusen schufen (K.-E. BEHRE 1982: 43). Seit der Clemensflut von 1334 und der Marcellusflut von 1362 setzte die Ausräumung des Moores im süd lichen Jadegebiet ein. Um 1500 war bereits ein großer Teil dieses Bereiches in ein Watt verwandelt (H. HOMEIER & H.-J. STEPHAN 1982: 4ff).

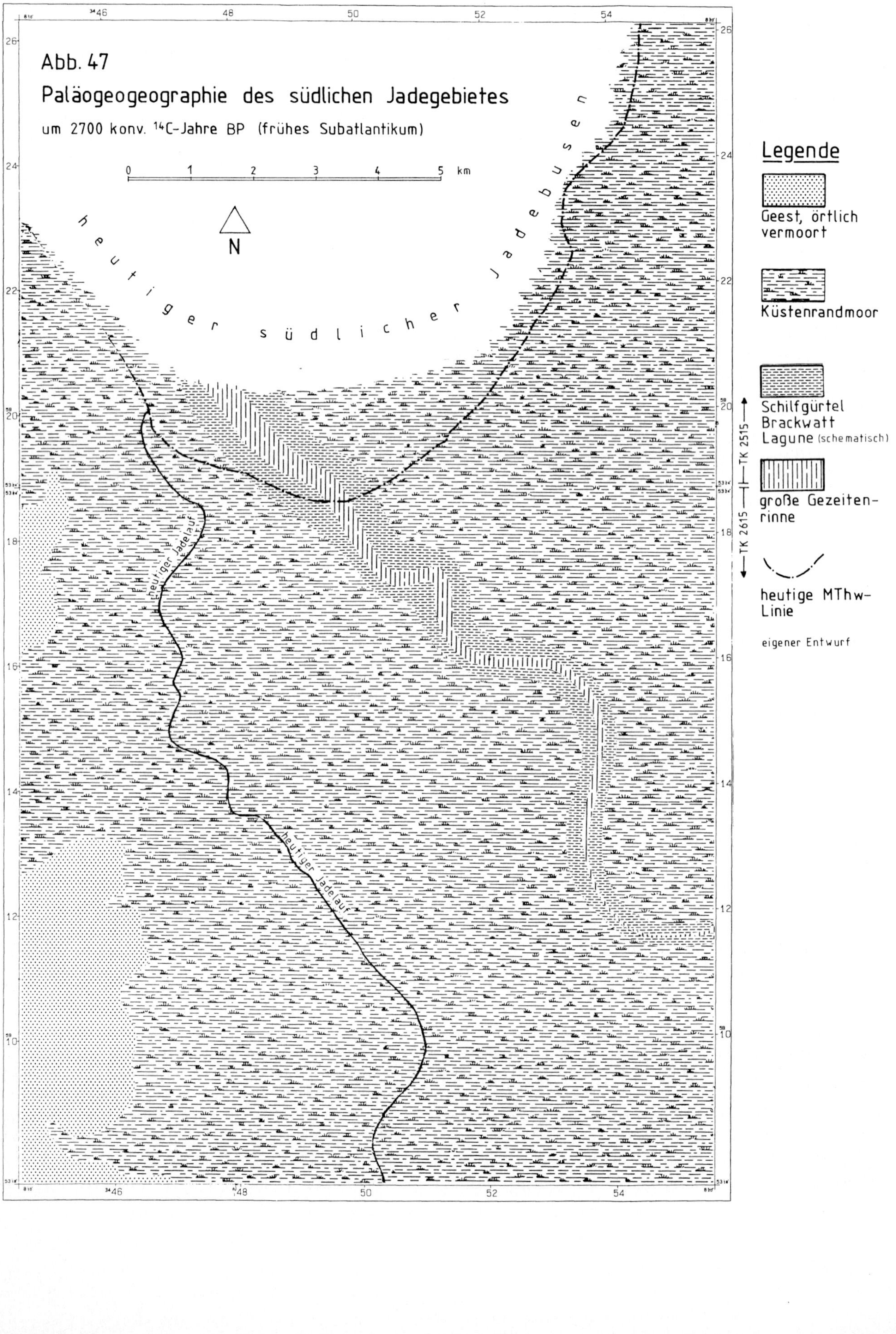

Abb. 47
Paläogeogeographie des südlichen Jadegebietes
um 2700 konv. ^{14}C-Jahre BP (frühes Subatlantikum)

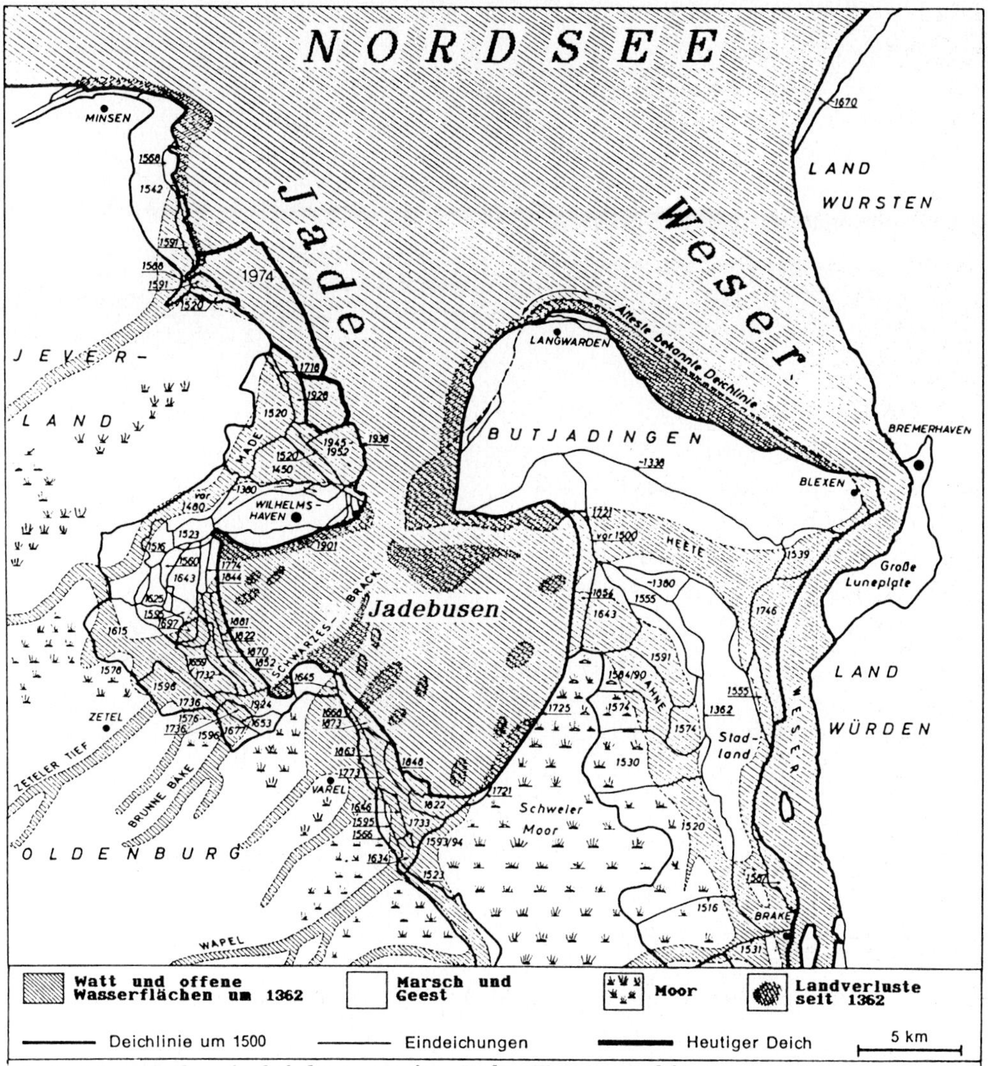

Abb 49: Wiedereindeichungen im Jade-Weser-Gebiet
(n. H.H. SEEDORF 1977: Abb. 28)

Abb. 48 (folgende Seite): Paläogeographie des südlichen Jadegebietes auf dem Höhepunkt der nachchristlichen Meereseinbrüche (nach der Antoniflut 1511 n. Chr.). Das Moorwachstum (vorwiegend Hochmoor) setzte sich im Untersuchungsgebiet bis zu den markenzen spätmittelalterlichen Meereseinbrüchen ungehindert fort, die mit der Julianenflut 1164 n. Chr. einsetzten und nach der Clemensflut 1334 n. Chr. auch den dargestellten Bereich erfassten. Hierdurch wurde der neue Jadebusen geschaffen.

Die maximale Ausdehnung erreichte der Jadebusen mit der Antoniflut 1511 (K.-E. BEHRE 1982: aaO; K. BRANDT 1981: 78). Diese Situation im südlichen Jadegebiet zeigt Abb. 48.

Bis in die Gegenwart hat der Mensch versucht, den Meereseinfluß durch Eindeichungen wieder zurückzudrängen. Der Jadebusen blieb jedoch bis heute erhalten, nicht zuletzt mit Rücksicht auf die Gefahr der Versandung des Hafens von Wilhelmshaven. Die Wiedereindeichungen im Jade-Weser-Gebiet sowie den Umfang des heutigen Jadebusens zeigt Abb. 49.

ZUSAMMENFASSUNG (südliches Jadegebiet)

Der geologische Aufbau des Küstenholozäns im südlichen Jade gebiet zeigt als Zeugen regressiver Tendenzen (Verlandungsphasen) 3 größere Torflagen, 2 davon "schwimmend", zuunterst liegt der Basaltorf. Zusätzlich finden sich noch zwei kleinere "schwimmende Torfe" eingeschaltet.

Zwischen diesen Torfen bzw. obenauf liegen die klastischen Sedimente der 3 großen Überflutungsphasen:

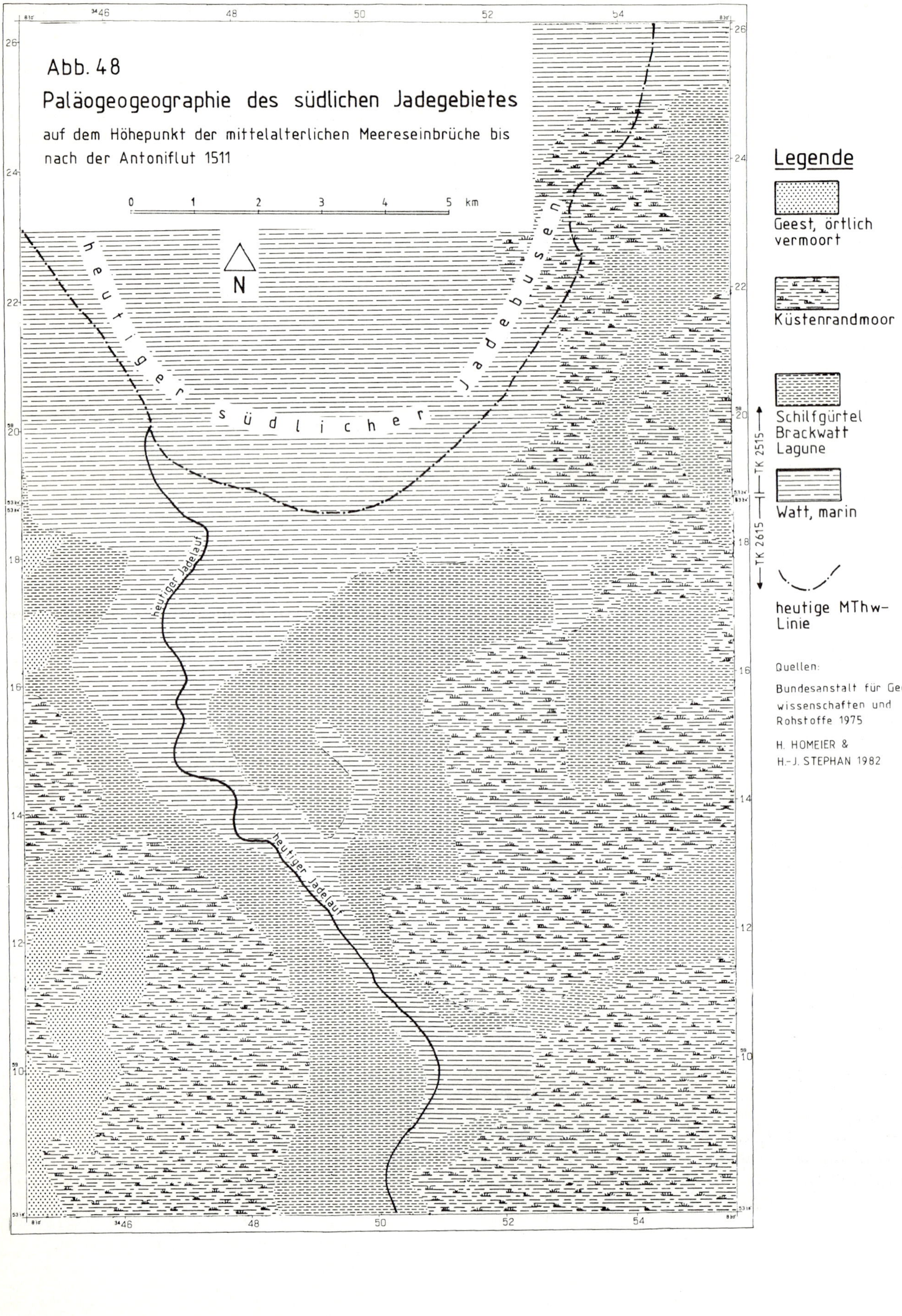
Abb. 48
Paläogeogeographie des südlichen Jadegebietes
auf dem Höhepunkt der mittelalterlichen Meereseinbrüche bis nach der Antoniflut 1511
0 1 2 3 4 5 km
N
heutiger südlicher Jadebusen
heutiger Jadelauf
heutiger Jadelauf
TK 2515
TK 2615
Legende
Geest, örtlich vermoort
Küstenrandmoor
Schilfgürtel Brackwatt Lagune
Watt, marin
heutige MThw-Linie
Quellen:
Bundesanstalt für Geowissenschaften und Rohstoffe 1975
H. HOMEIER & H.-J. STEPHAN 1982

1. Um 4500 BP - Bildung des Urjadebusens
2. Um 3700 BP - Jadebusen erreicht seine maximale Ausdehnung
3. Spätmittelalterliche Meereseinbrüche

Die Holozänbasis im südlichen Jadegebiet zeigt deutlich eine große zentrale Rinne, die bereits im Pleistozän bestanden hatte und in der kurz nach 8000 BP die initiale marine Ingression stattfand (Tiefe ca. -15 m NN).

Bis zum frühen Subboreal (4500 BP) stand in diesem Gebiet weiterhin der transgressive Charakter des Meeresspiegelanstiegs im Vordergrund. Verlandungsphasen kleineren Ausmaßes gab es um 6000 BP und 4800 BP. Schließlich entstand der "Urjadebusen" um 4500 BP, den man sich als Meeresbucht mit überwiegend brackisch-lagunärem Milieu (verbreitet Schilfwuchs) vorzustellen hat. Die Gezeitenrinnen folgten, soweit sie schon bestanden, den präholozänen Tälern.

Nach 4500 BP setzte an der Jade die Bildung des überregional verbreiteten "mittleren Torfes" ein, die bis etwa 4300 BP anhielt. Während dieser Zeit vermoorte der Raum fast vollständig, und es kam im Südteil schon zum Hochmoorumschlag.

Anschließend erfolgte eine ausgeprägte Transgression, bei der der größte Bereich des Untersuchungsgebietes unter marinen Einfluß geriet. Die zentrale Rinne wurde reaktiviert, voll-marine Watten waren vorherrschend. Auch in dieser Zeit mündete die Weser nicht in den Jadebusen; vielleicht existierten flache Überlaufrinnen zwischen beiden Flußsystemen. ***Aufgrund der im Text (s.o.) gegebenen Hinweise wird davon ausgegangen, daß sich Jade und Weser während des gesamten Holozäns unabhängig voneinander entwickelten und zwischenzeitliche Verbindungen nur eine untergeordnete Rolle gespielt haben können.***

In der Folgezeit zog sich das Meer wieder zurück. Das südliche Jadegebiet war ab 3300/3200 BP fast vollständig mit Niedermoorvegetation bedeckt. Ab 3000 BP erfolgte verbreitet ein Umschlag zum Hochmoor. Der hier gebildete Torf wird als "oberer Torf" oder in Niedersachsen auch als 1700 v. Chr.-Torf[41)] bezeichnet. Die zentrale Rinne verlor spätestens bis Chr. Geb. ihre Funktion und verlandete. Durch Reliefumkehr entstand an ihrer Stelle ein morphologischer Rücken in der Landschaft (Inversionsrücken). Der gleiche Sachverhalt ist heute auch dort anzutreffen, wo sich Ahne und Heete als Verbindungen im Mittelalter zwischen Jade und Weser befanden. Sie liegen jedoch nicht mehr im Bereich des hier behandelten Gebietes.[42)]

Das Untersuchungsgebiet blieb wahrscheinlich noch bis zum späten Mittelalter dem marinen Einfluß entzogen. Bodenbildungs- oder Torfzersetzungshorizonte konnten bis jetzt allerdings nicht nachgewiesen werden, ihre Existenz ist aber denkbar. Ein ausgedehntes Hochmoor war kennzeichnend für diese Landschaft. Es wuchs bis etwa +7 m NN auf. Es wird daher angenommen, daß der Bereich des Untersuchungsgebietes seinen Charakter bis zum Mittelalter nicht wesentlich veränderte.

Erst mit der Clemensflut von 1334 und der Marcellusflut von 1362 begann die Ausformung des nachchristlichen Jadebusens. So wurden zunehmend marine Wattbedingungen geschaffen und die Moorvegetation ausgeräumt. Im Jahre 1511 (Antoniflut) erreichte der nachchristliche Jadebusen seine größte Ausdehnung. Danach war der Mensch mit der Anlage von Deichen imstande, schrittweise eine Verkleinerung vorzunehmen und ihn schließlich auf den heutigen Umfang zu reduzieren. Einen Rest des ehemals verbreiteten Hochmoores stellt das Sehestedter Außendeichsmoor dar. Es ist jedoch stark im Abbruch begriffen.

III. VERGLEICH

Beide Untersuchungsgebiete, sowohl die belgische Küstenebene als auch das südliche Jadegebiet, wiesen abwechselnd Phasen mit transgressiven und regressiven Tendenzen des Meeresspiegelanstiegs auf. Diese Zeitabschnitte verliefen keinewegs immer synchron.

Im Profil stellt sich die Moorausbreitung (regressive Überlagerung) durch "schwimmende" Torfhorizonte dar, von denen es in jedem Gebiet zwei besonders ausgeprägte gibt. Der Westteil des belgischen Untersuchungsgebietes wurde etwas eher (Boreal) von der marinen Ingression erreicht als das deutsche Gebiet (im frühen Atlantikum), da es sich weiter landeinwärts befindet. In der Folgezeit breiteten sich in beiden Gebieten zunächst Watten aus, doch kam es an der belgischen Küste im späten Atlantikum (um 6000 BP) zu einer ersten ausgehehnten Vermoorungsphase. An der Jade war diese Vermoorung nur schwach ausgeprägt. Hier entwickelte sich bis 4500 BP (frühes Subboreal) der "Urjadebusen" als Meeresbucht mit überwiegend brackisch-lagunärem Charakter (vorherrschend schilfbewachsen). Anschließend folgte eine relativ kurze Vermoorungsphase.

Ab 5300 BP (spätes Atlantikum) hatte in Belgien eine lange und ausgebreitete Wachstumsphase des Küstenrandmoores begonnen, wobei ab 3400 BP verbreitet ein Umschlag vom Niedermoor zum Hochmoor stattfand. Um 3000 BP (Übergang Subboreal-Subatlantikum) beendeten Meereseinbrüche größtenteils das weitere Moorwachstum. An der Jade setzte diese Phase erst viel später ein. Noch um 3700 BP (mittleres Subboreal) wurde hier die ausgedehnteste Transgression verzeichnet, als ein Wattenmilieu vorherrschte. Erst danach vermoorte der Jadebusen. In Niedersachsen führte diese ausgedehnte überregionale Moorbildungsphase zum Entstehen des "oberen" od"1700 v.

fand. Um 3000 BP (Übergang Subboreal-Subatlantikum) beendeten Meereseinbrüche größtenteils das weitere Moorwachstum. An der Jade setzte diese Phase erst viel später ein. Noch um 3700 BP (mittleres Subboreal) wurde hier die ausgedehnteste Transgression verzeichnet, als ein Wattenmilieu vorherrschte. Erst danach vermoorte der Jadebusen. In Niedersachsen führte diese ausgedehnte überregionale Moorbildungsphase zum Entstehen des "oberen" od"1700 v.Chr.-Torfes". Ab 3000 BP fand hier verbreitet ein Umschlag vom Niedermoor zum Hochmoor statt. Speziell der Bereich des südlichen Jadebusens blieb bis zum späten Mittelalter wahrscheinlich durchgehend vermoort. Erst anschließend führten katastrophale Meereseinbrüche mit der großflächigen Ausräumung. In der belgischen Marsch setzten sich die vorchristlichen Überflutungen weiter fort und führten nach der eine Verschlammung des Hafens von Wilhelmshaven zu verhindern.

des Moores zur Entstehung des nachchristlichen Jadebusens. Durch Eindeichungsmaßnahmen wurde er wieder verkleinert, doch blieb er bis heute offen, um Zeitenwende durch Überschlicken zur Ausbildung einer Watten- und Marschenlandschaft, die nahezu den gesamten Raum einnahm. Heu te präsentiert sich die belgische Küstenebene als "Polder", der durch anthropogene Maßnahmen (Deichbau, Entwässerung) sowie durch einen Küstendünengürtel geschützt wird. In jüngerer Zeit ist jedoch ein stetiges Zurückweichen der Küste zu verzeichnen.

ZWEITER HAUPTTEIL:

HOLOZÄNE PALÄOGEOGRAPHIE DER SÜDLICHEN NORDSEEKÜSTE

DER GEOLOGISCHE RAHMEN (heutiger Forschungsstand) mit Anmerkungen zur Rekonstruktion einer Meeresspiegelanstiegskurve und der präexistierenden Küstenlandschaften

Die heutige Küste der südlichen Nordsee gehört zum Typ der flachen Gezeitenküsten, gegliedert durch Ästuare sowie Watten, Barriere- (Dünen-) und Marscheninseln. Bedingt durch die Gezeiten, ist der Festlandsküste ein mehr oder weniger breiter Wattensaum vorgelagert. Hierzu zählen auch die fossilen Watten, die heutigen Marschen, die durch anthropogenen Einfluß (Bedeichung) der Umgestaltung durch das Meer entzogen wurden. Schließlich ist in Form von Strandwällen, Nehrungen, Inseln oder Außensänden vielfach eine Küstenbarriere[43)] zu finden. Ihre Form ist gleichfalls gezeitenabhängig.

Die geologische Entwicklung des südlichen Nordseeraumes im Überblick

Jungpaläozoikum und Mesozoikum

Im ganzen gesehen ist das Nordseebecken seit mindestens 300 Mio. Jahren, also seit dem Perm, ein epirogenetisches Senkungsgebiet. In seinem Bereich wurden, von den Rändern zur Mitte zunehmend (H. STREIF & R. KÖSTER 1978: 31), bis zu 9 km mächti ge Sedimente seit dem Paläozoikum abgelagert (P.A. ZIEGLER & C.J. LOUWERENS 1979: 8).

Heute stellt sich das Nordseebecken überwiegend als relativ flaches Schelfmeer dar. Seine Entwicklung begann während der Grabenbildung im Perm nach Auffassung von J.H.F. JANSEN et al. (1979: 176) als sekundäres Grabensystem im Nordatlantik.

Tertiär

Im frühen Tertiär wurde Europa von Grönland und Nordamerika getrennt. Dabei bewirkten tektonische Absenkungsvorgänge die Weiterbildung des Sedimentbeckens. Sein tiefster Bereich lag entlang der zuvor gebildeten Grabenzone. Der prätertiäre Untergrund dieses Beckens, das schon die gleiche Ausdehnung wie die jetzige Nordsee hatte, wird erst in einer Tiefe von -3500 m angetroffen (J.H.F. JANSE,N et al. 1979: 176). Die tertiären Sedimente nehmen den größten Teil der Beckenfüllung ein. Auch sie keilen zum Rand hin aus.

Pleistozän

Die pleistozänen Absätze können im Zentrum eine Mächtigkeit von über 1000 m erreichen. Auch sie nehmen zur Peripherie hin ab (J.H.F. JANSEN et al. 1979: 176), vgl. Abb. 50. Dies bedeutet, daß im Pleistozän die Senkungsbeträge im Beckeninneren noch beträchtlich waren. Von den Eisrandlagen her (vgl. Abb. 8) füllten mächtige Sanderschüttungen den Beckenboden aus.

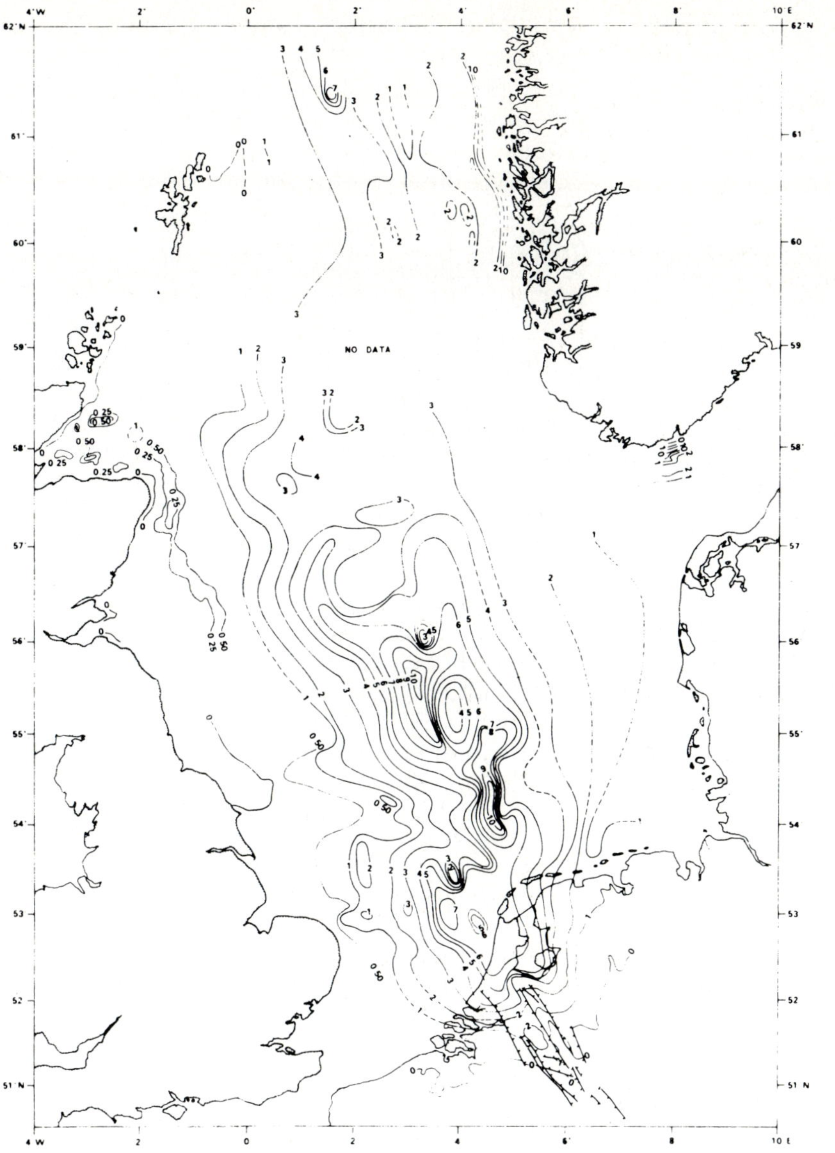

Abb. 50: Die Mächtigkeit der quartären Ablagerungen im Nordseebecken (n. V.N.D. CASTON (1979: Fig. II-11). Die Karte zeigt Linien gleicher Mächtigkeit im Abstand von 100 m, vor der britischen Küste auch im Abstand von 25 oder 50 m. Der pleistozäne Anteil der Ablagerungen macht dabei den größten Teil aus. Die holozänen Sedimente erreichen nach E. OELE & R.T.E. SCHÜTTENHELM (1979: 207) maximal einen Wert von 55 m südlich der Doggerbank (zur Lage siehe Abb. 51 bzw. Beilage 1).

Abb. 50: Die Mächtigkeit der quartären Ablagerungen im Nordseebecken (n. V.N.D. CASTON (1979: Fig. II-11). Die Karte zeigt Linien gleicher Mächtigkeit im Abstand von 100 m, vor der britischen Küste auch im Abstand von 25 oder 50 m. Der pleistozäne Anteil der Ablagerungen macht dabei den größten Betrag aus. Die holozänen Sedimente erreichen nach E. OELE & R.T.E. SCHÜTTENHELM (1979: 207) maximal einen Wert von 55 m südlich der Doggerbank (zur Lage siehe Abb. 51 bzw. Beilage 1)

Holozän

Aufgrund der Dynamik der Gezeitenströme und des daraus resultierenden Materialtransports weisen die holozänen Sedimente umgekehrt die größten Mächtigkeiten am Rand auf.[44] Sie sind jedoch vergleichsweise sehr gering.

Im südlichen Nordseebereich werden Meerestiefen von nur ca. 50 m erreicht. Am Schelfrand im N sind es 200 m, in der Norwegischen Rinne mehr als 300 m und im Skagerrak sogar bis zu 700 m (J.H.F. JANSEN et al. aaO).

Beilage 1 (Verkleinerung als Abb. 51) zeigt die pleistozäne Oberfläche/Holozänbasis im Bereich des Untersuchungsgebietes. Sie vor allem diente als Grundlage zur Konstruktion der paläogeographischen Karten. Im folgenden werden die Teilbereiche dieses Gebietes näher beschrieben.

Abb. 51 (= Beilage 1, folgende Seite): Die südliche Nordsee. Karte der pleistozänen Oberfläche/ Holozänbasis. Sie stützt sich auf folgende Quellen (zum Titel der jeweiligen Arbeit siehe Literaturverzeichnis):

C. BAETEMAN (1981a: Fig. 18 bis 21);
P.S. BALSON & T.D.J. CAMERON (1985: Fig. 3, Fig. 4, Fig. 11, Fig. 13, Fig. 14);
A. BANTELMANN et al. (1984: Abb. 8);
K.-E. BEHRE et al. (1984: 139, 147);
K.-E. BEHRE & B. MENKE, B. (1969);
S. BRESSAU & R. SCHMIDT (1979: Tafel 1, Tafel 2);
BUNDESANSTALT FÜR GEOWISSENSCHAFTEN UND ROHSTOFFE in Zusammenarbeit mit den Geologischen Landesämtern der Bundesrepublik Deutschland: Geologische Übersichtskarte 1:200000, Blätter CC 2310 Helgoland (1973), CC 3110 Bremerhaven (1975), CC 2318 Neumünster (1980); CC 3102 Emden (1982);
T.D.J. CAMERON et al. (1984: prof. 13, sec 1-4);
C. LABAN et al. (1986: sec 1-3);
C. LABAN et al. (1987: Fig. 9);
E. DITTMER (1952: Abb. 1);
B. D'OLIER (1981: Fig. 4);
D. EISMA et al. (1981: Fig. 4 und 5, 232 bis 235);
K. FIGGE (1980: Abb. 5);
J.J.H.C. HOUBOLT (1968/1976: 245ff);
W.G. JARDINE (1979: 169);
S. JELGERSMA et al. (1979: Fig. IV-32, 134);
K.L. KNUDSEN (1985: 321);
R. KÖSTER (1979: Abb. 12);
O. KOLP (1976: Fig. 8, Taf. 1);
C. LABAN et al. (1984: Fig. 6, Fig. 7, Fig. 8);
C. LABAN & R.T.E. SCHÜTTENHELM (1981: Fig. 1, Fig. 3);
D. LONG & M.S. STOKER (1986: 339-351);
G. LUDWIG et al. (1979: 11, 13, 17);
E. OELE (1969: 472, 475, Plate II; 1971a: Fig. 3; 1971b: Plate II);
E. OELE & R.T.E. SCHÜTTENHELM (1979: 205);
R.T.E. SCHÜTTENHELM (1980: M37);
K.-H. SINDOWSKI (1970b: Abb. 3; 1973: 12);
C.J. VAN STAALDUINEN (1977: Bÿlage 3);
H. STREIF (1987: 3);
H. STREIF et al. (1983: Tab. 9, Abb. 1, Abb. 5 bis 14, Abb. 23, Abb. 33 und 34, Abb. 37);
G. TIETZE (1983a: Abb. 10, Abb. 11, Abb. 37);
W.H. ZAGWIJN (1985: 56f, 65; Beilagen-Karte 1);
W.H. ZAGWIJN & H.J. VEENSTRA (1966).

Kartengrundlage: Deutsches Hydrographisches Institut (Hamburg), Seekarte Nr. 238: Nordsee mit Großbritannien und Irland, Maßstab 1: 2 000 000

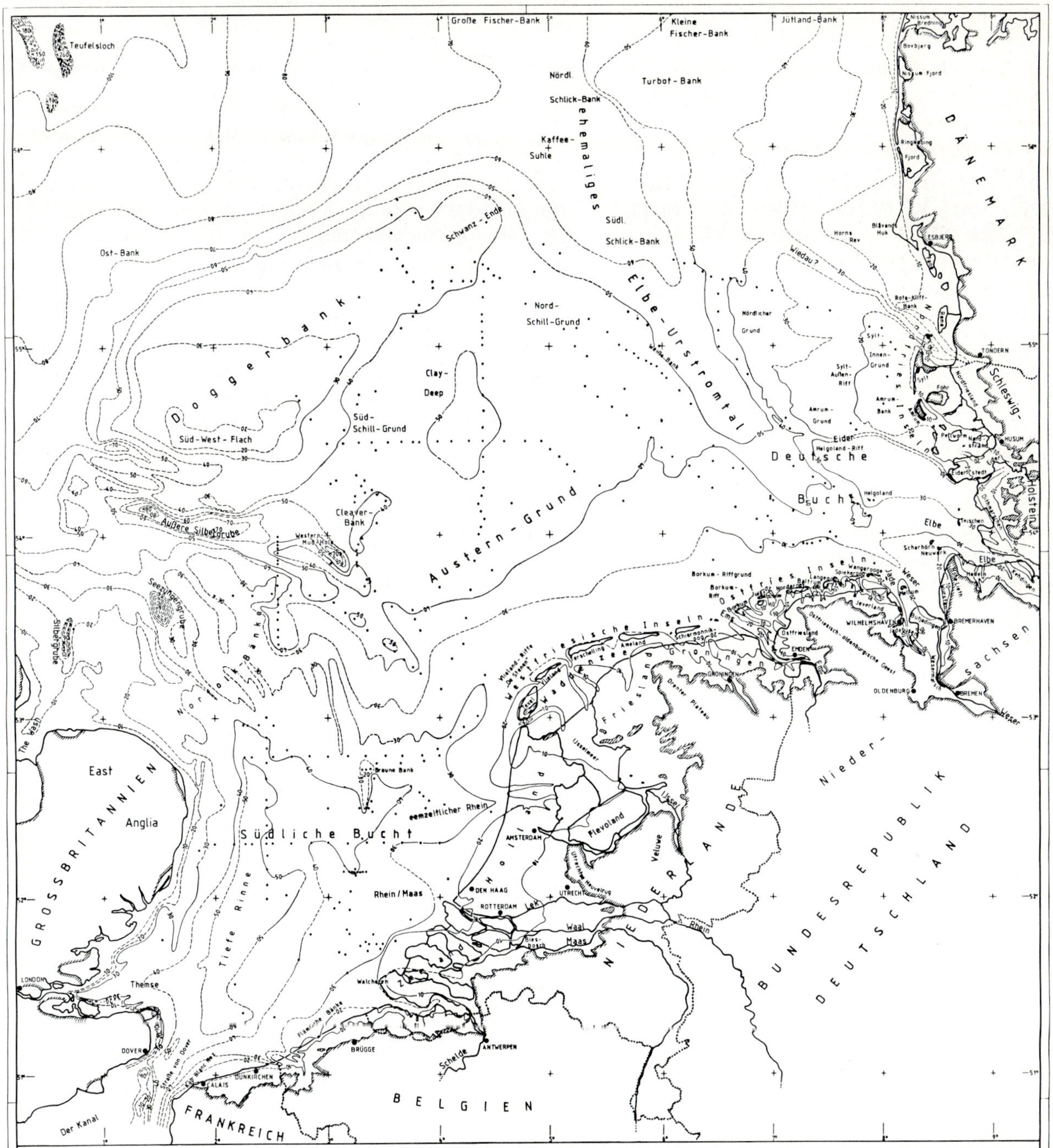

Abb. 51

(zur Dissertation W. KÖHN „Paläogeographische Karten des Holozäns für die südliche Nordseeküste")

DIE SÜDLICHE NORDSEE

Karte der pleistozänen Oberfläche / Holozänbasis

- • Bohrung oder von einem Profil abgegriffener Punkt im off-shore Bereich (erreicht größtenteils das Pleistozän)
- — heutige Küstenlinie
- –10– Isobathe der Holozänbasis in m-NN (---- = vermutet)
- Marschengrenze
- •••• Staatsgrenze

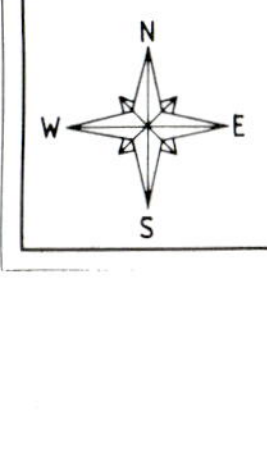

eigener Entwurf   Quellen siehe Text, Seite

0 10 20 30 40 50 60 70 80 90 100 km   Kartennetz: Mercator-Abbildung   Bezugsbreite 55° 30' N

Regionale Gliederung

Der Bereich des Elbe-Urstromtals

Das während der Weichseleiszeit als breite Rinne ausgebildete Elbe-Urstromtal ist während des Holozäns das größte Akkumulationsgebiet auf dem Grund der heutigen östlichen Nordsee gewesen, und zwar mit einer Holozänmächtigkeit von über 15 m (K.-H. SINDOWSKI 1970b: 44ff; K. FIGGE 1980: Abb. 6; H. STREIF et al. 1983: 83). Dagegen beträgt die durchschnittliche holozäne marine Sedimentation auf dem Grund der südlichen Nordsee meist weniger als 5 m, abgesehen von einem Schlickgebiet im Inneren der Deutschen Bucht sowie einzelnen Riesenrippelfeldern (H. STREIF 1986a: 30).

Der zentrale Bereich mit Doggerbank

Der zentrale Bereich der südlichen Nordsee umfaßt den Austern-Grund und das Gebiet bis zur Doggerbank einschließlich. Er weist geringe Reliefunterschiede auf und erreicht Tiefen von ca. -13 bis -50 m.

Die Entstehungsgeschichte der etwa 130 km breiten und 240 km langen Doggerbank wirft Probleme auf. Sie hebt sich bei der Betrachtung der Holozänbasiskarte (Beilage 1; Abb. 51) morphologisch deutlich heraus und steigt an ihrem SW-Ende, dem Süd-West-Flach, bis auf -13 m an. H. STRIDE (1959: 4) und H.J. VEENSTRA (1965: 252) interpretierten die Doggerbank als große Moräne.[45)] Nach D. LONG et al. (1988: Fig. 3) deckt sich der höchstgelegene Teil im SW mit einer weichseleiszeitlichen Eisrandlage (Endmoräne).

Nach E. OELE (1969: 473ff) ist die Doggerbank eher als Erosionsrest aufzufassen, bestehend aus fluvioglazialem Ton der Elster- oder Saaleeiszeit. Dieser Sachverhalt ist durchaus annehmbar; denn die Doggerbank wurde wahrscheinlich von Elbe und Ems umflossen (vgl. Beilage 2). Aufgrund des raschen Meeresspiegelanstiegs im frühen Holozän lag die Doggerbank bald so tief unter der Wasseroberfläche, daß sie der Brandung nur noch schwach ausgesetzt war. Noch heute ist im Bereich des Südwest-Flaches Brandung bei Sturm zu erkennen (vgl. DEUTSCHES HYDROGRAPHISCHES INSTITUT 1958).

H. REINHARD (1974: Abb. 5, 68ff) zufolge besteht die Doggerbank aus einer beträchtlichen Anhäufung von Moränenmaterial, das während der Kaltzeiten des Pleistozäns von britischen und skandinavischen Gletschern dorthin verfrachtet wurde. Im Drente Abschnitt des Saale-Glazials war sie vollständig überfahren worden. Ihr Westteil repräsentiert heute einen Stauchmoränenkomplex, der in der Saalekaltzeit als Mittelmoräne zwischen dem skandinavischen und britischen Gletscher entstanden sein könnte.

Der Ostteil dagegen bildet nach H. REINHARD (1974: 69f) eine vom Gletscher überdeckte, ebenfalls saaleeiszeitliche Schuttanhäufung (Grundmoräne). Dies erscheint dem Verfasser umso wahrscheinlicher, weil eine Grundmoräne, meist lehmig oder aus Geschiebemergel oder Lehm bestehend, schwer erodierbar ist. Die Meerestransgressionen in der Eem-Warmzeit vermochte sie nur verhältnismäßig gering umzugestalten.

Während des Weichsel-Glazials wurden H. REINHARD (1974: 74, Abb. 7) zufolge nur noch der südliche und westliche Bereich der Doggerbank erreicht, und zwar durch den englischen Gletscherstrom. Dabei sind "erhebliche Massen von permafrostfreien, älteren Moränen aufgenommen und miteingestaucht worden" (H. REINHARD aaO). Offenbar handelt es sich hier um Endmoränenbildungen.

Weil sie ein Hochgebiet war, wurde während des Holozäns auf der Doggerbank nur eine sehr dünne Sedimentdecke abgelagert, im allgemeinen weniger als 3 m (E. OELE 1971a: Fig. 3).

Das Gebiet nordwestlich der Doggerbank

Es fällt nach NW hin ab. Im Teufelsloch trifft man auf eine besonders ausgeprägte Vertiefung (unter -260 m). D. EISMA et al. (1979: 220) interpretiert das als Tunneltal, vergleichbar mit den in Norddeutschland und Dänemark unter dem Weichseleis entstandenen.

Nach D. EISMA et al. (aaO) wird diese Ansicht allgemein akzeptiert. Tunneltäler wurden im Pleistozän unter der kontinentalen Eisdecke geformt, entweder durch subglaziales Schmelzwasser oder durch Eiserosion.

H. REINHARD (1974: 70) macht für die Bildung des Teufelsloches und der übrigen Tunneltäler Gletscherströme verantwortlich, die eine "Ausspülungszone mit tiefen Spülrinnen" schufen. Gegen diese Auffassungen sprechen jedoch die neueren Untersuchungsergebnisse von D. LONG (1988: Fig. 3), von denen bereits die Rede war. Demnach lag auch dieses Gebiet außerhalb der Weichseleisgrenze. Somit bleibt die Frage nach der Entstehung des Teufelslochs weiterhin unbeantwortet.

Das Rinnen- und Grabensystem der westlichen Nordsee

Zwischen der Doggerbank und der britischen Küste herrscht ein sehr bewegtes Relief. Hier finden sich tief eingeschnittene Rinnen- und Grabensysteme (Silbergrube, Äußere Silbergrube, Seezungengrube u.a.). Dieser Bereich war anscheinend der einzige in der südlichen Nordsee, der im Weichselglazial vergletschert war. Bis hierhin stieß der britische Gletscher mit mehreren Zungen vor und schuf tiefe Rinnenseen, Tunneltäler bzw. Toteislöcher und Abflußbahnen, die Ursache des bewegten Reliefs sind.

Wie Abb. 8 zeigt, hat eine Verbindung mit dem skandinavischen Eis zumindest im späten Weichselglazial nicht bestanden (D. LONG et al. 1988: Fig. 3). Diese Aussage steht im Gegensatz zu den Ausführungen von H. VALENTIN (1957: Karte 4), der von einer Verbindung der beiden Eisschilde im Nordseebereich selbst südlich von 57° N ausging, wie sie auch die älteren Geologen (z.B. P. TESCH 1942: Kaartje 11; P. WOLDSTEDT & K. DUPHORN 1974: 2; F. OVERBECK 1975: Abb. 137; G.H. DENTON & T.J. HUGHES 1981: Fig. 1-1) angenommen hatten. Südlich davon sollte sich ein großer Eisstausee gebildet haben (H. VALENTIN aaO). Jedoch weisen E. OELE & R.T.E. SCHÜTTENHELM (1979: 205) ausdrücklich darauf hin, daß es für diesen großen Eisstausee, der im SE der Doggerbank gelegen haben soll, keine Anhaltspunkte gibt.

Frühere Eisvorstöße sind möglicherweise weiter im Nordseebecken vorgerückt. So soll im Elster-Glazial nur der Südteil der Südlichen Bucht unvergletschert geblieben sein (vgl. D. LONG et al. 1988: Fig. 3).

Allgemein kann daher davon ausgegangen werden, daß der größte Teil der Nordsee eine ertrunkene Glaziallandschaft ist. Sie wurde zwar durch marine Überformung teilweise eingeebnet. Dennoch konnten die glazialen Merkmale keineswegs beseitigt werden (H. REINHARD 1974: 27; S. JELGERSMA 1979: 239).

Die Südliche Bucht (zwischen den Niederlanden und Großbritannien gelegen)

Der südliche Bereich des Untersuchungsgebietes, die Südliche Bucht (vgl. Beilagen 1 bis 6), verengt sich nach S. Hier hat sie Verbindung mit dem Ärmelkanal. Sie erreicht mit Werten unter -50 m relativ große Tiefen und geriet folglich schon früh (Altholozän) unter marinen Einfluß (vgl. Kap. II, Seite 128, Beilage 3).

Die Gliederung des Holozäns

Auf dem Nordseeschelf (off-shore) wurden in den letzten Jahren verstärkte Anstrengungen zur Klärung der postglazialen Abläufe unternommen, besonders von niederländischer, deutscher und britischer Seite. Demgegenüber wurden im französischen und dänischen Küstenabschnitt und Schelf vergleichsweise nur wenige Untersuchungen durchgeführt.

Die von G. DUBOIS (1924) in Nordfrankreich aufgestellte Calais-Dünkirchen-Stratigraphie für das Küstenholozän mit dem Titel: "Subdivisions du Flandrien en Flandre" erhielt von G. BRAND et al. (1965) ein Gliederungsschema mit dem Titel: "Lithostratigraphische Parallelisierung des Küsten-Holozäns", das für die gesamte deutsche und niederländische Nordseeküste Geltung haben sollte. Es findet auch heute noch Anwendung, besonders in der niederländischen Geologie.

Seitdem jedoch J. BARCKHAUSEN et al. (1977) "Ein lithologisches Ordnungsprinzip für das Küstenholozän und seine Darstellung in Form von Profiltypen" publizierten, verlor die erstgenannte Gliederung immmer mehr an Bedeutung. Im Unterschied dazu haben J. BARCKHAUSEN et al. (1977) bei ihrer Einteilung zunächst keine zeitliche Zuordnung der Ablagerungen (Abb. 52).

So kann man bereits im Feld die Sedimentabfolge eines Bohrkernes sofort an Ort und Stelle einteilen. Dabei ist man nicht mehr an das feste Gliederungsschema der "schwimmenden Torfe"[46)] gebunden. Überdies fehlen diese Torfe vielerorts oder sind, wie bereits erwähnt, nicht synchron gebildet worden. Das lithologische Ordnungsprinzip läßt zwar eine Rekonstruktion der Küstenlandschaft zu, für die zeitliche Einstufung muß aber stets ein Datengerüst vorhanden sein.

Abb. 52 (folgende Seite): Idealprofil des Küstenholozäns der südlichen Nordsee (schematisch) in Verbindung mit dem "lithologischen Ordnungsprinzip für das Küstenholozän und seine Darstellung in Form von Profiltypen" nach J. BARCKHAUSEN et al. (1977). Dieses Prinzip beruht ausschließlich auf Primärdaten der Schichtenbeschreibung sowie auf der Lithologie und der Genese. Es kann lokal durch ein ^{14}C-Datengerüst oder durch palynologische und archäologische Daten zeitlich gegliedert werden. Jede Möglichkeit der Sedimentabfolge wird mittels eines Profiltypes (X = Mineralischer Komplex, Y = Verzahnungskomplex, Z = Torfkomplex) ausgedrückt (vgl. J. BARCKHAUSEN et al. 1977: 72f). In dieser Abbildung sind die Sedimente des Küstenholozäns nach diesem Ordnungsprinzip in die einzelnen Faziestypen unterteilt worden.

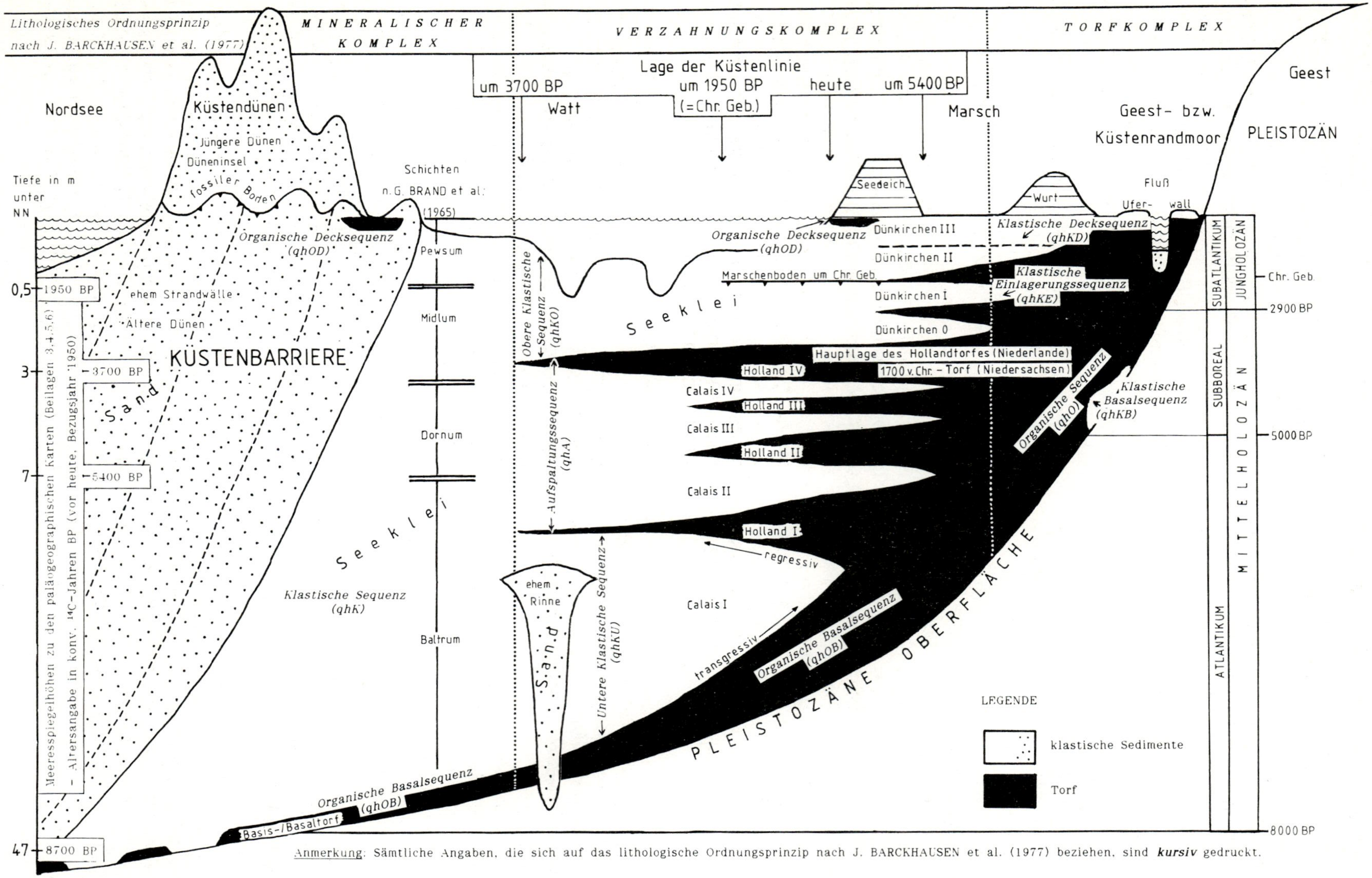

Anmerkung: Sämtliche Angaben, die sich auf das lithologische Ordnungsprinzip nach J. BARCKHAUSEN et al. (1977) beziehen, sind ***kursiv*** gedruckt.

Abb. 52: Idealprofil des Küstenholozäns der südlichen Nordsee (schematisch) eigener Entwurf

Die Anwendung dieses Ordnungsprinzips kann darüberhinaus problemlos auch auf Untersuchungen im Nordseeschelf ausgedehnt werden. Außerdem findet es Verwendung in allen Küsten bereichen, "deren holozäne Sedimentabfolge sich aus klastischen sedimentären Bildungen und sedentären Torfen aufbaut" (J. BARCKHAUSEN et al. 1977: 73).

Inzwischen hat sich das lithologische Ordnungsprinzip in der bundesdeutschen Küstenforschung weitgehend durchgesetzt und findet auch in Belgien Anwendung.

In den Niederlanden besteht dagegen bislang keine Bestrebung zur Abkehr von der traditionellen Calais-Dünkirchen-Stratigraphie (S. JELGERSMA 1984: pers. Mittlg.; W.H. ZAGWIJN 1986: 14ff). Offenbar treten die "schwimmenden Torfe" innerhalb des niederländischen Küstenabschnittes mit derartiger Regelmäßigkeit auf, so daß eine Chronostratigraphie nach der traditionellen Gliederung i.d.R. durchführbar ist.

Diese schwimmenden Torfe sind stets Anzeichen zurückgehenden marinen Einflusses. Sie lassen den Schluß auf regressive Tendenzen des Meeresspiegels zu. Früher verband man die schwimmenden Torfe grundsätzlich mit einer Meeresspiegelabsenkung. Mittlerweile geht man davon aus, daß sie sich auch bei langsam steigendem Wasserstand bilden können. Voraussetzung ist jedoch, daß die Moorwachstumsrate höher ist als die zeitlich entsprechende Meeresspiegel-Anstiegsrate (H. STREIF & R. KÖSTER 1980: 40) und keine Salzwasserüberschwemmung erfolgt.[47]

In dem Idealprofil (Abb. 52) wird hier versucht, die verschiedenen gebräuchlichen Gliederungen des Küstenholozäns miteinander zu verknüpfen. Am linken Rand befindet sich die Zeit-Tiefen-Skala. Dort stehen die Zeitpunkte, auf die sich die Paläogeographien der Beilagen (2 bis 6) beziehen. Außerdem finden sich die dazu angenommenen ungefähren Wasserstände.

Oben ist die zeitliche und räumliche Verschiebung der "Küstenlinie" dargestellt. In dieser Arbeit wird unter dieser Linie die Grenze zwischen dem marinen Watt und dem Brackwatt, Schilfgürtel oder Groden verstanden. Der Übergang war meist fließend.

Die auskeilenden "schwimmenden Torfe", hier auch als "Holland-Torfe"[48] bezeichnet, stehen für regressive Tendenzen. Sie verzahnen sich innerhalb der Zone des "Verzahnungskomplexes"[49] mit den klastischen Sedimenten der Calais-Dünkirchen-Transgressionen. Die Hauptlage der schwimmenden Torfe, auch "1700 v. Chr-Torf" genannt, trennt die älteren Calais- von den jüngeren Dünkirchen-Transgressionen. Zu dieser Zeit (Subboreal) verschob sich die Küstenlinie wieder weiter seewärts. Die Küstenrandmoore oder auch Geestrandmoore genannt, hatten ihre größte Ausdehnung. Während der Dünkirchen-Transgressionen (frühestens ab 1500 v. Chr.) wurden die Moore größtenteils überflutet. Diese Meereseinbrüche waren überwiegend stärker als die vorausgegangenen.

Besonders an der deutschen und nordniederländischen Küste kam es um Christi Geburt zu einer echten Regression, also zu einer tatsächlichen ***Absenkung*** des Meeresspiegels. Als Beweis gelten die verbreiteten Bodenbildungshorizonte aus dieser Zeit (Marschenboden, s. Abb. 52). Die folgenden Überflutungsphasen[50] zwangen die Küstenbewohner jedesmal zur Erhöhung ihrer Wohnplätze, wollten sie den Siedlungsraum nicht verlassen. So entstanden die ***"Wurten"*** (K.-E. BEHRE 1987b: 24f). Erst um das Jahr 1000 n. Chr. ging man dazu über, die Marsch vor Überschwemmungen durch Deiche zu sichern (ebenda: 34).

Gleichzeitig regional unterschiedlich hohe Meeresspiegelniveaus im Holozän ?

In der Literatur sind für gleiche Zeiträume in verschiedenen Küstenabschnitten unterschiedliche Meeresspiegelhöhen anzutreffen (W.H. ZAGWIJN 1986: 33ff). Beispielsweise wurden für die Provinz Zeeland bis zum mittleren Subboreal (3700 BP, Beilage 5) ein um 2 m höherer mittlerer Wasserstand angenommen als an den übrigen niederländischen Küstenabschnitten.

Der Unterschied verringert sich später merklich. Er soll um die Zeitenwende nur noch 0,25 m betragen haben. Als Ursache führt W.H. ZAGWIJN (1986: 11f) Differenzen im Gezeitenverhalten oder den unterschiedlichen Landsenkungsbetrag an, der in den Niederlanden von NE nach SW abnimmt.

Unterschiedliche Wasserstandsmarken für ein und denselben Zeitraum werden auch im südlichen Nordseegebiet an verschiedenen Orten festgestellt. So werden beispielsweise für das Meeresniveau um 8700 BP im deutschen Nordseeschelf umgerechnet ca. -47 m NN angenommen (H. STREIF et al. 1983: Abb. 34), während im Bereich der Südlichen Bucht (zwischen den Niederlanden und Ost-England) ca. -36 m NN veranschlagt wurden (S. JELGERSMA 1979: Fig. V-14).
Die Differenz von 11 m ist noch nicht hinreichend geklärt. Vielleicht sind dafür tektonische Vorgänge verantwortlich zu machen. So bemerkte S. JELGERSMA (1979: 236), daß z.B. tektonische Absenkungsvorgänge für die regional unterschiedlichen marinen Eem-Wasserstände entlang der südlichen Nordseeküste verantwortlich sein könnten.

Man hat auch versucht, die Absenkung des Nordseebeckens wie folgt zu erklären: Am Rande der isostatischen Hebungsgebiete in Skandinavien und Schottland soll eine Ausgleichsbewegung stattgefunden haben. S. JELGERSMA (1979: 234ff) hält diesen Sachverhalt aber deswegen für unwahrscheinlich, da bislang in Feldstudien keine Beweise hierfür erbracht werden konnten und das Weichsel-Inlandeis im Nordseesektor maximal nur 300 m mächtig gewesen sein dürfte, daher relativ wenig Gewicht besaß. Deswegen könne man diesen Wirkungsfaktor vernachlässigen. Der Verfasser schließt sich dieser Auffassung an.

Der Einfluß der tektonischen Absenkungsvorgänge für die unterschiedlichen Wasserstandsmarken im Holozän konnte bisher noch nicht quantifiziert worden. H. LASSEN et al. (1984) gingen dieser Frage bei Untersuchungen im Elbmündungsgebiet nach. Sie führten zum relativen Meeresspiegelanstiegsgeschehen folgendes an (ebenda: 107):

"Für den im Gesamtanstieg enthaltenen tektonischen Senkungsvorgang errechnet sich ein Wert von 1m/10^4 J, respekt. 0,1 mm/J. Hierbei sind die tektonische Entwicklung der letzten 300000 Jahre (seit dem vorletzten Interglazial) und eine stetige Geschwindigkeit zugrunde gelegt. Die Ungenauigkeit der angegebenen Beträge dürfte 100 % nicht überschreiten."

Auch die Untersuchungen zu den Wasserstandshöhen im Rhein-Maas-Deltagebiet von L.P. LOUWE KOOIJMANS (1976: 125) erbrachten Werte, die sich in die o.g. einfügen lassen.[51)] Demnach dürfte sich für die Differenz höchstens ein Betrag von ca. 3 m ergeben. Wie kommt es aber zu einem Niveauunterschied von 11 m ? Diese Frage muß nach dem heutigen Kenntnisstand unbeantwortet bleiben. Offenbar spielen eine Reihe weiterer Faktoren (z.B. Salztektonik, präexistierendes Relief) hier eine entscheidende Rolle, die bisher nicht hinreichend untersucht sind.

Der Verfasser ist der Ansicht, daß man dennoch zur Festlegung der Küstenlinie für einen gegebenen Zeitpunkt nicht einfach eine scheinbar konstante heutige Tiefenlinie nachfahren darf, wie es beispielsweise S. JELGERSMA (1979: Fig. V-14) tat. Dort wurde für den gesamten Nordseebereich um 8700 BP ein Wasserstand von -36 m angenommen. Stattdessen hat der Verfasser in dieser Arbeit zwischen dem höheren Niveau im SW und dem niedrigeren Niveau im NE des Untersuchungsgebietes interpoliert.

Im Vergleich hierzu siehe Beilage 3, wo für 8700 BP -36 m nur für den möglicherweise tektonisch stabilen Bereich (vgl. B. D'OLIER (1981: 221) im SW angenommen wurden. Nach NE bis zum deutschen Schelf sinkt die postulierte Wasserstandshöhe bis auf -47 m NN. Das um 8700 BP überflutete Areal fällt dadurch deutlich geringer aus, als wenn man hier die -36 m-Isobathe gewählt hätte.

Kurven des Meeresspiegelanstiegs

Zum Vergleich wurde eine Auswahl von Kurven aus unterschiedlichen Teilgebieten der Nordsee zusammengestellt (Abb. 53). Notwendigerweise verlaufen nach dem vorher gesagten die relativen Meeresspiegelanstiegskurven an der deutschen Küste entsprechend steiler als an der niederländischen oder an der belgischen Küste.

Die rein eustatische Kurve für NW-Europa von N.-A. MÖRNER (1980), die weder tektonische oder isostatische Niveauveränderungen noch Kompaktion beinhaltet, weist die geringste Anstiegsrate auf. Sie zeigt nur einen vergleichsweise flachen Anstieg.

K.-E. BEHRE (1987a: Abb. 3) bezieht seine Kurve auf das Mitteltidehochwasser (MThw). Es liegt nahe, stattdessen auch vom mittleren Wasserstand auszugehen; denn die Kurve beruht auf Analysen von Torfproben, deren Entstehung sich weitgehend nach dem mittleren Wasserstand richtet (ausgenommen sind große Flußmündungen, vgl. W.H. ZAGWIJN 1986: 33). Der mittlere Wasserstand wiederum bestimmt das Grundwasserniveau im Küstengebiet. Das Moorwachstum ist nach W.H. ZAGWIJN (1986: 11) auf dieses Niveau ausgerichtet und nicht, wie früher oft angenommen, auf das MThw.

Einen Vergleich zwischen fossilen Basismoordaten und Daten von einer Küstenbarriere[52)] zur Bestimmung des Meeresspiegelanstiegs unternahmen O. VAN DE PLASSCHE & T.B. ROEP (1989). Letztgenannte lieferten Erkenntnisse zur Rekonstruktion des Paläo--Tidenhubes an der offenen Küste, während die Basismoorproben im geschützten Milieu gewachsen sein sollten und daher gut den mittleren Wasserstand widerspiegeln. Es zeigten sich vorzügliche Übereinstimmungen zwischen beiden Datenquellen. Die Basismoordaten lagen betragsmäßig innerhalb der Altersgrenzen der Proben von der Küstenbarriere, die die Obergrenze (MThw) bzw. Untergrenze (MTnw) des Tidenhubes festlegten (ebenda: 47ff, Fig. 11). Siehe hierzu Abb. 54.

Echte Basistorfe i.S.v. W. LANGE & B. MENKE (1967) bildeten sich um 5400 BP etwa bis auf eine Höhe von -6 bis -7 m NN im deutschen Küstenbereich aus (H. STREIF et al. 1983: Abb. 36; H. STREIF 1984b: Abb. 3). W.H. ZAGWIJN (1986: 33) geht auch von einem mittleren Wasserstand (MW) von -6 m NN[53)] um 5300 BP für die niederländische Küste mit Ausnahme von Zeeland aus. Dort wird ein Niveau von -4 m angenommen, da hier der Betrag der tektonischen Senkung infolge der südwestlicheren Lage geringer ausfällt (s.o.) als an der übrigen niederländischen Küste (vgl. S. JELGERSMA 1961: 46). Eventuell war auch der Tidenhub in Zeeland höher als an der übrigen niederländischen Küste.

In diesem Zusammenhang weisen O. VAN DE PLASSCHE & T.B. ROEP (1989: 54) ausdrücklich darauf hin, daß die Frage nach den Gründen für die unterschiedlichen Meeresspiegelstände zwischen Zeeland und der übrigen niederländischen Küste bislang nicht

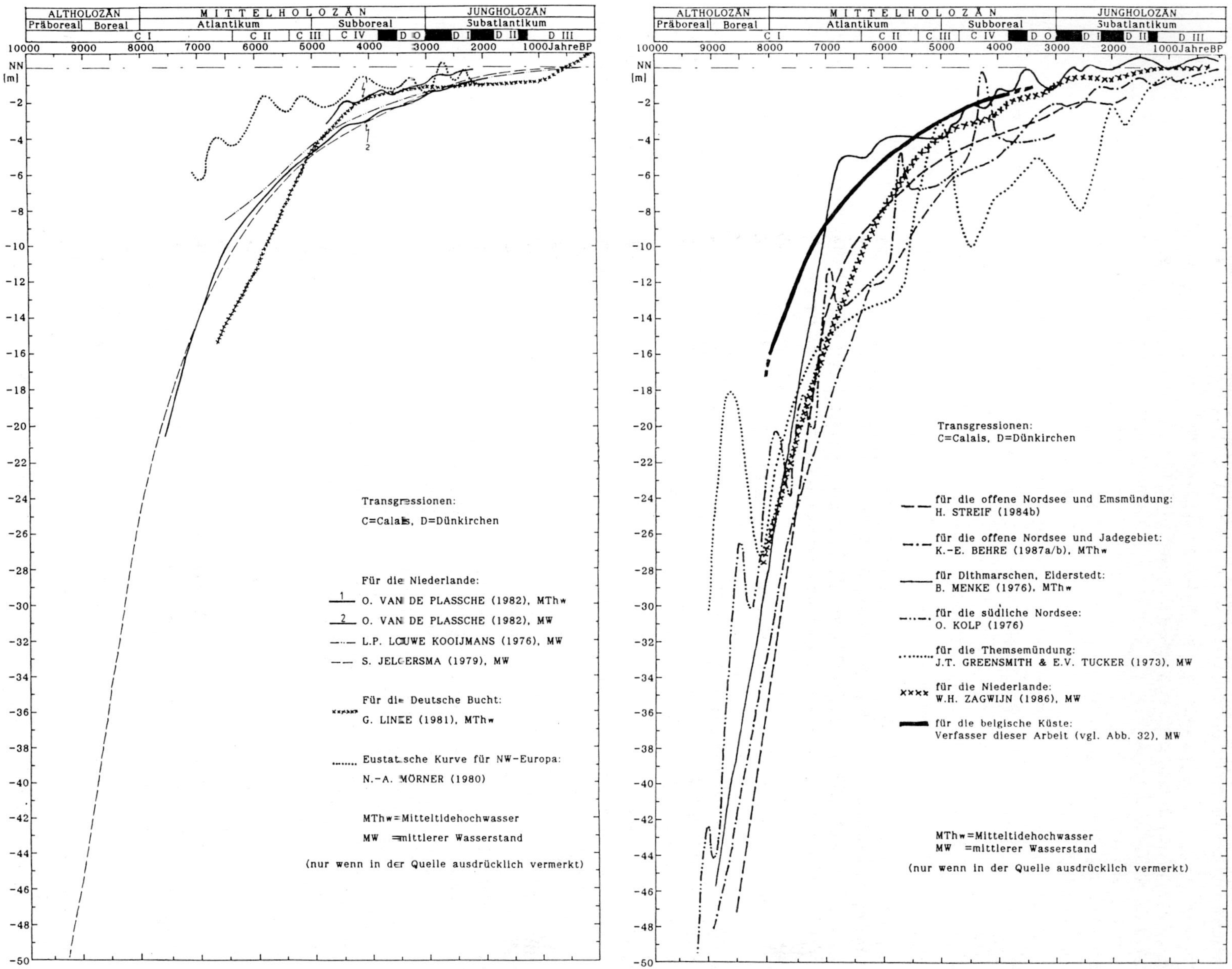

Abb. 53: Vergleich von Kurven des Meeresspiegelanstiegs im Holozän aus verschiedenen Bereichen der Nordsee

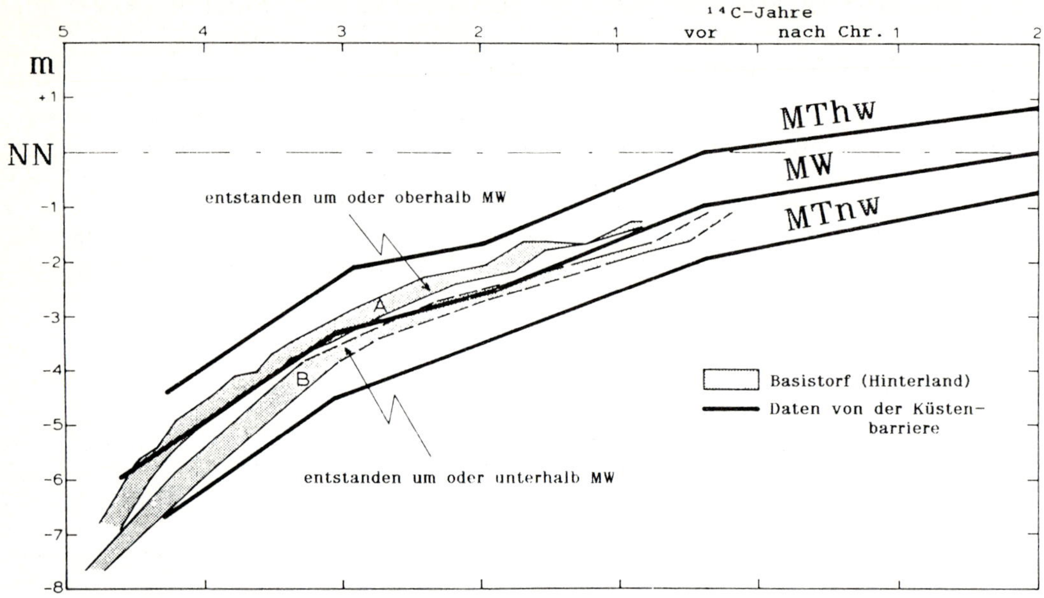

Abb. 54: Kurve des Meeresspiegelanstiegs in Verbindung mit dem Paläo-Tidenhub an der west-niederländischen Küste nach O. VAN DE PLASSCHE & T.B. ROEP (1989: Fig. 11). Gezeigt wird der Verlauf vom Mitteltidehochwasser (MThw), mittlerer Wasserstand (MW) und dem Mitteltideniedrigwasser (MTnw). Verglichen werden Daten aus der Küstenbarriere (Lagerung bestimmter Sandschichten innerhalb der Barriere) mit datierten Basistorfproben aus dem Hinterland.

befriedigend beantwortet werden konnte. Vielleicht gäbe es im S der Niederlande tatsächlich einen geringeren tektonischen Senkungsbetrag als im N. Ein zusätzlicher Grund sei möglicherweise auch, neben dem von S. JELGERSMA (1961) genannten größeren Tidenhub, der "Grundwasser-Gradient-Effekt".[54]

Die Höhenangaben von -7 bis -4 m NN stellen an der Küste die landwärtige Begrenzung des Basismoores i.S.v. W. LANGE & B. MENKE (1967) um etwa 5400 BP dar.

Es gibt eine Menge von potentiellen Fehlern, die man bei der Konstruktion und Interpretation von Meeresspiegelanstiegskurven machen kann. Dazu kann hier nur auf das Handbuch von O. VAN DE PLASSCHE (1986) verwiesen werden. In der darin enthaltenen Arbeit von C. KIDSON werden diese Probleme ausführlich diskutiert.

Dennoch ist es wichtig, auf einige Besonderheiten hinzuweisen, die durch Gezeitenveränderungen bei den paläogeographischen Rekonstruktionen entstehen. C. KIDSON (1986: 42) betont, daß diese Probleme zu umfangreich seien, um sie alle bei der Rekonstruktion des "paleo-environments" zu berücksichtigen. Auch wegen der "rare events", z.B. Sturmfluten, deren Ablagerungen i.a. erhalten blieben, besteht allgemein die Tendenz, Meeresspiegelstände aus der Vergangenheit höher anzusetzen, als sie tatsächlich waren.

Die Genauigkeit der paläogeographischen Karten nimmt daher mit zunehmendem Rückschreiten in die Vergangenheit ab. Insbesondere konnten auf Beilage 2 (10000 BP), als die Küstenlinie noch weit entfernt von der Deutschen Bucht war, die möglichen paläogeographischen Verhältnisse nur ganz grob dargestellt

ZEITSTUFEN DER KÜSTENENTWICKLUNG

I. DAS NORDSEEBECKEN VOM WEICHSELGLAZIELEN EISHÖCHSTSTAND, 18000 BP BIS ZUM BEGINN DES HOLOZÄNS (10000 BP)

Die meisten Autoren stimmen darin überein, daß z. Zt. des späten Weichsel-Hochglazials (18000 BP) der niedrigste Meeresspiegelstand weltweit um 120 bis 130 m unter dem gegenwärtigen lag. Gleichzeitig besaßen die Weichsel-Landeiskappen ihre größte Ausdehnung (Abb. 9). Die Berechnungen erfolgten nach Daten von USA-Schelfmeeren durch J.R. CURRAY (1965: 724, Fig. 2), K.O. EMERY (1969: 114) sowie von Volumenberechnungen der ehemaligen Landeiskappen nach A.L. BLOOM (1983: 219).

Speziell für die Nordsee ist nach H. STREIF et al. (1983: 82) sowie H. STREIF (1985a: 11) in ihrem nördlichen Bereich eine maximale Meeresspiegelabsenkung von 110 m erwiesen. Während des gesamten Weichsel-Glazials war die südliche Nordsee landfest

(E. OELE & R.T.E. SCHÜTTENHELM 1979: 202).

Saskia JELGERSMA (1979) rekonstruierte Meeresspiegelstände der Nordsee vom Hochglazial bis 7800 BP. Dabei wird betont (ebenda: 234), daß es grundsätzlich schwierig ist, tektonische und eustatische Bewegungen zu trennen. Sie geht davon aus, daß die eustatischen Bewegungen zum kontrollierenden Faktor der Meeresspiegelbewegungen und damit zur Lage der Küstenlinie wurden. Der als Meeresfläche verbliebene nördliche Nordseeraum war während des Weichsel--Glazials nur randlich und auch dort nur mit einer relativ dünnen Schelfeisdecke überzogen. Da isostatische Bewegungen von der Mächtigkeit der Eisbedeckung abhängig sind, und die Eismächtigkeit im Küstengebiet gering war, ließ sie diese außer Betracht. Sie führte weiter aus (ebenda: 239), daß während der holozänen Nordseetransgression in der nunmehr ertrinkenden Glaziallandschaft des Nordseebeckens wegen des schwachen Reliefs nur lokale Erosion und Sedimentation stattfand.

Nach dem Eishöchststand um 18000 BP setzte weltweit ein enormer Rückzug des Eises ein, gefolgt von einem Anstieg des Meeresspiegels. Ab 13000 BP verstärkte sich der Eisrückgang noch, so daß um 12000 BP der Meeresspiegel bis auf -90 m NN ange stiegen war S. JELGERSMA (aaO).

Beim Übergang Pleistozän-Holozän (10000 BP) war nach S. JELGERSMA (aaO) bereits 50% des Inlandeises geschmolzen. Dadurch lag der Meeresspiegel bei -60 bis -70 m NN.

Die Küstenlinie befand sich um 10000 BP am NW-Ufer der Doggerbank, das heute auffallend steil erscheint. In einer Tiefe von -60 m NN wies O. KOLP (1976: 2, Tafel 1) eine submarine Terrasse mit Kliffbildung im Bereich der Doggerbank nach. Er datierte sie in das frühe Präboreal und interpretierte sie, wie alle weiteren Terrassen in diesem Raum, als "Marke für die Stagnationsphasen des stufenweise erfolgten Meeresspiegelanstiegs". Ähnliche Erscheinungen wurden an der Turbot- und Jütlandbank beobachtet. Daher schließen D. EISMA et al. (1979: 222) auf eine mögliche Küstenerosion bei entsprechendem Meeresspiegelstand.

H. REINHARD (1974: 84) legte einen wesentlich schnelleren Meeresspiegelanstieg zugrunde. Demnach soll sich das Meeresniveau um 11000 BP schon bei -26 bis -30 m befunden haben. Dies käme einer Abtrennung Großbritanniens vom Festland noch im Spätglazial gleich (ebenda: Abb. 9).

Ein derartig steiler Meeresspiegelanstieg scheint jedoch angesichts der Vergleiche mit publizierten Anstiegskurven nicht zutreffend zu sein. So wurde das -30 m-Niveau nach H. STREIF (1984b: Abb. 3) erst um 7800 BP erreicht.[55)] Nach S. JELGERSMA (1979: Fig. V-13) lag es um 8300 BP in der gleichen Höhe.[56)] K.-H. SINDOWSKI nahm für 10000 BP -35 m an. K.-E. BEHRE (1987a: Abb. 3, 1987b: Abb. 2) setzte die -30 m-Marke auf 7800 BP.[57)]

Der Bereich des fossilen Elbe-Urstromtals wurde von K. FIGGE (1980) und H. STREIF et al. (1983: Abb. 33) beschrieben. Er verlief von der Deutschen Bucht nach NW und mündete um 10000 BP wahrscheinlich zwischen Dogger- und Turbotbank in die Nordsee. Dies war bereits von C. REID (1913: zit. bei O. KOLP 1976: 7) erkannt worden.

Die Weiße Bank am W-Rand des Elbe-Urstromtales (vgl. Abb. 55) stellt eine flache Erhebung dar, die auf einen Inversionsrücken zurückgeht (H. STREIF et al. 1983: 32). Am Ostufer der eiszeitlichen Elbe konnte der fossile Zufluß der Eider kartiert werden (K. FIGGE 1980: 208, Abb. 5; H. STREIF et al. 1983: 27, Abb. 1).Den mutmaßlichen Eiderlauf von der schleswig-holsteinischen Westküste bis zum Elbe-Urstromtal rekonstruierte G. TIETZE (1983a: 94ff).

Abb. 55 (= Beilage 2, folgende Seite): Die südliche Nordsee, Paläogeographie um 10000 BP (Übergang Pleistozän-Holozän), sowie Lokalitäten. Bis auf den Bereich nordwestlich der Doggerbank war das südliche Nordseebekken noch landfest. Es wurde versucht, den Verlauf der großen Flüsse zu rekonstruieren. Während die ehemaligen Flußbetten von Themse, Rhein, Elbe und Eider ziemlich genau eingetragen werden konnten, ist der Verlauf der Paläo-Weser nicht sicher belegt. Der Verlauf der Paläo-Ems ist rein spekulativ und gründet sich nur auf das pleistozäne Relief.

Ein Brackwassergebiet südwestlich des Elbe-Urstromtals knapp 40 km nördlich der Insel Juist wiesen H. STREIF et al. (1983: 28) nach. Es ist jedoch ungeklärt, ob es sich hierbei um das Mündungsgebiet der Weser oder sogar der Ems in die Elbe handelt. Vermutlich ist es die Wesermündung gewesen (vgl. Beilage 2). Aufgrund der hochliegenden Holozänbasis erscheint die Lage der Emsmündung an dieser Stelle schwer denkbar.[58)]

In der Jade-Hauptrinne wies K.-E. BEHRE (1982: 39) die Reste eines großen spätglazialen Süßwassersees nach.

Der Rhein entwässerte entgegen den verbreiteten früheren Auffassungen[59)] nicht nach NW in Richtung Doggerbank, sondern durch die Südliche Bucht und den Ärmelkanal in den Atlantik. Als Beweis gelten fluviatile Sedimente, die im Seegebiet vor der Rheinmündung und südlich davon gefunden wurden (E. OELE & R.T.E. SCHÜTTENHELM 1979: 205).

Bereits S. JELGERSMA (1961: Fig. 46) hatte die Rheinentwässerung nach S angenommen und die Themse als Nebenfluß des Rheins interpretiert.

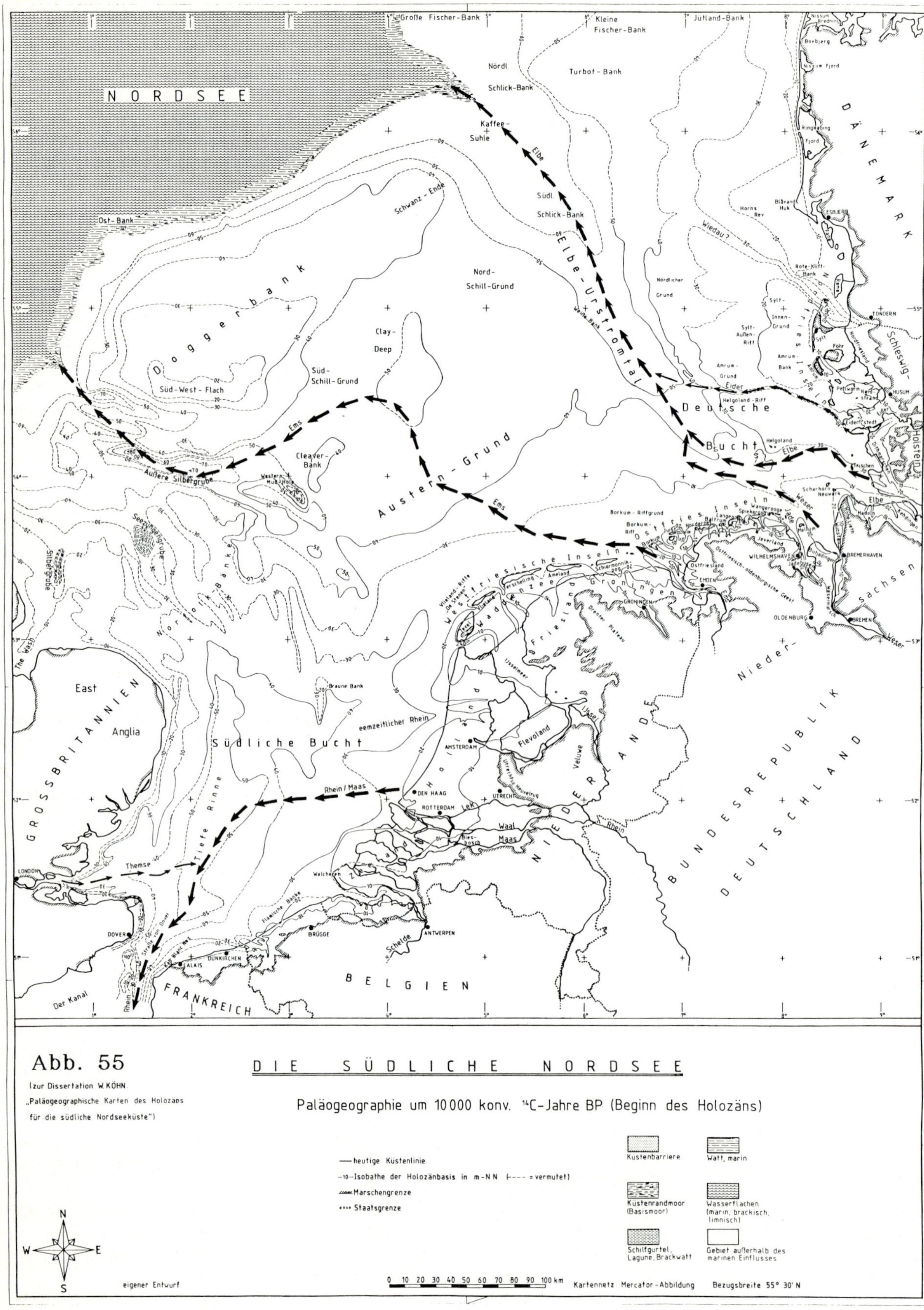

Abb. 55

(zur Dissertation W. KÖHN „Paläogeographische Karten des Holozäns für die südliche Nordseeküste")

DIE SÜDLICHE NORDSEE

Paläogeographie um 10 000 konv. ^{14}C-Jahre BP (Beginn des Holozäns)

— heutige Küstenlinie
-10- Isobathe der Holozänbasis in m-NN (- - - - = vermutet)
Marschengrenze
Staatsgrenze

Küstenbarriere
Watt, marin
Küstenrandmoor (Basismoor)
Wasserflächen (marin, brackisch, limnisch)
Schilfgürtel, Lagune, Brackwatt
Gebiet außerhalb des marinen Einflusses

N W E S

eigener Entwurf

0 10 20 30 40 50 60 70 80 90 100 km

Kartennetz Mercator-Abbildung Bezugsbreite 55° 30' N

B.D'OLIER (1981: Fig. 4) konnte den genauen Verlauf des Themse-Flußbettes (der "Proto-Thames") vor der holozänen Meerestransgression rekonstruieren (s. Beilage 2 = Abb. 55).

Nach W.H. ZAGWIJN et al. (1985: 15f) und W.H. ZAGWIJN (1986: Beilage) befand sich die Rheinmündung im Eem-Interglazial weiter nördlich der heutigen (Beilage 1). Der Rhein entwässerte durch die IJssel und bog anschließend nach W ab. Die Holozänbasis weist hier einen tiefen Einschnitt auf.

Es soll nicht vergessen werden, daß bereits A. PENCK (1936: 230 zit. bei H. VALENTIN 1957: 364) intuitiv einen Abfluß des Rheins durch den Kanal während der letzten Eiszeit annahm.

Nach Ansicht des Verfassers schließt bereits die pleistozäne Oberfläche der südlichen Nordsee eine Rheinentwässerung nach N aus; denn es verläuft eine Schwelle von Großbritannien über die Norfolk-Bänke nach E zu den Vlieland-Riffen, die höher als -30 m aufragt (Beilage 1 und 2).

Für die paläogeographische Rekonstruktion des Landschaftsbildes im südlichen Nordseegebiet um 10000 BP (Beilage 2) wurde den Ausführungen von S. JELGERSMA (1979: Fig. V-11) entsprechend, ein Meeresniveau von ca. -65 m zugrundegelegt.

Wie groß die Areale waren, die die einzelnen Landschaftselemente eingenommen haben, läßt sich nur grob abschätzen. Die Küstenlinie befand sich, den Annahmen entsprechend, nordwestlich der Doggerbank. Sie folgt etwa der -65 m-Tiefenlinie. Wahrscheinlich herrschte hier ein relativ hoher Tidenhub; denn S. JELGERSMA et al. (1985: 5) nehmen für eine kleinere Nordsee, wie sie damals war, einen höheren Tidenhub an, woraus eine offene Küste resultiert. Der Verfasser geht daher auch nicht von der Existenz einer Küstenbarriere aus, sondern postuliert einen Wattensaum, dem sich landwärts ein Basismoorgürtel anschloß.[60] Der Umfang dieser Landschaftseinheiten läßt sich nicht mehr genau rekonstruieren, da sämtliche Relikte erodiert sein dürften.

Zusammenfassung

Während der kältesten Phase der letzten Eiszeit (Hochglazial, um 18000 BP) lag der Meeresspiegel weltweit um 110 bis 130 m unter dem heutigen Niveau. Das Nordseegebiet war landfest. Die anschließende Erwärmung ließ den Meeresspiegel bis zum Beginn des Holozäns (10000 BP) auf etwa -65 m ansteigen. Dadurch verschob sich die Küstenlinie südwärts bis zum Nordrand der Doggerbank. Man muß annehmen, daß die Küste wegen des relativ hohen Tidenhubes offen war, also ohne Küstenbarriere. Stattdessen befand sich wahrscheinlich hinter einem vorgelagerten Wattensaum in Richtung auf das Festland ein Basismoorgürtel.

II. DIE ALTHOLOZÄNE TRANSGRESSION (10000-8700 BP)

Das Ergebnis des Versuchs zur Konstruktion einer Paläogeographie um 8700 BP zeigt Abb. 56. Das Abschmelzen der Inlandeiskappen (Abb. 9) setzte sich seit dem Spätglazial weiter fort und führte zu einem Meeresspiegelanstieg, der im nördlichen Bereich des Untersuchungsgebietes zur Überflutung führte. Er erreichte im frühen Boreal (8700 BP) die Marke von -46 m bis -42 m SKN (Seekartennull) ~ -47 m NN (Normalnull)[61] (H. STREIF et al. 1983: Abb. 34; 1984b: Abb. 3; G. LUDWIG et al. 1981: Fig. 2) Die Meeresspiegelanstiegskurve von K.-E. BEHRE (1987: Abb. 2) zeigt ähnliche Werte (s. Abb. 43).

Eine zuverlässige Meeresspiegelanstiegskurve für die südliche Nordsee konnte nur für die Tiefen oberhalb -46 m konstruiert werden (G. LUDWIG et al. 1979; H. STREIF 1985a: 11). Auch L.P. LOUWE-KOOIJMANS (1976: 132) zog den Schluß, "daß zwischen 7500 und 6500 v. Chr. Geb. (~ 9000 BP) im Nordseegebiet eine Moorbildung und eine frühmesolithische Besiedlung auf Tiefen von -45 bis -35 m N.A.P. stattfand."

S. JELGERSMA (1979: 246f) nahm für 9000 BP eine Lage des Meeresspiegels bei -50 m an, jedoch sollten 300 Jahre später, um 8700 BP, bereits -36 m erreicht worden sein. Dies erscheint dem Verfasser auf die gesamte südliche Nordsee bezogen vergleichsweise zu hoch. Dieser Wert kann nur für die südwestliche Nordsee gelten, zumal hier auch die Meeresspiegelanstiegskurve für die belgische Küste ein entsprechendes Niveau aufweist (Abb. 32).

Abb. 56 (= Beilage 3, folgende Seite): Die südliche Nordsee. Paläogeographie um 8700 BP (frühes Boreal). Der rasche Meeresspiegelanstieg hatte zur Überflutung des Elbe-Urstromtals und der Südlichen Bucht geführt. Außerdem war das Meer auch in die niedrig gelegenen Gebiete im W der Doggerbank eingedrungen. Im SE dieser Bank hatte sich wahrscheinlich ein Süßwassersee gebildet, nicht zuletzt wegen des möglichen Ems-Zuflusses und der geringen Abflußmöglichkeiten aufgrund seiner niedrigen Lage (Grundwasserrückstau). Es wird davon ausgagangen, daß schon weite Bereiche nahe der damaligen Küste von einem breiten Basismoorgürtel gesäumt wurden. Großbritannien war noch ein Teil des Festlandes; denn über eine Landbrücke zwischen den nördlichen Niederlanden und East Anglia existierte eine Verbindung.

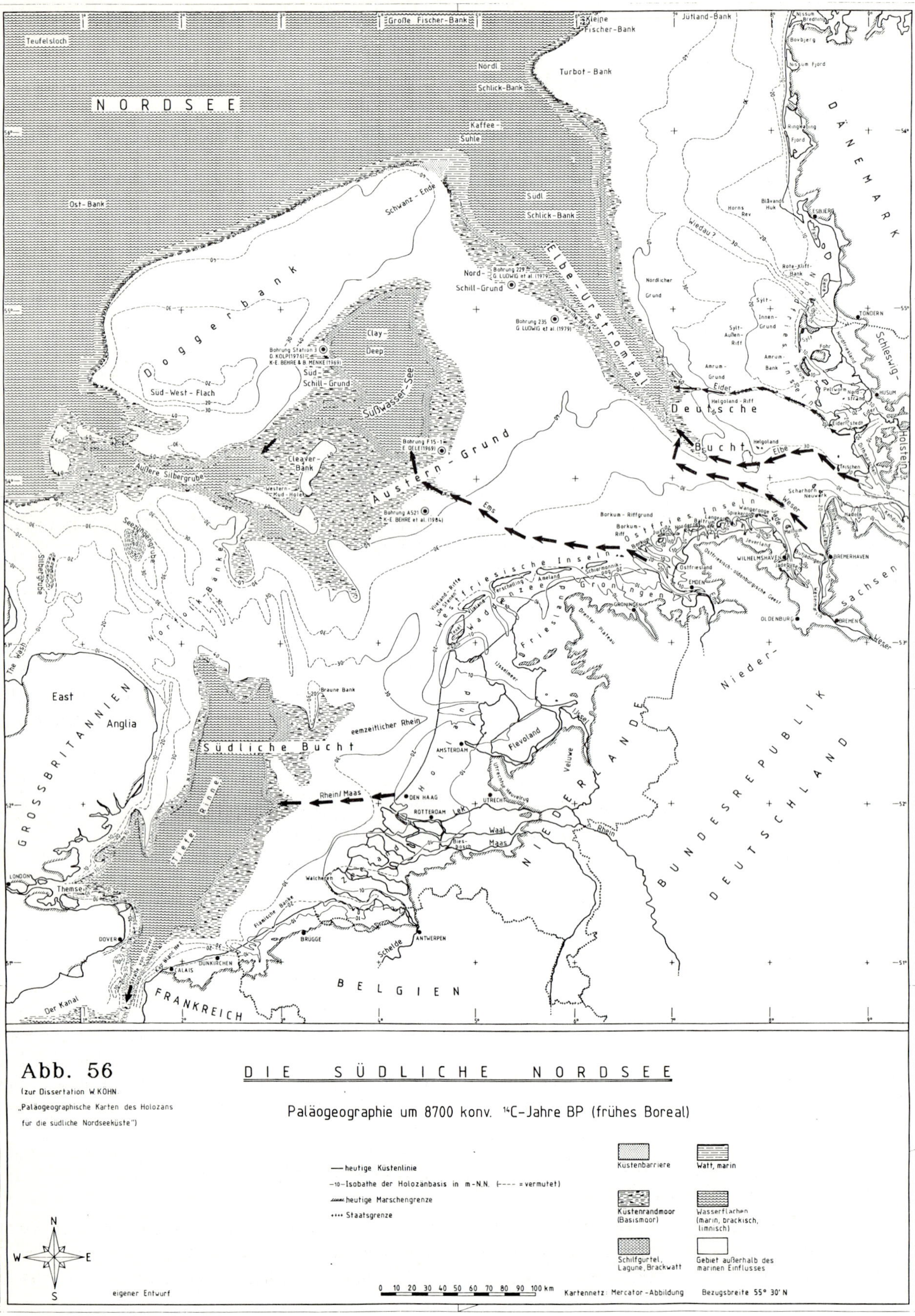

Abb. 56

(zur Dissertation W. KÖHN „Paläogeographische Karten des Holozäns für die südliche Nordseeküste")

DIE SÜDLICHE NORDSEE

Paläogeographie um 8700 konv. ^{14}C-Jahre BP (frühes Boreal)

— heutige Küstenlinie
-10- Isobathe der Holozänbasis in m-N.N. (---- = vermutet)
heutige Marschengrenze
···· Staatsgrenze

Küstenbarriere
Watt, marin
Küstenrandmoor (Basismoor)
Wasserflächen (marin, brackisch, limnisch)
Schilfgürtel, Lagune, Brackwatt
Gebiet außerhalb des marinen Einflusses

N W E S

eigener Entwurf

0 10 20 30 40 50 60 70 80 90 100 km

Kartennetz: Mercator-Abbildung Bezugsbreite 55° 30' N

<u>Die Südliche Bucht (zwischen den Niederlanden und Großbritannien gelegen)</u>

Für das Seegebiet zwischen den Niederlanden und Großbritannien (SE-England) um 8700 BP nimmt W.G. JARDINE (1979: 169) für diese Zeit einen Meeresspiegelstand von ebenfalls etwa -36 m an.[62] Allerdings wird darauf verwiesen, daß es sich mit ziemlicher Sicherheit um das örtliche MThw handelt, das bis zu 4 bis 5 m über dem mittleren Wasserstand gelegen haben könnte.[63]

J.T. GREENSMITH & E.V. TUCKER (1973: 197, Fig. 6) setzen für das Themse-Ästuar ein Niveau von -34 m um 8900 BP an. J. SOMMÉ (1979: 156) nimmt für den französischen Nordseeküstenabschnitt um 8700 BP ebenfalls -36 m an.

Wie bereits in diesem Hauptteil unter dem "Geologischen Rahmen" beschrieben wurde,[64] sind die Höhendifferenzen im Nordsee-Meeresniveau auf möglicherweise unterschiedliche tektonische Absenkungsvorgänge und bisher nicht geklärte andere Ursachen zurückzuführen. Nach B. D'OLIER (1981: 221) verläuft eine tektonisch stabile Zone vom Themse-Ästuar bis zur belgischen Küste. Nordöstlich und südwestlich davon finden tektonische Bewegungen statt. Jedoch bleibt es weiteren Untersuchungen vorbehalten, diesen Sachverhalt zu klären, ob so kurzfristig in diesem Gebiet tektonische Bewegungen solchen Ausmaßes ablaufen können.

Nach D. EISMA et al. (1981: 229ff) verwandelte sich die Tiefe Rinne in der Südlichen Bucht (Southern Bight) zwischen 10000 und 8000 BP von einem Süßwassersee in ein Brackwatt. Von 8000 bis 7000 BP war der größte Teil der Südlichen Bucht bereits ein Wattenmeer. Ab 7000 BP herrschten voll-marine Ablagerungsbedingungen.[65] Es bestand ein starker Süßwasserzufluß von Rhein und Maas. Auch J. SOMMÉ (1979: 156) nahm für 8700 BP einen schmalen Meeresarm zwischen Südlicher Bucht und dem Ärmelkanal an.

B. D'OLIER (1981: 222f) rekonstruierte den präholozänen Verlauf der Themse und ihre Mündung in den Rhein. Während der holozänen Transgression und mit dem Ertrinken der Themsemündung wurden Strandwälle gebildet, die heute noch nachweisbar sind.

Die Themse-Mündung war ab 8900 BP ein Ästuar; d.h. ein marines bis marin-brackisches Ablagerungsmilieu läßt sich bis zu diesem Zeitpunkt zurückverfolgen. Im Laufe des Holozäns bildete sich dort ein bis zu 34 m mächtiger Sedimentkörper (J.T. GREENSMITH & E.V. TUCKER 1973: 193, 197). Die von SW hereinziehende Küstenlinie umfaßte um 8700 BP im wesentlichen zunächst nur den Bereich der Tiefen Rinne (D. EISMA et al. 1981: Fig. 4).

Die im Norden der Südlichen Bucht gelegene Braune Bank interpretiert E. OELE (1971b: 471, Plate I und II) als Küstenbarriere, im Spät-Präboreal bis Boreal entstanden. Die Holozänbasis erreicht hier eine Höhe von ca. -20 m NN (vgl. T.D.J. CAMERON et al. 1984: section 4). Nach E. OELE & R.T.E. SCHÜTTENHELM (1979: 194) lag hier bereits eine pleistozäne Erhebung vor. Es wird nicht gesagt, ob es eine End- oder Grundmoräne war.

Um 8300 BP war Großbritannien bereits vom europäischen Festland getrennt. Die letzte Landverbindung zwischen Austern-Grund und Südlicher Bucht wurde kurz vorher überflutet (D. EISMA & W.G. MOOK, unveröff., zit. bei J.H. JANSEN et al. 1979: 183)[66]

Seitdem der postglaziale Meeresspiegelanstieg das Gebiet der südlichen Nordsee beeinflußte, hat sich die Küstenlinie aus dem Gebiet nordwestlich der Doggerbank ständig weiter nach SE bis in die gegenwärtige Position verlagert. Verbunden damit schob die transgredierende Nordsee in landwärtige Richtung auf immer höheres Niveau "einen Saum sandiger Sedimente vor sich her" (H. STREIF 1986a: 29), und zwar "unter dem Einfluß von Seegang, Brandung und Gezeiten". Dieser Saum wird als "Barrieresystem" (Küstenbarriere) bezeichnet. Er besteht aus Küstensand.

Wie dieses Barrieresystem im Detail aussah, läßt sich nur schwer rekonstruieren, da fast sämtliche Relikte mit dem Ansteigen des Meeresspiegels im Brandungsbereich erodiert sind.

Im britischen Nordseeschelf gibt es eine Reihe von großen nahezu geschlossenen Hohlformen, z.B. Äußere Silbergrube (Outer Silver Pit), Silbergrube (Silver Pit), Seezungengrube (Sole Pit) u.a.. D.T. DONOVAN (1973: 286) macht die subglaziale Erosion (Rinnenseen, Toteistrichter, subglaziale Rinnen, Eisstrudellöcher) als Entwicklungsursache verantwortlich, ohne sie näher zu erläutern. H. VALENTIN (1957: 362) deutete sie "als Glieder eines radialen Systems von subglaziären Rinnen, welches der zwischen Yorkshire und der Doggerbank nach Südosten vor dringende ostenglische Gletscher bei seiner fächerförmigen Ausbreitung entstehen ließ."

Weitere Untersuchungen zur Entstehungsgeschichte dieser Hohlformen führten D. LONG & M.S. STOKER (1986) durch. Sie kamen zu dem Schluß (ebenda:

349), daß mehrere Faktoren interaktiv wirkten. Es handelt sich hierbei um subglaziale und fluviatile Prozesse, dazu kamen später die Gezeitenströme. Lokale Übertiefungen in den fluviatil angelegten Rinnen sind auf große Erosionswirkung durch plötzliches Ausfließen der Gletscherschmelzwässer (ostenglisch-schottischer Gletscher) zurückzuführen. Umgekehrt wirkten die subglazialen Rinnen später vielfach als Sedimentfallen für die fluvio-marine Sedimentation. Die meisten Rinnen blieben jedoch offen. Die Gründe sind nicht klar auszumachen. Eventuell verhinderten topographische Hindernisse oder Gezeitenströme zumindest eine völlige Auffüllung, während der Meeresboden frei exponiert lag und ein rapider Meeresspiegelanstieg erfolgte.

Die Orientierung vieler dieser Rinnen (Vertiefungen) läßt den Schluß auf ein vorher existierendes Entwässerungssystem zu. Im Bereich des ehemaligen ostenglischen Gletschers südlich der Doggerbank sind die Täler ganz oder teilweise von glazio-marinen Sedimenten erfüllt, die ein spätglaziales bzw. frühholozänes Alter aufweisen (T.D.J. CAMERON et al. 1987: 56, Fig. 9; T.D.J. CAMERON et al. 1986: Karte).

Der Verfasser schließt sich der Meinung an, daß hier im Bereich des nach E gerichteten ostenglischen Gletschervorstoßes (Abb. 8) subglazial angelegte Rinnen bestanden. Sie wurden während der holozänen Nordseetransgression zuerst marin über prägt und später z.T. durch Gezeitenströmungen offengehalten.

Die Mächtigkeit der holozänen Auflage im Nordseegebiet östlich von Großbritannien beträgt im allgemeinen unter 5 m (P.S. BALSON & T.D.J. CAMERON 1985: 224), ausgenommen sind mächtige Sandbänke. Ein gutes Beispiel stellen die Norfolk-Bänke dar (zur Lage vgl. Beilage 1). Ihre Entstehung ist wahrscheinlich auf starke Gezeitenströmungen zurückzuführen (D. EISMA et al. 1979: 225f; T.D.J. CAMERON et al. 1986: section 2). D. LONG et al. (1988) erwähnen in diesem Zusammenhang maximale Holozänmächtigkeiten von 30 m bei den "linear sand ridges" und den "seabed depressions".

Außerdem gehören auch die Flämischen Bänke vor der belgischen Küste dazu. Nach J.J.H.C. HOUBOLT (1968: 245ff) sind für ihre Entstehung hauptsächlich starke Gezeitenströmungen im Holozän verantwortlich. Der Sand wurde durch marine Erosion freigesetzt und zu Sandbänken akkumuliert. Sie bestehen aus fluviatilen Rhein-Delta-Sedimenten (ebenda: 264).

Zusammenfassung und Paläogeographie der Südlichen Bucht

Die Südliche Bucht geriet bereits im Altholozän (bis 8700 BP) unter brackischen Einfluß. Der Grund hierfür ist in der tiefen Lage der Holozänbasis zu suchen, die vielfach unter -50 m liegt (vgl. Beilage 1). Rhein und Themse waren um 8700 BP nicht mehr miteinander verbunden, d.h. die Themse war kein Nebenfluß des Rheins mehr. Beide Flüsse mündeten in die Südliche Bucht. Sie stellte eine Meeresbucht dar, die durch einen schmalen Zugang über den Ärmalkanal mit dem Atlantik verbunden war. Mit der übrigen Nordsee existierte noch keine Verbindung; denn Großbritannien stand nicht über den Ärmelkanal, sondern durch eine Landbrücke im Norden der Südlichen Bucht zwischen East Anglia und den nördlichen Niederlanden mit dem Kontinent in Verbindung.

Die Doggerbank

Die Doggerbank wurde nach S. JELGERSMA (1979: Fig. V-14) zwischen 9000 BP und 8700 BP zur Insel. Nach Ansicht des Verfassers muß die Abtrennung vom Festland jedoch erst nach 8700 BP erfolgt sein; denn zu dieser Zeit gab es südöstlich davon wahrscheinlich eine ausgedehnte basale Vermoorung, jedoch noch keine marine Sedimentation (vgl. Beilage 3).

Die Entwicklung im Bereich der Doggerbank und südöstlich davon sowie im Elbe-Urstromtal untersuchten H. STREIF et al. (1983: 83ff). Bis in das Atlantikum wirkte demnach die Doggerbank als Barre. Südöstlich davon entstand bei gleichzeitig steigendem Meeresspiegel ein lagunär-ästuariner Stillwassersee. Dieser wurde dann zu einem Haff i. S. von K. v. BÜLOW (1941: Abb. 324) und O. KOLP (1976: 7). An seinen Ufern müssen sich ausgedehnte Moore und Süßwasserbildungen befunden haben.

Am SE-Rand der Doggerbank untersuchten K.-E. BEHRE & B. MENKE (1969) einen Bohrkern.[67] An der Basis der holozänen Sedimente wurde ein Torf erbohrt, der im jüngeren Präboreal unter Süßwasserbedingungen entstanden war. Dabei wird ausdrücklich darauf verwiesen, daß es sich hierbei um einen echten Basistorf (meeresspiegelanstiegsbedingt) i.S. von W. LANGE & B. MENKE (1967) handelt.

Diesen Untersuchungen zufolge bestand in diesem Gebiet wahr scheinlich bereits eine geschlossene Bewaldung. So fanden sich hier Birke (Betula), Kiefer (Pinus), lokal auch Weide (Salix) sowie Zitterpappel (Populus tremula).

Es ließ sich weiter feststellen, daß zur Zeit der Moorbildung (7500-7000 v. Chr. ≈ 9500-9000 BP) das Meeresspiegelniveau von -46 m NN noch nicht überschritten wurde. Etwa ab 7000 bis 6500 v. Chr. (9000-8500 BP) geriet das Gebiet unter den Einfluß der Meerestransgression. Sie verlief zunächst sehr ruhig. Dabei wurden anfangs geringmächtige Sande in der ufernahen Zone abgelagert, bevor marine Tone folgten. Als Ablagerungszeitraum wird das Boreal angegeben. Auch die Tone wurden im küstennahen Bereich abgesetzt, wie zahlreiche Blättchen von Braunmoosen und Sphagnen sowie weitere Pflanzengroßreste beweisen (K.-E. BEHRE & B. MENKE 1969: 127).

Nach Ansicht des Verfassers ist die relativ mächtige holozäne Auflage (bis zu 12 m) am NE-Rand der Doggerbank östlich des Schwanz-Endes vermutlich mit einer Nehrung verbunden, die sich von der Doggerbank nach NE ausbreitete. In Anspielung auf die 50 m-Isobathe, die S. JELGERSMA (1979: Fig. V-14) als Küstenlinie für 9000 BP darstellte, wird es für möglich gehalten, daß dieses Gebiet kurz zuvor bereits unter marinen Einfluß gekommen sein kann (vgl. K. L. KNUDSEN 1985: 321f).

Nachdem die Doggerbank (s. Beilage 4) ertrunken war (der Zeitpunkt ist unsicher, wahrscheinlich erst im späten Subboreal), müssen sich neben einer Erhöhung des Tidenhubes auch die seegangs- und brandungsbedingten Prozesse an der Küste grundlegend verändert haben. Die NW-Winde hatten einen längeren Wirkweg, wodurch die Transgressionsprozesse an der südlichen Nordseeküste verstärkt wurden (vgl. H. STREIF et al. 1983: 86). Nach P. SCHMIDT-THOMÉ (1987: 3, 45) war die Doggerbank noch in der Bronzezeit (3800 bis 2700 BP) eine Insel; denn aus dieser Zeit stammen Artefakte, die dort gefunden wurden.

O. KOLP (1976: 7ff) erwähnt ***südöstlich der Doggerbank ein Haff***, das er aufgrund der jetzigen Meerestiefe bei -45 m NN rekonstruierte. Es war nach O. KOLP (aaO) über 50 sm breit. Ihm sollte im N "eine durch Haken und Strandwälle eingeengte Bucht von demselben Ausmaß vorgelagert" sein. Die 45 m-Isobathe sah O. KOLP (aaO) "als für einen längeren Zeitabschnitt gültige Uferlinie". Als submarine Hauptterrasse ordnete er sie in den Zeitraum vom späten Präboreal bis zum frühen Boreal ein (ebenda: Tafel 1).

Die Gezeiten wirkten sich in diesem Haff vermutlich kaum aus; denn es gab nur zwei schmale Verbindungen zur offenen See. Die erste führte im NE zum Elbe-Urstromtal, die zweite verlief nach SW. Dort verzweigten sie sich in zwei schmale Auslässe, die sich in der Äußeren Silbergrube wieder vereinigten.

Beide Verbindungen "dienten während der spätglazialen und frühholozänen Festlandszeit des südlichen Nordseegebietes der Entwässerung der großen Mulde und dem Abfluß von Elbe, Weser und Ems" (vgl. C. REID 1913: zit. bei O. KOLP 1976: 7). Die marine Transgression erfolgte demnach in diesem Gebiet im früheren Boreal, also zwischen 7000-6500 v. Chr. (≈ 9000-8500 BP).

Wie oben schon beschrieben, dürften jedoch Elbe und Weser nach Meinung des Verfassers nicht in dieses Haff gemündet sein, da ein pleistozäner Rücken oder eine "Schwelle" (s.u.) dies verhinderte.

Ein vorübergehender Stillstand des Meeresspiegels bei -45 m NN in dieser Mulde (Haff) begründet O. KOLP (1976: 9) mit einem gleichzeitigen Rückgang der Salinität nach den ersten Salzwassereinbrüchen.

Austerngrund und ehemaliges Elbe-Urstromtal

Die von E. OELE (1969: 472ff) untersuchte Bohrung F 15-1 im Austerngrund weist einen präborealen Basaltorf in einer Tiefe von -47 m NN auf, der von einem borealen Süßwasserton über lagert wird. Darüber liegen brackische Tone. E. OELE hält es für denkbar, daß die Flüsse Weser und Elbe in diesem Bereich einmündeten.

Dem widerspricht jedoch die Lage des Elbe-Urstromtals (vgl. H. STREIF et al. 1983; K. FIGGE 1980). Es befand sich bedeutend weiter östlich. Die Elbe dürfte es damals (um 8700 BP) noch benutzt haben und vermutlich mündete auch die Weser hinein (H. STREIF et al. 1983: 28).

Der Verfasser vertritt die Ansicht, daß sich um 8700 BP bei einem Meeresspiegelniveau von ca. -47 m NN zwischen Austern-Grund und Doggerbank ein großer Süßwassersee befand, der seine Wasserzufuhr hauptsächlich von der Ems erhielt (s. Beilage 3).

Angesichts einer pleistozänen "Schwelle", die sich von der oldenburgisch-ostfriesischen Geest über den Nord--Schillgrund zur Doggerbank erstreckte, scheint ein Zufluß der Ems zur Elbe schlecht vorstellbar. Diese Schwelle trennte im E den Süßwassersee von der Elbe ab, wie auch die weiteren Ausführungen zeigen werden (zur Lage der folgenden Bohrpunkte s. Abb. 56 = Beilage 3).

Die westlich des Elbe-Urstromtals liegende Bohrung 229 (vgl. G. LUDWIG et al. 1979: 11; H. STREIF et al. 1983: 30) hat ihre Holozänbasis bei -47,6 m SKN

(Seekartennull) ~ -49 m NN. Die tiefstgelegenen holozänen Sedimente wurden als marin-küstennah genetisch interpretiert und stammen altersmäßig aus der Pollenzone VII/VIIIa n. F. OVERBECK (1975: Tab. 24). Dies bedeutet, daß dieses Gebiet wahrscheinlich kurz vor 8000 BP unter marinen Einfluß geraten war.

Dicht südwestlich der Weißen Bank befindet sich die von G. LUDWIG et al. (1979: 12 und Tab. 7) beschriebene Bohrung 235. Der hier in einer Tiefe von -37,98 bis -38,11 m SKN (~ -40 m NN) datierte Basaltorf ergab ein Alter von 8190±140 BP an seiner Oberkante und ein Alter von 8485±125 BP an seiner Basis. Überlagert wurde er zunächst von lagunären, dann küstennahen und später marinen Sedimenten. Daraus folgt, daß dieser Ort erst um ca. 8200 BP überflutet wurde, also um 8700 BP noch landfest und wahrscheinlich nicht vermoort war.

Die am Südrand des Austerngrundes gelegene Bohrung A 521 (vgl. K.-E. BEHRE et al. 1984: 136ff) enthält einen Basistorf, der auf 8750±110 BP (Hv 12092) datiert wurde. Die mittlere Tiefe der Probe wird mit -42,63 m NN angegeben. Der Transgressionskontakt liegt bei -42,5 m NN und wurde auf 8150 BP datiert. Der Meeresspiegel muß also um 8700 BP niedriger gelegen haben. Der Ort der Bohrung befand sich noch bis zum Atlantikum im ufernahen Flachwasserbereich.

Die Umgebung des Bohrpunktes war vor der Transgression bewaldet, hauptsächlich mit Waldkiefer (Pinus sylvestris), Hängebirke (Betula pendula), Moorbirke (Betula pubescens) und Hasel (Corylus avellana). Allmählich begannen sich auch hier wärmeliebende Laubhölzer auszubreiten: Ulme (Ulmus), Eiche (Quercus), Erle (Alnus), Linde (Tilia). Wasserpflanzen weisen darauf hin, daß bereits in der Niedermoorphase offene Wasserflächen existiert haben.

Das Näherrücken des Meeres, das wahrscheinlich anfangs nur bei Hochwasser Verbindung mit dem hier vorhandenen Süßwassersee hatte, wird durch Foraminifereneinschwemmungen belegt. Es setzte also mit der zunehmenden Vernässung des Süß wassersumpfes eine langsame Verbrackung ein.

K.-E. BEHRE et al. (1984: 139) heben deshalb hervor, daß es sich bei dem hier datierten Torf tatsächlich um einen echten Basistorf im Sinne von W. LANGE & B. MENKE 1967: 43) handelt, der als sicherer Fixpunkt für den Meeresspiegelanstieg steht.

Im Elbe-Urstromtal setzte bereits ab dem späten Boreal bis zum Atlantikum ein kontinuierlicher Übergang von einer brackisch-marinen Stillwasserzone im Bereich eines Haffs zu einer voll-marinen Nordseebucht ein. Während am Westrand des Urstromtals akkumuliert wurde (leeseitig), waren starke Erosionen später an den höher gelegenen pleistozänen Randzonen des Ostufers zu verzeichnen. Hierdurch wird die Rekonstruktion der Landschaft erheblich erschwert (vgl. H. STREIF et al. 1983: 83f).

An dieser Stelle ist es angebracht, den Elbe-Verlauf im inneren Bereich der Deutschen Bucht zu rekonstruieren. E. DITTMER (1952: 141f) wies bereits darauf hin, daß die Kliffbildung am Geestrand von Süd-Dithmarschen von der Elbe fluvioglazigen hervorgerufen und nicht von der Nordsee geschaffen worden sei.

Aus der von R. KÖSTER (1979: Abb. 1) beschriebenen Verbreitung von Schluff und Mehlsand östlich Helgoland schließt G. TIETZE (1983: 97, Abb. 37), "daß das Elbe-Urstromtal in einem nördlichen Bogen aus Dithmarschen kommend südlich an Eiderstedt vorbei nach Westen verlief".

R.T.E. SCHÜTTENHELM (1980: M37) kam bei seinen Untersuchungen des Meeresgrundes im niederländischen Nordseesektor zu dem Schluß, daß im Bereich des Austern-Grundes sehr feine Sände mit hohem Tongehalt unter brackisch-lagunären und später unter Wattbedingungen zwischen 9000 und 8500 BP abgelagert wurden.

Aufgrund der weiter oben gemachten Aussagen und Bohrungsbeschreibungen konnte die Überflutung des Austerngrundes nach Ansicht des Verfassers erst nach 8700 BP stattgefunden haben. Der Tidehub im Bereich südöstlich der Doggerbank war nach hydrodynamisch-numerischen Modellberechnungen von J. POST (1976: Abb. 25 a+b) umso geringer, je niedriger der Meeresspiegel lag. Dem stehen die Ausführungen von S. JELGERSMA et al. (1985: 5) entgegen. Sie postulieren für eine kleinere Nordsee eine höhere Gezeitenamplitude. Das hätte eine offene Küste zur Folge.

S. JELGERSMA et al. (aaO) nehmen für 8400 BP einen Meeresspiegel von -40 m an. Im Binnensee südöstlich der Doggerbank herrschte demnach zunächst ein ruhiges Sedimentationsmilieu. Jedoch sollte nördlich der Doggerbank sowie in der Südlichen Bucht ein Makro-Gezeiten-Regime geherrscht haben.

Der Aufstieg der Insel Helgoland wurde durch "die ehemals mindestens 1500 m mächtigen Deckschichten von Oberem Bunt sandstein, dem Muschelkalk und der Kreide über dem Zechsteinsalz" und durch einen hydrostatischen Auftrieb dieses plastisch gewordenen-Salzes seit der Tertiärzeit bewirkt.[68)] Helgoland muß in der Vergangenheit bedeutend größer als heute gewesen sein.

Vom dänischen Nordseeschelf liegt bislang kaum Literatur vor (freundl. fernmündl. Mittlg. von Herrn Dr. H. KROG 1987, Danmarks Geologiske Undersogelse, Kopenhagen; freundl. Mittlg. Dr. C. CHRISTIANSEN 1987, Geolog. Institut der Universität Århus, Dänemark).

Zusammenfassung

Der postglaziale Meeresspiegelanstieg erreichte um 8700 BP je nach Region im Nordseebereich Höhenmarken zwischen -47 m und -34 m NN. Für die Rekonstruktion des Landschaftsbildes ergibt sich daraus, daß die Tiefe Rinne in der Südlichen Bucht (zwischen den Niederlanden und England) und der nordwestliche Bereich des Elbe-Urstromtals unter direkten marinen Einfluß gerieten. Die Doggerbank war noch landfest und zumindest teilweise bewaldet. Südöstlich der Doggerbank waren infolge des Grundwasserrückstaus ein großer Süßwassersee sowie ausgedehnte Moorgebiete entstanden. Großbritannien war noch mit dem Festland verbunden, und zwar über eine Landbrücke zwischen Südlicher Bucht und Austern-Grund.

Generell wurde vorausgesetzt, daß infolge des raschen Meeresspiegelanstiegs eine Erosion in diesem Tiefenbereich nur in geringem Umfang erfolgte. Gleichzeitig könnte sich das meeresspiegelabhängige Moorwachstum (echtes Basismoor im Sinne von W. LANGE & B. MENKE 1967: 43) maximal bis auf -47 m NN in der Mitte und im NE bzw. -34 m NN im SW des Untersuhungsgebietes ausgedehnt haben. Als wichtigste Referenzbohrung diente hierbei die Bohrung von K.-E. BEHRE et al. (1984), die oben aufgeführt ist.

Man hat selbstverständlich davon auszugehen, daß es regionale Unterschiede in der Höhenlage gegeben haben muß (Entwässerungsverhältnisse und Bodenbeschaffenheit, Exposition zur Küste). Sie konnten in der paläogeographischen Karte (Beilage 3) nicht detailliert berücksichtigt werden. So gab es basale Vermoorungen lokal sicherlich auch auf höher gelegenem pleistozäne Grund.

Abschließend muß darauf hingewiesen werden, daß die in der Beilage gezeigte Darstellung in vielem noch hypothetisch ist. Sie ist als erster Versuch zu verstehen, das Aussehen der damaligen Landschaft vor 8700 Jahren zu rekonstruieren. Da das Netz der auswertbaren Bohrungen aber noch sehr weitmaschig ist, bedarf es in der Zukunft weiterer Bemühungen, diese Darstellung zu ergänzen und zu berichtigen.

III. DIE ENTWICKLUNG VOM BOREAL BIS ZUM SPÄTEN ATLANTIKUM (8700-5400 BP)

Im frühen Boreal (um 8700 BP) war der größte Teil der südlichen Nordsee noch landfest. Als Folge des rasch ansteigenden Meeresspiegels waren aber schon weite Teile des Elbe-Urstromtals und auch tiefligende Bereiche des Rinnen- und Grabensystems westlich der Doggerbank unter marinen Einfluß geraten. Auch dürfte die Südliche Bucht zwischen den Niederlanden und England teilweise überflutet gewesen sein, eventuell existierte dort schon ein brackisches Milieu.

Nach S. JELGERSMA et al. (1985: 5) lag der Meeresspiegel der Nordsee um ungefähr 8400 BP bei -40 m.[69)] Die Nordsee war noch durch eine Landbrücke, die sich zwischen Großbritannien und den nördlichen Niederlanden befand, geteilt. Im SE der Doggerbank herrschten ruhige Sedimentationsbedingungen. An den übrigen Küstenabschnitten in der westlichen Nordsee (westlich und nördlich der Doggerbank) gab es vermutlich ein Makro-Gezeitenregime mit offener Küste, geformt durch Rinnen und Sandplaten.

Nachdem, wie bereits im vorhergehenden Kapitel gezeigt, das -30 m-Niveau (Beilagen 3 und 4 = Abb. 56 und 57) erreicht worden war [70)], wurde die englisch-niederländische Landbrücke überflutet. Beide Teile der Nordsee waren nun miteinander verbunden. Großbritannien ist seitdem eine Insel. Dadurch entwickelten sich vor der englischen Ostküste starke Gezeitenströmungen. Die Folge davon war eine starke Erosion mit der Ausbildung von Sandbänken in Strömungsrichtung, parallel zur Küste (vgl. S. JELGERSMA et al. aaO).

Die südliche Bucht war zwischen 8000 BP und 7000 BP größtenteils zu einem Watt geworden, das sich nach der Überflutung der Landbrücke in ein flaches Randmeer verwandelte (D. EISMA et al. 1981: 231).

Abb. 57 (= Beilage 4, folgende Seite): Die Paläogeographie der südlichen Nordsee um 5400 BP (spätes Atlantikum). Die Küstenlinie hatte schon fast überall die heutige Lage erreicht, teilweise sogar überschritten, wie in den westlichen Niederlanden. Dort wird davon ausgegangen, daß sie weiter landeinwärts gelegen war als gegenwärtig. Andererseits dürften einzelne pleistozäne Landvorsprünge noch relativ weit in die Nordsee geragt haben, z.B. Walcheren, der "Kop van Noord-Holland" oder Sylt. Wahrscheinlich war die Doggerbank noch nicht überflutet. Großbritannien war aber schon etwa seit 8000 BP vom europäischen Festland getrennt.

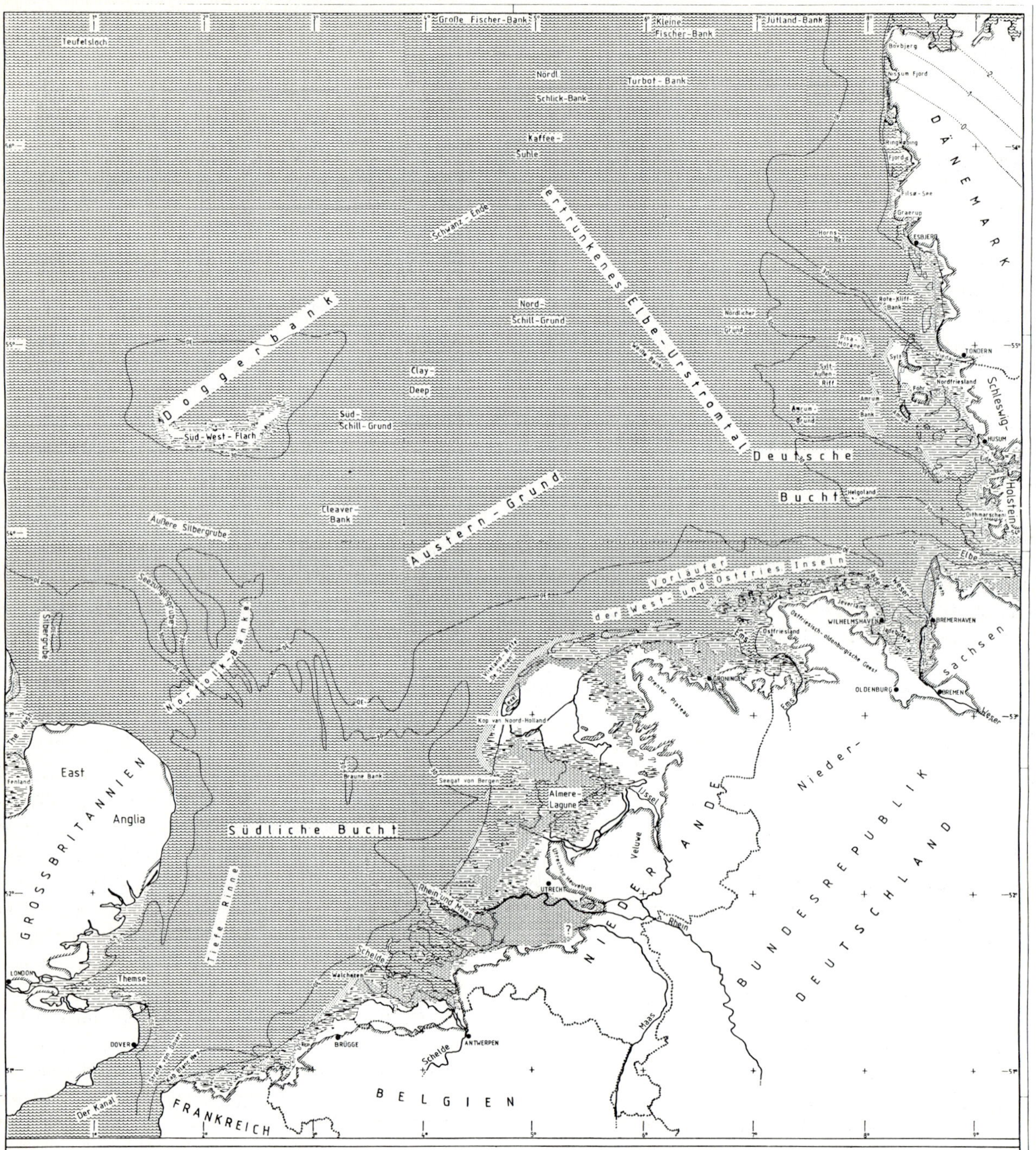

Abb. 57 (zur Dissertation W. KÖHN: „Paläogeographische Karten des Holozäns für die südliche Nordseeküste")

DIE SÜDLICHE NORDSEE

Paläogeographie um 5400 konv. ^{14}C-Jahre BP (spätes Atlantikum)

- heutige Küstenlinie
- -30- Isobathe der Holozänbasis in m - N.N.
- heutige Marschengrenze
- Staatsgrenze
- -1- Isobase der postglazialen Landhebung in m (nach E.L. MERTZ 1924)

Küstenbarriere — Watt, marin — Küstenrandmoor (Basismoor) — Wasserflächen (marin, brackisch, limnisch) — Schilfgürtel, Lagune, Brackwatt — Gebiet außerhalb des marinen Einflusses

N, E, S, W

eigener Entwurf, niederl. Küste n. W.H. ZAGWIJN (1986)

0 10 20 30 40 50 60 70 80 90 100 km

Kartennetz: Mercator-Abbildung — Bezugsbreite 55° 30' N

Im Bereich des französischen Küstengebietes liegen die Orte Calais und Dünkirchen (Abb. 58), deren Namen als holozäne Transgressionsphasen während der Flandrischen Transgression Bedeutung erlangten (vgl. G. DUBOIS 1924, s.a. Tab. 1).

III.A. Die englische Nordseeküste

Zwischen 10000 BP und 7000 BP stieg die mittlere jährliche Durchschnittstemperatur in Zentralengland von -1°C auf +12°C. Dieser Vorgang verlief zeitgleich mit der Überflutung der Südlichen Bucht. Dadurch konnte relativ warmes Wasser durch die Straße von Dover in den südwestlichen Nordseebereich eindringen (vgl. D. EISMA et al. 1981: 234).

I. SHENNAN (1986) beschäftigte sich mit der Entstehungsgeschichte des Wash-Fenland-Gebietes (s. Abb. 57, Beilage 4). In der Sedimentabfolge des Küstenholozäns wechseln klastische Sedimente und schwimmende Torfe ab (ebenda: 119).

Mindestens seit 6500 BP konnte sich in diesem Gebiet der marine Einfluß auswirken (ebenda: aaO). Von 6300 BP bis 6200 BP verlief die Tendenz des Meeresspiegelanstiegs regressiv. Das Küstenrandmoor dehnte sich seewärts aus (ebenda: 159ff). Von 6200 BP bis 5600 BP folgte ein erneuter Meeresvorstoß. Zwischen 5600 BP und 5400 BP wurde wieder ein Übergreifen des Moores über die marinen Ablagerungen verzeichnet.

Leider stellte I. SHENNAN keine Landschaftsgrenzen dar. Die Existenz einer Küstenbarriere, die zumindest während der regressiven Phasen die Moorbildung gefördert haben könnte, erscheint I. SHENNAN (1986: 172f) unwahrscheinlich. Stattdessen geht er davon aus, daß dieses Gebiet stets eine offene Küste besaß.

An der Küste von Essex, die gleichzeitig das Themse-Ästuar im N begrenzt, führten J.T. GREENSMITH & E.V. TUCKER (1973) Untersuchungen durch. Stark torfhaltiger Ton, erbohrt in -18,3 m Tiefe wurde auf 7516±250 BP datiert. Darunter befanden sich übermäßig verdichtete marine Sedimente, von denen angenommen wird, daß sie lange Zeit frei exponiert (subaerisch) gelegen haben müssen (ebenda: 199).

Nach Ansicht dieser Autoren (ebenda: 199f) muß es zwischen 8700 BP und 7750 BP zu einem Meeresspiegelrückgang bzw. niedrigeren Wasserständen als um 8700 BP gekommen sein. Die Meeresspiegelanstiegskurve von O. KOLP (1976) für den Bereich der Doggerbank weist für diesen Zeitabschnitt nach 8700 BP ebenfalles regressive Tendenzen auf.

Der Verfasser zieht daraus den Schluß, daß nach 8700 BP im Themsemündungsbereich ausgedehnte Marschen existierten. Leider wurden entsprechende Absenkungsphasen des Meeresspiegels im übrigen Nordseeküstenbereich bislang nicht bewiesen. Es bleibt weiteren Untersuchungen vorbehalten, herauszufinden, ob es sich hier um lokale Erscheinungen handelt oder nicht.

Nach J.T. GREENSMITH & E.V. TUCKER (1973: 199) begann ab 7516 BP die bedeutende atlantische Transgression, in der auf dem Festland die Calais-Sedimente abgelagert wurden. Diese Transgression zeichnete sich nochmals durch einen starken Meeresspiegelanstieg aus, der vermutlich mit einer globalen Klimaverbesserung ("post-glacial climatic optimum") im Zusammenhang steht. Um etwa 5000 BP (Übergang Atlantikum-Subboreal) lag der Meeresspiegel an der Themse-Mündung möglicherweise nur wenige Meter unter dem heutigen Niveau (ebenda: Abb. 6). Dieser Meeresspiegelstand war der höchste in der Zeit vor Chr. Geb.. Wahrscheinlich fand zu dieser Zeit im Bereich des Themse-Ästuars an vielen Stellen das weiteste Vordringen des Meeres statt.

Doggerbank

Die höchsten Partien der Doggerbank, das Süd-West-Flach (vgl. Beilage 4), war um 5400 BP vermutlich noch landfest. Der mittlere Meeresspiegel lag zu diesem Zeitpunkt in diesem Bereich bei ca. -7 m NN (H. STREIF 1984b: Abb. 3), also bereits 8 m über der höchsten Erhebung, die sich heute auf einem Niveau von -13 m SKN ≈ -15 m NN befindet. Noch heute ist dort bei Sturm eine Brandung zu beobachten.[71)] Der Verfasser geht aber davon aus, daß dieser Teil der Doggerbank nach seiner endgültigen Überflutung (Zeitpunkt unsicher) stark erodiert wurde, weil er gegen die Brandung, besonders von W und NW, sehr exponiert lag. Demnach mußten über 8 m mächtige Sedimente abgetragen worden sein. Beweise hierfür stehen jedoch noch aus.

P. SCHMIDT-THOMÉ (1987: 3, 45) erwähnt bronzezeitliche (ca. 1800 bis 700 v. Chr.) Artefakte, die auf der Doggerbank gefunden worden seien. Diese Tatsache legt den Schluß nahe, das die Doggerbank zu der Zeit noch als Insel in der Nordsee vorhanden war.

III.B. Die französische Nordseeküste

Die holozäne Entwicklung dieses Gebietes bis 5400 BP wird hier nach J. SOMMÉ (1979: 153ff) skizziert. Die gegenwärtige Küstenlinie wurde bereits gegen Ende des Boreals, etwa kurz vor 8000 BP, erreicht. Zu Beginn des Atlantikums entstand dicht südlich Calais ein Barriere-System, dessen ältere Bildungen sich heute in einer Tiefe von -25 bis -30 m NN befinden. Es handelt sich hier um das "Pierettes-System" (s. Abb. 58).

Etwas weiter im S findet sich ein jüngerer Pierrettes--Strandwall in einer Tiefe von -15 m NN. Die Verschiebung der Barriere in landwärtige Richtung verlief nach J. SOMMÉ (aaO) ähnlich wie an der niederländischen Westküste.

Nach Erreichen des -10 m NN-Niveaus wurde das Pierrettes-Strandwall-System weiter erhöht. Da seine Lage nun annähernd konstant blieb, nimmt J. SOMMÉ (aaO) für das Atlantikum eine niedrige Meeresspiegelanstiegsrate an. Als im Atlantikum der Aufhängepunkt des Strandwalles, das Kliff bei Kap Blanc Nez (Beilage 4, Abb. 58), durch Erosion weiter zurückverlegt wurde, mußten gleichzeitig brackische Bildungen im südlichen Bereich der Marschen nachweislich abgelagert worden sein.[72] Anschließend wechselten sich transgressive und regressive Phasen ab. Sie lassen sich durch das Zurückweichen bzw. Vorrücken des Küstenrandmoores nachweisen.

Abb. 58 Die französische Nordseeküste
(n. J. SOMMÉ 1979: Fig. IV-41, leicht verändert)

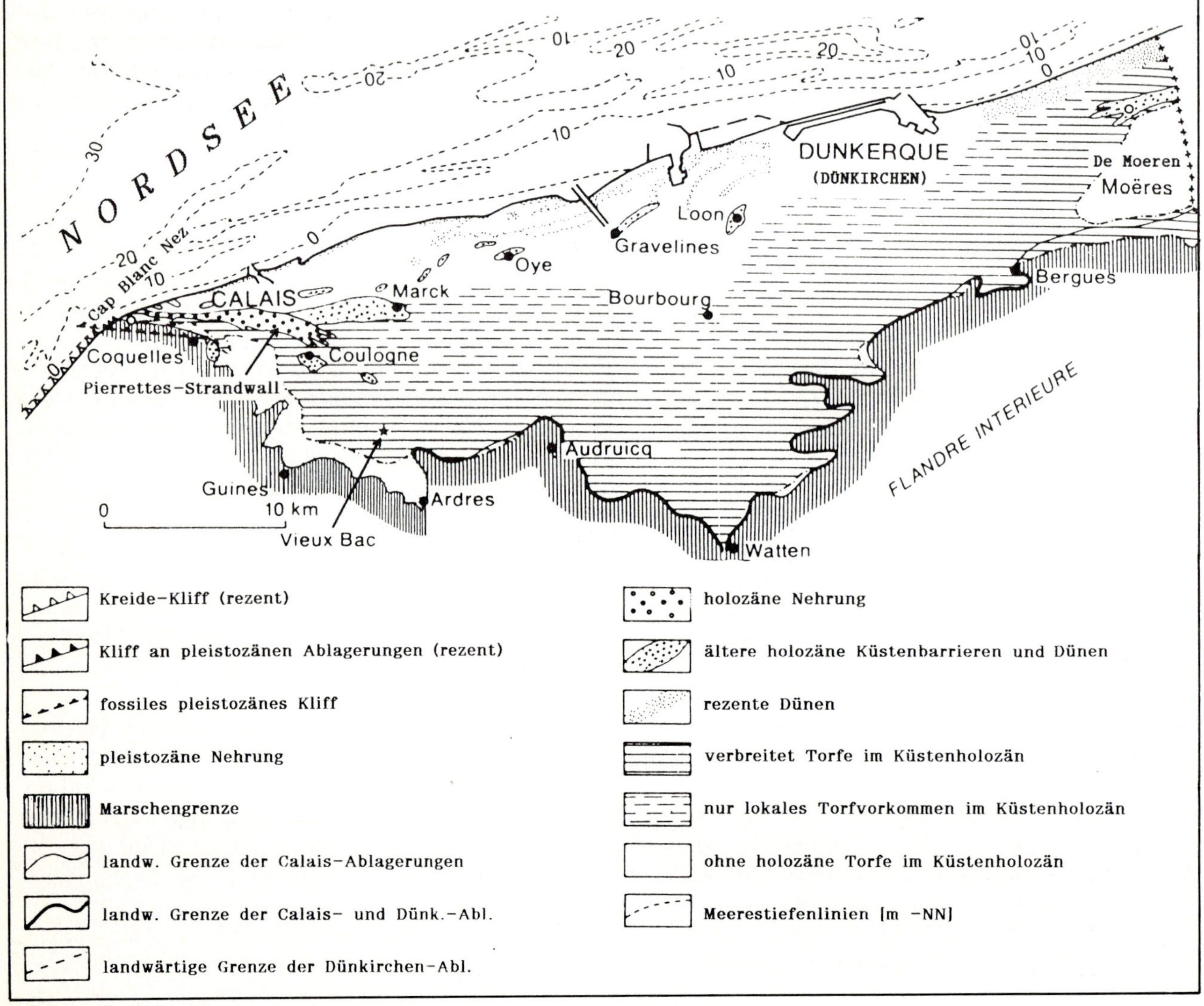

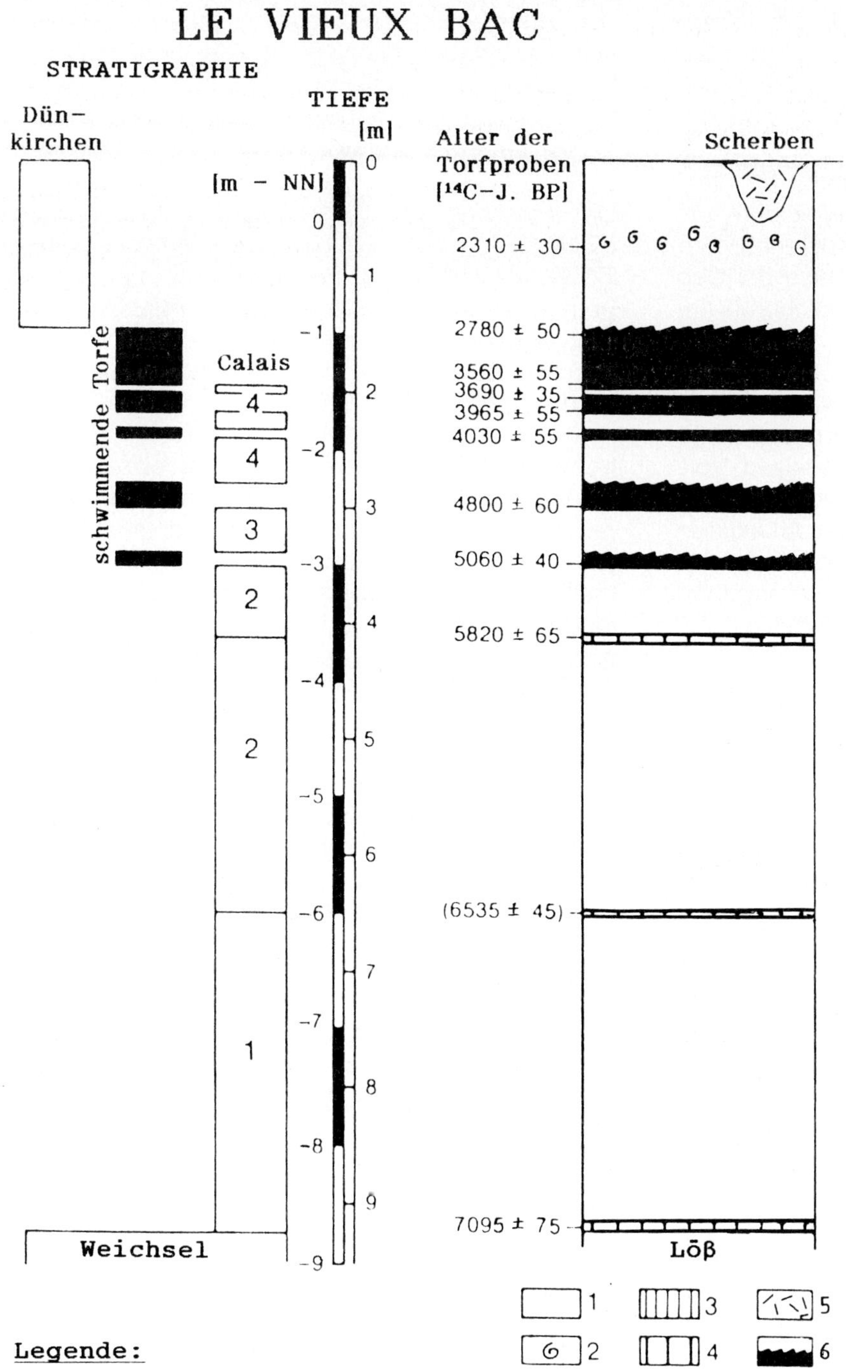

Legende:

1. Sand und Ton; 2. Muscheln; 3. Torf; 4. Vegetationshorizont; 5. umgelagerter (gallo-römischer) Boden; 6. erosiv gekappte Torfoberkante

Abb. 59: Die Bohrung von *Vieux Bac* an der französischen Nordseeküste (n. J. SOMMÉ 1979: Fig. IV-46, leicht verändert), zur Lage s. Abb. 58. Gezeigt wird eine Bohrung, die das Küstenholozän durchteuft. Durch die datierten "schwimmenden" Torflagen lassen sich regressive und transgressive Phasen des Meeresspiegelanstiegs gut unterscheiden.

Zu regressiven Tendenzen im Meeresspiegelanstieg kam es im Atlantikum aufgrund datierter Vegetationshorizonte um 7100 BP, 6500 BP, 5800 BP. Sonst herrschten transgressive Tendenzen vor (s. Abb. 59, vgl. J. SOMMÉ 1979: Fig. IV-46).

Der Verfasser nimmt an, daß sich an der französischen Nordseeküste das Meeresspiegelanstiegsgeschehen ähnlich verhielt wie an der benachbarten belgischen Küste. Nach eigenen Untersuchungen wurde für das belgische Gebiet ein Meeresniveau um 5400 BP von -4 m NN erreicht (vgl. Abb. 32). Zu dieser Zeit herrschte nach J. SOMMÉ (aaO) eine transgressive Phase mit Sand- und Tonablagerungen im französischen Küstengebiet. Nach Ansicht des Verfassers wurden am Ende des Atlantikums weite Areale von einem marinen Wattenmilieu eingenommen.

III.C. Die belgische Nordseeküste

Wahrscheinlich fand bereits im Boreal die initiale marine Ingression im Bereich der heutigen belgischen Küstenebene statt, und zwar im westlichen Teilgebiet. Hier liegt die pleistozäne Oberfläche bedeutend niedriger als im Ostteil, der erst zum Übergang Subboreal-Subatlantikum teilweise überflutet wurde. Es wird vermutet, daß sich bis 6600 BP wenig weiter seewärts der heutigen Küstenlinie bereits eine Küstenbarriere hat bilden können, die ihre Aufhängepunkte bei Cap Blanc Nez (Frankreich) und der Insel Walcheren (im SW der Niederlande) besaß.

Vermutlich hat sich anschließend bis 6000 BP der Meeresspiegelanstieg so sehr verlangsamt, daß es im Schutze dieser Barriere zu einem regressiven Vorrücken des Küstenrandmoores über zuvor gebildete Watten gekommen war. Bis zum späten Atlantikum (5400 BP) wurden weite Teile dieses Moores überflutet und in Watten umgeformt (s. hierzu weitere Angaben im 1. Hauptteil, Kap. I.B.1. bis 4., Seite 57ff).

III.D. Die niederländische Nordseeküste

Wie man auf Abb. 56 (= Beilage 3) sieht, hatten die Überflutungen um 8700 BP die "Tiefe Rinne" als zentralen Teil der Südlichen Bucht bereits erreicht und das Meer war in das Themse-Ästuar eingedrungen.

S. JELGERSMA et al. (1985: 5) zufolge erreichte der Meeresspiegel um 7000 BP das -14 m-Niveau. Im W und SW der Niederlande wird eine offene Küste postuliert, bestehend aus einer Zone von Sandplaten und Rinnen unter einem Makro-Gezeiten-Regime. Landeinwärts erfolgte ein Übergangsbereich zu Lagunen und Mooren (vgl. Kap. III.D.1.b, Seite 146) Im Bereich der Rhein-, Maas- und Scheldemündungen herrschte ein Makro-Gezeiten-Delta.

An der niederländischen Nordküste wird nach S. JELGERSMA et al. (aaO) ein geringerer Tidehub als heute angenommen, wozu eine geschlossene Küste gehört; denn die Zone mit Gezeitenabsätzen ist hier von geringerem Umfang als im W. (Weitere Ausführungen hierzu siehe im Kap. III.D.2.a., Seite 150f).

III.D.1. Westküste

a) Entstehen des Küstenbarrieresystems

Das westniederländische Küstenbarrieresystem stellt sich heute als schmaler Saum entlang der Küste dar, auf dem bis zu 36 m hohe Dünen angetroffen werden. Nach H. SCHOORL (1980: 117) erreichte die Nordsee die westlichen Niederlande um 7000 BP.[73] Aufgrund des schnellen Meeresspiegelanstieges war die Bildung von Strandwällen bis zu dieser Zeit verhindert worden. Im Laufe des Atlantikums bildeten sich an der Küste bereits ausgedehnte Watten, die sich über den pleistozänen Untergrund erstreckten.

Die Formung der Küstenbarriere setzte nach H. SCHOORL (aaO) zu Beginn des Atlantikums ein. W.H. ZAGWIJN (1986: 29, Beilagen-Karte 1) nimmt demgegenüber an, daß sie im frühen Atlantikum bereits weitgehend geschlossen war. Ausgenommen war lediglich Zeeland, wo sich die Rhein-Maas-Schelde-Mündung befand.

Im weiteren Verlauf des Atlantikums bildeten sich bei einem noch immer relativ stark steigenden Meeresspiegel in der aus Düneninseln und Sandplaten bestehenden Küstenbarriere zahlreiche Seegaten aus. Einige hatten nur kurzen Bestand, andere blieben dagegen lange offen, z.B. Oude Rÿn, Oer-IJ, Zeegat van Bergen, (zur Lage siehe Abb. 60; vgl. W.H. ZAGWIJN 1986: 29; E.F.J. DE MULDER & J.H.A. BOSCH 1982: 140, Fig. 17; S. JELGERSMA 1983: Fig. 14).

J.D. DE JONG (1971: 150) bezeichnete das Strandwall- und Dü nensystem als Rückgrat des westniederländischen Küstengebietes. Nach S. JELGERSMA et al. (1970: 147f) verlangsamte sich zwischen 7000 BP und 5000 BP der Meeresspiegelanstieg zusehends.[74] Daraus resultierte letztlich die Bildung einer stabilen Küstenbarriere.

Die Bildung dieser Barriere geschah auf folgende Weise (vgl. S. JELGERSMA et al. aaO): Im Laufe des Atlantikums waren bereits mehrere Strandwälle gebildet worden, die bald darauf überflutet und zerstört wurden. Hervorgerufen durch vorherrschende Westwinde mit Unterstützung der transversalen Wellentätigkeit wurde sandiges Material allmählich an die Küste transportiert. Der Sand entstammte hauptsächlich der nunmehr überfluteten südwestlichen Nordsee, wo er bei zunächst noch niedrigem Wasserstand durch Wellenschlag transportfähig gemacht wurde.[75] Nachdem der Meeresspiegel so hoch angestiegen war, daß die Wellen das Material auf dem Meeresgrund nicht mehr erreichen konnten, ließ die Sandzufuhr nach. Es fand zwar Sandzufuhr durch die Flüsse zur Küste statt, jedoch war ihr Umfang wahrscheinlich nicht sehr groß. Die einzelnen Entwicklungsphasen dieser Küstenbarriere zeigt Abb. 61 (übernächste Seite).

Abb. 60: Karte der Niederlande

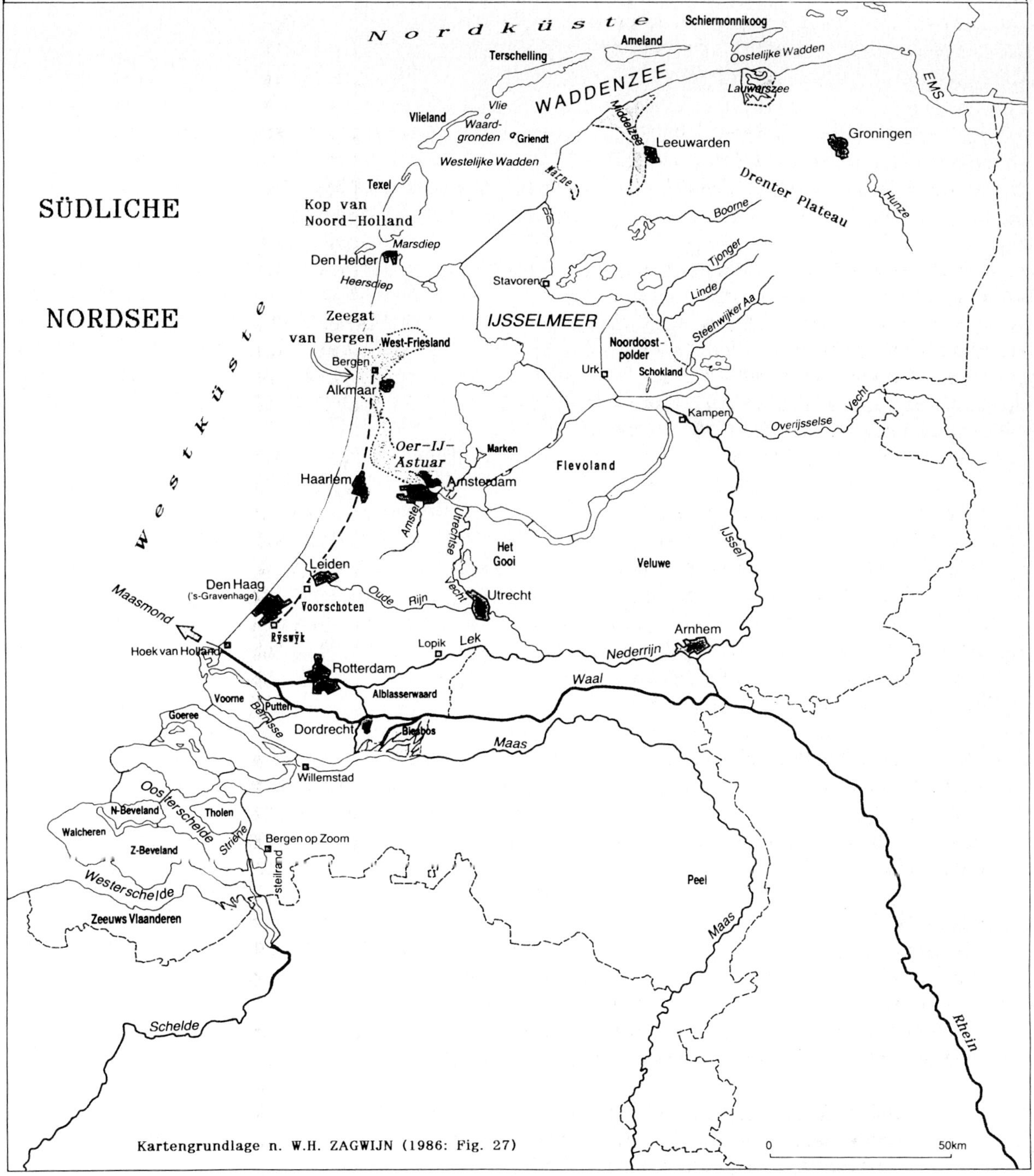

Kartengrundlage n. W.H. ZAGWIJN (1986: Fig. 27)

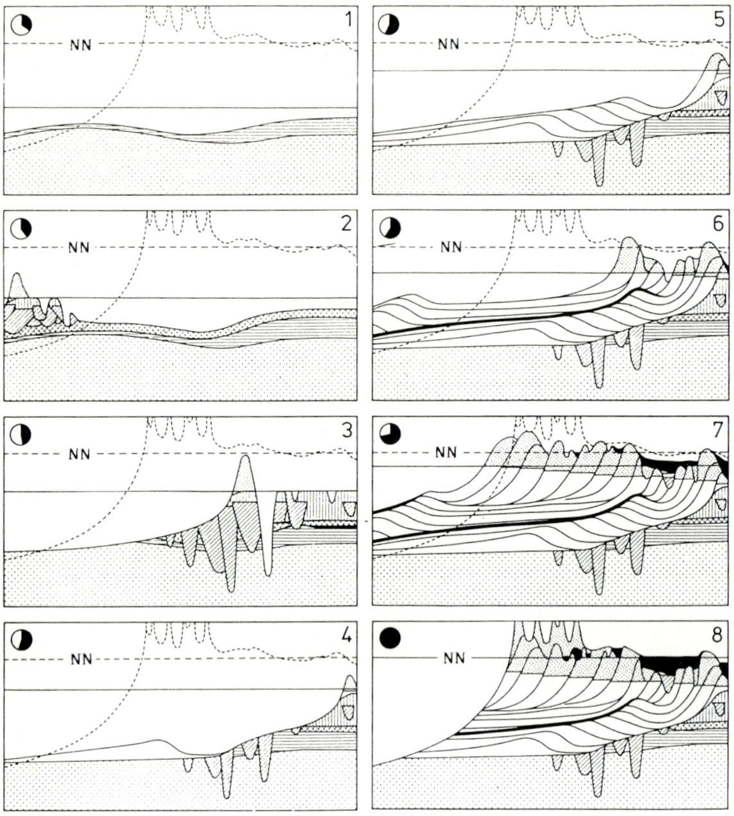

Dünen oberhalb MThw
Pleistozän
Torf
Gezeiten-Sedimente
Rinnenfüllungen
lagunäre Tone
limnische Sedimente
marine Absätze

Abb. 61: Die Entwicklung des west-niederländischen Küstengebietes n. L.M.J.U. VAN STRAATEN (1965: Fig. 26). Folgende Entwicklungsstadien wurden während des Holozäns durchlaufen (schematische Darstellung):

Stadium	Meeresspiegelniveau [m -NN]	Zeit um
1. See-Stadium (limnische Ablagerungen im heutigen Küstengebiet)	10	6700 BP (mittleres Atlantikum)
2. Lagunen-Stadium (vorgelagerte Küstenbarriere durch Seegaten unterbrochen)	8	6200 BP (mittleres Atlantikum)
3. Watten-Stadium (Küstenbarriere weiter landeinwärts als heute, davor Ausbildung von marinen Watten)	6	5400 BP (spätes Atlantikum)
4. Aufbau der Küstenbarriere an der am weitesten im E gelegenen Küstenlinie im Holozän, im W davon Watten	4,8	4800 BP (frühestes Subboreal)
5. Küstenbarriere wird von W weiter angebaut	4,3	4500 BP (frühes Subb.)
6. Aufbau einer zweiten Barriere auf der See zugewandten Seite	3,8	2200 BP (mittleres Subb.)
7. weitestes seewärtiges Vorrücken der Küstenbarriere, in ihrem Schutz Bildung des "Hollandtorfes"	2,2	2850 BP (spätes Subboreal)
8. heutige Situation, erneut Rückversatz der Küstenbarriere	0	Gegenwart

b) Watten-, Lagunen- und Moorbereich

J. DE JONG et al. (1962: 9ff)[76] zufolge begann aufgrund des Meeresspiegelanstiegs ab 8400 BP in tiefer gelegenen Zonen der Niederlande die Bildung des Basismoores. Mit dem Herannahen des Meeres von W und dem Ansteigen des Grundwasserstandes im Binnenland verschob sich der Moorgürtel auf der pleistozänen Oberfläche nach E. Von W setzte eine Überflutung des Basismoores ein. Erosionen waren selten. Dabei entstanden Lagunen, in denen sich brackische Sedimente ablagerten. Mit dem weiteren Anstieg des Meeresspiegels im Atlantikum formten sich die Lagunen zu Watten mit mariner Sedimentation um. Zwischen den Watten und der offenen See mußte bereits eine Küstenbarriere existiert haben, die die Watten mehr und mehr gegen den marinen Einfluß abschirmte.

Als sich der Meeresspiegelanstieg nach J.D. DE JONG et al. (aaO) im Spätatlantikum bereits stark verlangsamt oder soger aufgehört hatte[77], verloren die Watten zunehmend ihren marinen Charakter und es entwickelte sich wieder eine Lagunenlandschaft mit zunächst brackischem und später süßem Milieu. Hier setzte dann ein umfangreiches Moorwachstum ein, das nach Unterbrechungen im Subboreal seinen Höhepunkt mit der Hauptlage des Hollandtorfes erreichte (vgl. Abb. 52).

Die weitere Entwicklung der Landschaft beschrieb W.H. ZAGWIJN (1986: 27ff). Südwestlich von Rotterdam, im Bereich der Flußmündungen von Rhein und Maas sowie der früheren Scheldemündung im nördlichen Zeeland entstand eine bereits im Pleistozän vorgezeichnete große Bucht (Beilage 1). Sie geriet ab 7800 BP unter marinen Einfluß. Es bildete sich ein Watt aus, das ähnlich wie heute schon einen doppelt so großen Tidehub aufwies wie im Küstenabschnitt weiter nördlich.

Die Schelde mündete dort ins Meer, wo sich heute die Ooster-Schelde befindet (Beilage 4 = Abb. 57, Abb. 60). Bei der Ausformung des Schelde-Ästuars im Atlantikum bildeten sich bis zu 40 m tiefe Erosionsrinnen. Der einzige heutige aktive Schelde-Mündungsarm, die Wester-Schelde, existierte nicht, sie entstand erst nach 1200 n. Chr. (W. H. ZAGWIJN 1986: 41).

Weiter im N des Küstenabschnittes existierte eine zweite große Meeresbucht, die ebenfalls im Pleistozän angelegt worden war. Durch diese Bucht hatte bereits nachweislich der Hauptarm des Rheins im Eem-Interglazial[78] und zu Beginn des Weichsel-Glazials entwässert. Auch hier konnte die See früh eindringen. Anders als in ihrem südlichen Gegenstück mündete nun kein größerer Fluß mehr ein. So erfolgte nur eine geringe Süßwasserzufuhr vom Hinterland durch kleine Flüsse. Entsprechend wenig fluviatile Sedimente wurden akkumuliert.

Schon im Atlantikum entstand hier eine ausgedehnte Lagune, die sog. ***Almere-Lagune***, als Vorläufer des späteren ***Lacus Flevus*** im Gebiet des heutigen IJsselmeeres (Beilage 4 = Abb. 57). Diese Lagune enthielt zunächst Süßwasser, das jedoch zunehmend brakkisch-marin wurde. Im Laufe der atlantischen Transgression führte die Sedimentanfuhr von der See her zum Aufbau einer Küstenbarriere, die durch das Zeegat van Bergen (Abb. 57 = Beilage 4) unterbrochen war. So wurde ein Binnen delta gebildet. Die Almere--Lagune bestand weiterhin und war salin. Durch Süßwasserzufuhr vom Land wurde sie allmählich wieder brackisch.

III.D.2. Nordküste

a) Westfriesische Inseln

Verfolgt man die niederländische Nordküste ostwärts bis zur Ems, so trifft der Betrachter auf die Reihe der Westfriesischen Inseln. Diese Inseln finden als Teil des küstenparallelen Barrieresystems ihre östliche Fortsetzung in den Ostfriesischen Inseln.[79] In ihrem Schutz liegt ein ausgeprägtes Wattenmeer, niederländisch: Waddenzee (Abb. 62).

H. SCHOORL (1980: 116ff) erläuterte die Bedeutung des saaleeiszeitlichen Moränenrückens, der sich von Texel über Wieringen bis nach Steenwÿk erstreckt, für die Küstenentwicklung im Bereich der niederländischen Nordküste.

Dieser Rücken stellt demnach eine Stauchendmoräne dar, die ein glaziales Zungenbecken begrenzt. Westlich der Inseln Texel und Vlieland befinden sich die Vlieland-Riffe, auch "De Stenen"[80] genannt. Sie sind die Überreste des stark erodierten Westteils des Rückens. Er wird in der niederländischen Literatur als "De kop van Noord-Holland"[81] bezeichnet (s. Abb. 62).

Das bei der Erosion freigesetzte Material trug wesentlich zur Küstenentwicklung in diesem Abschnitt bei. Nach H. SCHOORL (aaO) ist diese pleistozäne "Bastion" Texel-Wieringen das Rückgrat dieser Region (ehem. Endmoränenzug Texel-Wieringen-Steenwÿk). R. KOOPSTRA (1977: 65f) und H. DE JONG (1984: 26) stellen die unterschiedliche Genese Texels im Vergleich zu den übrigen West- und Ostfriesischen

Abb. 62: Karte der nördlichen Niederlande

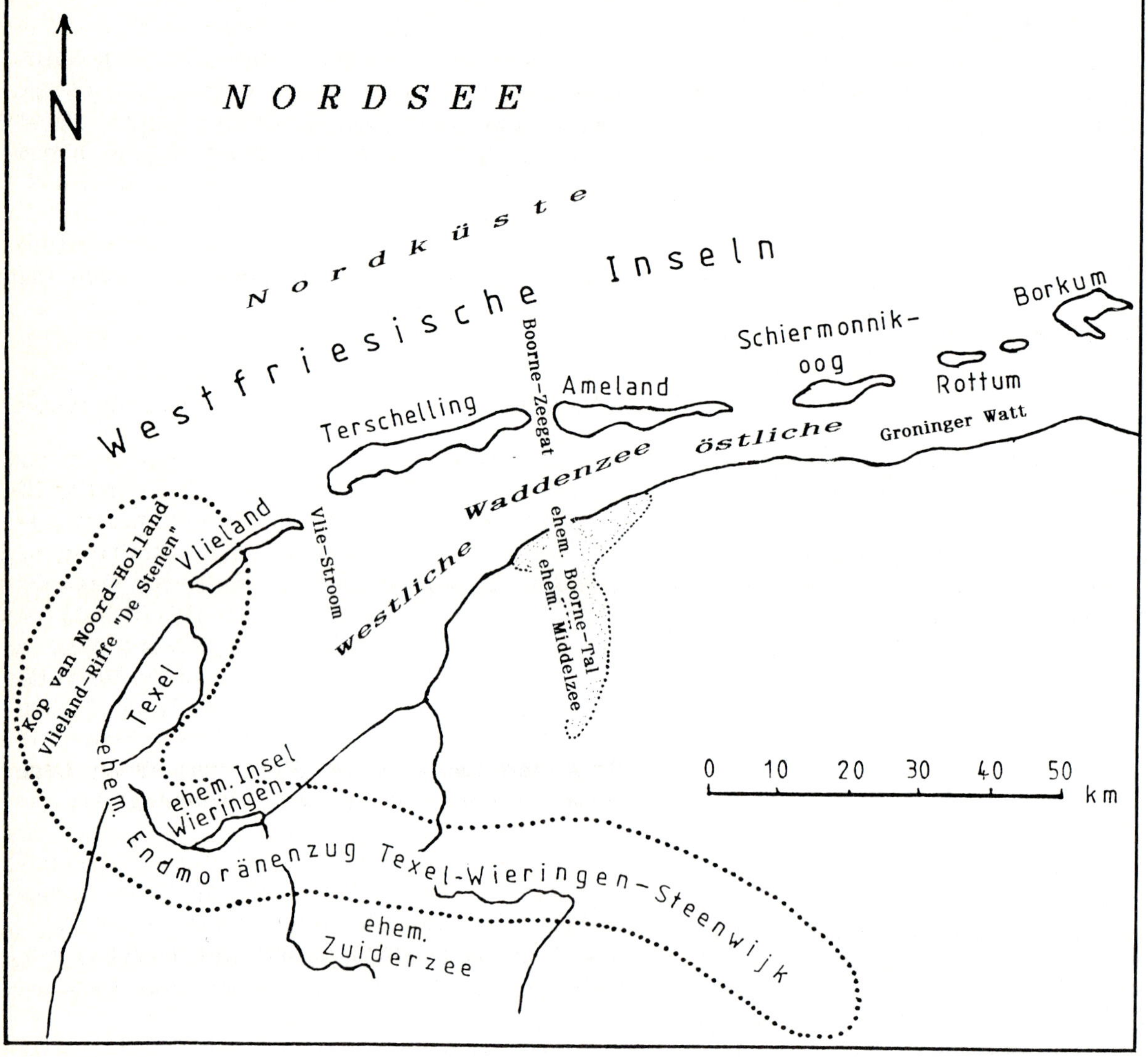

Inseln her aus. Während Texel ehemals ein Teil des Festlandes war, sind die übrigen Inseln holozäne Neubildungen und daher geologisch sehr jung.

Nach Ansicht des Verfassers wird an dieser Stelle deutlich, welchen Einfluß das pleistozäne Relief auf die Küstenentwicklung gehabt hat. Nach H. SCHOORL (1980: 117f) erreichte das Meer vor 7000 Jahren den Bereich Texel-Wieringen. Dieser Rücken ist auch mitverantwortlich für die konkave Küstenform an der niederländischen Westseite.

Die weitere Entwicklung der Küste zwischen Alkmaar und Ost-Terschelling (s. Abb. 60) erklärte H. SCHOORL (1980: 127ff). Demnach weist die niederländische Nordküste im Gegensatz zur Westküste einen steileren Gradienten der pleistozänen Oberfläche auf. Dadurch verschob sich die Küstenline im Verlauf der marinen Transgression im Norden weniger als im Westen.

H. SCHOORL (aaO) postulierte für die Calais-Transgressionen (vor 3700 BP, Tab. 1) einen lagunären Charakter der westlichen niederländischen Waddenzee. Als Beweis führte er erbohrte lagunäre Sedimente an. Dieser Sachverhalt läßt seiner Meinung nach auf die Existenz einer früher fast geschlossenen, schmalen Küstenbarriere vor der Nordküste schließen. Zu dem gleichen Ergebnis kommen S. JELGERSMA et al. (1985: 5). Zwischen 7000 BP und 5500 BP nehmen sie als Ursache einen geringeren Tidehub an. Außerdem findet sich hier im Vergleich zur Westküste nur eine schmale Zone mit Gezeitenabsätzen.

Nach H. SCHOORL (aaO) nahm der Tidenhub wie heute von W nach E zu, wobei auch westliche Winde vorherrschten. So soll ein nach E gerichteter Materialtransport bestanden haben. Der konvexe Küstenverlauf zwischen Texel und Terschelling, der von Anfang an so gekrümmt war, hatte einen enormen Materialverlust an der Küste bewirkt. Hervorgerufen wurde er durch eine küstenparallele Strömung. Das Material stammte von den Vlieland-Riffen und dem Ebbdelta der Boorne (vgl. Abb. 62).

Der Zeitpunkt der Entstehung der Westfriesischen Inseln ist schwer festzulegen. W.H. ZAGWIJN (1986: 30) geht davon aus, daß es bereits im späten Atlantikum eine Anzahl von Barriereinseln gegeben hat. Getrennt wurden sie von Seegaten, die in der Verlängerung von Flußtälern entstanden waren.

H. STREIF (1986: 42) legt die Initialphase der Entwicklung der Ostfriesischen Inseln ebenfalls ins Atlantikum. Jedoch stammen die noch vorhandenen Zeugen zur Inselgenese aus jüngeren Zeitabschnitten. Deswegen soll die Inselgenese im anschließenden Zeitabschnitt ausführlicher behandelt werden (s. Kap. IV.E.1.a), Seite 119).

b) Watten, Marschen und Moore

Das Gebiet der heutigen niederländischen "Waddenzee" läßt sich in zwei Teilbereiche gliedern, nämlich in einen westlichen und einen östlichen (vgl. Abb. 62). W.H. ZAGWIJN (1986: 28f) faßte die Entwicklungsgeschichte zusammen. Demnach war für die Genese des Westteils die relativ hohe Lage des pleistozänen Untergrundes von entscheidender Bedeutung. Außerdem wurde der westliche Bereich durch die Stauchendmoräne Texel-Wieringen gegen den marinen Einfluß lange Zeit abgeschirmt.

Als Grenze zum Ostteil gilt das im Pleistozän angelegte Tal der Boorne. Hier entstand bereits ab 6500 BP ein Seegat als Vorläufer der späteren Middelzee (s. Abb. 62, vgl. W.H. ZAGWIJN 1986: Karte 2; J.W. GRIEDE 1978: 80f). Westlich dieses Seegats konnte sich bis 5400 BP kein direkter mariner Einfluß auswirken (W.H. ZAGWIJN 1986: Beilagen-Karte 3).

Im Ostteil der "Waddenzee" liegt die pleistozäne Oberfläche niedriger als im W. Dadurch wurde der marine Einfluß bereits im frühen Atlantikum ermöglicht (7000 BP). Anschließend entwickelte sich hier ein Watt, dem im N eine Küstenbarriere vor gelagert war. Sie wurde durch Seegaten unterbrochen (W.H. ZAGWIJN 1986: 29, Karten 2 und 3).
Nach J.W. GRIEDE (1978: 80ff, Fig. 33 und 34) und W. ROELEVELD (1974: 95ff, Fig. 57 und 58) waren auf dem festländischen Bereich die Gebiete im W und NE der Provinz Friesland um 6600/6500 BP zu Watten oder Lagunen geworden. Das gleiche gilt auch fast für die gesamte Groninger Marsch mit dem Hunze- und Emsästuar (Abb. 62). Bis zum späten Atlantikum (5400 BP) schritt die Transgression weiter fort, so daß sich der Basismoorgürtel weiter auf die Geest schob. Da der Geestrand hier steiler ist als in den westlichen Niederlanden, war die Ausdehnung des Basismoores bedeutend geringer.

Zusammenfassung (Niederlande 8700 bis 5400 BP)

Die Küstenentwicklung in den Niederlanden vom Boreal bis zum Atlantikum (8700 BP bis 5400 BP) wurde hauptsächlich noch durch einen schnell steigenden Meeresspiegel geprägt. Die tiefstgelegenen Gebiete wurden zuerst überflutet. An der Westküste gerieten so die Mündungsgebiete von Rhein, Maas und Schelde unter marinen Einfluß. Außerdem drang die See in die weiter nördlich gelegene ehemalige Rheinmündung ein, die im Eem-Interglazial und im frühen Weichsel-Glazial dem Rhein gedient hatte. So entstand die ***Almere-Lagune*** an der Stelle des späteren ***Lacus Flevus*** im Gebiet des heutigen ***IJsselmeeres***.

An der Nordküste erfolgte die marine Ingression in die im Pleistozän vorgeformten Täler der Boorne, Hunze und Ems. Der "Kop van Noord-Holland" ragte als Teil einer Endmoräne und daher als ausgeprägter Landvorsprung noch weit nach W in die See hinein.

Fast entlang der gesamten niederländischen Küste bildete sich ein Barrieresystem aus. Dadurch wurde die Almere-Lagune dem Meereseinfluß bis 7000 BP entzogen und süßte aus. Zwischen ihr und der Rheinmündung im S entstand ein ausgedehntes Küstenrandmoor.

Der noch stark ansteigende Meeresspiegel führte schließlich zum Durchbruch der Küstenbarriere im W der Niederlande, und so verwandelte sich das Küstenrandmoor bis 5400 BP in ein Watt. Auch im Bereich der Nordküste dehnten sich die Watten aus. Zumindest vor der östlichen Waddenzee war die Küstenbarriere durchbrochen, während der Westteil um 5400 BP noch weitgehend landfest war.

III.E. Die deutsche Nordseeküste

1. Niedersächsische Küste

a) Vorläufer der Ostfriesische Inseln

Ausgehend von der heutigen Situation beschrieb H. STREIF (1986a) die Genese der Ostfriesischen Inseln. In ihrem Untergrund trifft man auf ein unruhiges pleistozänes Relief. Es schwankt zwischen -5 m NN und -35 m NN. Dabei lassen sich Rinnen verfolgen, die S-N oder SE-NW gerichtet sind. Von der Geest kommend, werden sie in der Marsch zunehmend tiefer, bis sie die offene See erreichen. Nördlich der Inseln fällt der pleistozäne Untergrund steil ab. Offenbar hat hier eine starke Brandungs- und Strömungserosion gewirkt (ebenda: 31).

Die beschriebenen Rinnen, überwiegend fluviatil angelegt, lenkten den Vorstoß der transgredierenden Nordsee. Gleichzeitig bestimmten die dazwischenliegenden pleistozänen Hochlagen die Anlage und Entwicklung der späteren Ostfriesischen Inseln. Dies gilt hauptsächlich für das späte Boreal und Atlantikum (ebenda: 31f).

Im hier betrachteten Zeitraum zwischen 8700 BP und 5400 BP (frühes Boreal bis spätes Atlantikum) stieg der Meeresspiegel im deutschen Nordseesektor von -48 m bis -7 m NN an. (vgl. H. STREIF et al. 1983: Abb. 34 und 35; H. STREIF 1984b: Abb. 3).

Im Untergrund sämtlicher Inseln mit Ausnahme von Wangerooge wurden pleistozäne Hochlagen nachgewiesen. Sie ragen stellen weise bis -5 m NN auf und sind als Verlängerung des ostfriesisch-oldenburgischen Geestrückens anzusehen (H. STREIF 1986a: 32). Oftmals sind sie vom Basaltorf "verplombt" und wurden daher nicht erodiert (K.-H. SINDOWSKI 1973: Abb. 4, 57ff).

Damit zeigt die pleistozäne Morphologie, daß die Inseln, außer Wangerooge, in ihrer früheren Entwicklung das Stadium einer Geestkerninsel durchlaufen haben. Heute befinden sich noch die Nordfriesischen Inseln Sylt, Amrum und Föhr sowie die Westfriesische Insel Texel in diesem Entwicklungsstadium.

Erst danach setzte die Umformung zur Barriere-Insel ein. Dieser Prozeß begann im Atlantikum je nach Tiefenlage des pleistozänen Untergrundes und dauerte bis in das Subatlantikum an (H. STREIF 1986: 42; 1987: 3f).[82)]

Aus heutiger Sicht läßt sich noch keine eindeutiger Zusammenhang zwischen den aktiven Seegaten, die die Inseln trennen, und der Morphologie der Holozänbasis feststellen (H. STREIF 1986a: 31).

Zum Teil liegen die Inseln über den ehemaligen Rinnen (Spiekeroog, Ost-Langeoog, Norderney, Ost-Juist, vgl. GÜK 200, Blätter CC 2310 Helgoland, 1973 und CC 3102 Emden, 1982). Teilweise schneiden die Rinnen in pleistozäne Hochlagen ein (Norderneyer Seegat, Wichter- und Accumer Ee, Otzumer Balje[83)], vgl. J. BARCKHAUSEN 1969: 256, Tafel IV; H. STREIF 1986: 31f). Im Untergrund der Insel Wangerooge und Umgebung vermutete W.G. SCHRAPS (1962: Abb. 26) die Urjade. K.-H. SINDOWSKI (1969b: 15) spricht in diesem Zusammenhang von drei Jadearmen[84)] (Abb. 63, folgende Seite).

Abb. 63: Karte der ostfriesischen Küste

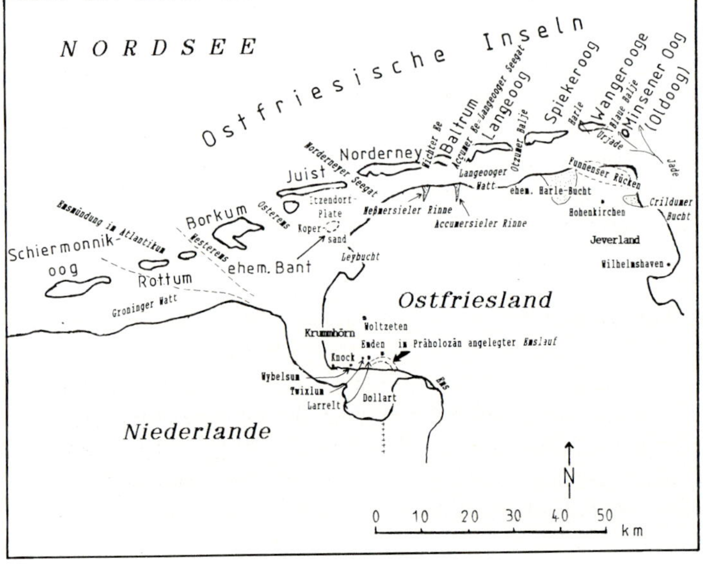

Westlicher Bereich, Borkum bis Baltrum

Der höchste Geestkern liegt unter dem Kopersand (Abb. 63). Er reicht bis auf -1,85 m NN hinauf (H. STREIF 1986a: 34). Hier befand sich als letzter Rest eines ausgedehnten Marschenlandes die ehemalige Hallig ***"Bant-Burchana"*** (K.-H. SINDOWSKI 1973: 94ff). Bereits zu Beginn des Atlantikums entwickelte sich in ihrem Bereich ein Hochmoor, das bis ins frühe Subatlantikum Bestand hatte (U. GROHNE 1957: 7ff) und danach von marinen Sedimenten überdeckt wurde.

Unter dem Groninger Watt (Niederlande, Abb. 63, vgl. W. ROELEVELD 1974: Fig. 4) liegt die Holozänbasis mit Werten von -10 bis unter -20 m NN bedeutend tiefer als am Ostufer der Außenems auf deutscher Seite. Vielfach zeigen die Profile durch das Holozän dieses Gebietes noch das Vorhandensein des tiefliegenden Basaltorfes (ebenda: Plate I bis III), der atlantisches Alter aufweisen dürfte.

Daraus folgert der Verfasser, daß dieses Gebiet schon vor der holozänen Transgression verhältnismäßig tief lag und auch später bei dem raschen Anstieg des Meeresspiegels kaum erodiert wurde. Um 5400 BP (ebenda: Fig. 58) stand das gesamte Groninger Küstengebiet schon unter marinem Einfluß.

Der Verfasser nimmt an, daß die Ems zu dieser Zeit weiter im W entwässerte als heute, und zwar eventuell in zwei Arme ge spalten, zwischen Borkum und Schiermonnikoog. Es gab demnach in diesem Bereich einen großen Ems-Mündungstrichter. Diese Annahme stützt sich auf das präholozäne Relief in diesem Bereich, das dort besonders tief ansteht.[85)]

Langeoog

Detaillierte Untersuchungsergebnisse zur Inselgenese Langeoogs und Umgebung finden sich bei J. BARCKHAUSEN (1969; 1970). Für den westlich anschließebden Raum liegt zur Zeit wenig entsprechende Literatur vor. Bei der Konstruktion der paläogeographischen Karte (Beilage 4) wurde die -7 m NN- Tiefenlinie der Holozänbasis als Niveau der ehemaligen Küstenlinie angenommen.

Spiekeroog

Durch die heutige Insel Spiekeroog verlief ehemals die Harle-Rinne nach N (Abb. 63). In ihrem Bereich wurden auf der Insel in einer Tiefe von -20 m NN Torfe und klastische Sedimente aus dem Atlantikum gefunden (Baltrum-Schichten, vgl. K.-H. SINDOWSKI 1970a: 28, Abb. 7). Daraus darf gefolgert werden, daß die Harle im Atlantikum dort bestand und daß dort Sedimentation in dieser Rinne stattfand.

Wangerooge

Im Küstenvorfeld der Insel Wangerooge wurden in einer Tiefe von -24 m NN brackische Sedimente mit Schilfstengeln (Phrag mites communis) erbohrt. Sie weisen ein Alter von 8000 BP auf. Dadurch wird angezeigt, daß dieses Areal um diese Zeit unter Brackwassereinfluß geraten war (H. LUDWIG et al. 1981: 213, Tab. 1; H. STREIF 1986a: 33). Die vorrückende Küstenlinie hatte also um 8000 BP diesen Raum bereits erreicht. Erst sehr viel später dürften sich die Ostfriesischen Inseln in ihrer heutigen Lage ausgebildet haben (H. STREIF 1987: 3).

b) Die Genese der ostfriesischen Watten, Marschen und Moore und die Entwicklung des Ems-Mündungsgebietes

Die Bildung des atlantischen Basistorfes setzte zuerst im Präholozän angelegten ***Emslauf*** ein (Abb. 63). Er läßt sich an der Lage der Holozänbasis im Bereich der Stadt Emden gut verfolgen (J. BARCKHAUSEN 1984: 36f; J. BARCKHAUSEN & H. STREIF 1978: 28f).[86)] In diesem Emstal fand die erste marine Ingression bereits um 8000 BP statt. Sie wird durch eine Rinnenfazies im Emslauf manifestiert. Sie besteht aus Gezeitenrinnen des Emsästuars und fluviatilen Sanden aus dem Oberlauf der Ems. Ein darin datierter Eichenstamm wies ein konv. ^{14}C-Alter von 7930±90 BP (Hv 10457) auf (J. BARCKHAUSEN 1984: 46).

Zwischen 6500 und 6200 BP existierten entlang der unteren Ems noch ***Auenwälder und eine von Altwassern durchzogene amphibische Landschaft*** (J. BARCKHAUSEN 1984: 48). Bis 5700 BP herrschte noch überwiegend ein Süßwassermilieu, so daß sich Erlen und Weiden ausbreiteten (aaO).

Von 5700 bis 5400 BP verbrackte das Emsästuar zusehends. In Flußnähe entstanden die ersten feinsandigen Uferwälle, hinter denen sich Sietländer ausdehnten (ebenda: 49). Diese waren dem marinen Einfluß weitgehend entzogen. So bildeten sich Lagunen und Bruchwälder (J. BARCKHAUSEN & H. STREIF 1978: 37ff). Reste von ehemaligen Ems-Uferwällen sind nur von der Knock (Abb. 63) an flußaufwärts zu finden, sonst sind sie erodiert (J. BARCKHAUSEN & H. MÜLLER 1984: 133).

Im Gebiet der ***Krummhörn*** (Abb. 63) führten H. STREIF (1971) und H. STREIF & B. ZIMMERMANN (1973) umfangreiche Untersuchungen durch. Nach H. STREIF (1971: 41, 44) kam es zu den ersten direkten marinen Einflüssen im Bereich von Woltzeten nachweislich erst ab 6000 BP. Es wurden brackische Sedimente in den im Pleistozän vorgeformten Tälern abgelagert. Sie überdeckten dort bald die basalen Moore. Diese hatten zuvor zusammen mit limnischen Absätzen eine Einebnung der Geest oberfläche bewirkt (ebenda: 14).

Im Raum der westlichen Krummhörn wurde der erste brackische Einfluß ohne Anzeichen von Erosion auf ca. 5200 BP festgestellt (H. STREIF & B. ZIMMERMANN 1973: 16).

Das weiter nördlich gelegene Gebiet der ***Leybucht*** (Abb. 63) untersuchten J. BARCKHAUSEN & H. MÜLLER (1984: 127ff). Im Gebiet der Leybucht begann im späten Weichselglazial eine Muddenbildung, die sich bis zum älteren Atlantikum fortsetzte. Anschließend erfolgte ein Umschlag zum Hochmoorwachstum. Dieses Hochmoor mußte noch bis ins Mittelalter hinein stets so küstenfern gelegen haben, daß es bei Sturmfluten nicht aufgeschwommen ist und es bis dahin folglich auch nicht zu Klappkleieinschaltungen gekommen war. Die Überschlickung der Hochmoorfläche muß noch später erfolgt sein als die Bildung der Klappkleie; denn überschlickte Moore gestatten keine Klappkleibildung. Der genaue Zeitpunkt des marinen Einbruchs läßt sich nicht mehr bestimmen, da die ehemalige datierbare Torfoberfläche erodiert worden ist (J. BARCKHAUSEN 1984: 128).

In dem sich nach E anschließenden ostfriesischen Marsch- und Geestgebiet bestanden schon vor 5400 BP tiefe Einschnitte, in denen sich mariner Einfluß manifestiert hatte. Dies wird bei Betrachtung der holozänen Füllung der pleistozänen Täler deutich.[87)]

Für das Jeverland sind in diesem Kontext die Harle und Jade mit ihren Seitentälern bedeutend. Nach K.-H. SINDOWSKI (1973: 112f, Abb. 4) dürfte der "Funnenser Rücken" (Abb. 63) im nördlichen Jeverland zumindest zeitweise eine Insel gewesen sein; dennoch bestand bei Hohenkirchen eine Art Wasserscheide.

H. SCHÜTTE (1934: Blatt 8; 1935: 22f) war noch fälschlicherweise davon ausgegangen, daß der "Funnenser Rücken" bis nach Chr. Geb. einen geschlossenen Wall formte, der nach W die Harle-Bucht abschloß und dadurch mit der ostfriesischen Geest verbunden war.

c) Jade-, Weser- und Elbmündungsgebiet

Im Bereich der Jade fand die Überflutung der ältesten erbohrten holozänen Basaltorfe etwa ab 7000 BP (frühes Atlantikum) in einer Tiefe von -10 bis 14 m NN statt (H. STREIF 1981: Tab. 2; 1985b: 54). Daraus wird gefolgert, daß dieser Raum im frühen Atlantikum vom Nordsee-Transgressionsgeschehen erreicht worden war.

Die See drang zuerst in die im Pleistozän fluviatil angelegten Rinnen ein (W. HAARNAGEL 1950: 15).[88)] Sie dienten später als Gezeitenrinnen. Dabei wurden Basaltorfe aus den Rinnensohlen erodiert. Nur an den Hängen sind sie noch vorhanden (H. STREIF 1985b: 85). Ob es in den tieferen Partien der Rinnen schon zu Ingressionen vor 7000 BP gekommen war, läßt sich nur vermuten.

Die holozäne Sohle der Jade-Hauptrinne wurde bei Wilhelmshaven an der tiefsten Stelle bei -38 m NN angetroffen.[89)] Diese Rinne wurde bereits von H. OLDEWAGE (1941: 99f) beschrieben.

H. STREIF (1981: 49; 1986d: 17) wies darauf hin, daß selbst das Pleistozän von der transgredierenden Nordsee in dieser Rinne streckenweise vollständig ausgeräumt und tertiäre Schichten angeschnitten wurden. Die Sedimente, die später die Rinne teilweise wieder verfüllten, sind typisch für eine Gezeitenrinne. Dabei gibt es in der Jade-Hauptrinne keine Hinweise auf einen fluviatilen Vorläufer. Um 5400 BP hatte der Meeresspiegel nach H. STREIF (1981: Abb. 5; 1985b: Abb.4) etwa die -7 m NN-Marke erreicht.

Bis 5400 BP waren weite Bereiche des Jadegebietes bereits zu einem Watt geworden (H. STREIF 1981: Schnitt A-D; 1985b: Schnitt A-C). Nach Meinung des Verfassers kann davon ausgegangen werden, daß sich zum Geestrand hin im späten Atlantikum (5400 BP) ein Schilfgürtel befand (Beilage 4). Mit weiter steigendem Meeresspiegel verlagerte er sich am Geesthang aufwärts. Die Entwicklung des südlichen Jadegebietes findet sich im 1. Hauptteil, Kap. II.B.1, Seite 86ff.

Im östlich sich anschließenden Gebiet unternahmen H. SCHÜTTE (1934: Blatt 8, Karte IV und V), W. HARTUNG (1967: 3) und W. MÜLLER (1977: 28; 1985b: 20f) jeweils eine Rekonstruktion des Weserlaufes im Atlantikum. Demnach sollte sich der Hauptweserlauf in dieser Zeit etwa 5 bis 10 km westlich des heutigen befunden haben. Nach Ansicht der beiden letztgenannten Autoren besaß er eine Deltamündung am Urjadebusen.

H. PREUSS (1979: 80) hob hervor, daß der Verlauf der Weser-Hauptentwässerungslinie aus der Zeit vor 3275 BP nur vermutet werden kann. Er schloß sich den o.g. Vermutungen an.

Mittlerweile läßt sich diese Annahme jedoch nicht mehr halten; denn nach neuen, bisher nicht publizierten Untersuchungs ergebnissen von H. STREIF und J. BARCKHAUSEN (1987/88: pers. Mittlg.) hat der Hauptarm der Weser im Holozän keine bedeutenden Lageveränderungen gegenüber heute vollzogen. Außerdem konnte ein Mündungsdelta am Jadebusen nicht nachgewiesen werden[90)] (vgl. 1. Hauptteil, Kap. II., Seite 96). Es wäre aber denkbar, daß der von W. HARTUNG und W. MÜLLER (aaO) angenommene Weserlauf im W in Wirklichkeit der frühere Huntelauf war, der, durch einen Uferwall von der Weser getrennt, seine Mündung nach N verschleppte. Allerdings mündete auch er nicht in den Jadebusen.

Der Verfasser geht davon aus, daß die im Pleistozän angelegten Täler der Jade und Weser als Einfallspforten für die holozäne marine Ingression dienten. Da zwischen befand sich der später "ertrunkene" Geestsporn ***Butjadingen***[91)] (Abb. 64, Beilage 4).

Im Untergrund der Insel Mellum befinden sich in einer Tiefe von -7,0 m NN abwärts grob- bis mittelkörnige Strandwall-Sande über der pleistozänen Oberfläche (K.-H. SINDOWSKI 1979: 39f, Abb. 6). Legt man den ungefähren Meeresspiegelstand für das Jadegebiet nach H. STREIF (1981: Abb. 5, 1985b: Abb. 4) von -7 m NN um 5400 BP zugrunde, so könnte ein Strandwall zu dieser Zeit dort bestanden haben. Nach Ansicht des Verfassers handelte es sich möglicherweise um einen Vorläufer der Insel Mellum.

Im Gebiet von Butjadingen kann auch ein brackisches Milieu angenommen werden. Das ergibt sich aus einem Schnitt durch das Küstenholozän (H.D. LANG 1959: 547, Abb. 5), wonach ein auf ca. 5000 BP datierter Torf einen kalkfreien Klei überlagert (aaO: Bohrung 39). Sie sind lt. Interpretation des Verfassers wahrscheinlich im späten Atlantikum in einem brackischen Milieu abgelagert worden. Auch die Sedimentabfolgen der Nachbarbohrungen unterstützen diese Annahme.

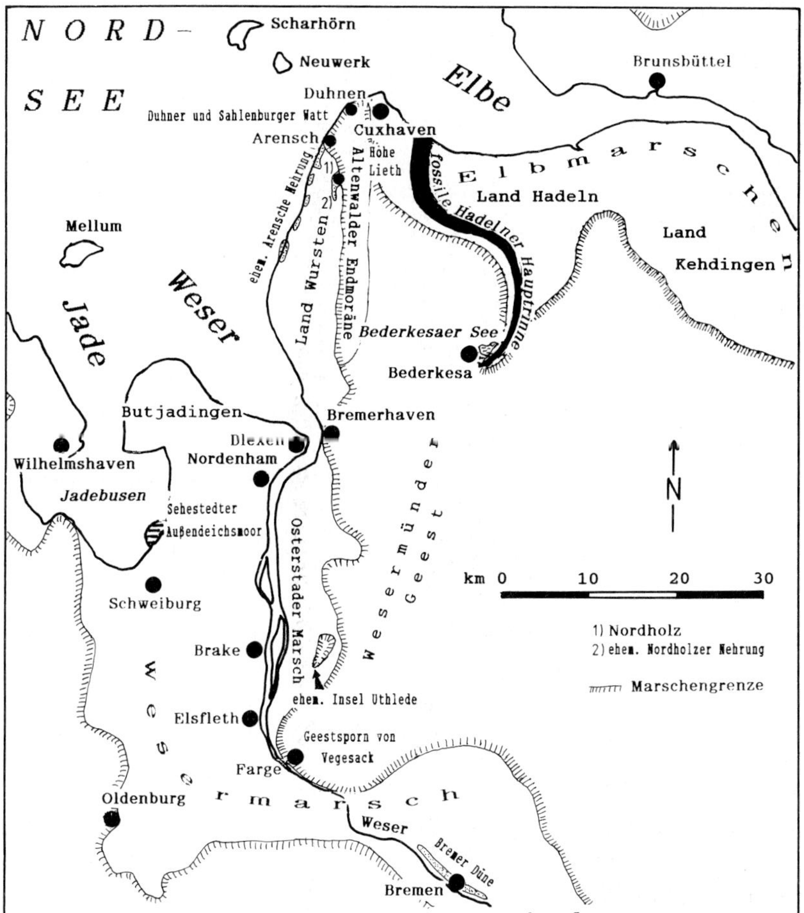

Abb. 64: Das Elbe-Weser-Dreieck

Nach K.-H. SINDOWSKI (1979: 41ff) lag der Beginn der Wesermündung am Anfang der holozänen marinen Ingression um ca. 6200 BP ungefähr am Geestsporn von Vegesack (Abb. 64). Flußabwärts zogen sich ihre Mäander durch ein Watten- und Lagunengebiet, wobei am Westrand bereits ein Hochmoorgürtel vorhanden war.

Mit der Entwicklung der östlichen Wesermarsch befaßte sich H. PREUSS (1979) ausführlich.[92] Demnach bestand bereits im Altholozän ein Dünenzug, der sich im Wesertal von Farge nordwärts bis nach Nordenham[93] erstreckte. Er ist heute von Sedimenten des Küstenholozäns fast vollständig überdeckt. Seine Fortsetzung bildet nach SE die ***"Bremer Düne"***, auf der der Siedlungskern der Stadt Bremen entstand (ebenda: 14). Dieser Dünenzug ist vergleichbar mit dem der "Donken" im Rheinunterlauf in den Niederlanden (H. PREUSS & H. STREIF 1984: 8).

Der bei H. PREUSS (1979: 71, Abb. 21) beschriebene Zustand während der "vortransgressiven Phase" zwischen 7000 BP und 6800 BP zeichnet sich durch ein ausgedehntes Moorgebiet (vorwiegend Bruchwaldmoor) aus. Es wurde im W durch den o.g. Dünenzug und im E durch die Wesermünder Geest begrenzt.[94] Einzelne Weserarme und kleine Nebenflüsse sind ebenfalls nachgewiesen worden, außerdem im S drei größere Süßwasserseen. Der Dünenzug verhinderte eine Verlagerung des Hauptweserarmes nach E.

Von 6200 BP bis 6000 BP wurde eine transgressive Phase mit stark ansteigendem Meeresspiegel nachgewiesen, in der der marine Einfluß vor Chr. Geb. am weitesten landeinwärts vordrang (ebenda: 75, Abb. 22). Bis in das Gebiet der Osterstader Marsch zur Linie Brake-Insel Uthlede wurde das Moor mit brackisch-lagunären Sedimenten überdeckt.

Der südliche Moorbereich blieb erhalten oder entwikkelte sich als Auenwald weiter. Der o.g. Dünenzug wurde nur im N bei Nordenham erodiert. Richtung S entstand eine Wesermündungslagune mit Zuflüssen zum Hauptweserlauf (aaO).

Für die Zeit von 5880 BP bis 5710 BP wies H. PREUSS (ebenda: 75, Abb. 23) die älteste "regressive Subphase" nach. Das Moor konnte sich wieder nach N ausbreiten, wenn auch nicht mehr so weit wie ursprünglich. Es war jetzt stark in Inseln zergliedert, und zwar durch lagunäre Schilfsümpfe und offene Wasserflächen.

Im südlichen Bereich gab es einen langgestreckten Süßwassersee. Beidseitig der Entwässerungsrinnen entstanden Uferwälle, auf denen ein lichter Auenwald wuchs. Der Dünenzug wurde in seiner Breite eingeschränkt. Er begann gewissermaßen in den Sedimenten des Küstenholozäns zu "ertrinken". Erst ab 5300 BP wurde wieder ein Vorrücken des marinen Einflusses dokumentiert (aaO).

Aufgrund von Profilen bei Nordenham und Elsfleth (K.-H. SINDOWSKI 1979: 42f) und den Forschungsergebnissen zum Ostufer der Weser (H. PREUSS 1979) kommt der Verfasser zu dem Schluß, daß der im Pleistozän vorgeformte Wesertrichter um 5400 BP weitgehend vermoort war. Dabei gab es insbesondere im nördlichen Bereich brackische Schilfsümpfe und eine Reihe von Gezeitenrinnen, die in das Moor eingriffen. Die östliche Wesermarsch stellte sich auch als Moorlandschaft dar, die von Entwässerungsrinnen durchzogen wurde. Dabei existierte am Ostufer der Weser ein inselartig unterbrochener Dünenzug.

H. PREUSS (1979: 60f) untersuchte auch die Entwicklung des Landes Wursten (Abb. 64, Beilage 4). Er erwähnt einen Strandwall und interpretiert ihn als Nehrungshaken, "der sich vom Geestkliff zwischen Duhnen und Arensch ausgehend nach S aufgebaut hat." Über dieser ***"Arenschen Nehrung"*** liegen kleinere Dünenrelikte.

Der Nehrungshaken ist nach S inselartig aufgelöst. Daher konnte sich auf seiner Ostseite zum Geestrand hin ein Watt behaupten, das Verbindung mit der offenen See hatte. Die Verlängerung des Nehrungshakens bis in den Raum Nordenham-Blexen ist unsicher.

Als maximales Alter nahm H. PREUSS (aaO) 6305±210 BP (mittleres Atlantikum), als minimales Alter 5190±70 BP, (sehr spätes Atlantikum) an. Die Entwicklung dieses Wattes zum Rückseitenwatt des Nehrungshakens erfolgte also frühestens ab 6305 BP. Danach stellte sich über mehrere Zwischenstufen eine brackisch-lagunäre Phase ein. Ab ca. 5400 BP bildete sich dort ein Niedermoor aus.

Nach W. HAARNAGEL (1973: 23f) erreichte die transgredierende Nordsee das Land Wursten bereits zum Übergang Boreal-Atlantikum (8000 BP). Da der Meeresspiegel anstieg, erhöhte sich auch der Grundwasserstand. Es kam an der Wurster Küste zur Bildung des Basismoores. Zu Beginn des Atlantikums wurde es überflutet und marine Sedimente lagerten sich ab. Das Land Wursten wurde so zu einem Wattenmeer, anfangs mit brakkisch-lagunärem Milieu, dann allmählich voll-marin.

G. LINKE (1984) untersuchte den nach NNW ins Elbtal ausstreichende Geestvorsprung der Altenwalder Endmoräne (Abb. 64, Beilage 4). Hier grenzt die festländische Geest auch heute noch direkt an die offene See. Der Grund hierfür ist in seiner Exposition zu suchen, für die deutsche Nordseeküste einmalig.

Die Ergebnisse der Untersuchung (ebenda: 23ff) sind folgende: Die Nordsee erreichte dieses Gebiet bereits um 6500 BP (mittleres Atlantikum). In der Folgezeit wurde keine uniforme erosive Strandplattform gebildet. Vielmehr fand man treppenförmige Kliffs am Geestrand und schwimmende Torfe im Watt. Dies deutet darauf hin, daß es im Holozän abwechselnd Phasen mit geringem und starkem marinen Einfluß gegeben hat.

G. LINKE (aaO) führt die Schwankungen auf periodische Änderungen in der atmosphärischen Zirkulation zurück. Er hält es außerdem für unwahrscheinlich, daß sich die feinen klastischen Sedimente und die Torfe im Schutz eines vorgelagerten Strandwalles gebildet haben könnten. H. STREIF (1971: 15f) hatte dies in Anlehnung an niederländische Überlegungen (vgl. L.M.J.U. VAN STRAATEN 1965) für den Raum WoltzetenKrummhörn angenommen. (vgl. 2. Hauptteil, Kap. III.E.1.b), Seite 102f).

Der Verfasser neigt ebenfalls dazu, nicht von einem vorgelagerten Strandwall auszugehen, da der Geestrücken an sich schon sehr exponiert liegt. Ein Strandwall hätte, um das Hinterland (Duhner und Sahlenburger Watt) abschirmen zu können, wahrscheinlich Verbindung mit einem weiteren Geestvorsprung auf dem Festland haben müssen. Oder er hätte zumindest als freier Strandwall nahe zum Festland herangereicht haben müssen. Dies ist jedoch aufgrund der geographischen Lage unvorstellbar. Der Geestvorsprung der Altenwalder Endmoräne wird im SW von der Weser und im NE von der Elbe "eingerahmt". Somit kann man mit der Existenz eines solchen schützenden Strandwalles kaum rechnen.

Elbmarschen

Im Bereich der zu Niedersachsen gehörenden Elbmarschen (Beilage 4) werden in dieser Arbeit die Länder Hadeln und Kehdingen behandelt. Nach J. MERKT (1984: 37, Fig. 3 bis 5) drang das Meer in das Land Hadeln zum erstenmal um 6000 BP (mittleres Atlantikum) ein, und zwar bis zum Bederkesaer See. Die zweite und dritte Ingression fanden im späten Atlantikum statt.

Nach Ansicht des Verfassers ist der frühe marine Einfluß im Gebiet des Landes Hadeln eine Folge der z.T. sehr niedrig gelegenen Holozänbasis im Bereich eines ehemaligen Eiszungenbeckens. Sie liegt nahe dem heutigen Elbufer unter -25 m NN.

Im Lande Kehdingen erwähnt K.-H. SINDOWSKI (1979: 78f) Basaltorfe in einer Tiefe von -15 bis -17 m NN, sie weisen ein Alter von 7500 BP bis 7000 BP auf. Zur marinen Ingression muß es spätestens zwischen 7800 BP und 4900 BP (Baltrum-Schichten) gekommen sein. Aus dieser Zeit stammen sandige Rinnenfüllungen.

III.E.2. Schleswig-holsteinische Nordseeküste

a) Dithmarschen

Vor der heutigen Küste Dithmarschens, im Untergrund der Insel Trischen[95)] wurden Süßwasserablagerungen der postglazialen Elbe in -36 m Tiefe angetroffen. Sie sind spätborealen Alters. Die tiefstgelegenen Torfe traf man bei -27 m NN an. Sie stammen aus dem frühen Atlantikum (vgl. E. DITTMER 1952: 142f).

Weitere Zeugen des frühen marinen Einflusses beschrieb P.H. ROSS (1981: 3ff). Im Bereich von Marne wurde eine nach NW offene Rinne erbohrt, die bis fast -35 m NN hinabreicht. Im unteren Bereich traf man dort auf limnische Sedimente, gebildet zur Wende Boreal-Atlantikum. Der erste marine Einfluß in dieser Rinne erfolgte bald darauf zu Beginn des Atlantikums (kurz nach 8000 BP).

Am heutigen Geestrand (jetziger ***Klev bei St. Michaelisdonn***, Abb. 65) befindet sich ab -12 m NN aufwärts eine kiesige Strandwallfazies (ebenda: 8). Korreliert mit der Meeresspiegelanstiegskurve von B. MENKE (1976: Abb. 1), ergibt sich für ihre Genese ein Alter von 7200 BP. Dies bedeutet, daß der heutige Geestrand zu dieser Zeit von der transgredierenden Nordsee erreicht worden ist.

B. MENKE (1984: Fig. 1; 1976: 148ff) interpretierte die -10 m-Holozänbasislinie als Küstenlinie kurz vor 7000 BP für Dithmarschen (Abb. 12). Für die Kliffe am Geestrand, die höher als -10 m NN liegen, betonte B. MENKE (1976: 153), daß sie nicht marin-holozäner Herkunft seien, wie vielfach angenommen, sondern bereits im Pleistozän angelegt wurden.

Um 7000 BP war der Küstenlinie (um -10 m NN) ein mehr oder weniger breiter Flachwasserbereich vorgelagert. (aaO). Die ersten Transgressionen in Dithmarschen (Calais I und II, 8000 BP bis 6300 BP

Abb. 65: Die Nordseeküste Schleswig-Holsteins

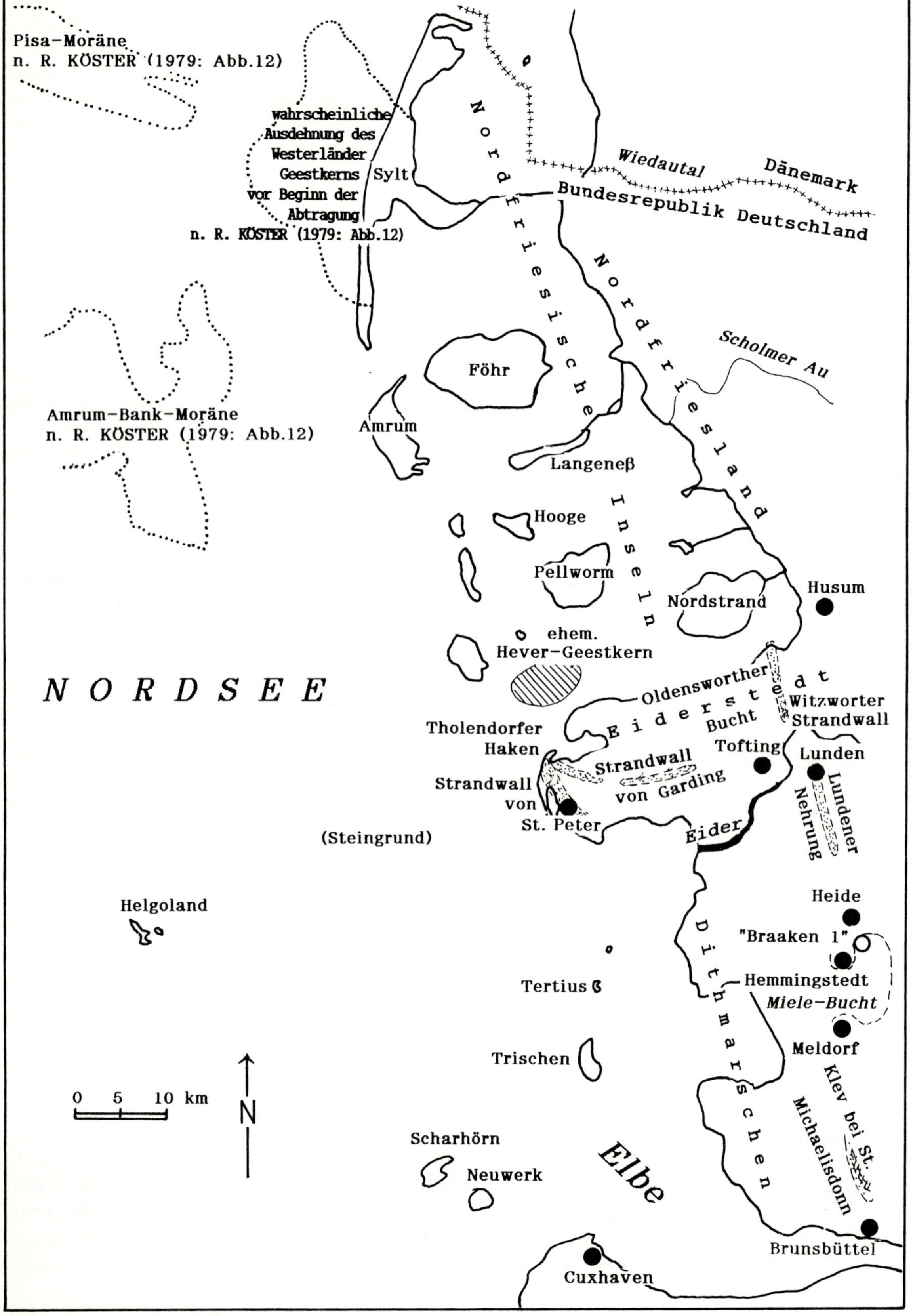

bzw. 6300 BP bis 5300 BP), erfolgten zunächst unter ziemlich ruhigen Bedingungen. Dabei wurden vorwiegend Tone abgelagert. Außerdem sind Basaltorfe und fossile Bodenhorizonte gut erhalten (B. MENKE 1984: 48; S. BRESSAU & R. SCHMIDT 1979: Abb. 2).

Für die paläogeographische Rekonstruktion des Dithmarscher Küstenbereiches im späten Atlantikum (um 5400 BP) ist es wichtig zu wissen, ob die Küste bereits durch einen Strandwall bzw. eine Küstenbarriere geschützt war oder nicht.

Der Verfasser neigt dazu, diese Frage zu verneinen; denn die folgenden Ausführungen von S. BRESSAU & R. SCHMIDT (1979: 69ff) lassen die Existenz einer solchen Barriere zu diesem Zeitpunkt nicht zu. Die Strandwallabsätze zwischen Hemmingstedt und Meldorf liegen nicht direkt dem Pleistozän auf, sondern werden von Basaltorfen und Klei unterlagert. Aufgrund pollenanalytischer Untersuchungen ergab sich, daß hier ein Strandwall erst am Ende der frühsubborealen Ingression angehängt wurde.

Weitere Schnitte durch das Küstenholozän (ebenda: Abb. 2) zeigen deutlich, daß an der Dithmarscher Küste über dem Basismoor feine klastische Sedimentation stattfand. Daraus kann gefolgert werden, daß wahrscheinlich zunächst Watten entstanden waren, bevor sich später darüber Strandwälle bildeten.

Für das späte Atlantikum gehen S. BRESSAU & R. SCHMIDT (1979: 71) also von der Existenz eines Sandwattes vor der Küste aus. Zur Strandwallbildung größeren Stils im heutigen Küstenbereich sollte es, wie oben schon angedeutet, erst im Subboreal gekommen sein.

Jedoch entstand die Anlage zur ***Lundener Nehrung*** bereits im Atlantikum (P. HUMMEL & E. CORDES 1969: 106, Abb. 5). Eine langgestreckte Nehrung entwickelte sich allerdings erst im Subboreal (ebenda: 107; B. MENKE 1976: 156). Ein wesentlicher Grund für den relativ späten Aufbau von Strandwällen bzw. Nehrungen in Dithmarschen ist nach Meinung des Verfassers eventuell in dem steilen Abfall der pleistozänen Oberfläche[96)] zu suchen.

Paläogeographisch ergibt sich daher für die Dithmarscher Küste im späten Atlantikum ein vorgelagertes ausgedehntes Watt (Beilage 4), wobei eine Küstenbarriere nicht angenommen wird.

<u>b) Nordfriesland mit Eidermündung</u>

Die alt- und mittelholozäne Entwicklung der nordfriesischen Küste (Abb. 65, Beilage 4) beschrieb E. DITTMER (1952: 145ff). Diese Ausführungen besitzen heute noch Gültigkeit, wenn auch mit Einschränkungen.

Während der nördliche Bereich der ***Nordfriesischen Inseln (Föhr, Amrum, Sylt)*** noch Festland war, wurde der südliche bis Eiderstedt "in der zweiten Hälfte des "Altalluviums"[97)] überflutet (etwa ab 7000 BP).

Dabei wirkte sich der marine Einfluß nicht nur in den Unterläufen der schleswigschen Flüsse aus, sondern auch in den Oberläufen. Die Folge war, daß mächtige Süß- und Brackwassersedimente abgelagert wurden, z.B. in der Scholmer Au bei Bongsiel.

Das breite ***Wiedautal*** nördlich von Sylt dürfte schon vor 7000 BP marin beeinflußt worden sein. Es gab hier eine schmale Meeresbucht. Die unteren Schichten des Küstenholozäns besitzen einen hohen Sandanteil. Man findet dort auch verbreitet mittel- bis grobkörnige Absätze (E. DITTMER: aaO).

Es stellt sich nun die Frage nach ihrer Herkunft. Nach E. DITTMER (aaO) stammen sie von den pleistozänen Erhebungen Sylt und Amrum, sowie von den inzwischen weitgehend erodierten Geestkernen westlich davon: ***Amrum-Bank***, Untiefen östlich von Helgoland (***Steingrund***, s. Abb. 65).

Der Meeresspiegel lag um 5400 BP bei ca. -7 m NN (H. STREIF 1984b: Abb. 3). Der Verfasser geht davon aus, daß die Amrum-Bank zu dieser Zeit im Küstenvorfeld von Sylt als Insel bestand.[98)] Sie befand sich bereits im Abbruch, ebenso die mit ihr verbundenen Nehrungen. Diese erstreckten sich nach A. BANTELMANN (1966: Abb. 9) vom Inselkern nach N bzw. SE. Weitere neue Nehrungen bildeten sich im Laufe des Transgressionsgeschehens aus den erodierten Geestkernen östlich davon (ebenda: 55ff).

Eine Karte, auf der ehemalige Geestkerne (Moränenrücken) im Bereich westlich der Nordfriesischen Inseln dargestellt sind, findet sich jeweils bei H. STREIF & R. KÖSTER (1978: Abb. 7), R. KÖSTER (1979: 164, Abb. 13) und G. TIETZE (1983b: Abb. 1).[99)] Demnach hat "die Abtragung der Moränenreste im Westen ... erst vor verhältnismäßig kurzer Zeit ihren heutigen Stand erreicht. ... Seitdem konzentriert sich der Angriff der Nordsee auf die Insel Sylt."[100)] Die dazwischenliegenden pleistozänen Schmelzwassertäler gerieten schon früh unter marinen Einfluß.

Die marine Ingression folgte in Nordfriesland außer auf ***Eiderstedt*** den präholozänen Schmelzwasserrinnen. Für Eiderstedt wird angenommen, daß sich nordwestlich davon zunächst noch eine Geestinsel befand, nämlich der inzwischen vollkommen erodierte ***"Hever-Geestkern"*** (s. Abb. 65). An sie waren Haken angeheftet (E. DITTMER 1952: 149).

Bereits A. BANTELMANN (1966: 8ff, Abb. 1, 1a, 1b) hatte einen mittleren Meeresspiegel von ca. -6 m NN für 5000 BP angenommen. Seine paläogeographische Rekonstruktion der Westküste Schleswig-Holsteins zeigt deutlich die Altmoränenhorste als Geestinseln vor der nordfriesischen Küste.

Sie waren von W den Meeresangriffen ausgesetzt. So entstanden Nehrungen, die ihnen nach N und S angeheftet waren. In einem vergleichbaren Zustand befindet sich heute die Insel Sylt. In den Überflutungsgebieten auf der Leeseite der Geestinseln wurde schnell sedimentiert. Es herrschten hier vermutlich Wattbedingungen, bis der vorgelagerte Altmoränenhorst erodiert war. Danach waren das Watt und der nächst östlich gelegene Geestkern den erosiven Kräften des Meeres ausgesetzt.

Die Entwicklung im ***Eidertal*** beschrieben W. LANGE & B. MENKE (1967). Im Spätglazial war dort ein breites Haupttal mit mehreren schmalen und tiefen Seitentälern sowie Dünen entstanden (ebenda: 32). Im Präboreal vermoorte das Tal (ebenda: 33f). Im frühen Boreal brach die Vermoorung, bedingt durch eine Austrocknungsphase, ab und setzte erst wieder im frühen Atlantikum ein (ebenda: 35).

Die älteste marine Ingression fällt wahrscheinlich ebenfalls in das frühe Atlantikum in einer Tief von -20 m NN (B. MENKE 1969b: 40). Nach B. MENKE (1968: 215ff, Abb. 2) versumpfte die untere Eider zwischen 7500 BP und 7000 BP sehr schnell bei einem Meeresspiegelstand von -11 m bis -12 m NN. Die Sedimente sind brackisch oder watt-ästuarin mit eingeschalteten Torfen. Das pleistozäne Eidertal war dabei bis weit ins Landesinnere (Oldenbüttel) tiefer als -10 m NN eingeschnitten. Brackischer Einfluß[101)] wurde fast bis nach Rendsburg nachgewiesen.

Die paläogeographische Rekonstruktion um 5400 BP (Beilage 4) zeigt in Nordfriesland die Verteilung von Watt und Moor in Anlehnung an A. BANTELMANN (1966: Abb. 1). Die Küstenlinie sollte im allgemeinen der -7 m NN-Linie der Holozänbasis entsprechen. Zwischen Watt und Moor wird ein schmaler Schilfgürtel als Übergangszone angenommen.

Außerdem geht der Verfasser davon aus, daß die nordwestlich der Insel Sylt gelegene ***Pisa-Moräne***[102)] (s. Abb. 65) noch nicht überflutet war. Darum war Sylt noch nicht im massiven Abbruch begriffen und hatte eine gänzlich andere Gestalt als heute (s. Beilage 4). Die Rekonstruktion des Inselkörpers vor Beginn der Abtragung (um 5400 BP) beruht auf Vorstellungen von R. KÖSTER (1979: Abb. 7, Abb. 12, Abb. 13). Demnach lag der Strand vor Westerland ca. 12 km westlich des heutigen. Die Verbreitung des Kaolinsandes an der Basis des marinen Holozäns zeichnet ebenfalls weitgehend die Grenze des ehemaligen Sylter Geestkernes nach. Die langgezogenen Nehrungen im N und S existierten auch noch nicht.

Zum Schluß dieses Kapitels folgen einige Überlegungen zur Entwicklung ***Helgolands***. Zum Aufstieg der heutigen Insel Helgoland führte P. SCHMIDT-THOMÉ (1987: 60) aus: "Die ehemals mindestens 1500 m mächtigen Deckschichten von Oberem Bunt sandstein, dem Muschelkalk und der Kreide über dem Zechstein salz haben als Auflast einen hydrostatischen Auftrieb des plastisch reagierenden Salzes seit der Tertiärzeit verursacht und in der Tertiärzeit den Salzaufstieg bewirkt".

Es gilt als gesichert, daß die Insel Helgoland in der Vergangenheit bedeutend größer war als heute. Fraglich ist jedoch, ob sie um 3500 BP[103)] eine Ausdehnung bis an die gegenwärtige -12 m NN-Holozänbasislinie besaß, wie es P. SCHMIDT-THOMÉ (1987: Abb. 4c) in Anlehnung an O. PRATJE (1948: Abb. 4) vermutete. Der Verfasser bezweifelt diese Vorstellung; denn bereits um 5400 BP lag der Meeresspiegel schon um ca. 5 m höher als oben zugrundegelegt.[104)]

3. Zusammenfassung

Im Zeitraum von 8700 BP bis 5400 BP stieg der Meeresspiegel im deutschen Nordseesektor von ca. -47 m auf -7 m NN an. Der **transgressive** Charakter des Meeresspiegelanstiegsgeschehens blieb vorherrschend.

Eine unruhige Geestoberfläche steuerte die marine Ingression, die schon zu Beginn des Atlantikums die überwiegend pleistozän-fluviatil angelegten Rinnen erreichte. Dies gilt besonders für die Bereiche der Ems, Jade, Weser, Elbe, Eider und Wiedau.

Hier entstanden Meeresbuchten, in denen der marine Einfluß während des Atlantikums bedeutend weiter landeinwärts reichte als heute. Andererseits gab es exponierte Geestkerne, die nun stark erosiv beeinflußt wurden. Hierzu zählen der NW-Rand der Ostfriesisch--oldenburgischen Geest, die Hohe Lieth, die Amrum--Bank und die Pisa-Moräne.

Gegen Ende des Atlantikums verlangsamte sich der Meeresspiegelanstieg. Die Küstenlinie begann sich zu stabilisieren. In Niedersachsen entstanden die Vorläufer der Ostfriesischen Inseln an exponierten Geesthochlagen. In Dithmarschen lag die Küstenlinie weiter landeinwärts als heute. Der Grund ist in der niedrigen Geestoberfläche zu suchen.

Vor Nordfriesland befanden sich Geestkerne wie heute noch Sylt oder Föhr, die das Hinterland vor der starken Brandung schützten. Mit einer Verlangsamung des Meeresspiegelanstiegs lagerten sich verstärkt Sedimente in den Meeresbuchten ab. Eine Tendenz zur Begradigung der Küstenlinie setzte ein.

Vor allem entlang der großen Flüsse war eine amphibische Landschaft entstanden. Charakteristisch hierfür waren Uferwälle mit Auwäldern und Bruchwäldern, ausgedehnte Schilfsümpfe, Moore sowie Altwasserarme.

Nur zum geringen Teil besaßen die Hauptarme der Flüsse ein anderes Bett als heute. So floß die Elbe beispielsweise dicht vor der süddithmarscher Küste. Die Weser entwässerte nicht in den Jadebusen, wie oft angenommen, sondern nach N, ähnlich wie heute.

III.F. Die dänische Nordseeküste

Bislang liegen neuere Forschungsergebnisse bezüglich des dänischen Nordseeküstengebietes kaum vor (H. KROG 1987: pers. Mittlg.).

Südlich des Nissum-Fjordes (Beilage 4 und Abb. 66)[105] befinden sich die ehemaligen holozänen Küstenlinien heute unterhalb des Meeresspiegels. Anders verhält es sich nördlich hiervon (vgl. H. KROG 1979: 76, 82).

In diesem nördlichen Bereich der dänischen Nordseeküste liegen infolge der postglazialen isostatischen Landhebung die Paläo-Küstenlinien auf dem Land. Daher waren sie der Forschung leichter zugänglich, und so gibt es mehr Information hierüber als zum südlich anschließenden Küstenbereich; dennoch wird diesem im Rahmen der vorliegenden Arbeit größere Aufmerksamkeit geschenkt.

Bei E. OELE et al. (1979: colour chart) finden sich Paläo-Küstenlinien im Holozän auch für den dänischen Nordseeküstenabschnitt. Wegen der geringen Anzahl verfügbarer Quellen ist diese Darstellung jedoch mit großem Vorbehalt zu betrachten. Im südlichen Bereich folgen sie hauptsächlich den Meerestiefenlinien (H. KROG 1979: 82).

Nach N.K. JACOBSEN (1964: 303) ist das Nachzeichnen von Meerestiefenlinien zur Rekonstruktion der Paläo-Küstenlinie nicht ratsam, da man in den Küstenregionen vorwiegend südlich des Nissum-Fjordes auf mächtige holozäne Sedimentationen von 20 bis 30 m trifft.

An dieser Stelle wird trotz der wenigen Informationen versucht, in Anlehnung an die Entwicklung in Schleswig-Holstein, Hypothesen über die Paläogeographie der dänischen Nordseeküste aufzuzeigen.

Der ***Einfluß der postglazialen isostatischen Landhebung*** (vgl. Beilage 4) auf die Küstenentwicklung ist noch immer groß. Nur wenig nördlich der Grenze des Untersuchungsgebietes, bei Hanstholm, Nord-Dänemark (Abb. 66), wurde von H. KROG (1979: 82) ein Meeresspiegel für 7500 BP von -5 m NN angenommen. Im südlich benachbarten Schleswig-Holstein (Eiderstedt) postuliert B. MENKE (1976: Abb. 1) einen Meeresspiegel um -18 m NN für den gleichen Zeitpunkt. Hierbei wird der zunehmende Wirkungsgrad der postglazialen isostatischen Landhebung besonders deutlich. Bis zum Beginn des Subboreals (5000 BP) erreichte der Meeresspiegel bei Hanstholm, sogar ein Niveau, das heute bei +4 m NN angetroffen wird.

Für Fils¯ (H. JONASSON 1957: zit. bei H. KROG 1979: 82) wurde ein entsprechendes Niveau von -4 m NN oder etwas höher angenommen. Den gleichen Wert legt B. MENKE (1976: Abb. 1) für 5500 BP in Dithmarschen/Eiderstedt zugrunde.

H. REINHARD (1974: Abb. 3, Beilage I) und S. SJÖRRING (1983: Fig. 189) interpretierten den Rücken bei Blåvands Huk (Abb. 66) als saaleeiszeitliche Endmoräne, die nach W ausstreicht. Er ist nach A. JESSEN (1925: zit. bei H. KROG 1979: 79) relativ jung. Reguliert wird er durch küstenparallele Strömungen. Nach A. JESSEN (aaO) finden sich hier Strandwälle, bestehend aus kiesigen und sandigen Sedimenten. Die Holozänbasis reicht mindestens bis -20 m hinab.

H. KROG (aaO) schloß daraus, daß die Wassertiefe zur Entstehungszeit der Strandwälle von Blåvands Huk bedeutend größer und die Wellenenergie stärker als heute gewesen sein müssen. Der Meeresspiegel sollte dagegen gleich hoch oder niedriger gelegen haben.

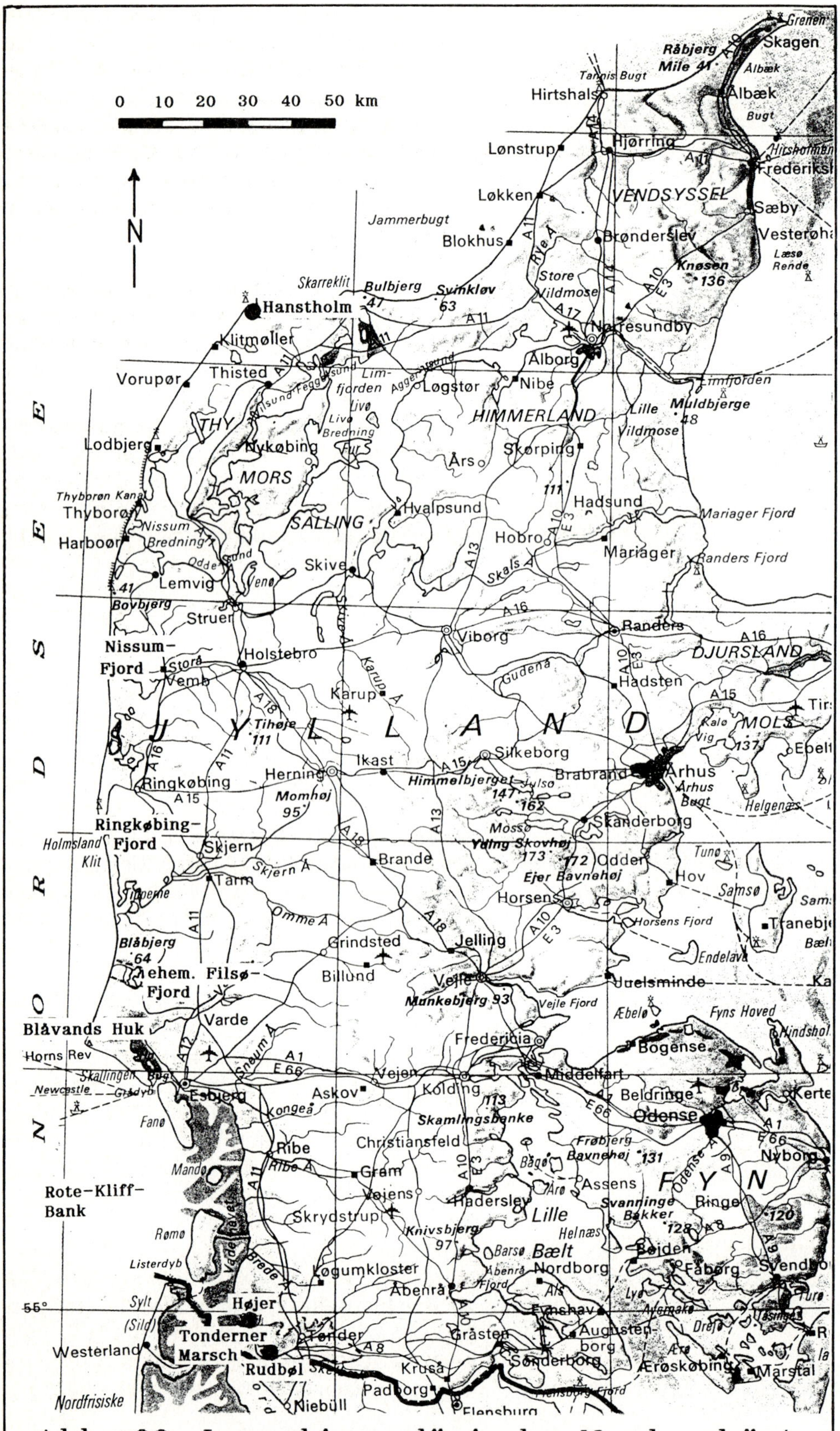

Abb. 66: Lageskizze dänische Nordseeküste

Der Filsö-See war ursprünglich eine Meeresbucht, er süßte später aus (H. JONASSEN 1957: zit. bei H. KROG: aaO). Die erste marine Ingression wurde demnach ins mittlere Atlantikum datiert (ca. 6500 BP). Der marine Einfluß dauerte bis ins mittlere Subboreal (ca. 4000 BP).

N.K. JACOBSEN (1964) untersuchte die Tonderner Marsch (s. Abb. 66, südliches Dänemark) Demzufolge (ebenda: 317) reichte der marine Einfluß zwischen 6000 BP und 5500 BP bis zum heutigen Deichvorland. Weiter landeinwärts nahm er im Wiedau-Tal eine basale Vermoorung an.

Nach Ansicht des Verfassers könnte die Rote-Kliff--Bank (Beilage 4, Abb. 66), westnordwestlich vor Römö gelegen, von großer Bedeutung für die paläogeographischen Verhältnisse im Hinterland bis 5400 BP gewesen sein. Diese Bank war möglicherweise ein Geestkern wie die weiter südlich gelegene Amrum--Bank. Einer starken Erosion ausgesetzt, kam es zur Kliffbildung. Dadurch entstanden hier Nehrungen, die diesem Kliff angeheftet waren. Noch heute ist die erodierte Oberfläche dieses Geestkernes fast ebenso hoch wie die der Amrum-Bank.

Es wird daher angenommen, daß beide, Amrum-Bank und Rote-Kliff-Bank, eine ähnliche Entwicklung durchlaufen haben. Sie dürften um 5400 BP als Wellenbrecher gegen die transgredierende Nordsee gewirkt haben. Dabei vertritt der Verfasser die Hypothese, daß es weiter landeinwärts zur Ausbildung von Barriere-Inseln kam, die der dänischen Küste vorgelagert, von der erodierenden Rote-Kliff-Bank genährt wurden. Ähnliche Verhältnisse sind möglicherweise auch für die Sandbank nordwestlich von Blåvands Huk anzunehmen, die dort auch als Materiallieferant diente.

G. ZUSAMMENFASSUNG: Die Entwicklung vom Boreal bis zum späten Atlantikum im Überblick (8700 bis 5400 BP)

Im Betrachtungszeitraum stand die Nordseeküstenentwicklung großräumig gesehen unter dem Einfluß der boreal-atlantischen Transgression.

Etwa vor 8000 Jahren (Übergang Boreal-Atlantikum) wurde Großbritannien zur Insel, nachdem der Meeresspiegel das -30 m NN-Niveau erreicht hatte. Der nördliche Teilbereich der Nordsee war mit dem südlichen, der sog. "Südlichen Bucht", verbunden. Strömungs- und Gezeitenverhältnisse mußten sich demnach stark verändert haben. Etwa seit dem mittleren Atlantikum war das Meer in die Mündungstäler der großen Flüsse eingedrungen. Diese Täler waren bereits im Pleistozän angelegt worden. Es handelt sich hierbei hauptsächlich um die Flüsse Themse, Schelde, Maas, Rhein, Ems, Weser, Elbe und Eider.

Der Meeresspiegelanstieg vollzog sich in der Folgezeit immer langsamer. Da die südliche Nordseeküste überwiegend eine Flachküste darstellt, baute sich ein breiter Übergangsbereich zwischen der offenen See und dem Festland auf. Er war besonders an den Flußmündungen am deutlichsten ausgeprägt. Hier gab es eine ausgedehnte amphibische Landschaft mit Mooren, Schilfsümpfen, Uferwällen, Auenwäldern, Bruchwäldern und Altwasserarmen.

Die Verlangsamung des Meeresspiegelanstiegs am Ende des Atlantikums förderte den Aufbau eines stabilen Küstenbarrieresystems. In seinem Schutz begannen viele Meeresbuchten zu verlanden und zu vermooren. Gleichzeitig setzte ein massiver Erosionsvorgang an den Geestvorsprüngen bzw. Geestinseln ein. Hier handelt es sich vor allem um den "Kop van Noord-Holland", die NW-Seite der Ostfriesisch-oldenburgischen Geest sowie um die Geestinseln vor Nordfriesland.

IV. VON DER ATLANTISCHEN TRANSGRESSION ZUR SUBBOREALEN REGRESSION (5400-3700 BP)

Nachdem der Meeresspiegelanstieg im frühen Subatlantikum noch steil verlaufen war, setzte in der zweiten Hälfte des Atlantikums eine erhebliche Verlangsamung ein. Dadurch wurde an der südlichen Nordseeküste verbreitet der Aufbau einer vorgelagerten Küstenbarriere bewirkt, und der Prozeß der Küstenlinienbegradigung setzte ein. Regional kam es schon im Atlantikum zu einem Vorrücken des Küstenrandmoores über zu vor gebildete Watten (regressive Tendenzen). Sich abwechselnde Phasen des Vorrückens und Rückschreitens der Küstenmoore über zuvor vorhandene Watten waren nun kennzeichnend für den hier behandelten Zeitabschnitt. Eine Paläogeographie der südlichen Nordsee um 3700 BP zeigt Abb. 67 (= Beilage 5).

Abb. **67 (folgende Seite):** Die südliche Nordsee. Paläogeographie um 3700 BP (mittleres Subboreal). Der Zeitabschnitt des Subboreals zeichnete sich durch einen nunmehr erheblich verlangsamten Anstieg des Meeresspiegels aus. Eventuell könnten sogar zeitweise Absenkungsphasen stattgefunden haben. Die Ausformung einer dem Festland vorgelagerten Küstenbarriere schritt weiter voran. In ihrem Schutz kam es vielerorts, besonders aber in den westlichen Niederlanden und Belgien, zur Ausbildung mächtiger Küstenrandmoore

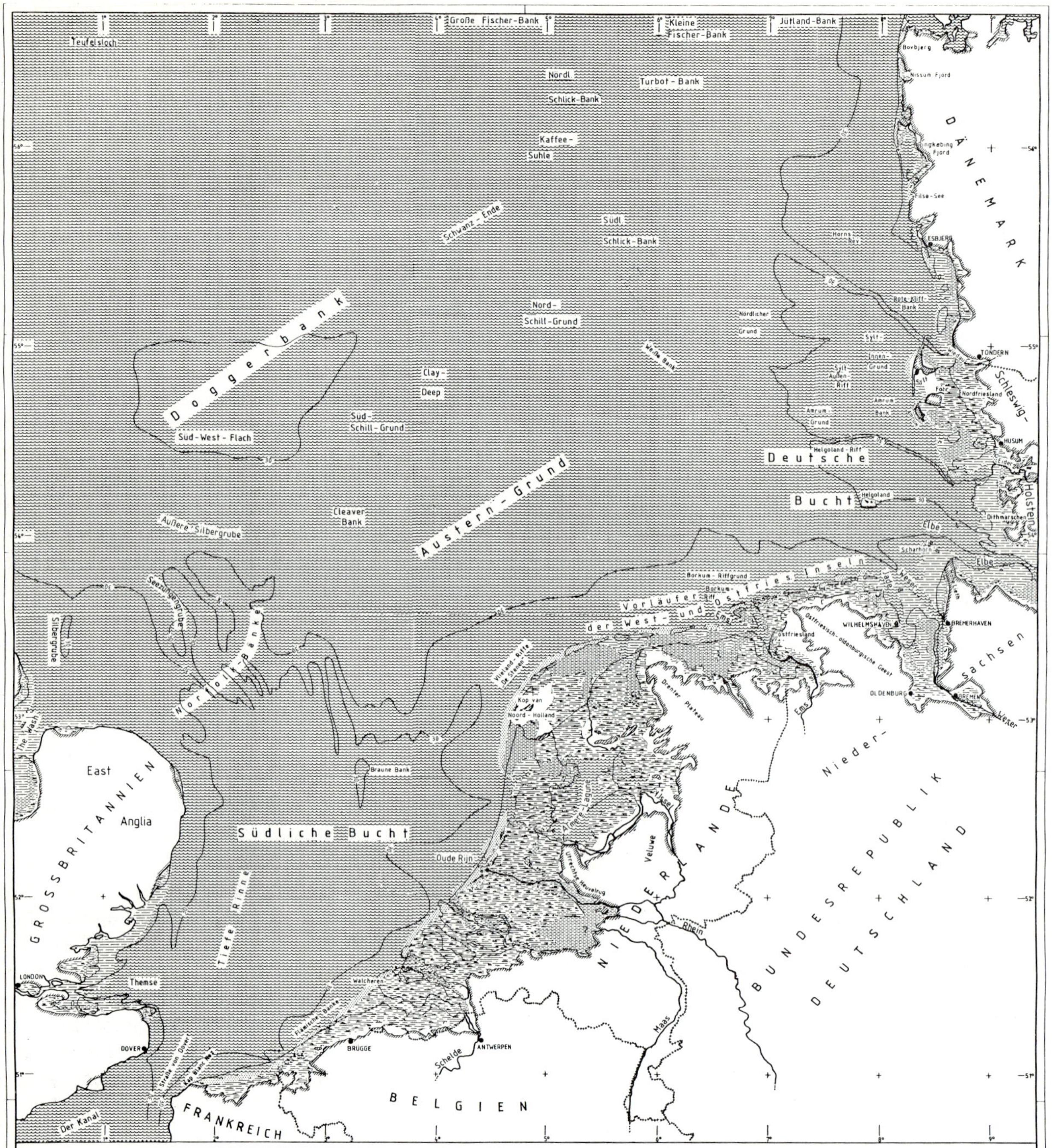

Abb. 67

(zur Dissertation W. KOHN „Paläogeographische Karten des Holozäns für die südliche Nordseeküste")

DIE SÜDLICHE NORDSEE

Paläogeographie um 3700 konv. ^{14}C-Jahre BP (mittleres Subboreal)

- heutige Küstenlinie
- -30- Isobathe der Holozänbasis in m-NN
- heutige Marschengrenze
- Staatsgrenze

Küstenbarriere — Watt, marin — Küstenrandmoor (Basismoor) — Wasserflächen (marin, brackisch, limnisch) — Schilfgürtel, Lagune, Brackwatt — Gebiet außerhalb des marinen Einflusses

eigener Entwurf, niederl. Küste n. W. H. ZAGWIJN (1986) — 0 10 20 30 40 50 60 70 80 90 100 km — Kartennetz: Mercator-Abbildung — Bezugsbreite 55° 30' N

(Holland torf). Allgemein setzte verstärkt eine Tendenz zur Begradigung der Küstenlinie ein.

IV.A. Die englische Nordseeküste

Im ***Wash-Fenland-Gebiet*** ergab sich nach Untersuchungen von I. SHENNAN (1986: 161f) in der Zeit von 5400 bis 4500 BP eine transgressive Überlappung der Sedimente; d.h. das Küstenrandmoor wurde überflutet. Ab 4500 bis 4200 (3900) BP bildete sich der "upper peat", also der obere Torf, d.h. die Küstenlinie schob sich wieder seewärts vor. Zwischen 4200 (3900) und 3300 BP wurden wiederum transgressive Tendenzen festgestellt.[106)] Diese Phase fällt mit der Transgression im Ems-Mündungsgebiet zusammen (vgl. J. BARCKHAUSEN & H. STREIF 1978: Abb. 4; J. BARCKHAUSEN 1984: 64). Auch im südlichen Jadegebiet erfolgten in dieser Zeit ausgeprägte Meeresvorstöße (vgl. 1. Hauptteil, Kap. II.B.3., Seite 64f).

Im ***Themse-Ästuar***, das J.T. GREENSMITH & E.V. TUCKER (1973) untersuchten, endete die "zweite Flandrische Transgression" etwa um 5000 BP. Danach folgte eine regressive Phase bis ca. 4300 BP. Zu dieser Zeit soll der Meeresspiegel nur wenige Meter niedriger als gegenwärtig gelegen haben (ebenda: 199, Fig. 6).

Es wurden verbreitet stark verfestigte Sedimentschichten aus dieser Zeit gefunden, die nach Ansicht dieser Autoren auf eine ausgedehnte, überflutungsfreie Marsch schließen lassen. Ab 4700 BP kam es dort sogar zur Besiedlung der ***"Lyonness Surface"*** (ebenda: 199; zur Lage s. Abb. 68, folgende Seite).

Etwa ab 4300 BP begann die bedeutende subboreale Transgression, die bis 3500 BP andauerte. Sie findet Parallelen im Jadebusengebiet und in den Niederlanden mit der Calais IV-Transgression (aaO). Auch hier gibt es keine präzisen Angaben über die flächenhafte Ausdehnung von Überflutungszonen, Mooren, Watten etc. Im Vergleich zum deutschen oder niederländischen Küstenabschnitt dürfte sie jedoch nur verhältnismäßig gering ausgefallen sein (vgl. E. OELE et al. 1979: colour chart). J.T. GREENSMITH & E.V. TUCKER (1973: 199) verweisen darauf, daß bronzezeitliche Siedlungen an der Küste in dieser Zeit verlassen worden seien. Grundsätzlich bleibt damit die Annahme eines absoluten Meeresspiegelhöchststandes im Subboreal unbewiesen und bedarf weiterer Nachforschungen.

IV.B. Die französische Nordseeküste

Den Ausführungen von J. SOMMÉ (1979: 156, Fig. IV-46) zufolge, wurde ein Torfhorizont im südwestlichen Bereich der französischen Nordseemarsch auf 5060±40 BP datiert. Er spiegelt möglicherweise eine regressive Tendenz wider. Darüber wurden dann brackisch-tonige und sandige Sedimente abgelagert, die wiederum von einem fossilen Moor um ca. 4800±60 BP überwachsen wurden. Im Küstenholozän traf man auf weitere Torfhorizonte als Zeugen fossiler Moore, die auf 4030±55 BP, 3965±55BP und 3690±35 BP datiert wurden. Dazwischen befinden sich jeweils Schichten klastischer, brackischer Ablagerungen, die transgressive Phasen anzeigen.

Auch hier war es schwierig, die Küstenlandschaft um 3700 BP kartographisch darzustellen, da es nur wenig Anhaltspunkte gibt. Insofern ist die Karte (Beilage 5) nur als Versuch zu verstehen. Aufgrund der o.g. jüngsten Torfdatierung wird angenommen, daß zum beschriebenen Zeitpunkt eine regressive Tendenz mit dem Vorrücken des Küstenrandmoores herrschte, ähnlich wie an der belgischen Küste (vgl. 1. Hauptteil, Kap. I.B.5., Seite 70ff). Von dort ausgehend, wurde eine Meeresbucht angenommen, die bis in das belgische Küstengebiet hineinreichte (De Moeren, s. Abb. 58), wie es bereits R. BLANCHARD (1906: Fig. 32) vermutete. Dabei schirmte nach SW eine Küstenbarriere wie in Belgien das dahinterliegende Moor ab. Die Barriere hatte wahrscheinlich Anschluß an den Landvorsprung Kap Blanc Nez im SW.

IV.C. Die belgische Küste

Das belgische Küstengebiet stand schon bald nach 5400 BP im Zeichen einer großflächigen Vermoorung (Regression), die auch den westlichen Teil erfaßte. Eine weitgehend geschlossene Küstenbarriere dürfte diesen Prozeß entscheidend begünstigt haben. Er stzte sich über die Zeit nach 3700 BP hinaus fort. (Weitere Ausführungen finden sich im 1. Hauptteil, Kap. I.5.B., Seite 70ff).

IV.D. Die niederländische Nordseeküste

IV.D.1. Westküste

a) Der weitere Aufbau der Küstenbarriere

S. JELGERSMA et al. (1970: 147f) zufolge hatte sich bis 5000 BP (Übergang Atlantikum-Subboreal) der Meeresspiegelanstieg so sehr verlangsamt, daß sich

Abb. 68: Lageskizze SE-Englands

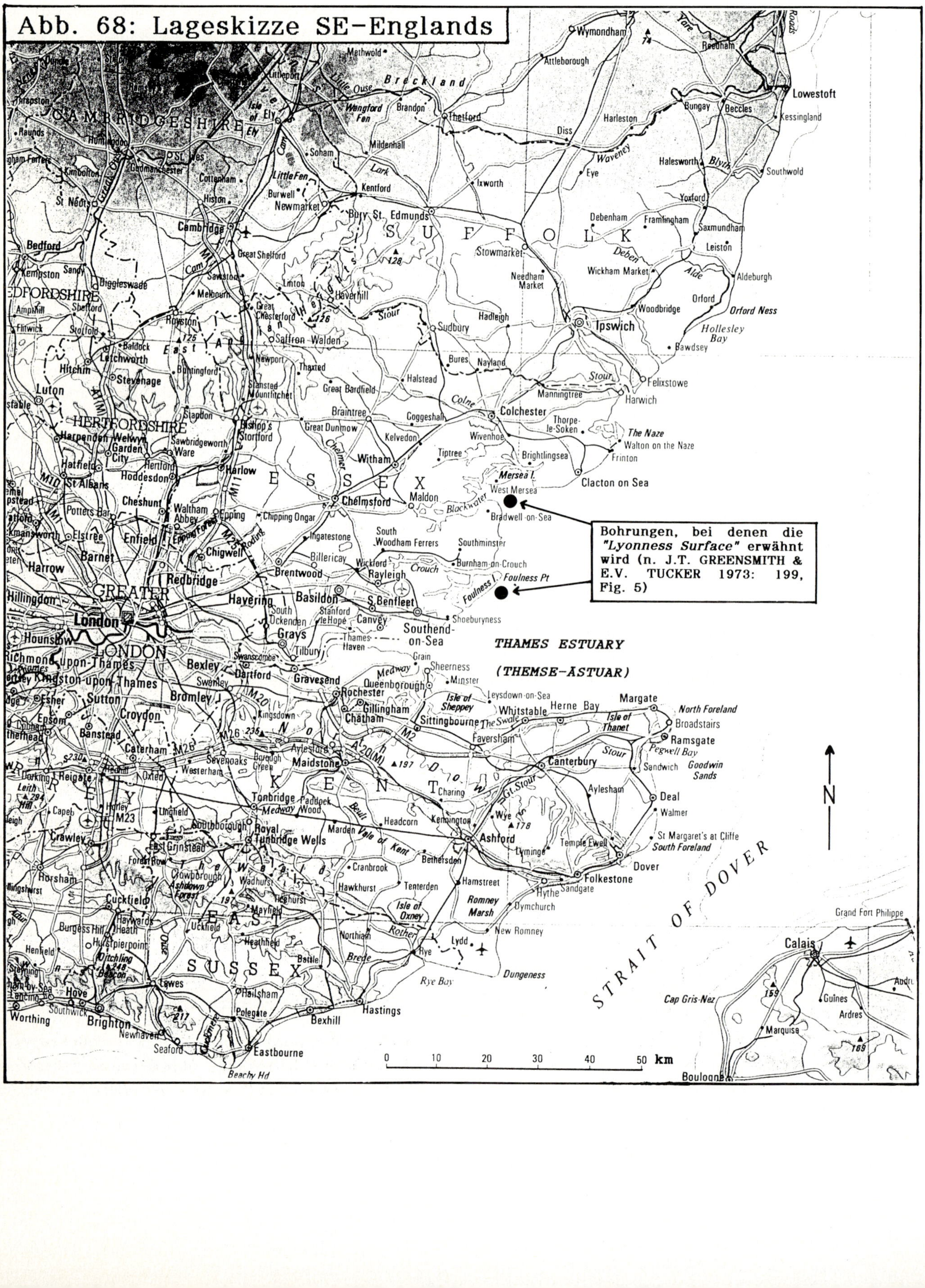

entlang des westniederländischen Küstenbarrieresystems ein Gleichgewichtszustand zwischen Materialzufuhr und Erosion eingestellt hatte.

Dieses Barrieresystem wies jetzt eine gewisse Lagestabilität auf. Dadurch verharrte die Küstenlinie ca. 10 km östlich der heutigen entlang der Strecke Rÿswÿk-Voorschoten-Haarlem-Bergen (s. Abb. 60).[107] Es existierten jedoch mehrere Seegaten (s.u.).

In der Folgezeit akkumulierten auf der Westseite der Küstenlinie weitere Strandwälle, wodurch sie nach W verschoben wurde (S. JELGERSMA et al. aaO). E.F.J. DE MULDER & J.H.A. BOSCH (1982: 140) bestätigten dies durch Untersuchungen im Gebiet des Zeegats van Bergen.

W.H. ZAGWIJN (1986: 30f) spricht von einem Sandüberschuß, der vermutlich durch Erosion des Meeresbodens im Küstenvorfeld freigesetzt und zum Strand transportiert wurde. Wahrscheinlich nahm im Laufe des Spätatlantikums-Subboreals der Tidenhub ab.[108] Dadurch schwächten sich die Gezeitenströme in den Seegaten ab, so daß diese sich verkleinerten. Das Resultat war eine tiefgreifende Veränderung der Küstenform. So entstanden Strandwälle, die viele der Seegaten abschlossen.

Folgende Seegaten waren nach W.H. ZAGWIJN (aaO, Karte 5) um 3700 BP jedoch noch offen[109]: Zeegat van Bergen, Oer-IJ, Oude Rÿn-Ästuar, Maasmond (Helinium), Schelde-Ästuar (s. Abb. 60).

B.P. HAGEMAN (1969: 385) verglich den Aufbauvorgang der Küstenbarriere mit der Arbeit eines Bulldozers, ähnlich wie sie bereits L.M.J.U. VAN STRAATEN (1965) beschrieben hatte (s. Abb. 61). Nach S. JELGERSMA et al. (1970: 147) dauerte dieser Prozeß so lange, bis die Sandzufuhr aus sämtlichen vorfügbaren Quellen (Küstenvorfeld und fluviatiler Transport) gänzlich beendet war. Dies war etwa um 3000 BP der Fall.

Dabei bewirkte der Wind durch Auswehung und Trocknung der obersten Sandschicht die Bildung von Dünen. Sie werden in der Literatur als ***"Older Dunes" (Ältere Dünen)"*** bezeichnet. Sie sind subborealen bzw. subatlantischen Alters. Im Gegensatz dazu stehen die ***"Younger Dunes" (Jüngere Dünen)***, die nicht vor dem 12. Jh. n. Chr. entstanden sind (vgl. S. JELGERSMA et al. 1970: 94f). Die ältesten bekannten Dünen befinden sich am östlichsten Rand der Küstenbarriere und bildeten sich ab 2800 v. Chr. (L.M.J.U. VAN STRAATEN 1965: 72, Fig. 26).[110]

S. JELGERSMA et al. (1985: 11) machten sich Gedanken zur Veränderung des Gezeitenregimes. Dabei gingen sie auch davon aus, daß sich ab 5000 BP an der niederländischen Westküste mehrere durchgreifende Veränderungen einstellten. Demnach war die Küste bis dahin offen und begann sich dann durch die Bildung eines Strandwalles zu schließen.[111]

In den folgenden 2000 Jahren bewirkte der Anbau einer Serie weiterer Strandwälle im W einen Küstenversatz um ca. 8 bis 10 km seewärts. Für diese nahezu geschlossene Barriere war ein Mikro-Gezeitenregime notwendig. Also mußte sich im Laufe dieser Zeitspanne die Gezeitenamplitude beträchtlich verringert haben; denn vorher bestand hier ein Makro-Gezeitenregime.

Darüber hinaus sollte sich der Sedimenttransport an der Küste geändert haben, so daß sich zum Quertransport noch eine ablandige Küstentrift einstellte. Sie bestand bis dahin schon an der niederländischen Nord- und Nordwestküste. Vor allem nördlich und südlich des Oude Rÿn wurde die Küste zurückverlegt (vgl. S. JELGERSMA et al. 1985: 11, Fig. 12).[112]

Zumindest nach 3700 BP traten keine wesentlichen Änderungen im Gezeitentregime entlang des westniederländischen Küstenabschnittes zwischen Texel und dem Zeegat van Bergen mehr ein (T.B. ROEP & J.F. VAN REGTEREN ALTENA (1988: 215). Die genannten Autoren ermittelten einen Paläo-Tidenhub für 3700 BP von ca. 1,4 m. Der gegenwärtige Gezeitenunterschied ist ähnlich (vgl. G. SAGER 1963: Karte 1).[113]

b) Die fortschreitende Vermoorung des Küstengebietes

Nach Ansicht des Verfassers ist es paläogeographisch für das Subboreal am bedeutendsten, daß durch den Schutz einer fast geschlossenen Küstenbarriere in den westlichen Niederlanden eine besonders ausgedehnte Vermoorungszone entstanden war, die es in dieser Größe sonst nirgends an der Nordseeküste gab. Der Hauptgrund für ihre Entwicklung ist in der außergewöhnlich geringen Neigung der pleistozänen Oberfläche und in dem dadurch bedingten Grundwasserstau zu suchen (vgl. Beilage 1).

Die Entstehungsgeschichte dieses Moores soll an dieser Stelle näher betrachtet werden. Betrug der relative Meeresspiegelanstieg im Atlantikum noch durchschnittlich 50 cm/Jh., so lag er im Subboreal nur noch bei 15 cm/ Jh. (vgl. B.P. HAGEMAN 1969: 377ff).

B.P. HAGEMAN (1969: 379) wies darauf hin, daß eine stabile Küstenbarriere zusammen mit einem verlangsamten relativen Meeresspiegelanstieg und Süßwasserzufuhr von der Geest sowie Niederschlagswasser[114)] für diese Landschaft besondere Bedeutung gewann. Sie führte dazu, daß die zwischen Barriere und Geestrand gelegenen Lagunen im Subboreal fast vollständig aussüßten. Anschließend traten großflächige Vermoorungen ein (vgl. Beilage 5).

Die größte Lagune, die ***"Almere-Lagune"***, verlandete dagegen nicht; denn sie erfuhr kaum Sedimentation aus dem Hinterland und ein Zugang zur Nordsee blieb bis über 3700 BP hinaus bestehen. Allerdings wurde er durch eine Moorausbreitung von den Seiten her zunehmend schmaler (W.H. ZAGWIJN 1986: 28, Beilage-Karten 3, 4, 5).

Die fossilen Überreste dieser großflächigen subborealen Vermoorung stellen lt. B.P. HAGEMAN (1969: 377f) die mächtigste Schicht der schwimmenden ***"Holland-Torfe"*** dar ("main peat layer of the 'Holland peat')".[115)] Sie trennen die "Calais-" von den darüber befindlichen "Dünkirchen-Sedimenten" (s. Abb. 52).

W.H. ZAGWIJN (1986: 30) führte zur Landschaftsgenese außerdem an, daß im Subboreal neue Verzweigungen des Rheins ent standen. Die bedeutendste war der "Oude Rÿn", der als Hauptarm diente (s. Abb. 60 und Beilage 5). Die Bildung des Moores in diesem Bereich setzte jeweils zuerst zu beiden Seiten der Flußarme hinter den Uferwällen im Sietland ein. Von dort aus fand dann die Moorausbreitung statt. Jedoch blieb im frühen Subboreal der SW der Niederlande, bes. Zeeland und das Gebiet des Zeegats van Bergen unter marinem Einfluß; d.h. es bildeten sich Groden aus[116)], wo im späten Atlantikum noch Watten waren.

Bis zur Mitte des Subboreals (ca. 3700 BP) vermoorte auch das Gebiet der Provinz Zeeland fast vollständig, nur die Schelde-Mündung blieb offen.[117)] Im Bereich des Zeegats van Bergen, in Westfriesland und am "Kop van Noord-Holland" (s. Abb. 60, Abb. 62 und Beilage 5) konnte sich im Gegensatz dazu noch keine geschlossene Vermoorung ausbreiten. Hier herrschte weiterhin ein Watten- oder Grodenmilieu (W.H. ZAGWIJN 1986: aaO).

2. Nordküste

a) Die weitere Entwicklung der Westfriesischen Inseln

Der Genese der Westfriesischen Inseln wurde bislang relativ wenig Aufmerksamkeit geschenkt. Wie auf Beilage 1 zu erkennen ist, steht das Pleistozän im westlichen Inselbereich wesentlich höher als im östlichen an. Teile der Insel Texel bestehen aus einem Geestkern, der wie bei den Nordfriesischen Inseln Sylt, Amrum und Föhr nicht von Sedimenten des Küstenholozäns bedeckt ist. Daher ist anzunehmen, daß die Umformung zur Barriereinsel bei Texel und auch noch bei den Inseln Vlieland und Terschelling viel später einsetzte als bei ihren östlichen Nachbarn.

Ebenso bedeutend für Form und Genese von Barriereinseln ist der Tidenhub. H. STREIF (1982: 24; 1986: 40ff) übertrug die von M.O. HAYES (1979) aufgestellte allgemeine Klassifikation für Barriereinseln auf die südliche Nordsee. Im Rahmen dieser Überlegungen wurden die ursächlichen Zusammenhänge zwischen Morphologie, Wellenenergie und Tidenhub herausgestellt.

H. STREIF (1986: 42) kommt zu dem Ergebnis, daß das Verteilungsmuster von geschlossenen Strandwällen, Barriere-Inseln und Sandplaten auf Gesetzmäßigkeiten schließen lassen, die "die Hypothese stützen, daß sich die Tidehübe in der inneren Deutschen Bucht seit dem Subboreal verändert haben."

Ausgehend von der heutigen Situation ordnet H. STREIF (1986: 40f) die Inseln Texel und Vlieland dem Bereich mit niedrigen Mesotiden zu (Tidenhub 1 bis 2 m). Östlich davon herrschen hohe Mesotiden (Tidenhub 2 bis 3,5 m). Dies bedeutet, daß die Barriere-Inseln im mesotidalen Bereich folgendermaßen aussehen. Sie besitzen eine kurze, oftmals keulenförmige Gestalt. Getrennt werden sie durch Seegaten mit ausgeprägten Ebbdeltas. Durchbruchs-Schwemmfächer sind selten. Allgemein gilt außerdem: Je größer der Tidenhub ist, desto kleiner sind die Inseln und desto mehr Seegaten finden sich in der Küstenbarriere.

S. JELGERSMA et al. (1985: 11) geht, wie bereits im 2. Hauptteil (Kap. IV.D.1.a, Seite 179) erwähnt, ebenfalls von erheblichen Änderungen des Tidenhubes, mindestens seit 5000 BP, aus. Der Verfasser der vorliegenden Arbeit nimmt an, daß auch die Westfriesischen Inseln unter dem Einfluß der Gezeiten ihre Lage und Gestalt erheblich verändert haben müssen.

Nach den Berechnungen von J. POST (1976: Abb. 15a

u. b) ergibt sich für die Westfriesischen Inseln bei einem um 10 m ab gesenkten Meeresspiegel ein Springtidenhub von 1 bis 1,5 m. Dies entspräche der Zeit von 6900 bis 5600 BP (S. JELGERS MA 1979: Fig. V-12; K.-E. BEHRE 1987b: Abb. 3; H. STREIF et al. 1983: Abb. 36). Für einen nur um 5 m abgesenkten Meeresspiegel ergäbe sich entsprechend ein Springtidenhub von 1,5 bis 2 m für die Zeit von 5200 bis 4200 BP.

Der Tidenhub dürfte also zumindest bis 4200 BP (mittleres Subboreal) im östlichen Inselbereich etwas geringer gewesen sein als heute. Dort beträgt er heute zwischen 2 und 2,5 m. Darum ist von längeren Formen der Westfriesichen Inseln zu dieser Zeit auszugehen. Westlich der Boornemündung bestand bis 3700 BP eine geschlossene Küstenbarriere, die nicht durch Seegaten getrennt war; denn es gab hier keine bedeutenden Entwässerungsrinnen (W.H. ZAGWIJN 1986: 29; Beilagenkarten 4 u. 5). In Beilage 5 der vorliegenden Arbeit wurde diese Darstellungsweise übernommen.

Eine weitgehend geschlossene Küstenbarriere kann im östlichen Bereich der Waddenzee im Subboreal nicht existiert haben, sonst hätte sich ein geschlossen vermoortes Areal viel weiter seewärts bis an diese Barriere ausbreiten können. Statt dessen blieben die Watten hinter der durchbrochenen Küstenbarriere erhalten (vgl. W.H. ZAGWIJN 1986: 29; W. ROELEVELD 1974: 100f). Leider sind gesicherte Zeugnisse als Beweis für diese ehemaligen Inselvorläufer nicht mehr vorhanden, so daß es sich hier nur um eine Hypothese handeln kann.

Zwei weitere Theorien zur Inselentstehung stellten S. JELGERS MA & P.J. ENTE (1977: 32f) zur Diskussion: Entweder waren zum Bildungsbeginn sandüberwehte Wattplaten vorhanden oder es gab bereits Strandwälle. Die zweite Möglichkeit wird für wahrscheinlicher gehalten, da die Sedimentstrukturen aus den Inselkernen die Existenz von Strandwällen nahelegen. Als Entstehungszeitraum geben sie die Calais-IV-Trangsgressionsphase an (4700 bis 3800 BP). Entscheidend zur Bildung waren Wellentätigkeit und Gezeitenströmungen. Im Gegensatz zur westniederländischen Küste war hier nur wenig Sand vorhanden. Ein weiterer Unterschied bestand darin, daß der W unter dem Einfluß des Gezeitenstroms aus dem Englischen Kanal viel sandiges Material aus dem Mündungsbereich von Rhein und Maas erhielt, während der N nur durch den schwächeren Gezeitenstrom, der aus der westlichen Nordsee kommt, Sedimentzufuhr bekam. Dieses Material entstammte dem Nordseegrund und der inzwischen teilweise erodierten Moräne Texel-Wieringen. Insgesamt war die zur Verfügung stehende Materialmenge weitaus geringer als an der Westküste. Daher konnten die Strandwälle im N nicht so mächtig werden wie im W.

b) Der Watten-, Marschen- und Moorbereich

Die westliche Waddenzee und Marsch (W.H. ZAGWIJN 1986: 29, Beilagen-Karten 4 u. 5), d.h. das Gebiet westlich der Boornemündung, gerieten seit dem späten Atlantikum nur allmählich unter marinen Einfluß; denn das Pleistozän steht hier relativ hoch an. Es entstanden zunächst Basismoore, die langsam von E vernäßten und schließlich im nördlichen Teil überflutet wurden. Durch Sedimentzufuhr bildeten sich im Schutz der Küstenbarriere die Watten zu Groden um, die nur noch bei extremem Hochwasser überflutet wurden. Das Boorne-Zeegat (der Zugang zur späteren Middelzee) blieb die ganze Zeit über offen (zur Lage s. Abb. 62).

Im östlichen Teil der Waddenzee mit der zugehörigen Marsch liegt die pleistozäne Oberfläche vergleichsweise niedrig (Beilage 1). Das Drenter Plateau bildet einen Geestvorsprung zwischen dem Boorne-Zeegat im W und der Lauwerszee im E. Wie die Untersuchungen von J.W. GRIEDE (1978: 82ff) in Friesland und von W. ROELEVELD (1974: 95ff) in der Groninger Marsch zeigen, reichte die marine Transgression zwischen 4400 und 4200 BP am weitesten ins Binnenland hinein. Die anschließende regressive Phase bewirkte, daß sich das Küstenrandmoor etwa um 4000 BP vorschieben konnte, möglicherweise sogar bis zur heutigen Insel Ameland (C. ISBARY 1933: zit. bei J.W. GRIEDE 1978: 86).

Auch in der Provinz Groningen dehnte sich das Moor in dieser Zeit weit seewärts aus, jedoch nicht so weit wie in Friesland. Das linke Emsufer mußte sich erheblich weiter im NE befunden haben als gegenwärtig (W. ROELEVELD 1974: 98). Zwei Meeresbuchten, die spätere Middelzee im W des Drenter Plateaus sowie eine östlich der Lauwerszee, blieben die ganze Zeit über offen. Anschließend folgte bis kurz nach 3700 BP eine transgressive Phase, bei der die Küstenlinie (Grenze Moor-Watt) aber nur geringfügig landeinwärts verlegt wurde (W. ROELEVELD 1974: 98f; J.W. GRIEDE 1978: 86).

3. Zusammenfassung Niederlande (5400-3700 BP)

Die Periode von 5400 bis 3700 BP (Spätatlantikum bis zum mit tleren Subboreal) zeichnete sich an der Nordseeküste durch eine deutliche Verlangsamung des

Meeresspiegelanstiegs aus. Paläogeographisch ist es bedeutsam, daß die Küstenbarriere entlang der niederländischen Westküste fast vollständig geschlossen wurde, weil sie ausreichend Sandzufuhr erhielt. Dies hatte zur Folge, daß die ausgedehnten Watten auf dem schwach geneigten pleistozänen Untergrund aussüßten und sich so ein großflächiges Moorwachstum einstellen konnte. Das Moor überdeckte fast den gesamten marinen Sedimentationsraum.

Die Küstenbarriere an der Nordküste dagegen blieb inselartig aufgelöst, die Seegaten hatten weiterhin Bestand. Rückseitenwatten im Schutz der Inseln waren die ganze Zeitspanne über typisch für die Landschaft, besonders ausgedehnt in der östlichen Waddenzee, während ihr westliches Gegenstück bis 3700 BP größtenteils vermoorte.

IV.E. Die deutsche Nordseeküste (5400-3700 BP)

1. Niedersächsische Küste

a) Aufbau der Ostfriesischen Inseln

Die folgenden Ausführungen stellen die Entwicklungsgeschichte der Vorläufer der Ostfriesischen Inseln dar. Man kann davon ausgehen, daß die Tidenhübe auch in der Deutschen Bucht während des Subboreals und Subatlantikums natürlichen Veränderungen unterlagen (H. STREIF 1986a: 42). Wie sie sich genau auswirkten, ist jedoch noch nicht hinreichend erforscht. Der Betrag des Tidenhubes ist für Form und Größe der Barriereinseln von ausschlaggebender Bedeutung. Dieses Thema wurde bereits im 1. Hauptteil, Kap. I.B.4. (belgische Küste) ausführlich behandelt.

Über die Entwicklungsgeschichte der Ostfriesischen Inseln wur de lange Zeit gerätselt. Darum soll an dieser Stelle ein kurzer Rückblick auf die Forschungsgeschichte erfolgen. Wesentliche Beiträge hierzu lieferten K. GRIPP (1944), K. LÜDERS (1953), J. BARCKHAUSEN (1969), K.-H. SINDOWSKI (1973) und H, STREIF (1982; 1986a).

Während in den Niederlanden die Genese des nördlichen Küstenabschnitts, also auch der Barriereinseln in Holozän, nur fragmentarisch bekannt ist (vgl. S. JELGERSMA & P.J. ENTE 1977: 29), ist die Forschung im deutschen Bereich bedeutend weiter fortgeschritten. Diskutiert wurden in der Vergangenheit drei Entstehungshypothesen der Barriereinseln:

Nehrungsinsel-Hypothese (K. GRIPP 1944)

Strandwall-Hypothese (K. LÜDERS 1953)

Platen-Hypothese (J. BARCKHAUSEN 1969)

K. GRIPP (1944: 25) bezeichnete die Reihe der Ostfriesischen Inseln als "in Tidegebieten gelegene Aequivalente von Nehrungen." Er schloß daraus, daß sich diese Inseln als Nehrungsinseln zeitlich und räumlich nacheinander von W nach E entwickelten (ebenda: 41).

Nach K. LÜDERS (1953: 12) konnten die Inseln nur aus "freien Strandwällen" entstanden sein. Mit dem Begriff "freier Strandwall" verband er folgende Vorstellung (ebenda: 6):

"Der f r e i e S t r a n d w a l l bildet sich an der Seeseite einer breiten Wattfläche in einiger Entfernung vor der Festlandsküste, wenn hier unter günstigen Umständen die Sandzuwanderung zur Bildung von Strandriffen führt. Durch die Brandung werden die Strandriffe auf die Wattkante geschoben, so daß sich diese allmählich bis über das mittlere Tidehochwasser erhöht. Zwischen diesem so entstehenden 'freien Strandwall' und der Festlandsküste bildet sich das der regelmäßigen Gezeitenwirkung unterliegende Watt aus."

Auch H.-G. GIERLOFF-EMDEN (1961: 161) legte prinzipiell das gleiche Entstehungsprinzip zugrunde. Demnach sollte es sich bei den Ostfriesischen Inseln um "einzeln entstandene freie Nehrungsinseln" handeln.

J. BARCKHAUSEN (1969) untermauerte seine "Platen-Hypothese" durch Untersuchungen der Insel Langeoog. Ihre Entstehung begann, beeinflußt vom vorgegebenen pleistozänen Relief, mit der Bildung einer Sandplate im Subboreal. Diese Sandplate wur de zu Beginn des Subatlantikums hochwasserfrei.[118] Sie wird nach J. BARCKHAUSEN (1969: 264) als Strandwallbildung angesehen. Folgende Faktoren machte er (ebenda: 242) für die geologisch jungen West- und Ostfriesischen Inseln verantwortlich: Sedimentierende Strömungen, anbrandende Wellen (Hydrodynamik), Windumlagerungen (Aerodynamik).

Heute geht man davon aus, daß die "Platen-Hypothese" die Inselgenese am besten erklärt. Sie stellt eine Modifizierung der "Strandwall-Hypothese" dar. Die "Nehrungsinsel-Hypothese" gilt als widerlegt, da sämtliche Inseln ± gleichaltrig sind (vgl. K.-H. SINDOWSKI 1973: 53).

H. STREIF (1986a: 32) ergänzte die Ausführungen von J. BARCKHAUSEN (1969) zur Inselentwicklung. Er wies darauf hin, daß im ostfriesischen Raum die Vorläufer der meisten Ostfriesischen Inseln (Ausnahme: Wangerooge und Spiekeroog) ursprünglich aus Geestkerninseln bestanden, wie heute die Inseln Sylt, Föhr, Amrum, Texel.

Geestkerne sind pleistozäne Erhebungen, die im Laufe der holozänen Meerestransgression zu Inseln geworden waren. H. STREIF 1986a: 32, 38) führt weiter aus, daß sich im jüngeren Atlantikum und im Subboreal die Geestkerninseln zu Barriereinseln umwandelten. Diese Barriereinseln bilden heute eine langgestreckte Inselkette von WSW nach ENE. Der Verlauf gestatte keinen Rückschluß auf die ursprüngliche Abdachung der Geest. Offenbar sei er nur auf die marine Morphodynamik zurückzuführen. Bislang könne man auch keine zuverlässigen Angaben darüber machen, ob sich die gegenwärtige Verlaufsrichtung der Inselkette bereits während des Geestkernstadiums oder erst nach der Umwandlung zu Barriereinseln einstellte. Ein generelles W-E-Wandern der Inseln sei auf Grund der Mor phologie der Holozänbasisfläche auszuschließen.

Bezüglich der Lagestabilität merkt H. STREIF (ebenda: 38) an, daß "die enge räumliche Beziehung einer Barriere-Insel zu den Hochlagen des pleistozänen Untergrundes" allein nicht als Kriterium gewertet werden darf, da der Übergang von einer Geestkerninsel zur Barriereinsel abhängig von der Höhe des Geestkernes war. Je höher er lag, desto später erfolgte der Übergang.

Entscheidend für das Aussehen der Inseln sind Sandzufuhr, Meeresspiegelveränderungen, Tidenhub sowie Wind- und Wellenenergie. Die Inseln bestehen fast ausschließlich aus Küstensand (ebenda: 31, 42). Die Herkunft dieses Sandes untersuchte H.J. VEENSTRA (1982). Die Studie führte zu dem Ergebnis, daß der Materialtransport vom Grund der offenen See (Küstenvorfeld) bedeutend größer ist als der küstenparallele Transport.

Für das Verteilungsmuster der West- und Ostfriesischen Inseln macht H. STREIF (1982: 24; 1986: 40ff) die unterschiedlichen Tidenhübe verantwortlich (vgl. Abb. 4 und 1. Hauptteil Kap. I.B.4.), Seite 46.[119])

Geringe Tidenhübe an der niederländischen Westküste führten zur Bildung geschlossener Barrieren. Die Zunahme der Tidenhübe zur Elbmündung hin ließ von W nach E eine Kette von Barriereinseln entstehen. Östlich der Jade befinden sich im allgemeinen nur noch Sandbanksysteme.

Die Entwicklung der einzelnen Inseln wird im folgenden beschrieben:

Borkum, Memmert, Juist, Norderney

In der Zeit von 5400 bis 3700 BP stieg der relative Meeresspiegel in Ostfriesland und im Jaderaum von -7 m auf ca. -3 m NN an (K.-H. SINDOWSKI 1973: Tab. 7; K.-E. BEHRE 1987a: Abb. 3, 1987b: Abb. 2). Die vor der Küste gelegenen Geestinseln waren bereits in dieser Zeit wahrscheinlich fast völlig vermoort (Basalmoor). Das Gebiet dieser Geestinseln und ihrer Rückseitenwatten wurde bis 3700 BP mit Ausnahme der späteren Hallig Bant (heutiger Kopersand) endgültig überflutet, und zwar unter meist brackischen Sedimentationsbedingungen. Man findet hier brackischen Dornum-Klei (K.-H. SINDOWSKI 1973: 58ff).

Die an der Nordseeküste großflächig verbreitete subboreale Vermoorung (sog. "1700 v. Chr.-Torf") ist nur im Profil von Memmert (K.-H. SINDOWSKI 1973: Abb. 20) zu finden. Vermutlich wurden diese Torfe unter den übrigen Inseln erodiert. Denkbar wäre aber auch, daß sich auf den Inselsockeln von Borkum und Juist kein Moor mehr bilden konnte, weil die starke Meeresbrandung dies verhinderte. Stattdessen finden sich Wattabsätze. Memmert lag dagegen im Schutz eines Vorläufers der Insel Juist .

Im Bereich der heutigen Insel Norderney, die die geologisch jüngste der Ostfriesischen Inseln ist, finden sich Reste zweier Inselsockeln, nämlich der Sockel von Baltrum im E und jener der inzwischen erodierten ehemaligen Insel Buise im W. Die Sedimentationsfolgen auf den beiden Sockeln ähneln denen von Borkum und Juist. Es existiert also ein atlantischer Basaltorf, jedoch kein subborealer Torf (K.-H. SINDOWSKI 1973: 68ff).

Für die paläogeographische Situation bleibt festzuhalten, daß der Bereich der heutigen Inseln wahrscheinlich zu dieser Zeit als brackisches Sedimentationgebiet darzustellen ist. Das Gebiet war also ein vorwiegend schilfbewachsenes Areal und lag in der Übergangszone zwischen dem Moor im S bzw. SE und dem marinen Watt mit Strandwällen im N. Gegen den Geestrand schob sich das "eustatische Moorwachstum" (Basismoor) um 3650 BP bis auf ca. -2,25 m NN vor. So beschrieb W. ROELEVELD (1974: 100) den Vorgang im westlich anschließenden Groninger Gebiet.

Im Bereich der Itzendorf-Plate und des Kopersandes (spätere Hallig Bant-Burchana) wurde ein Hochmoor nachgewiesen (K.-H. SINDOWSKI 1973: 94ff).

Baltrum und Langeoog

Als der Meeresspiegel zum Übergang Atlantikum-Subboreal auf -7 bis -6 m NN angestiegen war, trat paläogeographisch ein entscheidender Landschaftswandel ein (J. BARCKHAUSEN 1970: 24). Die bisher in Buchten, Lagunen, Rinnen und Geestinseln gegliederte Küste verwandelte sich in ein "einheitlich flaches Gebiet, in dem der Einfluß der offenen Nordsee immer stärker wurde und in dem die Sedimentation mit dem weiteren Meeresspiegelanstieg doch Schritt hielt" (J. BARCKHAUSEN aaO). Dabei höhte sich das Gebiet vor dem Geestrand weiter auf, so daß die Küstenlinie (Grenze zwischen dem limnisch-brakkischen Bereich vor dem Festland und dem marinen Watt) ständig weiter seewärts verlegt wurde.

Die auf Abb. 63 gezeigten Rinnen, die Neßmersieler- und Accumersieler Rinne, vereinigten sich ab ca. 2200 v. Chr. (~ 4200 BP) im Bereich der heutigen Insel Baltrum. Die Folge war eine Versandung der Rinne im Langeooger Inselwatt. Dadurch war die initiale Anlage der Accumer Ee (= Langeooger Seegat, heute zwischen Baltrum und Langeoog gelegen) entstanden, die sich bis heute nur um etwa 4,5 km nach E verlagert hat und dabei eine dort gelegene Geestinsel erodierte (J. BARCKHAUSEN 1969: 257, Tafel VI; 1970: 24).

Bis zum Ende des hier betrachteten Zeitraumes (3700 BP) hatte sich im Bereich der heutigen Inseln ein hochgelegenes Sandwatt ausgebildet, von Seegaten durchlaufen (J. BARCKHAUSEN 1970: 24). Südlich einer im SE Langeoogs gelegenen Geestinsel bestand zunächst eine Lagune. Als der Meeresspiegel bis -4 m NN angestiegen war (um 3700 BP), hatte sich dieses Watt vermutlich so weit aufhöhen können, daß sich der Einfluß der Nordsee entscheidend verringerte. Dadurch war es möglich, daß das Gebiet des heutigen Langeooger Rückseitenwattes mit der oben erwähnten Geestinsel weitgehend vermooren konnte. Diese Vermoorung ist bis zum Langeooger Hafen nachzuweisen (J. BARCKHAUSEN 1969: 258).

Von der Existenz der eigentlichen Barriereinsel "Langeoog" oder eines Vorläufers ist zu diesem Zeitpunkt noch keine Rede.

Demgegenüber stellt W.H. ZAGWIJN (1986: 36, Karte 3) bereits Vorläufer im Bereich der Westfriesischen Inseln dar, die er als hypothetische Sedimentationsgebiete mit Küstendünen und Strandabsätzen bezeichnet. S. JELGERSMA & P.J. ENTE (1977: 30, Fig. 2.2.8.) gehen sogar davon aus, daß während der Transgressionsphasen Calais I bis IV (7950 bis 3750 BP) im Bereich des heutigen nördlichen niederländischen Wattenmeeres ein überwiegend lagunäres Milieu herrschte, das vermutlich durch Strandwälle gegen die offene See abgeschirmt war. Sie sollten sich wenig nördlich der heutigen Westfriesischen Inseln befunden haben.

Bei der Konstruktion der paläogeographischen Nordseekarte um 3700 BP (Beilage 5) wurde zwischen dem vermoorten Gebiet und dem marinen Watt eine brackische Übergangszone angenommen. Die Frage, ob dieses marine Watt, das wahrscheinlich schon recht hoch war, von einem Strandwall gesäumt wurde, wie es die o.g. niederländischen Autoren sahen, wird zur Diskussion gestellt.

Spiekeroog

Ehemalige präholozäne Absätze unter dem Westkopf der Insel Spiekeroog wurden durch Ablagerungen aus Dornum- und Baltrum-Schichten ersetzt (K.-H. SINDOWSKI 1970a: Geolog. Karte, Schnitt A-B). Dies läßt den Schluß zu, daß bis zum Ende des Ablagerungszeitraumes der Dornum-Schichten (3700 BP) umfangreiche Umlagerungen stattgefunden haben mußten. Während dieser Zeit wurden verbreitet brackische Sedimente im Wattgebiet zwischen dem Westkopf und der heutigen Festlandsküste abgelagert. Hier bestand eine Übergangszone vom semi-terrestrischen zum marinen Milieu. Deswegen geht der Verfasser paläogeographisch hier von einem hauptsächlich schilfbewachsenen Areal aus.

Nach 3700 BP ist die wahrscheinlich nachfolgende Vermoorung nur noch im südlichen Teil nachzuweisen (ebenda: aaO), es wird jedoch davon ausgegangen, daß sich die Vermoorung noch weiter seewärts fortsetzte.

Die Harle war nach wie vor aktiv; denn sie verlandete erst sehr viel später, um 1800 n. Chr. (K.-H. SINDOWSKI 1973: 82). Unter dem großen zentralen Teil der Insel Spiekeroog trifft man ein Küstenholozän an, das aus Harle-Rinnensanden besteht. Erst im Ostteil des Inselwattes, also östlich der vorzeitlichen Harle, wird Basaltorf unter den tonigen Dornum-Schichten angetroffen (K.-H. SINDOWSKI 1970a: Abb. 7). Dies könnte ein Zeichen dafür sein, daß hier ebenfalls ein brackisches Milieu mindestens bis 3700 BP herrschte.

Wangerooge

Nach 5400 BP bestand im SE des Wangerooger Wattes ein brackisches Milieu, das sich allmählich im

Zeitalter der Dornum-Schichten (abgelagert von 4600 bis 3600 BP) in ein brackisch-marines Watt verwandelte. Gegen Ende des hier betrachteten Zeitraumes (um 3700 BP) waren wieder brackische Bedingungen vorherrschend (vgl. K.-H. SINDOWSKI 1969b: 19, Geol. Karte: Schnitt A-B).

Der westliche Ausläufer der Jade-Rinne, der unterhalb des gegenwärtigen Inselkörpers verlief und bis zu 20 m tief hinabreichte, existierte weiterhin und führte zu Sandablagerungen im NE-Teil des Wangerooger Wattes sowie auch unter der heutigen Insel. Der vielerorts an der Nordseeküste mächtige subboreale Torf, der ab 1700 v. Chr. entstand, fehlt im Wangerooger Watt (ebenda: aaO). Dieser Arm der Jade war bis ca. 3700 BP auf etwa -7 m NN mit Sand verfüllt (ebenda: Abb. 8). Der Meeresspiegel lag um 3700 BP bei -3 m NN (K.-H. SIN DOWSKI 1973: Tab. 7; K.-E. BEHRE 1987a: Abb. 3; 1987b: Abb. 2).

Im Gegensatz zu den übrigen Ostfriesischen Inseln besaß Wangerooge keinen hochgelegenen Geestsockel. Eine hochwasserfreie Plate muß sich also erst später als 3700 BP auf dem lockeren Watt und den Rinnensanden (K.-H. SINDOWSKI 1973: 87) im NW der heutigen Insel gebildet haben.

Offensichtlich hat aber eine starke Sedimentzufuhr bestanden; denn sonst hätte nach Ansicht des Verfassers keine Plate und später eine Insel entstehen können, zumal die Holozänbasis teilweise unter -20 m NN liegt. Darüber hinaus war im südlichen Wattbereich sogar Moorwachstum möglich.[120)] Die näheren Umstände, die dazu geführt hatten, liegen vorläufig noch im dunkeln.

b) Watten, Marschen und Moore im Schutz der ostfriesischen Küstenbarriere sowie das Emsmündungsgebiet

Die erste Phase, in der sich an der niedersächsischen Küste ein Küstenrandmoor regressiv seewärts über zuvor abgelagerte, marin beeinflußte Schichten vorrücken konnte, dauerte von ca. 4800 bis 4200 BP. Die Zeugen dieser Phase sind die schwimmenden Torfe im küstenholozänen Sedimentkörper. Während dieser Zeit war der Meeresspiegel so langsam angestiegen oder sogar völlig zum Stillstand gekommen, daß das Moor regressiv über der zuvor gebildete Marsch aufwachsen konnte (vgl. H. STREIF 1986a: 31).

Emsmündungsgebiet

Zur Landschaftsgenese an der unteren Ems ist nach J. BARCKHAUSEN (1984: 49ff) folgendes festzustellen: Etwa ab 5400 BP bis 5000 BP bestockten sich die die neu aufgebauten Ems-Uferwälle mit Ulmen und Eschen. So entstand eine Hartholzaue. Hinter den Uferwällen lag das Sietland, das mit Erlenbruchwäldern bewachsen war. Die durchschnittliche Breite dieses Auenwaldes entlang der Ems lag bei 4 bis 5 km. Flußabwärts ging sie im Raum Wybelsum/Twixlum/Larrelt (Abb. 63) in ein Schilfmoorgebiet über. Der Grund hierfür ist in der zunehmenden Verbrackung des Ems-Ästuars zu suchen.

Etwa ab 5000 BP setzte eine flächenhafte Regression des Meeresspiegels ein. Die Sietländer, bis dahin noch teilweise klastischer Sedimentation ausgesetzt, waren nun gänzlich dem direkten Meereseinfluß entzogen. Die Folge war, daß die Erlenbruchwälder abstarben und eine allgemeine Vermoorung einsetzte, wobei verbreitet ein Hochmoorstadium erreicht wurde. Nur die Uferwälle selbst ließen noch eine Auenwaldvegetation zu, die durchschnittlich nur einen ca. 100 m breiten Saum einnahm.

Die bis dahin von vielen Nebenarmen der Ems durchzogene Landschaft vermoorte, der Ems-Hauptarm wurde eingeengt und der Tidenhub geringer. Zwischen 4300 und 3400 BP wurde diese Flußlandschaft mit einer ausgeprägten Artenvielfalt an Flora und Fauna allmählich durch ein einförmiges Hochmoormilieu ersetzt.

Zwischen 3900 und 3700 BP stieg der Meeresspiegel erneut steil an, wodurch es im Gebiet flußabwärts etwa westlich Emden zu einem Rückgang der Moorbildung und zur Ausbildung von größeren Lagunen kam (J. BARCKHAUSEN & H. STREIF 1978: Abb. 4; J. BARCKHAUSEN 1984: 64)

Östlich von Emden waren die Moore durch die hohen Ems-Ufer wälle so geschützt, daß sie ungehindert weiterwachsen konnten und die Uferwälle sogar von der Rückseite her überwuchsen. Es mußten daher extreme Vernässungsbedingungen geherrscht haben. Zwischen 4300 und 3400 BP erreichten die Moore ihre größte Ausdehnung (J. BARCKHAUSEN 1984: 65).

Die Hartholzaue auf den Uferwällen und die Küstenrandmoore entstanden hier nach J. BARCKHAUSEN (1984: 64) im Niveau des MThw oder darüber. Das Dollart-Gebiet blieb kontinuierlich vermoort und wurde erst bei der Sturmflut 1362 n. Chr. überflutet (ebenda: 46).

Krummhörn

Für den Bereich der Krummhörn (Woltzeten) ist die erste Verlandungsphase mit Vermoorung um ca. 5100 BP angesetzt (H. STREIF 1971: 42, Abb. 2). Nach Abklingen dieser Phase fand wieder, wie schon zuvor, brackische Sedimentation statt. Für diese Zeit muß man sich dort eine flache Lagune vorstellen, die wahrscheinlich durch einen Strandwall im heutigen Barriere-Inselbereich abgeriegelt wurde. Dennoch gab es Durchlässe (ebenda: 44). Die nachfolgende Verlandungsphase (Moorbildung) wurde auf 4495 BP datiert, erneut gefolgt von verstärktem marin-brackischem Einfluß. Anschließend setzte sich wieder eine regressive Tendenz durch, in der die "zwischengeschaltete Torflage" um 3700 BP entstand (vgl. ebenda: 42). Es ist bedeutsam, daß diese Torflage, die hier nur vergleichsweise geringmächtig ist, in Holland als mächtigste ihrer Art ausgebildet ist (B.P. HAGEMAN 1969).

Für die weiter seewärts gelegene Zone der Krummhörn, wo sich ebenfalls Verlandungshorizonte und brackisch-lagunäre Absätze abwechseln, war das Schilfrohr ***Phragmites communis*** ein "dominierendes Element" (H. STREIF & B. ZIMMERMANN 1973: 7). In diesem Zusammenhang wurde unter Verweis auf K. SCHEER (1953) betont, daß Schilf als Sedimentfänger diente und dabei auch nur geringe Gezeitenbewegungen herrschen konnten.
Insgesamt wies der Raum der westlichen Krummhörn (Rysum-Knock) im Gegensatz zum östlichen Teil (Woltzeten) nicht so deutlich abgrenzbare Verlandungs- und Ingressionsfolgen auf, auch wenn um 3700 BP weite Bereiche vermoort gewesen sein dürften (H. STREIF & B. ZIMMERMANN 1973: 15, Abb. 2 bis 4).

Im hier behandelten Zeitraum war das Gebiet der heutigen Leybucht ein relativ küstenfernes Hochmoor (J. BARCKHAUSEN & H. MÜLLER 1984: 127ff).

c) Entwicklungen im Jade-, Weser- und Elbmündungsgebiet

Jadegebiet

Der holozäne Meeresspiegelanstieg an der Jade erreichte bis zum mittleren Subboreal (3700 BP) etwa die -2 m NN-Marke (H. STREIF 1981: Abb. 5; 1985b: Abb. 4). Seit dem Spätatlantikum war nach H. STREIF (1981: Abb. 4; 1985: 55, Abb. 3) die folgende Entwicklung eingetreten: Von ca. 5300 bis 4200 BP hatte sich der marine Einfluß an der Jade stärker als bisher ausgewirkt. Aus den Küstenrandmoorgebieten in Geestnähe wurden vielfach Lagunen mit dem typischen Schilfwachstum. Weiter zur Jade hin verzahnten sie sich mit den brackischen und marinen Watten. Entsprechende Sedimentabfolgen wurden gefunden.

Anschließend führten regressive Tendenzen der Meeresspiegelbewegung zu vermehrter Moorbildung, die als ***"mittlerer Torf"*** heute zu finden ist. Ihre Wachstumszeit begann im nördlichen Jadebereich (Hooksiel) um 4200 BP, im südlich anschließenden Teil (Wilhelmshaven) etwas eher, nämlich zwischen 4600 und 4300 BP (ebenda: aaO).

In der darauffolgenden Zeit setzte sich erneut verstärkter mariner Einfluß durch. Diese Transgression führte zur Ausbildung von ausgedehnten Watten über große Teile der Küstenrandmoore. Frühestens ab 4000 BP, allgemein jedoch erst ab 3600 BP, begannen erneut weite Gebiete zu vermooren. So wurde die Bildung des "oberen Torfes" eingeleitet. Stellenweise setzte die Vermoorung auch erst später ein. (H. STREIF: 1981: 61f; 1985b: 56f).

Für die in Beilage 5 dargestellte Paläogeographie um 3700 BP wird daher angenommen, daß eine Moorzone entlang der Küste bestand, die in Ausdehnung begriffen war, jedoch überwiegend ein Wattenmilieu angetroffen wurde. Dies gilt besonders für den Jadebusen (vgl. 1. Hauptteil, Kap. II.B.3., Seite 94ff, Abb. 46).

Für die Paläogeographie des nördlichen Wangerlandes wird angenommen,[121)] daß der "Funnenser Rücken" (Abb. 63 und Beilage 5) wahrscheinlich als vermoorte Geestinsel vom Festland getrennt war. Außerdem waren die Harle- und die Crildumer Bucht schon ausgebildet.

Mellum, Butjadingen, westliche Unterweser

Im Bereich der Insel Mellum wurden unterhalb von -7,5 m NN Strandwallsedimente angetroffen, oberhalb dagegen nur Wattsande (K.-H. SINDOWSKI 1979: Abb. 6). W.G. SCHRAPS (1962: 84ff) wies eine Strandlagunenablagerung in einer 4 m-Bohrung am Mellumer Nordrand nach, deren Alter jedoch nicht abgeschätzt wurde. Nach K.-H. SINDOWSKI (1979: 39) hatte diese Lagune nur im Schutze eines vorgelagerten Strandwalles entstehen können. Beweise hierfür sind bisher noch nicht vorhanden.

Ein Profil bei Nordenham (K.-H. SINDOWSKI 1979: 42f) ergab für dieses Gebiet zwischen 5400[122)] und

3900 BP einen dreimaligen Wechsel von einem Watt (marin oder brackisch) zu einem semi-terrestrischen Milieu (Moor). Anschließend, also auch um 3700 BP, wurden brackisch-lagunäre Absätze sedimentiert. Es könnten dort Schilfsümpfe bestanden haben.

Im weiter seewärts gelegenen nördlichen Bereich kam es offenbar zwischen 5500 und 3700 BP auch vorübergehend zu verstärkter Vermoorung, die jedoch um 3700 BP von Lagunenbildungen abgelöst wurde. Daß diese Lagunen nicht das gesamte Areal bedeckten, geht aus einem Profilschnitt von H.D. LANG (1959: 544ff) hervor. Dort wird in Butjadingen von einer Torflage gesprochen, die sich zu Anfang des Jungholozäns (um 4000 BP) auszubilden begonnen hatte und bis 3000 BP als lebendes Moor bestand.

Weiter südlich, bei Elsfleth, wurden Torfe mit einem Alter von 5200 bis 4900 und 3900 bis 3700 BP gefunden. Zwischen ihnen kam es zu brackisch-lagunären Ablagerungen. Das bedeutet, daß das südliche Wesermündungsgebiet nach 5200 BP zunächst wahrscheinlich vermoort gewesen sein könnte, bevor es ab 4900 BP stärkeren transgressiven Einflüssen ausgesetzt war. Es wäre gut vorstellbar, daß sich bis zur erneuten Vermoorung ab 3900 BP eine amphibische Landschaft ausbildete (K.-H. SINDOWSKI 1979: 42f).

Östliche Wesermarsch

Die Situation der östlichen Wesermarsch um 3700 BP wurde bisher nicht erschöpfend dargestellt; dennoch soll hier versucht werden, anhand der Untersuchungsergebnisse von H. PREUSS (1979: 71ff) die paläogeographische Entwicklung dieses Gebietes bis 3700 BP zu skizzieren.

Nach H. PREUSS (1979: 80; Abb. 24 und 25) verlief vom Weserknick bei Farge bis kurz vor Nordenham ein mächtiger Dünenzug entlang des östlichen Ufers des Weserhauptarmes. Dieser Dünenzug wies mehrere Unterbrechungen auf. Nach E hin fand sich eine amphibische Landschaft, größtenteils vermoort und von kleinen Nebenarmen oder Moorflüßchen durchzogen.

Für die Zeit zwischen 5300 und 4800 BP postuliert H. PREUSS (aaO) eine transgressive Subphase. Dominierend waren Schilfsümpfe und Lagunen. Im nördlichen Bereich fand ein Übergang zu Watten oder offenen Wasserflächen statt. Geschlossen vermoorte Gebiete gab es demnach nur in der Nachbarschaft zum Geestrand. Bis ca. 3300 BP vermoorten die Gebiete im Schutz des o.g. Dünenzuges weitgehend, und der lagunäre Charakter dieser Landschaft trat zurück.

Östlich des Dünenzuges, besonders im südlichen Teil der Wesermarsch, stellt H. PREUSS (aaO) zwischen 5300 und 5800 BP (transgressive Subphase) größere Uferwallareale dar, die mit Auwäldern bestockt waren. Nach H. PREUSS & H. STREIF (1984: 9f) setzte sich das bereits im frühen Atlantikum begonnene Wachstum dieser Auenwälder bis ins frühe Subboreal fort. Offensichtlich wurde diese Vegetation danach von Moorpflanzen (Schilf und Seggen) abgelöst.

Land Wursten

H. PREUSS (1979: 61f) beschrieb die holozäne Entwicklung des Landes Wursten. Danach bildete sich unter dem Schutz der "Arenschen Nehrung" ab etwa 5400 BP ein Niedermoor aus. Ab etwa 4700 BP dürfte sich dort ein lagunäres Milieu mit offenen Wasserflächen und Schilf befunden haben.

In der Zeit um 4200 BP führten verstärkte marine Ingressionen im Zusammenhang mit der Überflutung der Nehrung zur Ausbildung eines offenen Wattes. Etwa 100 Jahre später baute sich eine neue Nehrung unter Mitwirkung der Küstenströmung auf. Es war die "Nordholzer Nehrung", die aber nur wenige km lang war und von Nordholz nach S verlief (Abb. 64). Weitere kleinere Nehrungen entlang der Küste südlich der Nordholzer Nehrung sind anzunehmen, jedoch nicht nachgewiesen worden.
W. HAARNAGEL (1973: 24) erwähnte, daß es im Zeitraum von 4200 bis 3600 BP zumindest in einem Teil des Wurster Wattes zur Festlandsbildung gekommen sein muß; denn das Watt war über den damaligen Mittelhochwasserspiegel aufgelandet. Es ist daher denkbar, daß diese Festlandsbildung über die heutige Küstenlinie hinaus gereicht hatte.

Altenwalder Endmoräne

G. LINKE (1984: 23ff) machte bei seinen Untersuchungen am Kliff der Altenwalder Endmoräne die Schwankungen in der atmosphärischen Zirkulation sowie Tidenhubänderungen für die Abwechslung von Erosionen und ruhiger klastischer Sedimentation mit Torfbildung verantwortlich. So kam es, daß bis 4500 BP am dortigen Geestvorsprung vorwiegend Erosionen auf traten, wobei das fossile Kliff entstanden war. Ruhige atmosphärische Verhältnisse führten zwischen 4500 und 2400 BP zur Ausbildung eines Küstenrandmoores über den Marschen vor diesem Kliff.

Die Frage stellt sich, inwiefern man von einer offensichtlich regressiven Tendenz in diesem Gebiet sprechen kann, da an der niedersächsischen Nordseeküste verbreitet transgressive Verhältnisse nachgewiesen wurden. Weitere Untersuchungen werden zur Klärung dieser Frage notwendig sein.

Scharhörn

K. GRIPP (1944: 41) vertrat die Auffassung, daß die ostfriesische Inselkette nacheinander von W nach E entstanden war. Dies ließ die Vermutung zu, daß eine derartige Inselbildung bald auch im Innern der Deutschen Bucht zu erwarten sei. Seiner Meinung nach dominierte der W-E gerichtete Sandtransport durch eine küstenparallele Strömung. Demnach müßte die Insel Scharhörn vor der Elbmündung recht jung sein. Diese Ansicht ist jedoch widerlegt.

Es stellte sich heraus, daß Scharhörn bedeutend älter ist als zunächst vermutet. G. LINKE (1969: 81) fand heraus, daß die "Insel als Flugsand-beeinflußte Plate an dieser Stelle wenigstens seit 3500 bis 4000 Jahren besteht." Offenbar sind die Sandbilanzen seit dieser Zeit annähernd stabil.

Niedersächsische Elbmarschen

Land Hadeln

Nach K.-H. SINDOWSKI (1979: 65ff) setzte die marine Ingression in der Hadelner Hauptrinne (Abb. 64) etwa um 4800 BP ein. Diese Rinne war bereits im Drenthestadial (Saaleglazial) entstanden. Sie beginnt südlich des Bederkesaer Sees, setzt sich dann östlich der Altenwalder Endmoräne nach N fort, um bei Cuxhaven in die Elbrinne einzumünden.

Nach J. MERKT (1984: 37ff) gestaltete sich die Entwicklung im Bereich des Bederkesaer Sees folgendermaßen: Nachdem die erste marine Ingression bereits im mittleren Atlantikum bis zum Bederkesaer See vorgedrungen war, folgte die zweite schon im späten Atlantikum nach. Inzwischen war im Seebereich ein Hochmoor entstanden, das nun nicht überflutet wurde. Stattdessen schwamm es auf und ließ als Zeugen einen Klappklei zurück. Nachdem sich das Meer wieder zurückgezogen hatte, blieb in der westlichen Hälfte des heutigen Sees ein Süßwassersee erhalten.

Zwischen 4800 und 4100 BP kam es nach J. MERKT (aaO) erneut zu Überflutungen, wobei nun auch das Hochmoor am Bederkesaer See überschwemmt wurde. Es konnte nachgewiesen werden, daß der östliche Seebereich schnell wieder vermoorte, so daß es erneut vereinzelt wieder zu Hochmoorbildungen kam. Jedoch zwischen 3900 und 3600 BP erfolgten weitere Meereseinbrüche.

Der Grund für das Entstehen der Seen, wie des Bederkesaer Sees am Rande der ehemaligen Hadelner Bucht, ist generell im postglazialen Meeresspiegelanstieg zu finden. Die Hauptursache für die Existenz und das Weiterbestehen dieser Seen ist in deren Lage zu suchen. Sie befinden sich im Grenzgebiet zwischen dem Geestrandmoor und einer Zone brackischen Milieus mit vorwiegend klastischer Sedimentation, wobei sich die klastischen Sedimente mit schwimmenden Torfen verzahnen. Hätte ein solcher See weiter landeinwärts gelegen, würde er bald durch Pflanzenwuchs verlandet sein. In den Marschen wäre er bald mit klastischen Sedimenten verfüllt worden sein.

Stattdessen wurde durch den vorherrschenden Westwind am Ostufer des Sees das Randmoor abgebrochen (Moorbrandung), und das Salzwasser erschwerte das Wachstum von neuer Moorvegetation. Außerdem kam es während der Transgressionsphasen zu Erosion und auch zu Kompaktion von Torfen unter den jungen klastischen Ablagerungen. Diese Gründe bewirkten letztendlich ein Offenhalten der Seen (J. MERKT aaO).

Land Kehdingen

Im Lande Kehdingen erwähnt K.-H. SINDOWSKI (1979: 78f) Rinnen, die schon vor 4600 BP, vermehrt aber erst zwischen 4600 und 3600 BP verlandeten.

IV.E.2. Schleswig-holsteinische Nordseeküste

a) Dithmarschen

Nach E. DITTMER (1952: 155) werden die mächtigsten holozänen Sedimente an der schleswig-holsteinischen Nordseeküste im Gebiet zwischen Eider und Elbe angetroffen; denn hier war der marine Einfluß im Lauf des Holozäns gesehen am größten. A. BANTELMANN et al. (1984: 57) führten hierzu aus, daß bis ins 4. Jahrtausend v. Chr. hauptsächlich tonige Sedimente unter ruhigen Bedingungen abgelagert wurden. Ab etwa 5000 BP bildete sich an der damaligen dithmarscher Küste, das ist der heutige Geestrand, eine Ausgleichsküste (ungefähr von N nach S verlaufend) mit Strandwällen, Nehrungen und Dünen. Vorgelagert war ein stabiles Sandwatt.

Die von B. MENKE (1969b: 41; 1984: 49) beschriebene Calais III-Transgression begann im frühen Subboreal (um 4700 BP). Generell wurden gröbere Sedimente abgelagert als zuvor. Tiefe Erosionsrinnen schnitten sich zum Teil weit bis in die Nähe des Geestrandes ein. Eine datierte Tonablagerung aus dieser Transgression (Bohrung Braaken 1, vgl. B. MENKE 1976: 152)[123)] dicht am Geestrand weist ein Alter von 4600 BP auf.

Offenbar hatte die holozäne Nordseetransgression in Dithmarschen in dieser Zeit ihre maximale Ausdehnung erreicht (vgl. Küstenlinie um 2500 v. Chr. ≈ 4500 BP, Blatt Geologie im Deutschen Planungsatlas, Band Schleswig-Holstein 1985).

Nach 4300 BP setzten regressive Tendenzen ein. Im gesamten Dithmarscher Küstenabschnitt traten zwischen 4300 und 3900 BP verbreitet Vermoorungen auf (B. MENKE 1969b: 41; 1984: 49). Etwa bei 0 m NN wird ein Verlandungshorizont im Küstenabschnitt Süd--Dithmarschen (Marne) angetroffen. Es handelt sich um kalkfreien, humosen Ton mit Schilf- und Pflanzenresten oder um ein Ton-Torf-Gemisch. Das Alter schätzt P.H. ROSS (1981: 9) auf 2000 v. Chr. ≈ 4000 BP.

Nach B. MENKE (1976: Abb. 1) findet sich im Zeitabschnitt von 4300 bis 4000 BP die vierte "regressive Phase der Küstenentwicklung" bezüglich des Meeresspiegelanstiegs für Dithmarschen und Eiderstedt. Auch im Bereich von ***Lunden*** (s. Abb. 65) begannen ausgedehnte Marschgebiete zu vermooren, besonders östlich der ***Lundener Nehrung*** (s.u., vgl. H. DÜMMLER & B. MENKE 1970: 12, 14f).

P. HUMMEL & E. CORDES (1969: 106ff) untersuchten die Entwicklundsgeschichte der Lundener Nehrung:[)]

Während des späten Atlantikums begann im nördlichen Dithmarschen die Hauptsedimentation. Diese Ablagerungen ähneln denen eines heutigen Wattenmeeres, so daß man auf ausgedehnte Wattflächen zu dieser Zeit vor der Küste schließen kann. Am Geestrand nahm die Akkumulation von Kiesen, grobem Sand und Muschelschill ihren Anfang. Der Sedimentkörper erstreckte sich annähernd von N nach S. In der Folgezeit entstand die sog. "Lundener Nehrung". Im mittleren Subboreal (um 4000 BP) bestand bereits ein kräftig aufgehöhter "Nehrungswall" (P. HUMMEL & E. CORDES 1969: 108). Streng genommen war dieser Wall jedoch "eine lang aushaltende, nehrungsartige Insel, auf der sich Dünen entwickelten. Die östlich davon gelegene Meeresbucht wurde völlig von der klastischen Sedimentation abgeschnitten" (P. HUMMEL & E. CORDES aaO). So entstand ein Haff, das verlandete und sich vom Niedermoor zum Hochmoor entwickelte (ebenda: 103; H. DÜMMLER & B. MENKE 1970: 12).

Ähnlich wie bei der Lundener Nehrung verlief die Aufschüttung eines Strandwalles südlich von ***Heide***. Das Alter beider Strandwälle ist jünger als 4000 BP (mittleres Subboreal); denn Torfe an ihrer Basis wurden auf dieses Alter datiert (B. MENKE 1976: 156).

Im südwestlichsten Bereich Dithmarschens vermutete P.H. ROSS (1981: 11) ein mächtiges "Hauptstrandwallsystem", das während der holozänen Transgression in Richtung Geestrand verlagert und aufgearbeitet wurde. Er konnte entsprechende Fazieseinheiten durch Bohrungen nachweisen.

Nach Untersuchungen in der ***Miele-Bucht*** von S. BRESSAU & R. SCHMIDT (1979: 69, Abb. 3) wurden Strandwallsedimente (Sand, Kies) seit dem frühen Subboreal (um 5000/4500 BP) abgelagert. Dieses Alter ergab sich aus Torfen im unteren Bereich der Strandwallsedimente (4600 BP, ebenda: Abb. 3). Die Strandwallbildung endete vermutlich um Chr. Geb. Die Miele-Bucht wurde in der Zwischenzeit zur Lagune.

Ab 3700 BP[124)] setzte wieder eine Transgression ein, bei B. MENKE (1984: 49) als Dünkirchen 0-Transgression bezeichnet. Sie dauerte bis 3300 BP. Während dieser Zeit entstand eine ausgeglichene Küstenlinie durch Kliffbildung und gleichzeitiger Akkumulation von Strandwällen am Geestrand.

Paläogeographisch wird davon ausgegangen, daß bereits um 3700 BP der direkte marine Einfluß (Watten) bis an den Geestrand reichte. Die durch Strandwälle abgeschnürten Buchten waren weitgehend vermoort (vgl. Beilage 5).

b) Nordfriesland mit Eidermündung

E. DITTMER (1952: 151ff) gab eine Zusammenfassung über die Entwicklung der nordfriesischen Küste nach 5400 BP. Die hier genannten Ausführungen besitzen heute noch weitgehend Gültigkeit. Allerdings nahm er an, daß die umfangreichen Verlandungen zwischen Bronzezeit und Zeitenwende an der schleswig-holsteinischen Westküste und auch im Weser-Jade-Gebiet durch eine Hebung des Landes hervorgerufen worden waren. Dies ist jedoch nicht der Fall gewesen.

Von 6000 bis 2000 BP standen Nehrungsbildungen und Verlandungen im Vordergrund. Eine wesentliche Voraussetzung hierfür war nach Ansicht des Verfassers das Nachlassen des Meeresspiegelanstiegs, der bis dahin ca. 2 m pro Jahrhundert, ab 6000 BP nur noch durchschnittlich 0,15 m/100 a betragen hatte (vgl. B. MENKE 1976: 159).

Nach E. DITTMER (1952: 151ff) folgte ab 4000 BP bis zur Zeitenwende eine großräumige Verlandung, die kurz vor Chr. Geb. ihr stärkstes Ausmaß erreichte. Diese Verlandung war im Gebiet der nordfriesischen Halligen am bedeutendsten. Sie voll zog sich langsam vom Geestrand in Richtung offene See nach W. Diese Verlandung fand unter natürlichen Bedingungen statt, während das nordfriesische Wattenmeer heute weitgehend eine anthropogen geschaffene Landschaft darstellt.

Eine Zone mit brackischem Milieu, die heute hier völlig fehlt, war damals der dominierende Landschaftstyp. Die ehemals marin geprägte Marsch wuchs auf, und es entwickelte sich darüber ein Sumpfgebiet mit verbreitetem Schilfwachstum. Dies wäre ohne die starke Süßwasserzufuhr von der Geest her nicht möglich gewesen. Dem Schilfwachstum, dem Phragmitetum, das noch unter schwach salinen Bedingungen stattfand, folgten bei fortschreitender Aussüßung ein Niedermoor, anschließend verbreitet Bruchwälder mit Erle, Hasel, Birke, nach Chr. Geb. auch Hochmoorvegetation (vgl. E. DITTMER aaO).

Eine geschlossene Nehrung von Eiderstedt bis Sylt hat es nie gegeben; denn sonst hätten sich nicht die Sedimentationsabfolge "marines Watt - brackisch - semiterrestrische Verlandung" vollziehen und von W und S beständig Sedimente herangeführt werden können. Es gab also Durchlässe (E. DITTMER 1952: 152).

Nach A. BANTELMANN et al. (1984: 61) vermoorten die ehemaligen Watten nordöstlich der Linie Nordstrand-Nordstrandischmoor-nördliches Pellworm bereits im 2. Jahrtausend v. Chr. E. DITTMER (1952: 167) betont, daß es bereits im ersten Abschnitt des Mittelholozäns (ca. 6000 bis 4000 BP) durch Abbruch an den Geestküsten bei Eiderstedt zur Bildung von Nehrungen gekommen sein muß. Als Nährgebiet nahm er die inzwischen völlig abgetragene ***"Hever-Geestinsel"*** (Abb. 65) nordwestlich Eiderstedts an (E. DITTMER 1952: 149; A. BANTELMANN 1966: Abb. 1).

Angaben über das Alter der Strandwälle Eiderstedts stehen mit diesen Ausführungen nicht völlig im Einklang. Offenbar bestehen die Strandwälle, die inzwischen fast alle fossil geworden sind, in ihrer jetzigen Form und Lage nicht länger als maximal 4400 BP.

Untersuchungen von B. MENKE (1976: 156) zeigten, daß einer der ältesten Strandwälle, der ***Tholendorfer Haken*** (vgl. B. MENKE 1984: 56) in seinem voll entwickelten Stadium während der Dünkirchen 0-Transgression (3700 bis 3300 BP) entstanden ist. Jedoch begann die Anwachsschichtung bereits um 4400 bis 4200 BP (B. MENKE 1976: 156).

B. MENKE (1969a: 113) führte am Tholendorfer Haken vegetationskundliche Untersuchungen durch. Dabei kam er zu dem Ergebnis, daß dieser Strandwall bereits um 4000 BP betretbar gewesen sein mußte. Die ***Strandwälle von Garding und St. Peter*** sind noch jünger (vgl. 2. Hauptteil, Kap. V.E.2.b$_)$, Seite
Nach den Angaben von E. DITTMER (1952) und B. MENKE (1976) ergibt sich folgende Situation: Im östlichen Eiderstedt befindet sich der ***Witzworter Strandwall*** nördlich der Lundener Nehrung. Zwischen beiden Strandwällen floß die Eider. Westlich davon lag die ***Oldensworther Bucht***, durch die mit einer Südströmung Sedimente ins südliche nordfriesische Wattenmeer transportiert wurden. Nach E. DITTMER (1952: 152f) wurde der Witzworter Strandwall von der Lundener Nehrung und der Heider Geest genährt. Dies ergab sich jedoch erst, nachdem die Eiderniederung hoch aufgelandet war. Dadurch wurde die Strömung des Flusses so schwach, daß sie den nach N gerichteten Sedimenttransport nicht unterbinden konnte.

Um diese Entwicklung zeitmäßig einstufen zu können, sollten zunächst die Vorgänge im Bereich der Eidermündung betrachtet werden. Nach B. MENKE (1968: 217ff) kam es dort kurz vor 5000 BP zu einer regressiven Phase (spätatlantische Stillstandsphase). In der Vegetation äußerte sich dies folgendermaßen: Der Röhrichtbestand ging zurück und wurde durch eine Ried-Spektrengruppe verdrängt. Ab 5000 BP ingredierte die Nordsee erneut, und das hier entstandene Eidermoor wurde durch brackische Sedimente überdeckt.

Nach Meinung des Verfassers bewirkten vermutlich diese Ablagerungen die oben beschriebene Auflandung der Eiderniederung, wodurch die Fließgeschwindigkeit des Flusses stark verringert wurde.

Von 4400 bis 3900 BP fanden nach B. MENKE (1968: 217ff, Tab. 9) umfangreiche Aussüßungsprozesse statt (frühsubboreale Regression). Das MThw sank wahrscheinlich so schnell ab, daß sich das Moorwachstum ausweiten konnte und sogar Hochmoore aufwuchsen. Von 3900/3800 BP bis ca. 3300 BP (mittelsubboreale Ingression) verstärkte sich der Meereseinfluß wieder. An der Eider führte häufiges Hochwasser zur Anreicherung von Diatomeen im Hochmoortorf. Die Hochmoore wurden dadurch verbreitet (wenn auch nicht gänzlich) eutrophiert; es entstanden also wieder Niedermoore.

Nach Meinung des Verfassers läßt sich die paläogeographische Entwicklung dieser Landschaft bis 3700 BP besonders im nördlichen und westlichen Teil Nordfrieslands gegenwärtig nur grob skizzieren. Wahrscheinlich wurden die westlich von ***Sylt*** gelegenen Altmoränenhorste überspült und erodiert. Sylt wurde nun der direkten Brandung ausgesetzt. dadurch begann der Aufbau von Nehrungen an der Nord- und Südseite. Diese Nehrungen sind heute noch vorhanden und verleihen der Insel ihr schmales längliches Aussehen. Im Schutz der Altmoränenhorste Sylt, Amrum, Föhr darf man für diese Zeit Moore vermuten und im Übergangsbereich zum Wattenmeer im SW einen breiten Schilfgürtel (Brackwassereinfluß) annehmen.

3. Zusammenfassung (deutsche Nordseeküste 5400 bis 3700 BP)

Der Zeitabschnitt vom späten Atlantikum bis zum mittleren Subboreal an der Küste (5400 bis 3700 BP) zeichnet sich bezüglich der Sedimentabfolge durch das Ineinandergreifen von "schwimmenden Torfen" mit klastischen Sedimenten aus. Dies sind die Zeugen von transgressiven und regressiven Tendenzen im Verlauf des Meeresspiegelanstiegs. Für echte Meeresspiegelabsenkungen gibt es jedoch keine Hinweise.

Paläogeographisch spiegelt diese Sedimentabfolge ein wiederholtes Vordringen und Zurückweichen der Küstenrandmoore wider. Im überregionalen Maßstab ist ein regressives Übergreifen des Moores auf zuvor gebildete Watten nur zwischen 4400 und 4000 BP nachzuvollziehen. Der in dieser Zeit entstandene Torf ist weithin als "mittlerer Torf" bekannt (vgl. Abb 6). Sowohl vorher als auch nachher verliefen die trans- und regressiven Tendenzen an der deutschen Küste nicht synchron. Eventuelle Gründe hierfür könnten in dem Vorhandensein oder Fehlen der Schutzfunktion einer Küstenbarriere liegen. Dafür war die Exposition des jeweiligen Küstenabschnittes entscheidend. Am Ende des hier behandelten Zeitraumes (um 3700 BP) waren überwiegend Meeresvorstöße (Transgressionen) zu verzeichnen.

IV.F. Die dänische Nordseeküste

Im Küstengebiet nördlich des ***Nissum-Fjordes*** (Abb. 66), also in einem Bereich, der nach N zunehmend der postglazialen Landhebung unterworfen war und noch ist, trat der höchste relative Meeresspiegelstand im Vergleich zum Festlandsniveau in der Zeit vom mittleren Subboreal (ab ca. 4000 BP) bis zum mittleren Subatlantikum auf. Je weiter der Betrachter nach N schaut, desto eher wurde das Transgressionsmaximum erreicht (vgl. H. KROG 1979: 82). H. KROG (aaO) nimmt für den relativen Meeresspiegelstand bei Hanstholm[125] einen Maximalhöchststand von +5 m NN während des mittleren Subboreals (4000 BP) an. Entsprechend sollte der Meeresspiegel um 5000 BP bei ca. +4 m NN gelegen haben.

Als die Sedimentation im Bereich von ***Blåvands Huk*** weiter voranschritt, kam der marine Einfluß im ***Filsö-Fjord*** (um 4000 BP) zum Erliegen. Diese Meeresbucht wurde möglicherweise durch eine Nehrung von der offenen See abgeschnitten. So entstand ein Süßwassersee (H. KROG 1979: 79).

S. A. ANDERSEN (1963, zit. nach H. KROG 1979: 81) beschrieb die Entwicklung des ***Ringköbing-Fjordes***. Er kartierte zwei Strandwälle. Der ältere, am Nordrand des Fjordes gelegen, war vermutlich im frühen Subboreal (um 4800 BP) gebildet worden, und zwar aus groben Nordseesanden. Es wird angenommen, daß der Fjord in dieser Zeit mit der offenen See in Verbindung gestanden hatte. Der zweite Strandwall ist jünger (s. 2. Hauptteil, Kap. V.F., Seite 145).

Nach den Untersuchungen in der Tonderner Marsch (N.K. JACOBSEN 1964: 317) kam es dort um 5000 BP zu einer Transgression, wobei ein mittleres Meeresniveau von -4 m erreicht wurde. Die anschließende Transgression um 4500 BP erreichte ein gemitteltes Niveau von -3 m NN. Die nächste Transgression (um 4000 BP) erreichte die Linie Höjer - Rudböl mit gleichzeitiger starker Erosion des westlichen Geestrandes. Um 3700 BP herrschten wieder ruhige Verhältnisse am dortigen Küstenabschnitt.

Die Beilage 5 (Situation um 3700 BP) zeigt im dänischen Nordseebereich rein hypothetische Küstenlinien. Die Existenz der Strandwälle bzw. Nehrungen ergibt sich aus der Tatsache, daß sie bereits um 5000 BP postuliert wurden und seitdem keine großräumige Lageverschiebung stattfand (vgl. E. OELE et al. 1979: colour chart).

IV.G. ZUSAMMENFASSUNG: Überblick vom späten Atlantikum bis zum mittleren Subboreal (5400-3700 BP)

Für diesen Zeitraum ist es wichtig, daß es entlang der gesamten südlichen Nordseeküste bis 3700 BP gleichzeitig an den verschiedenen Küstenabschnitten sowohl zu transgressiven als auch zu regressiven Tendenzen im Meeresspiegelverhalten gekommen war. So wurde entlang der belgischen Küste (vgl. 1. Hauptteil, Kap. I.B.5., Seite 50ff) das durchgehend anhaltende Moorwachstum als regressives Verhalten des Meeres interpretiert. Zumindest konnte das Moorwachstum mit dem (sicherlich) stark verringerten Meesresspiegelanstieg Schritt halten. Auch die postulierte Existenz einer weitgehend geschlossenen Küstenbarriere begünstigte sein Wachstum. Ähnlich sah es an der niederländischen Westküste aus.

Für 3700 BP werden dagegen andere Verhältnisse für die niederländische Nordküste und für die deutsche Nordseeküste angenommen. Hier war die Küstenbarriere entweder nicht geschlossen oder sogar im Abbruch begriffen, und es kam entsprechend zu Meereseinbrüchen auf dem Festland.

V. DIE ENTWICKLUNG VOM SPÄTEN SUBBOREAL BIS ZUR ZEITENWENDE (3700-1950 BP) UND KURZE ÜBERSICHT BIS IN DIE GEGENWART

Im Laufe des Subboreals war es infolge des stark verlangsamten Meeresspiegelanstiegs an verschiedenen Küstenabschnitten zur Ausbreitung von mächtigen Mooren über ehemalige Watten oder Lagunen gekommen. Zeit- und gebietsweise waren jedoch auch Überflutungsphasen zu verzeichnen, die sich regional sehr unterschiedlich auswirkten und nicht immer synchron verliefen. Zu Beginn des Subatlantikums kam es immer häufiger zu Meereseinbrüchen. Der Mensch begann im ersten vorchristlichen Jahrtausend in der Marsch zu siedeln und nahm so erstmals begrenzten Einfluß auf die dortige Entwicklung. Die Situation um Christi Geburt zeigt Abb. 69 (= Beilage 6).

Abb. 69 (= Beilage 6, folgende Seite): Die südliche Nordseeküste, Paläogeographie um Christi Geburt (1950 BP, mittleres Subatlantikum). Im Laufe des frühen Subatlantikums war es schon an vielen Küstenabschnitten zu Meereseinbrüchen gekommen. So verwandelten sich vielerorts die meeresnahen Küstenrandmoore in Watten. Um Christi Geburt hat erwiesenermaßen zumindest ein Rückgang des Sturmflutpegels oder sogar des mittleren Wasserstandes an der deutschen und nord-niederländischen Küste stattgefunden (Bodenbildung in den Marschen). So konnten die Marschen an der deutschen und nord-niederländischen Küste zu ebener Erde besiedelt werden (Flachsiedlungen). Anzeichen für eine Absenkung liegen auch im Themse-Ästuar (Großbritannien) vor.

V.A. Die englische Nordseeküste

Wash-Fenland-Gebiet

Im Wash-Fenland-Gebiet stellte I. SHENNAN (1986: 162f) im Anschluß an eine transgressive Phase eine regressive Phase fest, die von 3300 bis 3000 BP dauerte. Ab 3000 bis 1900 BP folgte wiederum eine Transgression, wobei im Untersuchungsgebiet ein brackisch-marines Milieu herrschte. Zumindest im Westteil erreichte das Watt in dieser Zeit seine maximale holozäne Ausdehnung.

Es gibt eine Reihe von Hinweisen auf eine Meeresspiegelabsenkung zur Römerzeit. I. SHENNAN (aaO) betont jedoch, daß sie nicht eindeutig seien. Vor allem anthropogene Aktivitäten zerstörten in der poströmischen Zeit die oberen Sedimentschichten, so daß Aussagen über das Meeresspiegelverhalten zur Römerzeit im Wash-Fenland-Gebiet sehr schwierig sind.

Themse-Ästuar

Im Themse-Ästuar kam es von 3500 BP bis zur Römerzeit (0 bis 200 n. Chr.) nach J.T. GREENSMITH & E.V. TUCKER (1973: 199f, Fig. 6) wiederholt zu Trans- und Regressionen, die jedoch aufgrund fehlender ^{14}C-Daten nur indirekt datiert werden können. So kam es vermutlich zwischen 3350 und 2400 BP zu einer regressiven Tendenz im Meeresspiegelanstieg (subboreale Absenkung). Nach einer zwischenzeitlichen Transgression kann mittels archäologischer Daten zur Römerzeit erwiesenermaßen erneut von einer Regression ausgegangen werden, die ihre ausgeprägteste Phase um 150 n. Chr. erreichte. Römische Befestigungsanlagen und Außenstationen an den Flußmündungen in Essex unterstützen diese These. Sie wurden in der poströmischen Zeit überflutet.

V.B. Die französische Nordseeküste

Die folgenden Ausführungen beziehen sich auf J. SOMMÉ (1979: 156f, Fig. IV-46). Die mächtigste Torfschicht weist ein spätsubboreales bis frühsubatlantisches Alter auf: Unterkante: 3560±55 BP, Oberkante: 2780±50 BP. Da dieser Torf reine Süß wasserpflanzen enthält, wird eine wichtige Regression angezeigt. Offenbar schirmte ein Strandwall das Moor zu dieser Zeit gegen die Einflüsse der Nordsee ab. Diese Torfschicht trennt die darunterliegenden Calais- von den Dünkirchensedimenten im Hangenden. Die Torfoberkante ist leider erosiv gekappt, wodurch über das Ende des Moorwachstums spekuliert werden muß.

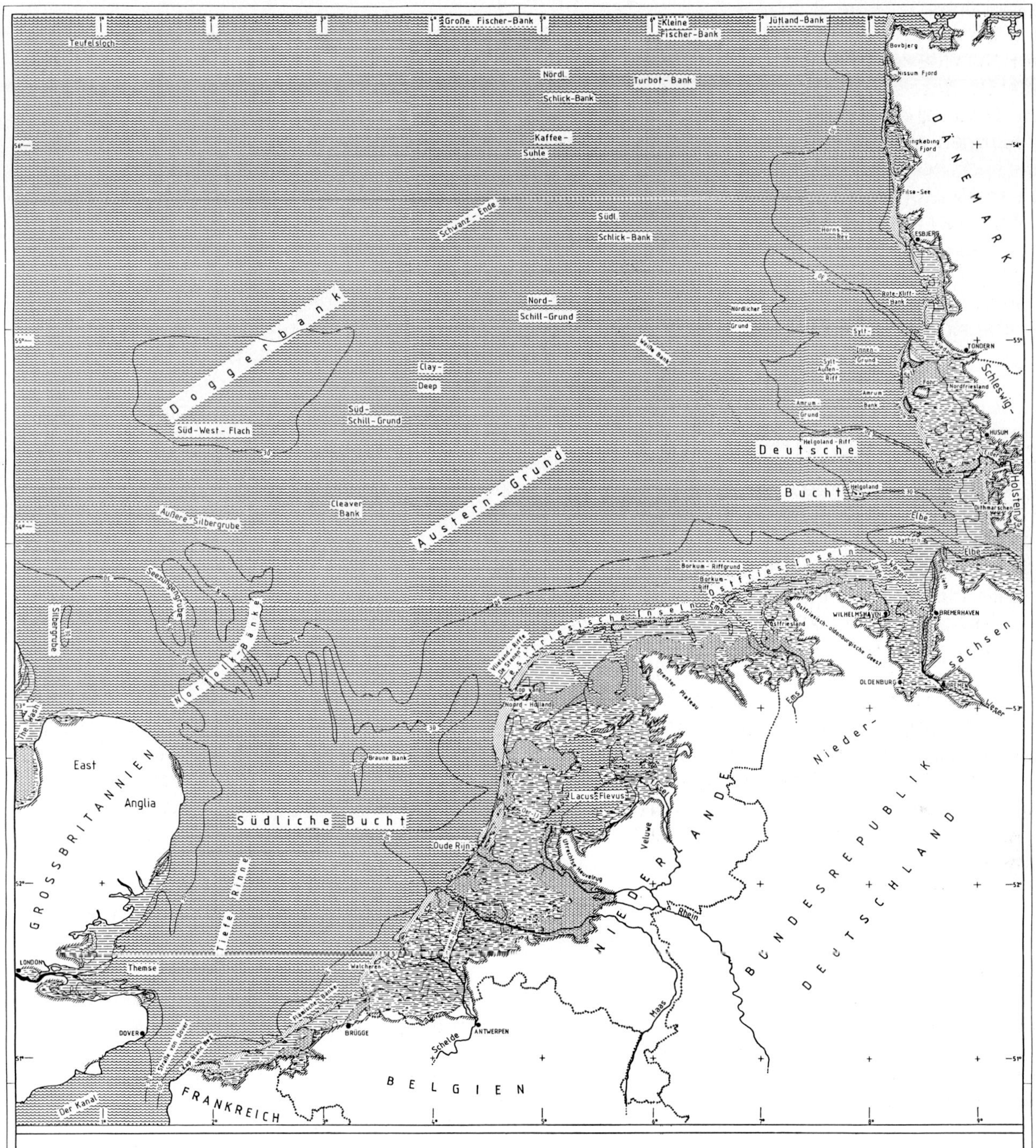

Abb. 69

(zur Dissertation W. KÖHN:
„Paläogeographische Karten des Holozäns für die südliche Nordseeküste")

DIE SÜDLICHE NORDSEE

Paläogeographie um 1950 konv. ^{14}C-Jahre BP (mittleres Subatlantikum, um Christi Geburt)

- heutige Küstenlinie
- 30 Isobathe der Holozänbasis in m-NN
- heutige Marschengrenze
- Staatsgrenze

Küstenbarriere
Watt, marin
Küstenrandmoor (Basismoor)
Wasserflächen (marin, brackisch, limnisch)
Schilfgürtel, Lagune, Brackwatt
Gebiet außerhalb des marinen Einflusses

N / W / E / S

eigener Entwurf, niederl. Küste n. W. H. ZAGWIJN (1986)

0 10 20 30 40 50 60 70 80 90 100 km

Kartennetz: Mercator-Abbildung Bezugsbreite 55° 30' N

Dieser erosive Abtrag ist vermutlich auf eine ausgeprägte nachfolgende Transgression an der französischen Nordseemarsch zurückzuführen, die wahrscheinlich zu Beginn des Subatlantikums begann.

Insgesamt hält J. SOMMÉ (aaO) fest, daß die marinen Überflutungen der Dünkirchen-Transgressionen bedeutend weiter ins Hinterland eindrangen als die der Calais-Transgressionen. Um Chr. Geb. ist wie an vielen Stellen der südlichen Nordseeküste eine Regression nachzuweisen. Menschliche Siedlungsspuren sind verbreitet im südlichen Teil des französischen Marschenlandes gefunden worden.

V.C. Die belgische Küste

Im belgischen Küstengebiet setzte sich durch den Schutz einer nahezu geschlossenen Küstenbarriere die ausgedehnte subboreale Vermoorungsphase zunächst fort. Es kam sogar ab 3400 BP verbreitet zum Umschlag von Niedermoor zur Hochmoorvegetation. Ab 3300/3400 BP folgten zunächst im W, ab 2800 BP auch im E katastrophale Meereseinbrüche. Die bis dahin größtenteils geschlossene Küstenbarriere teilte sich in Inseln, und durch die neu entstandenen Seegaten drang das Meer ein und bewirkte nach und nach eine Überschlickung oder eine Versumpfung der Hochmoore.

Die nunmehr gebildeten Barriereinseln wurden nachfolgend immer stärkeren Erosionen ausgesetzt, und es entstanden Rückseitenwatten, die sich auf Kosten des Küstenrandmoores ausweiteten, das sich seinerseits weiter landeinwärts vorschob. Dieser Trend setzte sich auch um die Zeitenwende ohne Unterbrechung fort. Es kann daher nach dem heutigen Stand der Forschung auch nicht auf eine Meeresspiegelabsenkung wie z.B. an der deutschen Nordseeküste geschlossen werden.

Im Laufe der nachchristlichen Zeit wurde fast die gesamte belgische Küstenebene überschlickt und zumindest zeitweise zu Watten umgeformt. Nur dem Eingreifen des Menschen ist es zu verdanken (Deichbau, Entwässerung), daß dieses Gebiet heute wieder landfest, also ein "Polder", ist.

V.D. Die niederländische Nordseeküste

1. Westküste

a) Maximale Progression der Küstenbarriere

Wie bereits im letzten Zeitabschnitt erwähnt, setzte sich die Akkumulation weiterer Strandwälle an der Seeseite der Küstenbarriere vor den westlichen Niederlanden bis ca. 3000 BP fort. Danach kam die Sandzufuhr zum Erliegen, so daß der Aufbau der Küstenbarriere beendet wurde (S. JELGERSMA et al. 1970: 147). Die Auswehung der obersten Sandschichten förderte die Dünengenese (ebenda: 94f). Dieser Prozeß setzte sich während des gesamten frühen Subatlantikums fort, bis in der Römerzeit der Sandvorrat von der Brandungsplattform unzureichend wurde. Die bis dahin gebildeten Dünen werden in der niederländischen Literatur als "Ältere Dünen" bezeichnet, im Gegensatz zu den "Jüngeren Dünen", die erst in historischer Zeit geformt wurden (vgl. J. VAN BAREN 1913; 1927; G. JESWIET 1913, zit bei S. JELGERSMA et al. 1970: 94f).

Die äolischen Dünensedimente werden verbreitet von Torflagen oder fossilen Vegetationshorizonten mit Bodenbildung (Dwöge) getrennt. Diese Dwöge lassen Rückschlüsse auf bestimmte Zeitabschnitte zu, in denen der Einfluß des Windes nachließ. Statt dessen müssen feuchtere Klimaabschnitte dominiert haben (vgl. S. JELGERSMA et al. 1970: 98ff).

Am Ende des Subboreals war die Barriere an der niederländischen Westküste fast vollständig geschlossen. Hierfür dürfte eine Verringerung des Tidenhubes den ausschlaggebenden Beitrag geliefert haben. Der Tidenhub betrug erwiesenermaßen schon seit mindestens 3700 BP nur noch etwa 1,40 m (vgl. T.B. ROEP & J.F. VAN REGTEREN ALTENA 1988: 215; G. SAGER 1963: Karte 1).

Das ***Zeegat van Bergen*** (Abb. 60), das eine bedeutende Unterbrechung des Barrieresystems darstellte, wurde nach S. JELGERSMA (1983: 479) zwischen 3700 und 3300 BP geschlossen. E.F.J. DE MULDER & J.H.A. BOSCH (1982: 146) gehen von einem etwas späteren Zeitpunkt (kurz vor 3000 BP) aus, während T.B. ROEP & J.F. VAN REGTEREN ALTENA (1988: 219) darauf verweisen, daß ein exaktes Datum für die Schließung dieses Seegats nicht bekannt ist, jedoch davon auszugehen sei, daß es möglicherweise um 3300 BP, sicher jedoch um 3140 BP geschlossen war.

Nach W.H. ZAGWIJN (1986: 30f, Beilage-Karten 5, 6, 7, 8) blieben auch nach der Schließung des Zeegats van Bergen folgende Durchlässe offen: die beiden

Ästuare von Maas und Schelde sowie die des Rheins, der dabei durch das Oer-IJ-Ästuar und das Oude Rÿn-Ästuar entwässerte. Das Oer-IJ war zur Römerzeit jedoch abgeschlossen (ebenda: 28).

b) Maximale Ausdehnung des Hollandmoores und sein beginnender Abbruch

Nach W.H. ZAGWIJN (1986: 28) süßte die ***Almere-Lagune*** im späten Subboreal bis zur Römerzeit aus, weil die Küstenbarriere geschlossen wurde. Die letzte Verbindung zur offenen See war das Oer-IJ gewesen. Nun bildete es den westlichsten Ausläufer der Almere-Lagune, die von jetzt an ein Süßwassersee war.

W.H. ZAGWIJN (aaO) folgerte weiter, daß sich als Konsequenz des Abschließens dieses Süßwassersees auf Kosten des umgebenden Moores vergrößerte. Dieser See ist heute als ***Flevomeer (Lacus Flevus)*** oder ***Almere*** (s. Abb. 60, 67, 69 und Beilage 6) bekannt. Der Abfluß zur Nordsee verlief damals in nördliche Richtung durch einzelne kleine Moorflüsse.

Nach W.H. ZAGWIJN (1986: 31) nahm der Meeresspiegelanstieg in der ersten Hälfte des Subatlantikums weiter ab, so daß das Meer kurz nach der Römerzeit das heutige Niveau erreichte. Jedoch hatte noch vor der Römerzeit (500 bis 100 v. Chr.) bereits die Küstenerosion im W begonnen. Es entstanden neue Seegaten, die bestehenden verbreiterten sich. So bildete sich eine Verbindung zwischen Schelde und Maas, die ***"Striene-Bernisse"*** (s. Abb. 69, Beilage 6).

W.H. ZAGWIJN (1986: 31, Beilagen-Karte 6) führte weiter aus, daß ein großer Teil des westniederländischen Moorgebietes seit dem späten Subboreal zum Hochmoor aufgewachsen war. Ab ca. 500 bis 100 v. Chr. setzte eine Entwässerung dieser Hochmoore ein. Hierfür nennt der o.g. Autor zwei Gründe. Erstens wurden jetzt aktiv Entwässerungsrinnen von den Ästuaren aus gebildet, zweitens erhöhte sich der Grundwasserspiegel nicht mehr, wodurch die Austrocknung der bereits von Natur aus trockenen Küstenhochmoore beschleunigt wurde. Außerdem konnte sich auch das Niedermoorwachstum bei stagnierendem Wasserspiegel nicht weiter auf den pleistozänen Hang vorschieben. Während der Römerzeit nahm dann der direkte Meereseinfluß wieder ab und einige Zeegaten schlossen sich, z.B. das Oer-IJ (s.o.).

V.D.2. Nordküste

a) Die Westfriesischen Inseln

Im Gegensatz zur niederländischen Westküste war die Material menge, die an der Nordküste zum Aufbau der Küstenbarriere zur Verfügung stand, bedeutend geringer. Daher ist die Barriere im N auch nicht so mächtig. Bereits ab 1500 bis 1000 v. Chr. wurde das Küstenprofil durch fortgesetzte Erosion und unzureichende Sedimentzufuhr zunehmend steiler, und die Sandbilanz ist seitdem negativ (S. JELGERSMA & P.J. ENTE 1977: 33).

Seit dem späten Subboreal und frühen Subatlantikum bestand die Küstenbarriere wie heute aus mehreren Barriereinseln mit gut ausgeprägten Seegaten. Die Insel Texel war durch ein Seegat in einen NW und einen SE-Teil getrennt.[126] Der südliche Inselbereich war noch mit dem holländischen Festland verbunden.[127] Der nördliche Bereich war mit der Insel Vlieland verbunden. Im Gebiet der heutigen Insel Schiermonnikoog verlief das Hunze-Zeegat (W.H. ZAGWIJN 1986: Beilagen-Karten 6 bis 8; S. JELGERSMA & P.J. ENTE 1977: Fig. 228).

b) Die einsetzende Erosion des Küstenrandmoores

Die ***westliche Waddenzee***,[128] die um 3000 BP noch fast vollständig vermoort war, geriet in der Folgezeit von NE her zunehmend unter marinen Einfluß. Bis zum späten Subboreal war dieses Moor noch durch eine geschlossene Küstenbarriere geschützt. Danach jedoch verbreiterte sich ein Moorflüßchen als Verlängerung der Marne zu einem breiten Seegat, das zwischen Vlieland und Terschelling verlief. Bis zur Römerzeit war die westliche Waddenzee bereits weitgehend zu einem Watt geworden.

Die ***östliche Waddenzee*** veränderte ihr Aussehen im späten Subboreal und Subatlantikum nicht wesentlich. Ein ausgedehntes Watt befand sich annähernd an der gleichen Stelle wie heute (W.H. ZAGWIJN 1986: 29). Um Christi Geburt ist eine große Zone mit Bodenbildung (Dwog, s.u.) zwischen Küstenrandmoor und Marsch nachgewiesen. Schon im 5. und 6. Jahrhundert v. Chr. war die Marsch zu ebener Erde (s.u.) besiedelt[129], ebenso wieder um Christi Geburt ***(Flachsiedlungen)***. Zwischenzeitlich und auch nach der Zeitenwende mußten die Flachsiedlungen zu ***Wurten*** (niederl. ***"Terpen"*** erhöht werden (vgl. W. ROELEVELD 1974: 110f; J.W. GRIEDE 1978: 94ff).

K.-E. BEHRE (1986a: 51; 1987c: 9) wies nach, daß eine Regressionsphase mit dem Absinken aller Wasserstände (MW, MThw und Sturmflutpegel) von ca. 100 v. Chr. bis ca. 100 n. Chr. synchron an dem gesamten Küstenabschnitt von den nörd lichen Niederlanden bis nach Schleswig-Holstein stattfand. Als Beweise gelten Bodenbildungen in der Marsch. Außerdem fand in den vermoorten Hinterländern, insbesondere in den perimarinen Gebieten ein, Umschlag vom Niedermoor (grundwasserabhängig) zum Hochmoor (grundwasserunabhängig) statt. In der Marsch siedelte man zu ebener Erde (Flachsiedlungen), was bei hoch auflaufenden Sturmfluten nicht möglich gewesen wäre.

3. Zusammenfassung (Niederlande nach 3700 BP)

Im späten Subboreal (um 3000 BP) erreichte die Vermoorung im niederländischen Küstengebiet ihre größte Ausdehnung. Vielerorts wuchsen sogar Hochmoore auf. Dies war nur möglich, weil im W die Küstenbarriere bis auf die Mündungsarme von Rhein, Maas und Schelde geschlossen wurde und so großflächige Überflutungen verhindert wurden. Die Almere-Lagune süßte vollständig aus, und so entstand das Flevomeer.

Wegen der negativen Sandbilanz an der Westküste ab ca. 2500 BP wurde die Küstenbarriere zunehmend erodiert. Dadurch vergrößerten sich die Flußmündungen und wurden zu breiten Seegaten. Da sich der Meeresspiegelanstieg kaum noch fortsetzte, konnten sich die umfangreichen Küstenrandmoore nicht mehr weiter über die pleistozäne Oberfläche schieben und ihr Areal ausdehnen. Stattdessen erfolgte durch die verbreiterten Seegaten eine zunehmende Entwässerung, was in einer Sackung der Moore resultierte (Kompaktion). Diese Entwicklung ging auf Kosten der Stabilität der Küste. Zu großen Meereseinbrüchen kam es jedoch erst nach der Zeitenwende.

An der Nordküste blieb der Zustand der Landschaft weitgehend unverändert. Die Küstenbarriere blieb außer im Westteil die ganze Zeit hindurch offen, so daß die Barriereinseln mit ihren Rückseitenwatten weiterhin Bestand hatten. Schon ab ca. 3500/3000 BP begann sich die Erosion der Küstenbarriere durch Mangel an Sedimentzufuhr so stark auszuwirken, daß sich die Seegaten weiter ausdehnen konnten. Auch in der westlichen Waddenzee kam es noch vor der Römerzeit zu großflächigen Überflutungen. Während sich im östlichen Teil der Waddenzee nicht viel änderte, erfuhr der westliche besonders in der nachchristlichen Zeit starke Erosionen, durch die im Mittelalter schließlich eine Verbindung von der Nordsee zum Flevomeer hergestellt wurde. So entstand im Mittelalter[130)] die Zuiderzee als salziges Randmeer der Nordsee.

V.E. Die deutsche Nordseeküste (nach 3700 BP)

1. Niedersächsische Küste

a) Ostfriesische Inseln

In der Zeit vom Atlantikum bis zum Subatlantikum vollzog sich bei den Ostfriesischen Inseln mit Ausnahme Wangerooges ein ***Übergang von der "Geestkern-Insel" zur "Barriere-Insel"***. Die Inseln verlagerten sich dabei insgesamt weiter nach S und größtenteils auch nach E und wanderten auf ihr Rückseitenwatt (H. STREIF 1986a: 37f; 1987: 3f).
Anhand der folgenden Ausführungen wird versucht, die Entwicklung der einzelnen Inseln seit dem späten Subboreal zu beschreiben.

Borkum, Juist, Memmert, Buise-Norderney, Baltrum

Auf dem Küstenstreifen, wo sich gegenwärtig die Inseln Borkum, Juist, Memmert, Norderney und Baltrum befinden, konnten sich, durch Sandwatt-Sedimentation begünstigt, hochwasserfreie Platen ausbilden. Diese lehnten sich noch bis kurz vor der Zeitenwende an Geestkerne an (vgl. K.-H. SINDOWSKI 1973: 58ff). Das geschah auf den Inselsockeln von Borkum, West-Juist und Memmert. Die Insel Norderney existierte noch nicht. Sie liegt heute mit ihrem Westende auf dem Sockel der ehemaligen Insel Buise, der bis zur heutigen Insel Juist reichte. Das Ostende von Norderney befindet sich auf dem Sockel der ehemaligen Insel Groß-Baltrum, die nach E verschoben wurde. Auf diesen hochwasserfreien Platen entstand in der Folgezeit die Reihe der ostfriesischen Barriereinseln mit ihren Dünen.

Bant-Burchana

Bis zum frühen Subatlantikum bestand im Juister Watt, d.h. damit wahrscheinlich auch im Bereich der Itzendorf-Plate-Kopersand, ein ausgedehntes Hochmoor (U. GROHNE 1957: 32). Um die Zeitenwende soll es dort auf der ca. 1600 ha großen Hallig Bant (Burchana ?) noch Hochmoore gegeben haben, die in der Folgezeit mehr und mehr erodiert und auch durch Salztorfgewinnung soweit abgetragen wurden, bis die Hallig um 1780 n. Chr. völlig verschwand (vgl. K.-H. SINDOWSKI 1973: 94ff).

Langeoog, Spiekeroog

Nach J. BARCKHAUSEN (1969: 259f, Tafel VII; 1970: 25f, Tafel 1) stieg der Meeresspiegel zwischen 3700 und 2000 BP (Ablagerungszeitraum der Midlum-- Schichten) mindestens bis zur Höhe von NN. Das Landschaftsbild nahm bereits die Grundzüge an, die es heute noch besitzt. Die Nordsee erreichte fast den heutigen Geestrand, der weit südlich der jetzigen Deichlinie liegt. So konnte sich ein breiter Marschensaum entwickeln. Die Neßmersieler- und die Harle-Rinne behielten im wesentlichen den seit 5500 BP entwickelten Verlauf bei. Das dazwischen befindliche Seegat, die Accumersiel-Langeooger Rinne, hatte ihren Verlauf nach Versandung unterhalb der Insel Langeoog in Richtung NW verlegt und traf mit der Neßmersieler Rinne zusammen. Das dadurch entstandene Seegat "Accumer Ee" gewann zunehmend an Bedeutung und begann durch die einsetzende Ostverlagerung mit der Erosion eines Geestvorsprunges im Bereich ihres heutigen Laufes (Zur Lage der hiergenannten Ortsbezeichnungen s. Abb. 63).

Die Sandplaten unter der jetzigen Insel Langeoog und nordwestlich davon wiesen bereits Strandwallbildungen auf, die schon das MThw überragt haben dürften. Sie wurden also allmählich hochwasserfrei, wie J. BARCKHAUSEN (aaO) nachwies. ***Die Insel "Langeoog" existierte damit also bereits schon kurz vor Christi Geburt.***[131] Östlich von Langeoog nahm J. BARCKHAUSEN ein Seegat an, das aber nicht sicher belegt ist. Zwischen diesem und der Harle-Rinne könnte sich die "Sandplate Spiekeroog" befunden haben. Eine "Sandplate Baltrum" westlich von Langeoog wäre nur im Bereich der heutigen Insel Norderney anzunehmen. Falls diese Sandplate bereits existierte, müßte sie inzwischen vom Seegat "Wichter Ee" völlig erodiert worden sein (ebenda: aaO).

Für die Insel Langeoog ergibt sich nach J. BARCKHAUSEN (1969: Tafel VII) eine Verlagerung um ca. 4 km nach E und 2 km nach S in den vergangenen 2000 Jahren. Betrachtet man den Schnitt durch das Spiekerooger Watt (K.-H. SINDOWSKI 1970a: Geolog. Karte, Schnitt A-B), so wird deutlich, daß das gesamte dargestellte Gebiet von ***marinen*** Schichten entweder aus dem "Midlum" (3700 bis 2000 BP) oder "Pewsum" (2000 BP bis heute) überlagert ist. Stellenweise gibt es noch Sediment inseln mit spätsubborealem Torf oder ***brackischen*** Midlum-Schichten.

Die Überflutung des spätsubborealen Torfes (Schilftorf), der nur im SW des Spiekerooger Wattes noch vorhanden ist, fand um 995±70 ^{14}C-Jahre v. Chr. (Hv 1632) statt (K.-H. SINDOWSKI 1970a: 31, Tab. 15).

Wie das Gebiet der Insel Spiekeroog und das Inselwatt im S aussah, läßt sich aufgrund der starken Erosionen nur hypothetisch darstellen. Im SE existierten wohl wieder bereits verlandete Gebiete (Groden), und im WNW der heutigen Insel Spiekeroog gab es möglicherweise einen kleinen Inselvorläufer. Der größte Teil des späteren Inselbereiches dürfte aber von der Harle-Rinne eingenommen worden sein, an deren Flanken marine Watten angenommen werden.

Wangerooge, Minsener Oldoog

Besonders in der zweiten Hälfte der Zeit von 3700 bis 2000 BP (Midlum-Schichten) muß das Meer eine starke erosive Tätigkeit bis in den südlichen Wangerooger Inselwattbereich ausgeübt haben. Es wird angenommen, daß dies erst in der zweiten (subatlantischen) Hälfte stattfand, weil der zuvor gebildete (subboreale) Torf und brackische Ablagerungen erneut aufgearbeitet wurden. Schließlich wurde eine sandige Fazies sedimentiert (K.-H. SINDOWSKI 1969b/1970: Geol. Karte Wangerooge, Schnitt A-B). Es konnte nachgewiesen werden, daß es um Chr. Geb. ca. 4 km nordwestlich des heutigen Inselkörpers bereits einen Vorläufer "Wangerooge" gegeben haben muß; denn die Sedimente eines Rückseitenwattes aus jener Zeit (durch ^{14}C-Daten belegt) erforderten eine nach NW schützende, also vorgelagerte Insel (K.-H. SINDOWSKI 1969b: Abb. 7; 1973: 87f, Abb. 35).

Das Seegat "Blaue Balje" könnte sich um die Zeitenwende etwa in der Mitte der heutigen Insel Wangerooge befunden haben. Es ist denkbar, daß zwischen ihm und der Jade-Rinne im Zuge starker Sedimentzufuhr ein Vorläufer des Minsener Oldoogs gebildet wurde, obwohl die Holozänbasis bei -21 m NN liegt (K.-H. SINDOWSKI 1973: 87ff, 94).

Die paläogeographische Rekonstruktion für die Zeit um Christi Geburt (1950 BP, Beilage 6) stützt sich neben den Angaben oben auf weitere Hinweise:

Nach K.-H. SINDOWSKI (1969c: 33) gab es an der Scheidelinie zwischen Watt und offener See wahrscheinlich einen sandigen Strandwall. Bereits bei STRABO und PLINIUS (zit. bei K.-H. SINDOWSKI 1969c: 34) wurde auf die Existenz von Inseln aufmerk sam gemacht, die der ostfriesischen Küste vorgelagert seien. Die hier dargestellte Konfiguration der Ostfriesischen Inseln entstand u.a. in Anlehnung an H. HOMEIER (1969: Karte 1)., die Ostfriesland vor Beginn des Deichbaus zeigt. Sämtliche Inseln wurden, soweit sie nach H. HOMEIER (aaO) bereits bestanden, um ca. 2 km nach NNW versetzt[132] eingezeichnet.

Jeweils zwischen den Inseln wurde ein Seegat angenommen, das durch die Gezeitenströmung erhalten wurde, ähnlich wie heute. Es muß jedoch ausdrücklich darauf verwiesen werden, daß Umfang und Lage der Inseln mit Ausnahme von Langeoog rein hypothetisch wiedergegeben sind.

H. STREIF (1986a: 37) faßte die Entwicklung der Ostfriesischen Inseln trefffend zusammen:

"Erdgeschichtlich betrachtet sind die Inseln extrem junge, instabile und vergängliche Gebilde, die in ihrer heutigen Position allenfalls seit etwa 8000 Jahren existieren, aber seither erhebliche Umgestaltungen erfahren haben."

Das Prinzip der Inselentstehung wurde bereits in Kap. IV.E.1.a), Seite 186ff, ausführlich beschrieben. Die wichtigsten Punkte seien an dieser Stelle kurz wiederholt:

Dadurch, daß bei der landwärtigen Verlagerung der Küste die pleistozänen Erhebungen im Küstenvorfeld der Inseln abgetragen wurden, lassen sich nur vage Angaben über das Ausmaß ihrer N-S-Verlagerung machen. Es kann jedoch davon ausgegangen werden, daß die Küstenlinie in den letzten 7500 Jahren um mindestens 6 km nach S zurückverlegt wurde. Es muß außerdem hervorgehoben werden, daß die Inseln keiner generellen W-E-Wanderung unterliegen, wie es K. GRIPP (1944) angenommen hatte. Vielmehr sind sie, von N oder NW kommend, auf ihre ehemaligen Rückseitenwatten aufgewandert (vgl. H. STREIF 1986a: 38). Es dürfte sich hierbei also nicht nur um eine reine N-S-Verlagerung handeln, sondern auch um eine W-E-Komponente geringeren Umfanges.

So entstand unter dem Einfluß von Seegang, Brandung und Gezeiten ein überwiegend aus Sand[133)] aufgebauter Sedimentkörper, der stellenweise über 35 m Mächtigkeit aufweist. Auf diesem liegen Dünen, die durch Wind und Vegetation akkumuliert wurden und bis zu 20 m Höhe erreichen (H. STREIF 1986a: 31).

b) Die vorchristlichen Überflutungen der Küstenrandmoore

An der niedersächsischen Nordseeküste gab es nach der Phase von ungefähr 6500 bis 6000 BP eine zweite überregional nachgewiesene günstige Phase zur Bildung "schwimmender Torfe" zwischen 3300 und 2300 BP. Sie fällt zeitlich mit einem nur sehr langsam ansteigenden Meeresspiegel zusammen (H. PREUSS et al. 1983: 74ff, Abb. 28, zit. bei H. STREIF 1986a: 31). Es handelt sich also um eine typische Phase mit regressiver Tendenz des Meeresspiegelanstiegs, bei der das Moorwachstum schneller voranschritt als der Meesesspiegelanstieg. Deshalb sind keine bedeutenden Überflutungen des Küstengebietes in dieser Zeit festzustellen.

Auch innerhalb dieser zweiten Phase sind regional bedingte zeitliche Verschiebungen des Moorwachstums sehr häufig. Zu nachgewiesenen Meeresspiegelabsenkungen, die sich in Torfzersetzungs- und Bodenbildungshorizonten widerspiegeln, kam es zwischen 2800 und 2700 BP sowie um Christi Geburt (1950 BP) (vgl. K.-E BEHRE & H. STREIF 1980: 158; H. STREIF & C. HINZE 1980: 43; H. STREIF 1986a: 31).

Ems-Mündungsgebiet

K.-E. BEHRE (1986b: 122) beschrieb die Veränderung der Land schaft an der unteren Ems (Rheiderland) in den letzten 3000 Jahren. Die ältere Geschichte dieses Landes wurde größtenteils durch Meerestransgressionen geprägt. Gut faßbar ist die Dünkirchen 0-Transgression (s. Tab. 1), die hier etwa von 1900 bis 1000 v. Chr. dauerte. Ein wesentlicher Teil des Ems-Uferwalles wurde aufgebaut, das Sietland war sehr feucht, und dort wuchsen Röhrichte. Ab ca. 1000 v. Chr. setzten regressive Tendenzen ein, das Sietland wurde trockener, und dadurch konnten sich Erlenbruchwälder ausbreiten.

Der Uferwall selbst war seit langem von Auenwald bewachsen (maßgeblich Ulmen und Eichen). Es herrschten reine Süßwaserverhältnisse (K.-E. BEHRE aaO; 1978: 57f). Der Mensch legte ab 700 v. Chr. in diesen Uferwall-Auenwäldern die ersten Siedlungen an. Dabei zerstörte er hauptsächlich den höhergelegenen Hartholzauenwald (K.-E. BEHRE 1979: 185; 1986b: 122).

Ab 300 v. Chr. erzwangen erneute Meereseinbrüche die Aufgabe der Siedlungen auf dem Uferwall, das Sietland vernäßte stark. Nach K. BRANDT (1984: 156ff, Abb. 47 und 48) blieb die Emsmarsch seit dem ausgehenden 1. Jh. v. Chr. weitgehend von Überflutungen verschont. Noch während der ausklingenden Dünkirchen I-Transgression (etwa um 200 v. Chr.) wurden die Emsufer wieder besiedelt.

In der Zeit um Chr. Geb. führte jedoch eine ausgeprägte überregionale Regressionsphase zur Wiederbesiedlung des ganzen Uferwalles; denn die Sturmflutgefahr bestand nicht mehr, und auch das Mittelwasser war niedriger. Die Auenwälder wurden vom

Menschen erneut stark abgeholzt. Im Sietland bewirkte die Absenkung des Grundwassers, daß das dortige Niedermoor großflächig zum Hochmoor umschlug (K.-E. BEHRE 1970: 28; 1986b: 122). Dies gilt erwiesenermaßen für den Raum Boomberg, Hatzum, Jemgumkloster, Bentumersiel (Abb. 70). Weiter flußabwärts verhinderte der zunehmende Salzgehalt im Ems-Mündungsbereich ein Waldwachstum, vorwiegend aufgrund der winterlichen Überflutungen. So ist es nachgewiesen im Raum Larrelt, Rysum und Loquard (K.-E. BEHRE 1978: 58). Dennoch reichte der Brackwassereinfluß nur bis Boomberg, wo der Tidenhub schon gering war (K. BRANDT 1984: 158; K.-E. BEHRE 1970: 38; 1977: 82). Erneute Überflutungen setzten demnach erst wieder im 1. und 2. Jh. n. Chr. ein. Ähnliche Entwicklungen in der benachbarten Groninger Marsch erwähnte W. ROELEVELD (1974: 111).

wachstum dort zwischen 4300 und 3400 BP seinen Höhepunkt. Der Emslauf wurde eingeengt, der Tidenhub verringerte sich. Es vollzog sich ein Landschaftswandel von einem Gebiet mit zahlreichen Flußarmen zu einem einförmigen Hochmoor (ebenda: 52).

Ab 3400 BP entstanden lokal, ab 2500 BP flächenhaft Lagunen auf den landwärtigen Seiten der Emsuferwälle. Dort bestanden kleine Durchlässe, durch welche die Gezeitenwelle in den Lagunen klastische Sedimente zur Ablagerung brachte. Diese Lagunen waren flach und wiesen lückenhafte Bestände des Schilfrohres *(Phragmites communis)* und der Meerstrandsimse *(Bolboschoenus maritimus)* auf. Nach 2100/2000 BP endete die lagunäre Entwicklung, und dichte Schilfbestände breiteten sich aus. Die Uferwälle waren nun trocken genug, um menschliche Siedlungen zu ermögli-

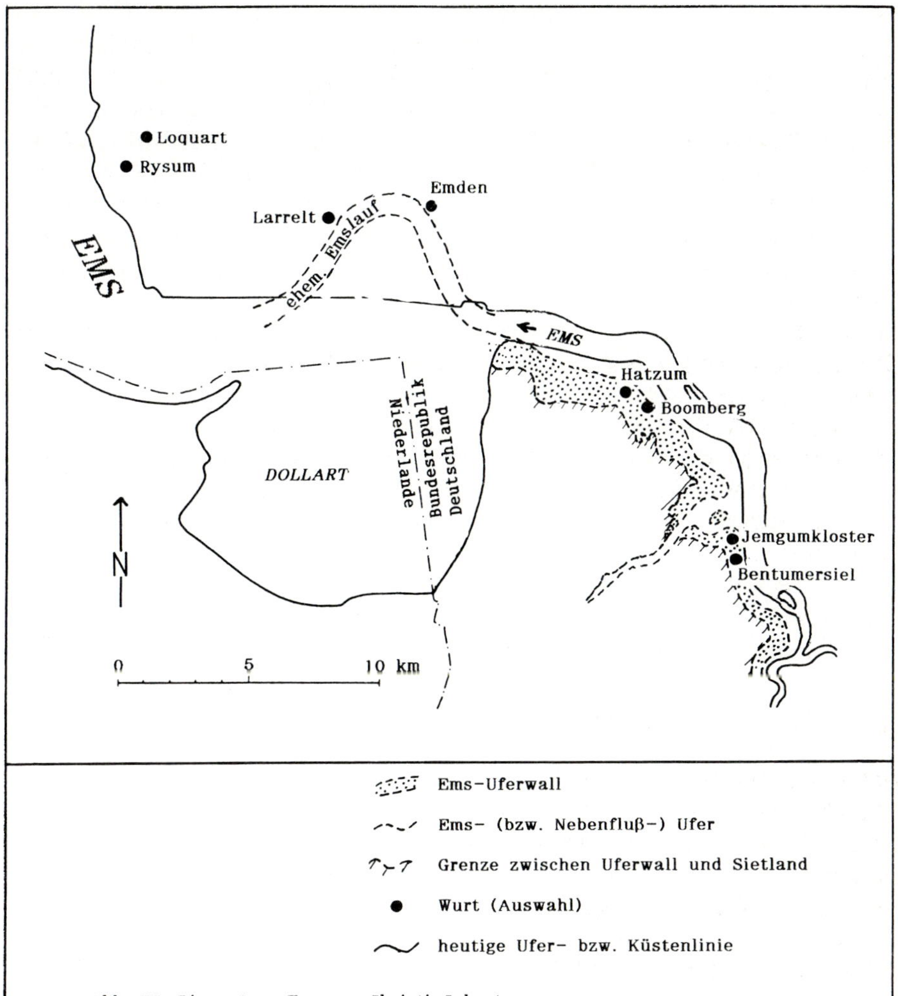

Abb. 70: Die untere Ems um Christi Geburt
(n. K.-E. BEHRE & W. HAARNAGEL 1984: Abb. 14; K. BRANDT 1984: Abb. 48)

Das Gebiet um die Stadt ***Emden*** untersuchte J. BARCKHAUSEN (1984). Demnach erreichte das Moor-

chen. Doch der Mensch nahm Einfluß auf die Landoberfläche. Er verhinderte es, daß sich aus der organischen Substanz des Schilfes kein neuer Schilftorf bilden konnte. Er zerstörte das Schilf und zertrat den Boden. Aus den stark zertretenen Schilfrhizomen entwickelte sich eine besondere Form der Bodenbildung, der sog. ***"Humusdwog"***. Auch das Moorwachstum in Hinterland wurde durch Beweidung und andere Siedlungseinflüsse gestört (ebenda: 54f).

Westliches Ostfriesland, Krummhörn

Weiter flußabwärts, westlich von Emden und in der Krummhörn, untersuchten J. BARCKHAUSEN & H. STREIF (1978) die Landschaftsentwicklung. Hier wird berichtet, daß es kurz nach 3700 BP verbreitet zu Hochmoorwachstum kam (ebenda: 42). Ab 2300/2200 BP sind dann Überflutungen zu verzeichnen (ebenda: 47), nur am Geestrand behauptete sich das Moor.

H. STREIF (1971: 44f) fand bei seinen Untersuchungen in Woltzeten heraus, daß es dort ein lagunäres Stadium zwischen 3700 und 2900 BP gegeben hatte. Anschließend kam es zu einem ausgeprägten Moorwachstum, es bildete sich die ***"obere Torflage"***.

Transgressive Tendenzen des Meeres sind dann etwa ab 2500 BP nachgewiesen, wobei die Landschaft einen überwiegend lagunären Charakter erhielt. Es lassen sich also Parallelen mit den oben beschriebenen Nachbargebieten ziehen. Nach K.-E. BEHRE & W. HAARNAGEL (1984: 73, Abb. 14) wurde in dieser Zeit der Küstenverlauf stark verändert. Das Gebiet der späteren Insel Bant wurde zur Insel, die Buchten von Campen und Sielmönken wurden geschaffen und die Leybucht vorgeformt. Jedoch bestand nach J. BARCKHAUSEN & H. MÜLLER (1984: 127ff) die Leybucht nicht vor dem Mittelalter, da hier ein relativ küstenfernes Hochmoor nachgewiesen wurde. Die übrigen Buchten waren auch nach der Meinung dieser Autoren bereits zur Zeitenwende gebildet.

Wie überall im Bereich der Emsmündung und auch verbreitet in den benachbarten Küstenbereichen kam es um Christi Geburt zu einer Unterbrechung der Überflutungsfolgen, die sich in einer verbreiteten Bodenbildung (Humusdwog) auf der Marsch äußerte. (J. BARCKHAUSEN & H. STREIF 1978: 47; H. STREIF 1971: 44f; H. STREIF & B. ZIMMERMANN 1973: 16ff; K.-E. BEHRE & W. HAARNAGEL 1984: 73).

Aufgrund dieser Ausführungen erfolgte die paläogeographische Rekonstruktion der Landschaft um 1950 BP (Christi Geburt) auf Beilage 6.

J. BARCKHAUSEN & H. STREIF (1978: 52f) erwähnten die Existenz von Uferwällen beiderseits des Emslaufes flußabwärts von Emden. Zumindest der nördliche Uferwall wurde zur Römischen Kaiserzeit besiedelt. In seinem Schutz hatten sich Brackwasserlagunen entwickelt, die kurz nach Chr. Geburt (1900 bis 1800 BP) vertorften. Paläogeographisch wichtig ist es, daß auf den großflächigen Watten, die im W Ostfrieslands bestanden, um die Zeitenwende durch Aufhöhung der Sedimente über das MThw Grodenbildungen einsetzten.

Etwa ab dem 3. Jh. n. Chr. setzte die Dünkirchen II-Transgression an der Nordseeküste ein (K.-E. BEHRE & W. HAARNA GEL 1984: 74). Weite Areale der zuvor verlandeten Gebiete wurden wieder zu Watten, der Gezeiteneinfluß nahm zu (H. STREIF 1971: 44f).

Diese transgressive Tendenz an der Küste führten H. STREIF & B. ZIMMERMANN (1973: 10) weniger auf einen Anstieg des Meeresspiegels als vielmehr auf eine Umgestaltung des Küstenverlaufes zurück. Das wichtigste Ereignis sollte dabei die Auflösung eines Strandwallsystems (im Bereich der heutigen Ostfriesischen Inseln ?) gewesen sein, in dessen Schutz bis dahin Lagunen bestanden. Nach Wegfall der Schutzfunktion stellten sich bald Wattverhältnisse ein.

D. WILDVANG (1911; 1915; 1938) hatte in diesem Zusammenhang bereits von einem Sedimentationswechsel vom "fluviatilen Alluvium" (= lagunäre Fazies) zur "marinen Schlicktondecke" (= Wattfazies) gesprochen und ihn als "prähistorische Katastrophe" bezeichnet. H. STREIF & B. ZIMMERMANN (1973: 11) wiesen darauf hin, daß sich dieser Fazieswechsel, der eine einschneidende Landschaftsveränderung darstellte, wahrscheinlich nicht katastrophenartig vollzog. Vielmehr fand "keine großräumige Entwicklung des Küstenholozäns" statt, "sondern ein in der zeitlichen Abfolge rascher und örtlich eng begrenzter Wechsel von Überflutung, Verlandung, Verbrackung und Aussüßung".

Ostfriesische Nordküste

Die festländische Nordküste Ostfrieslands um Christi Geburt genau festzulegen, bleibt ein schwieriges Unterfangen. Es fehlt an ausreichenden Hinweisen. So stellten E. OELE et al. (1979: colour chart) für diesen Küstenabschnitt nur einen möglichen Verlauf dar. Demnach bestand die Harlebucht ansatzweise. Westlich von Wangerooge befand sich ein breites Seegat dort, wo man heute auf die Insel Spiekeroog trifft. Es gilt als sicher, daß die Harle hier einmündete, und eine

Meeresbucht bereits seit dem Atlantikum existierte (J. BARCKHAU SEN 1969: Tafeln V bis VII).

Der Verfasser nimmt daher auch für die Zeitenwende die Existenz der Harlebucht an; denn es liegen bislang keine Beweise für eine völlige Verlandung dieser Bucht für diese Zeit vor. Die Insel Spiekeroog dürfte sich noch nicht blockierend in der Harle-Mündung befunden haben. Wenig nördlich des heutigen Spiekerooger Ostendes lag wahrscheinlich der alte Westkopf der Insel Wangerooge (vgl. K.-H. SINDOWSKI 1973: Abb. 35). Hierdurch wird noch einmal die Annahme gestützt, daß im Bereich von Spiekeroog damals ein Seegat existierte, das sich nach S in die Harlebucht fortsetzte.

K.-E. BEHRE & W. HAARNAGEL (1984: 77) stellten für die Zeit um 1000 n. Chr. die Harlebucht in ihrer größten Ausdehnung dar. Es scheint dem Verfasser jedoch unwahrscheinlich, daß diese Bucht zwischenzeitlich vollkommen verlanden konnte. Erst viel später, zwischen 1760 und 1860 n. Chr. ist die Verlandung belegt: die Insel Spiekeroog verlängerte sich als Folge hieraus nach E (H. HOMEIER 1962: 18ff, Karte).

c) Das Jade-, Weser- und Elbmündungsgebiet

Das Ende der Dünkirchen 0-Transgression (ca. 3000 BP) führte im Jadegebiet zu einem Übergang von mariner zu brackischer Sedimentation, schließlich kam es verbreitet sogar zu Süßwasser-Ablagerungen (C. BROCKMANN 1941: zit. bei G. KOSSACK et al. 1984: 75).

Das Küstenrandmoor, allgemein Niedermoor, breitete sich weiträumig aus. Stellenweise, besonders im Bereich Wilhelmshaven, entwickelte sich sogar ein Hochmoor.[134] Aus dieser Zeit stammt der ***"Obere Torf"*** an der Jade, ein wichtiges lithostratigraphisches Element, das flächenhaft verbreitet auftritt (H. STREIF 1981: 61). Ein Rest dieses Hochmoores ist das heute noch lebende ***"Sehestedter Außendeichsmoor"*** im Jadebusen (K.-E. BEHRE & W. HAARNAGEL 1984: 76).

Durch Erosion wurden besondes bei den mittelalterlichen Sturmfluten viele Zeugen der Vergangenheit im Jade- und Wesergebiet beseitigt. Dennoch soll versucht werden, den Küstenverlauf an der Jade um Chr. Geb. zumindest tendenziell nachzuzeichnen. Als eine wesentliche Grundlage hierfür diente die Darstellung von K.-E. BEHRE & W. HAARNAGEL (1984: Abb. 14).

Nach H. STREIF (1981: 63) fand im Bereich der Stadt Wilhelmshaven ab 2200 BP die Überflutung des "Oberen Torfes" statt. K.-E. BEHRE & W. HAARNAGEL (1984: 77) belegten, daß die Marsch um die Zeitenwende und auch darüber hinaus für längere Zeit überflutungsfrei gewesen sein muß. Nur so konnte sich auch hier, wie an vielen anderen Stellen der südlichen Nordseeküste, ein Bodenhorizont ausbilden, der im Jeverland als ***"Schwarze Schnur"*** bekannt ist. Die Ursache ist in einer Regression, die mit einer ***echten Meeresspiegelabsenkung*** einherging, zu sehen (vgl. H. STREIF 1981: 72f).

Nach K.-E. BEHRE & W. HAARNAGEL (1984: 77) verlief die Küstenlinie im Bereich von Wilhelmshaven und Butjadingen um Chr. Geb. ähnlich wie heute. Jedoch war der Jadebusen landfest (vermoort), und die Küstenlinie bog bei Wilhelmshaven nach E in Richtung Butjadingen um. Auf den hohen Seemarschen und den Uferwällen der Flüsse wurde zu ebener Erde ge siedelt.[135] Noch während der Römischen Kaiserzeit mußte man infolge zunehmender Überflutungsgefahr (durch die Zunahme des Sturmflutpegels) die Wohnplätze zu Wurten erhöhen.[136] Ab dem 2. Jh. n. Chr. war eine deutliche Transgression zu verzeichnen, die sich hauptsächlich durch ein höheres Auflaufen der Sturmfluten auswirkte. Die Maadebucht, eine bedeutende Meeresbucht in Wilhelmshaven, wurde aber erst nach Chr. Geb., wahrscheinlich während der Dünkirchen II-Transgression (250-600 n. Chr.) angelegt. Eine genaue Datierung steht noch aus. Heute ist sie vollständig verlandet (K.-E. BEHRE & W. HAARNAGEL 1984: aaO).

Mellum

Über die Entwicklungen im Bereich der heutigen Insel Mellum und ihrer Umgebung im Zeitraum von 3700 bis 1950 BP liegen kaum Angaben vor. Wie schon im letzten Zeitabschnitt erwähnt, finden sich im Untergrund von Mellum oberhalb -7,5 m NN Wattsande (K.-H. SINDOWSKI 1979: 39). Eventuell läßt die von W.G. SCHRAPS (1962: 84ff) beschriebene 4 m-Bohrung am Nordrand von Mellum den Schluß auf eine Strandlagune im heutigen Inselbereich zu, jedoch fehlen Altersangaben. Daher geht der Verfasser davon aus, daß sich in diesem Gebiet um Chr. Geb. marine Watten, ähnlich wie heute, befunden haben. Ob die Insel Mellum bereits um die Zeitenwende existierte, kann nur vermutet werden. Erstmalig erwähnt wurde sie im Jahre 1410 n. Chr. und 1589 n. Chr. erstmals kartographisch dargestellt (K.-H. SINDOWSKI: 1979: 38).

Butjadingen

H.D. LANG (1959: 544ff) ging in Butjadingen von einer weit verbreiteten Vermoorung (subboreale Vermoorung) aus, die um 4000 BP begonnen hatte und sich bis 3000 BP fortsetzte. Sie fand verbreitete Parallelen entlang der südlichen Nordsee, so auch in den Niederlanden. In dieser Zeit wurde die Hauptlage des Hollandtorfes gebildet (W.H. ZAGWIJN 1986: Fig. 6 und 16).

Weserlauf

Die Rekonstruktion des Paläo-Weserlaufes ist derzeit noch mit großen Unsicherheiten behaftet. Zwar kann man davon ausgehen, daß der Fluß bis zur Eindeichung neben einem Hauptarm mehrere Nebenarme besaß, wie sie von H. PREUSS (1979: 71ff) zumindest für die östliche Wesermarsch angenommen wurden.

Dennoch ist die Lage des Hauptarmes im Holozän bislang nicht ganz zweifelsfrei rekonstruiert worden. Derzeit laufende Untersuchungen des NLfB in der westlichen Wesermarsch deuten darauf hin, daß der Hauptarm während des gesamten Holozäns, also auch zur Zeitenwende, nicht wesentlich von seiner heutigen Position abwich (J. BARCKHAUSEN, H. STREIF 1988: pers. Mittlg.). In naher Zukunft sind hierzu präzisere Aussagen zu erwarten.

Falls sich die Vermutung über eine unwesentliche Verlagerung des Unterweserlaufes bestätigt, würde dies im Widerspruch zu den Annahmen von W. MÜLLER (1977: 28; 1985: Abb. 7) stehen. Er positionierte den Weser-Hauptarm um Chr. Geb. ca. 2 bis 6 km westlich des heutigen. Demgegenüber nahmen bereits H. SCHÜTTE (1934: Blatt 8) und W. HARTUNG (1967: 3) an, daß sich der Hauptweserarm schon seit etwa 1000/900 v. Chr. in seiner heutigen Lage befand.

Es bestanden zwischenzeitlich sicherlich kleine Verbindungen zwischen Weser und Jade in Form von Nebenarmen. So führt K.-H. SINDOWSKI (1979: 32) an, daß von 3600 bis 1800 BP zwischen Jade und Weser ein brackisches Milieu existierte. Dort soll es mehrere Verbindungsläufe gegeben haben, die aber seit mindestens 3000 BP inaktiv sind. Es soll sich hier auch der Vorläufer der im Mittelalter eingebrochenen Ahne-Rinne (vgl. Abb. 49) gebildet haben. Durch diesen Einbruch entstand eine Verbindung zwischen Jade und Weser. Dadurch wurde Butjadingen vorübergehend zur Insel.

Die Dünkirchen 0-Transgression wird auf 3500 bis 3000 BP an gesetzt. Anschließend war nach H. PREUSS (1979: 75) zumin dest der Ostteil der Wesermarsch zwischen ca. 3300 und 2800 BP fast flächendeckend vermoort. In der Nachbarschaft des Hauptweserlaufes gab es verbreitet Schilfsümpfe sowie eine unterbrochene Flußdünenkette am Ostufer, die schon länger bestand; denn es ragten in dieser Zeit nur noch einzelne Dünenkuppen als Sandinseln heraus.

Die Uferwälle der Weser eigneten sich wie die der Ems nach Ausklang der Dünkirchen 0-Transgression (bis 3000 BP) zur Besiedlung und schützten das dahinterliegende Moor vor Überflutungen. Im Bereich der Wesermarsch entstanden wie an der Ems auch Flachsiedlungen. (K.-E. BEHRE & W. HAARNAGEL 1984: 76).

Bis etwa 2800 BP (H. PREUSS 1979: 75f) trocknete das oben genannte Moor weitgehend aus, und es setzte eine Bodenbildung ein. Sogar Teile der flachen Schilfsümpfe wurden so zur festen Landoberfläche. Dieser Vorgang wurde von H. PREUSS (1979: 75) als "erste Marschenbildung im Wesermündungsgebiet" bezeichnet.

Die nachfolgende Dünkirchen I-Transgression (2500 bis 2200 BP) durchbrach zwar den Weseruferwall an einigen Stellen, jedoch wirkte sie sich nicht so weit bis ins Hinterland aus wie ihre Vorgängerin. So blieben beispielsweise die Moore im Bereich des Jadebusens und weiter östlich (bei Schweiburg, Abb. 64) von dieser Überflutungsphase unberührt. Die Niedermoorvegetation schlug zur Hochmoorvegetation um. Das schon genannte Sehestedter Außendeichsmoor (Abb. 64) ist heute noch als Rest hiervon zu sehen (K.-E. BEHRE & W. HAARNAGEL 1984: 76).

Nach H. PREUSS (1979: 76) stellte sich nach Abklingen einer transgressiven Subphase[137)] wiederum eine neue Marschengenese mit Bodenbildung ein. Auf den natürlichen Uferwällen der Weser im Gezeitenbereich befanden sich ursprünglich Auenwälder. Vor etwa 2000 Jahren begann der Mensch mit ihrer völligen Abholzung, um Ackerland zu gewinnen. Selbst Relikte sind heute nicht mehr auszumachen. Als Beweise gelten Pollenfunde (K.-E. BEHRE 1984: 11). Die Rekonstruktion eines frühsubatlantischen Auenwaldes an deinem norddeutschen Gezeitenfluß, wie z.B. der Weser, zeigt Abb. 71, folgende Seite.

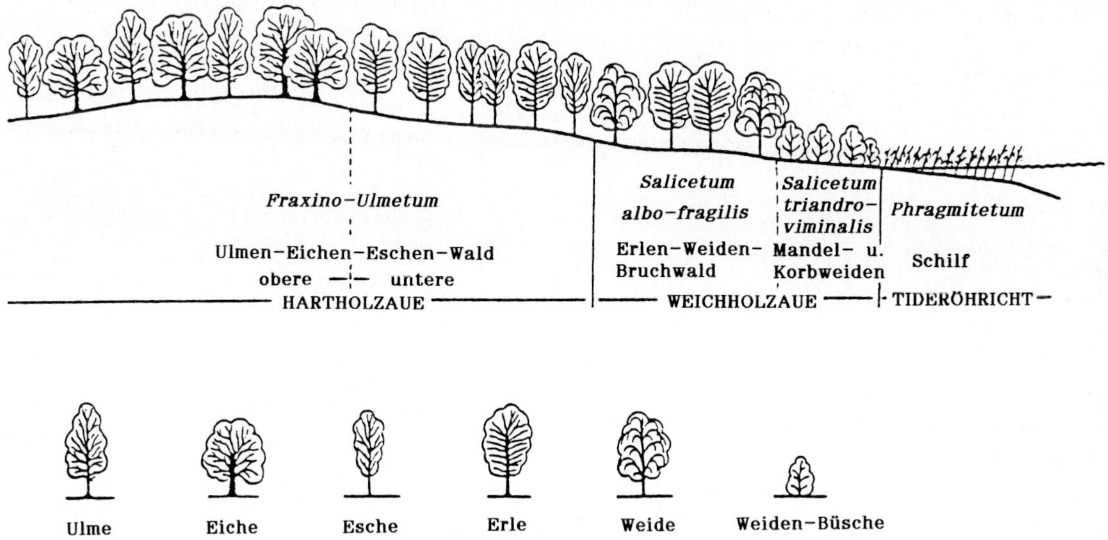

Abb. 71: Ein frühsubatlantischer Auenwald an einem norddeutschen Gezeitenfluß, schematisch
(n. K.-E. BEHRE 1984: Fig. 1, leicht verändert)

Land Wursten

Nach W. HAARNAGEL (1973: 24f, Abb. 3) fand im Lande Wursten nach 3600 BP ein erneuter Meeresvorstoß statt, der marine bis stark brackische Sedimente hinterließ. Danach schlickte das Land wieder auf, es entstand eine Grodenschichtung über dem MThw-Niveau. Ab etwa 3000 BP breitete sich darüber ein Schilfmoor aus. Ab 2700 BP siedelte der Mensch, dort wo möglich, zu ebener Erde. Weite Areale des Landes Wursten waren demnach verlandet. Bis zur Zeitenwende kam es jedoch noch einmal zu einem Meereseinbruch. Offenbar handelt es sich hierbei um die Dünkirchen I-Transgression. Davon zeugen Grodensedimente über dem Niedermoortorf im Bereich der Wurten-Ausgrabung Feddersen Wierde. Wenig weiter westlich wurde ein fossiler aufgeschütteter Brandungswall entdeckt.

Mit Hilfe von Keramikfunden datierte man ihn auf 500 bis 100 v. Chr. (~ 2500 bis 2100 BP). Dieser Wall hatte wahrscheinlich keine Verbindung mit dem Festland (W. HAARNAGEL 1973: aaO). Siehe hierzu Abb. 72, folgende Seite.

Auch H. PREUSS (1979: 59f) erwähnte diesen Wall als jungen Strandwall "im Lande Wursten unter der Wurtenreihe Barward, Fallward, Feddersen Wierde, Mulsum, Dorum und Alsum". Demnach spielte er für die Besiedlung des Landes eine bedeutende Rolle.

Im Schutze dieses Strandwalles war östlich davon eine Lagune entstanden. An seiner Westseite breitete sich um Chr. Geb. ein Watt aus, das frühestens ab dem 2. Jh. zu verlanden begann (W. HAARNAGEL 1973: 30).

Altenwalder Endmoräne

Den Untersuchungen G. LINKEs (1984) zufolge herrschten bis 2400 BP ruhige Wachstumsbedingungen für ein Küstenrandmoor im Bereich der Altenwalder Endmoräne. Danach verstärkten sich transgressive Tendenzen des Meeres, die zur Erosion an diesem Moor führten. Gleichzeitig formte sich am Geestrand durch verstärkte Sturmflutaktivitäten ein neues Kliff. (ebenda: 25). Über die Situation um Chr. Geb. wurde nichts Genaues ausgesagt.

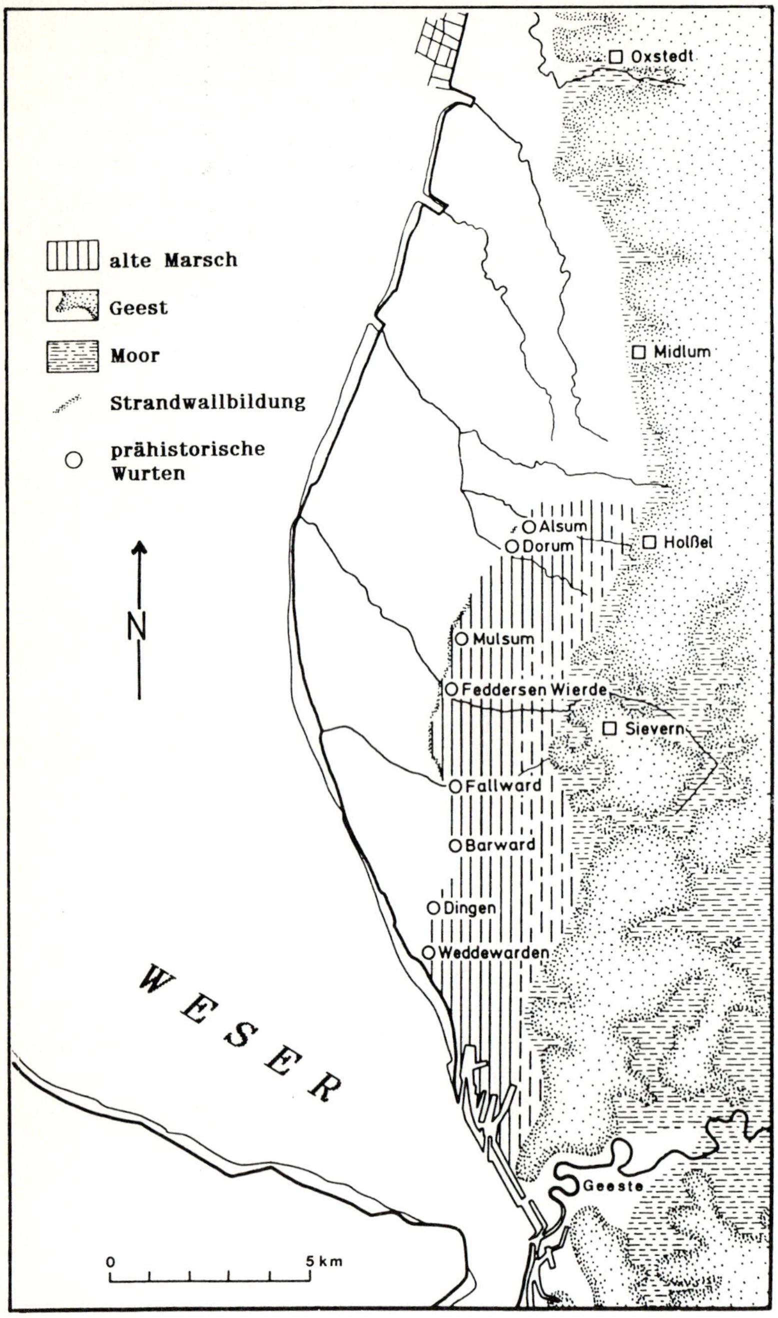

Abb. 72: Das Land Wursten um Christi Geburt
(n. W. HAARNAGEL 1973: Abb. 3; K. BRANDT 1984: Abb. 44)

Neuwerk, Scharhörn

Im Bereich der heutigen Inseln Neuwerk und Scharhörn liegt die Holozänbasis zwischen -20 und -25 m NN (G. LINKE 1982: Abb. 3). Der holozäne Sedimentkörper besteht zum größten Teil aus Feinsand. Schwimmende Torfe gibt es nur als Einschaltung dicht oberhalb des Basaltorfes unter -20 m NN oder in unmittelbarer Nähe des Festlandes um -2 m NN, wo sie seewärts ausstreichen (G. LINKE 1982: Abb. 7).

"Als Flugsand-beeinflußte Plate" besteht die Insel Scharhörn etwa in der gleichen Position seit mindestens 3500 bis 4000 Jahren (G. LINKE 1969: 81). Erwähnt wurde sie erstmals 1299 n. Chr. (H. GÖHREN 1975: Tab. 1).

Für die paläogeographische Entwicklung nimmt der Verfasser daher an, daß im hier betrachteten Zeitabschnitt, von 3700 BP bis Chr. Geb., zwischen Scharhörn/ Neuwerk und dem Festland ein marines Wattenmilieu, ähnlich wie heute, bestand.

Die Frage nach der Existenz der Marscheninsel Neuwerk um die Zeitenwende muß unbeantwortet bleiben. Nach K.-E. BEHRE & W. HAARNAGEL (1984: 81) war sie niemals ein Teil des Festlandes.

Elbmarschen

Der Kenntnisstand über die Landschaftsgenese der Elbmarschen im Holozän ist immer noch gering. K.-E. BEHRE & W. HAARNAGEL (1984: 81) zufolge war das Hadelner Sietland bereits gegen Ende der mittelholozänen Calais-Überflutungsphasen (ca. 3800 BP) hoch aufsedimentiert.

Die Elbe zeigte generell die Tendenz, am Prallhang, im Bereich Süd-Dithmarschen-Brunsbüttel ihr Ufer nach NE zu verlagern. Am schleswig-holsteinischen Ufer wurde also erodiert, am niedersächsischen Gegenufer (Hadeln, Kehdingen) akkumuliert. Als Beweis hierfür gelten die dortigen jungen Marschen (A. BANTELMANN et al. 1984: 59).
K.-E. BEHRE & W. HAARNAGEL (1984: 81) erwähnen einen breiten Uferwall der Elbe, der sich bereits im Mittelholozän gebildet hatte und das Land Hadeln gegen großräumige Überflutungen während der Dünkirchen-Transgressionen (frühestens ab 3500 BP) schützte.
Dieser Uferwall mußte demnach bedeutend weiter südlich gelegen haben als das heutige Elbufer. K.-H. SINDOWSKI (1979: 66f) berichtet von Transgressionen im Land Hadeln zwischen 3700 und 2800 BP sowie 2700 bis 2400 BP.

Der vielerorts gut ausgebildete 1700er-Grenztorf (1700 v. Chr.-Torf) ist nach K.-H. SINDOWSKI (1975: 14f) im Unterelbegebiet kaum entwickelt. Im Bereich Brunsbüttel (Schleswig-Holstein) wurde ein Humusdwog (Bodenbildungshorizont) auf 2300±215 BP datiert, überlagert von brackischer Wattfazies. Ähnliche Ergebnisse sind auch aus dem Land Kehdingen bekannt, es handelt sich ebenfalls um einen gleichaltrigen Humusdwog und Schilftorf, der von Pewsum-Kleien überlagert wird (K.-H. SINDOWSKI 1979: 78ff).

Nach Ansicht des Verfassers lassen diese Aussagen vermuten, daß in Elbnähe ein zuvor ausgebildeter Bodenhorizont bis zur Zeitenwende wieder Überflutungen ausgesetzt war. Daher wird in der Elbmarsch ein überwiegend brackisches Wattenmilieu angenommen (Beilage 6).

Menschliche Besiedlungen in der Marsch untersuchten K.-E. BEHRE & W. HAARNAGEL (1984: 81). Sie weisen zeitliche Parallelen mit denen in der Wesermarsch auf. So liegen Siedlungsspuren aus der Zeit nach der Dünkirchen 0-Transgression (ab 2700 BP) vor. Nach der Dünkirchen I-Transgression (1. Jh. v. Chr.) gab es in der Elbmarsch sogar Flachsiedlungen, die während der Römischen Kaiserzeit zu Wurten erhöht wurden. Diese Wurtenreihe (Lüdingworth, Neuenkirchen, Westerwörden, Bahrdorf und Belum) kennzeichnet den Verlauf des Elbufers zur Römerzeit, das etwa 2 bis 5 km südlich der heutigen Deichlinie lag (Abb. 73).

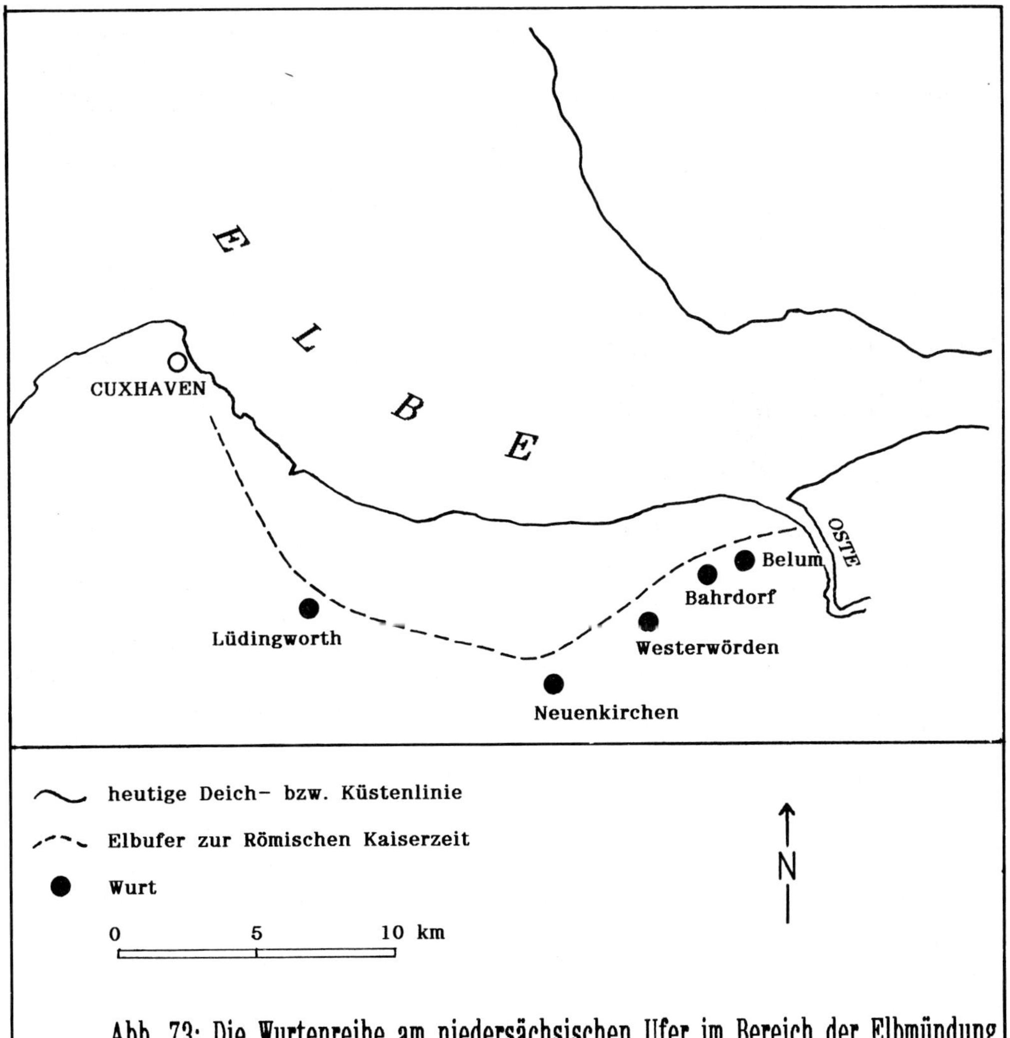

Abb. 73: Die Wurtenreihe am niedersächsischen Ufer im Bereich der Elbmündung zur Römischen Kaiserzeit

V.E.2. Schleswig-holsteinische Nordseeküste

a) Dithmarschen

Nach D. HOFFMANN (1987: 8) war das MThw im letzten vorchristlichen Jahrtausend an der schleswig-holsteinischen Westküste bereits annähernd so hoch wie gegenwärtig. Danach erfolgte wieder eine Absenkung und es blieb für ca. 1000 Jahre unter dem vorher erreichten Niveau. Daraufhin setzte ein Anstieg ein, wenn auch mit Schwankungen.

Während der Dünkirchen 0-Transgression (3700 bis 3300 BP) wurde die Küstenlinie in Dithmarschen begradigt. Dies geschah einerseits durch Erosion mit Kliffbildung an den Geestvorsprüngen, andererseits wurden Meeresbuchten durch Strandwälle abgeschnitten (B. MENKE 1984: 49, Abb. 1).

Miele-Bucht

Typisch für diese Entwicklung ist die Miele-Bucht, die S. BRESSAU & R. SCHMIDT (1979: 69) untersuchten. Sie war bereits im frühen Subboreal (4800 bis 4500 BP) durch einen Strandwall nahezu abgeriegelt worden. Dadurch war eine Lagune entstanden. Von den Rinnen in dieser Lagune ging verstärk te Klei-Sedimentation aus, die sich über das Basalmoor schob. Dieser Sedimentationsvorgang wurde mehrfach durch Verlandungsphasen unterbrochen. Während dieser Phasen breitete sich das Küstenrandmoor weitflächig aus. Um Christi Geb. war die Strandwallbildung beendet.

Nach Meinung des Verfassers waren um Chr. Geb. große Teile des vorgelagerten Wattes hoch aufgeschlickt und verlandet; so daß die See den Strandwall zumindest bei normaler Flut nicht mehr erreichte.

Lundener Nehrung

Das Gebiet der Lundener Nehrung Untersuchten P. HUMMEL & E. CORDES (1969). Demnach (ebenda: 109) setzte sich westlich der Nehrung die marine Sedimentation im Subboreal zunächst fort, wodurch dieses Watt über das MThw aufwuchs. Anschließend kam es sogar zu Bodenbildungen (Dwog-Horizont). Ab 600 v. Chr. (~ 2600 BP, frühes Subatlantikum) setzte an der dithmarscher Küste erneut eine Transgression ein. Dennoch kam es im Lundener Bereich nicht zum Absatz voll-mariner Sedimente, sondern zur Ablagerung brackischer Kleie. Nach Ansicht des Verfassers kann deshalb auf die Existenz eines ausgedehnten brackischen Milieus geschlossen werden, das sich vor der Nehrung befand.
In der Folgezeit setzte eine Phase der Verlandung ein (P. HUM MEL & E. CORDES 1969: 109), die sich in der Bildung eines zweiten Dwog- und Torfhorizontes äußerte. Diese Verlandungsphase war um Chr. Geb. abgeschlossen. Östlich der Lundener Nehrung lag ein Moor (ebenda: aaO).

An den damals frisch erodierten Kliffen wurden eine Reihe von prähistorischen menschlichen Siedlungsspuren entdeckt (B. MENKE 1984: 49). An diesen Stellen fanden die Bewohner durch marine Erosion freigelegte unverwitterte Feuersteine vor, und man hat deshalb dort eine große Anzahl neolithischer Artefakte finden können. Nach A. BANTELMANN (1966: 7) stammen sie aus dem Übergang vom späten Neolithikum/ frühe Bronzezeit (um 3500 BP).

Die Paläogeographie Dithmarschens um Chr. Geb. stellt sich nach A. BANTELMANN et al. (1984: 57) folgendermaßen dar: Den Strandwällen war eine stabile Wattsandfläche vorgelagert, auf der sich bis zum Ende der Dünkirchen I-Transgression (~ Zeitenwende) eine ausgedehnte Marsch entwickelt hatte. Fossile Bodenhorizonte (Dwöge) aus dieser Zeit zeugen davon. Die Marsch wurde sogar landwirtschaftlich genutzt.

Nach B. MENKE (1984: 50) hatte die Marschen-Oberfläche in Dithmarschen westlich der Strandwälle um 2000 BP ein relativ hohes Niveau (+1 bis +1,8 m NN). Während der Römerzeit war sie besiedelt. Später, zur Zeit der mittelalterlichen Nordseevorstöße, waren die Landverluste in Dithmarschen bedeutungslos aufgrund der geringen Setzungsfähigkeit der Sedimente.

b) Nordfriesland und Eidermündung

E. DITTMER (1952: 151ff) zufolge setzte in der zweiten Hälfte des Mittelalluviums (ab ca. 4000 BP bis zur Zeitenwende) eine Verlandung größten Umfanges im nordfriesischen Küstengebiet ein[138]. Im Bereich des gegenwärtigen westlichen Eiderstedt wurden im Schutz des Gardinger Hakens (Strandwall) sehr feine Sedimente abgelagert, so daß dort eine Insel aufwuchs. Dabei fehlen die brackischen Ablagerungen fast völlig. E. DITTMER schloß daraus, daß die Gezeiten bis zur Verlandung stets ungehinderten Zugang in dieses Gebiet besaßen.

E. DITTMER (ebenda: 154) konnte genaue Datierungen der Marsch infolge fehlender prägnanter Bodenhorizonte nicht angeben. Aufgrund der Lagerungsverhältnisse der Sedimente ging er davon aus, daß der

Raum W-Eiderstedt gleichzeitig mit dem Gebiet um die heutige Marscheninsel Pellworm verlandete. Die Oldensworter Bucht, damals im Bereich des östlichen Eiderstedt gelegen, verlandete bis zur Zeitenwende ebenfalls. In der Folgezeit vermoorte sie sogar teilweise, wie E. DITTMER (ebenda: 155) annahm.

Die Verlandungsschichten der Oldensworter Bucht besitzen einen ungewöhnlich hohen Sandanteil, wodurch sehr stabile Lagerungsverhältnisse entstanden und spätere Sackungen, wie im nördlichen Nachbargebiet, weitgehend unterblieben. In der zweiten Hälfte des Mittelholozäns (4000 bis 2000 BP) war das Areal der heutigen nordfriesischen Halligen von ausgedehnten Mooren bedeckt (ebenda: 154). Offenbar bot nach Vermutung des Verfassers eine Küstenbarriere westlich davon wirksamen Schutz vor Überflutungen und Erosion. Als Unterstützung hier zu sollen die nun folgenden Ausführungen gelten.

Jüngere Untersuchungen von A. BANTELMANN et al. (1984: 60ff) lieferten eine gute zeitliche Einordnung der einzelnen Entwicklungsstufen dieser Küstenlandschaft. Demzufolge wurde der Strandwall ***"Tholendorfer Haken"***, der schon seit dem 2. Jahrtausend v. Chr. bestand, kurz nach der Zeitenwende besiedelt[139)]. Nördlich dieses Hakens traf man auf der über NN aufgelandeten Fläche Dwöge an, in den tiefer gelegenen Partien hatten sich Moore entwickelt. Die Dünkirchen I-Transgression (2500 bis 2200 BP), die anderenortes bis kurz vor Chr. Geb. nachzuweisen ist, hatte keinen Einfluß auf die Sedimentation im Bereich von W-Eiderstedt. Verschiedentlich vorhandene Restseen verlandeten. Auch der Pellwormer Raum vermoorte während dieser Zeit bis Chr. Geb. nachweislich. So wird angenommen, daß sich Nehrungen von W-Eiderstedt weit nach N bzw. NW erstreckten (A. BANTELMANN et al. aaO).

A. BANTELMANN (1966: Abb. 1) erwähnte einen mittlerweile vollständig abgetragenen Geestkern, der als Geestinsel in der Hevermündung zu dieser Zeit noch bestanden haben soll.

Nach B. MENKE (1984: 56) war im Bereich von Eiderstedt der Gardinger Strandwall bereits während der Dünkirchen I-Transgression aufgeschüttet worden. Der ***Strandwall von St. Peter***, im äußersten W von Eiderstedt, begann sich um die Zeitenwende aufzubauen und verband sich später mit dem Tholendorfer Haken (vgl. Abb. 65).

A. BANTELMANN et al. (1984: 60ff) geben an, daß im 1. Jahrtausend v. Chr. auch das äußere nordfriesische Wattenmeer, und zwar südlich der heutigen Inseln Amrum und Föhr bei Pellworm vermoorte. Im östlichen Eiderstedt wurden die vermoorten Gebiete vor Chr. Geb. nochmals überflutet, danach vermoorten sie wiederum. Im nördlichen Wattenmeer, d.h. nördlich der jetzigen Insel Föhr, war es während des späten Subboreals ebenfalls zu großflächigen Vermoorungen gekommen. Jedoch wurde hier bis kurz vor Chr. Geb. Klei abgelagert, auf dem sich dann ein Boden bildete. Die Moore blieben nur am Geestrand erhalten.

Eine Besiedlung des nordfriesischen Küstengebietes war zur Römischen Kaiserzeit wegen der ausgedehnten Sümpfe, wenn überhaupt, nur auf den Ufer- und Strandwällen möglich (D. HOFFMANN 1981: 217).

B. MENKE (1968: 219f) zufolge klangen die mittelsubborealen Ingressionen im Eidergebiet zwischen 3400 und 3100 BP wieder aus. Das Hochmoorwachstum konnte sich daraufhin stärker aus breiten. Ab 2700 BP traten dann verstärkt Eutrophierungen ein. Ab 2300 BP wurden Tondecken in Eidernähe abgelagert. Um Chr. Geb. schließlich fand nachweislich eine "Austrocknungsphase" an der Eider statt (frühsubatlantische Stillstandsphase).

Da zwischen dem 1. Jh. n. Chr. und dem frühen Mittelalter so gut wie keine Sedimentation in Nordfriesland und Dithmarschen stattfand (D. HOFFMANN 1984: 62) kann davon ausgegangen werden, daß es auch zu keiner nennnenswerten Überflutung in dieser Zeit gekommen sein kann.

Das Landschaftsbild Nordfrieslands in seiner gegenwärtigen Form wurde erst in den letzten 700 Jahren geprägt. Verstärkte Sturmflutaktivitäten (z.B. in den Jahren 1362 und 1634 n. Chr.), begünstigt durch anthropogene Maßnahmen (s.u.), verwandelten eine bis dahin besiedelte und kultivierte Marsch in ein Watt. Viele Zeugen dieser menschlichen Aktivitäten sind heute noch im Watt zu sehen. Vor allem durch die mittelalterliche Salztorfgewinnung wurde die Marsch so sehr erniedrigt, daß sie, bei Deichbrüchen einmal überflutet, nicht mehr wieder eingedeicht werden konnte. So entstanden aus den ehemals besiedelten Marschen ausgedehnte Watten. Die Halligen stellen Reste dieses untergegangenen Marschenlandes dar (vgl. D. HOFFMANN 1984: 60, 63; A. BANTELMANN 1966: 44; K.-E. BEH RE et al. 1979: 107; W. PRANGE 1963: 63ff; 1967a: 715; 1967b: 62ff; 1971: 155ff; K.H. MARSCHALLECK 1973: 142).

V.E.3. Zusammenfassung (deutsche Küste nach 3700 BP)

Die Reihe der Ostfriesischen Inseln durchlief vom Atlantikum bis zum Subatlantikum das Stadium der "Geestkern-Inseln"[140] und wurde schließlich zur Reihe der "Barriere-Inseln". Langeoog existierte als solche nachweislich bereits vor der Zeitenwende. Im Bereich der niedersächsischen Küste hat sich die Küstenlinie in den vergangenen 7500 Jahren um durchschnittlich 6 km nach S bis SE zurückverlegt. So sind die Barriereinseln auf ihr ehemaliges Rückseitenwatt aufgewandert.

An der Küste Dithmarschens hatte schon während der Dünkirchen 0-Transgression (3700 bis 3300 BP) eine weitgehende Begradigung der Küstenlinie stattgefunden. Sie erfolgte durch Erosion mit Kliffbildung (Klev) an den Geestvorsprüngen bei gleichzeitigem Abschnüren von Meeresbuchten durch Strandwälle und Haken (Ausgleichsküste).

Auch in Eiderstedt und Nordfriesland führte die Erosion von Geestkernen in der Zeit ab 4000 BP bis zur Zeitenwende zur Ausbildung von Haken und Nehrungen. Sie bewirkten, daß das Hinterland (das sind vor allem die heutigen nordfriesischen Watten), das bis dahin nur unzureichend aufgeschlickt war, großflächig vermoorte. Dadurch wurden neben der späteren Salztorfgewinnung die Voraussetzungen für die verheerenden mittelalterlichen Meereseinbrüche geschaffen, bei denen es in Nordfriesland zu immensen Landverlusten kam.

Eine herausragende Phase der verstärkten Moorbildung gab es an der Küste zwischen 3300 und 2300 BP. Der in dieser Zeit gebildete Torf ist z.B. im Raum Wilhelmshaven als "oberer Torf" bekannt. Offenbar setzte seine Entstehung gebietsweise schon ab 1700 v. Chr. ein, weshalb er in Niedersachsen auch die Bezeichnung "1700 v.Chr.-Torf" oder einfach "1700er--Torf" erhielt.

Frühestens ab 700 v. Chr. begann man auf den Ems-, Weser- und Elb-Uferwällen zu siedeln. Noch vor der Zeitenwende kam es zu Transgressionen, so daß die Siedlungen aufgegeben werden mußten. Um Christi Geburt erfolgte erwiesenermaßen eine Absenkung oder zumindest eine Stillstandsphase des Meeresspiegels im Zusammenhang mit einem Ausbleiben schwerer Sturmfluten. In der Marsch führte das entlang der gesamten deutschen Nordseeküste zur Ausbildung von Bodenhorizonten, verbreitet entwickelten sich Niedermoore zu Hochmooren.

Dadurch, daß nun weite Bereiche der Marsch überflutungsfrei blieben, konnte die Anlage oder die Wiederherstellung zuvor verlassener Siedlungen zu ebener Erde (Flachsiedlungen) vorgenommen werden. Dies erfolgte an den verschiedenen Küstenabschnitten jedoch zu unterschiedlichen Zeitpunkten[141]. Ab dem 2. Jh. v. Chr. wurde bereits an der unteren Ems auf den Uferwällen gesiedelt, im Raum Wilhelmshaven erst ab der Zeitenwende, in Wursten ab Mitte des 1. Jh. v. Chr.. An der Unterelbe und in Schleswig-Holstein erfolgte im Gegensatz dazu die Wiederbesiedlung erst nach Chr. Geb., an der Elbe im 1. Jh. n. Chr., weiter nördlich in Dithmarschen und an der Eider (Tofting) erst um ca. 100 n. Chr.. Noch später, um 200 n. Chr., entstand die Siedlung Tating in Eiderstedt[142].

Schon bald darauf, noch während der Römischen Kaiserzeit (im 2. Jh. n. Chr.), kam es zu Meereseinbrüchen hauptsächlich aufgrund der Erhöhung des Sturmflutpegels. Die Konsequenz für die Siedler war, daß sie ihre Wohnplätze künstlich erhöhen mußten. So entstanden die Wurten (1. Wurtenperiode). Die Möglichkeit zur Flachsiedlung läßt den Schluß zu, daß die Sturmflutaktivität gering gewesen sein muß. Demgegenüber spiegelt die Höhe der Wurten das damalige Niveau des Sturmflutpegels wider.

Vermutlich war auch die Schutzfunktion der Küstenbarriere so weit eingeschränkt, daß die Meeresvorstöße weit ins Hinterland vordringen konnten. In der Folgezeit mußten auch die Wurten verlassen werden. Die Bevölkerung wanderte z.T. nach England aus (um 400 n. Chr.)[143].

Etwa seit dem 7. Jh. stellten sich an der Küste wieder ruhigere Verhältnisse ein, so daß kurzzeitig erneut zu ebener Erde gesiedelt werden konnte. Doch bald darauf mußten wiederum Wurten errichtet werden (2. Wurtenperiode). Erst um die Jahrtausendwende begann der Mensch damit, sich gegen die See mit Deichen zu schützen.

Im gesamten nachchristlichen Zeitabschnitt kam es nicht wieder zu einem regressiven Übergreifen der Küstenrandmoore über die zuvor gebildete Marsch. Eine genaue Erklärung hierfür konnte bislang nicht erbracht werden. Wahrscheinlich spielen dabei die anthropogenen Einflüsse eine große Rolle.

V.F. Die dänische Nordseeküste

Den ***Ringköbing-Fjord***[144] untersuchte S.A. ANDERSEN (1963: zit. nach H. KROG 1979: 82) Demnach schnitt der Nachfolger eines hier zuvor entstandenen ersten Strandwalles die in diesem Bereich befindliche Meeresbucht um 2400 BP vermutlich größtenteils von der offenen See ab. So entstand eine Lagune. Dieser zweite Strandwall wurde aus weniger grobem Mateial gebildet als sein Vorgänger (vgl. 2. Hauptteil, Kap. IV.F., Seite 204). Den Grund hierfür sieht der o.g. Autor im Einfluß der Gezeitenströme.

Nach Forschungsergebnissen von N.K. JACOBSEN (1964: 318) in der Tonderner Marsch drang die See während einer Transgression zwischen 3600 und 3250 BP noch weiter in das Hinterland vor als bei der Transgression zuvor, so daß die Linie Höjer-Rudböl überschritten wurde (Abb. 66).

Die in Beilage 6 dargestellte paläogeographische Rekonstruktion der dänischen Küste beruht weitgehend auf Annahmen, da auch für die Römerzeit nur wenig verläßliche Daten verfügbar sind. Die Karte von E. OELE et al. (1979: colour chart) diente als Grundlage.

V.G. Gesamtschau über die Ereignisse nach der subborealen Regression

Bis zum mittleren Subboreal hatte sich der Meeresspiegelanstieg an der südlichen Nordseeküste weiter verlangsamt. Die Folge war, daß es bald darauf (frühestens ab 1700 v. Chr., vielerorts aber erst ab 3300/3000 BP) zu einem stark ausgeprägten überregionalen Moorwachstum entlang des gesamten Küstenbereiches kam. Dieses inzwischen fossile Moor stellt weithin die mächtigste Torflage im Küstenholozän dar. In den Niederlanden und Belgien ist sie als Hauptlage des "Holland"-Torfes bekannt, in Niedersachsen als "oberer" oder "1700 v. Chr.-Torf".

Zu dieser Zeit war an den Küstenabschnitten Belgiens, der westlichen Niederlande und in Schleswig-Holstein die Schutzfunktion der (hier nahezu geschlossenen) Küstenbarriere besonders gut ausgeprägt, wodurch das Moor geschützt wurde. Im Bereich der nördlichen Niederlande und Niedersachsen war die Barriere weithin nicht geschlossen, vermutlich wegen eines zu hohen Tidenhubes. Dennoch breitete sich auch hier das Küstenrandmoor aus und hinterließ den markanten Torfhorizont im Bodenprofil.

Etwa ab 700 v. Chr. waren die Uferwälle der großen Flüsse (Maas, Rhein[145], Ems, Weser, Elbe) zur Besiedlung geeignet. In den höher aufgeschlickten Marschen wurden Siedlungen zu ebener Erde (Flachsiedlungen) errichtet. Erhöhte Sturmfluthäufigkeiten zwangen jedoch die Bewohner ab etwa 500 v. Chr. bis kurz vor der Zeitenwende verbreitet zur Aufgabe der Siedlungen. In den Niederlanden (Provinzen Friesland und Groningen) wurden schon Wurten (künstlich aufgehöhte Wohnplätze) errichtet.

Um Christi Geburt wurde im Themse-Ästuar sowie an der niederländischen Nordküste und auch an der deutschen Küste ein Stillstand, eine Absenkung des Meeresspiegels oder zumindest eine längere Pause im Auftreten von Sturmfluten nachgewiesen[146]. Es bildeten sich als Folge daraus verbreitet Bodenhorizonte. Außerdem fand vielerorts ein Umschlag vom Niedermoor zum Hochmoor statt. Die Marsch konnte erneut zu ebener Erde besiedelt werden.

Schon bald darauf nahm die Sturmflutaktivität wieder zu, so daß die Flachsiedlungen zu Wurten aufgehöht werden mußten (1. Wurtenperiode an der deutschen Nordseeküste).

Im 4./5. Jh. n. Chr. waren die Verhältnisse zur Besiedlung der Marsch infolge Überflutungen so ungünstig geworden, daß Auswanderungen der Bewohner nach England stattfanden. Ab dem 7. Jh. n. Chr. ermöglichten ruhigere Klimabedingungen an der Küste erneut kurzzeitig eine Besiedlung zu ebener Erde, bevor man im 8. Jh. wiederum zum Wurtenbau zurückkehren mußte (2. Wurtenperiode in Deutschland). Um die Jahrtausendwende begann der Deichbau zum Schutz der Siedlungen in der Marsch gegen Überflutungen. Besonders im späten Mittelalter, aber auch noch bis in die Gegenwart haben Deichbrüche verheerende Folgen für die Marschenbewohner gehabt. Die Gründe hierfür lagen nicht nur am zunehmend höheren Auflaufen der Sturmfluten, sondern auch an menschlichen Aktivitäten im Marschenbereich. So bewirkte das "Salztorfstechen", besonders in Nordfriesland, eine Erniedrigung der Landoberfläche. Außerdem unterlagen eingedeichte Gebiete keiner natürlichen Sedimentation (Aufschlikkung) mehr, stattdessen führten Entwässerung und die natürliche Setzung der Sedimente (Kompaktion) zur zusätzlichen Absenkung des Landes.

Um die Marsch zu besiedeln und wirtschaftlich nutzen zu können, wurde der Mensch gezwungen, die Deiche immer höher zu bauen, zumal der Meeresspiegel aufgrund klimatischer Veränderungen ansteigen dürfte[147]. Er hat zu diesem Zweck besonders in den letzten Jahrzehnten die Küstenlinie stets weiter verkürzt. Als Beispiele stehen hier die Absperrung der Zuiderzee und der Bau von Sperrwerken in den Ästuaren der Themse, der Oosterschelde und der Eider.

SCHLUSSBETRACHTUNG

I. KURZFASSUNG

Die holozäne Genese der Küstenlandschaft im südlichen Nordseegebiet ist als Reaktion auf den postglazialen eustatischen Meeresspiegelanstieg zu verstehen. Dieser erfolgte im Zuge der allgemeinen Klimaverbesserung, die ein weitgehendes Abschmelzen der großen Eisschilde in Nordamerika und Skandinavien hervorrief. Die Verschiebung der Nordsee-Küstenlinie im Spätglazial und Holozän zeigt Abb. 11.

Altholozän

Das südliche Nordseebecken war am Ende des Pleistozäns noch landfest. Im Altholozän wurde die Küstenlinie infolge des rasch ansteigenden Meeresspiegels vergleichsweise schnell landeinwärts verschoben. Der größte Teil des Nordseebereiches wurde somit zur "ertrunkenen" Glaziallandschaft.

Basistorfe, mit denen sich durch Alters- und Lagebestimmungen etwa der mittlere Wasserstand während der Bildungszeit rekonstruieren läßt, wurden für einen gegebenen Zeitpunkt in recht unterschiedlichen Tiefen gefunden (beispielsweise für das frühe Boreal, 8700 BP, zwischen -47 m NN im deutschen Nordseesektor und um -36 m NN in der Südlichen Bucht zwischen England und den Niederlanden). Die Gründe hierfür konnten bislang noch nicht klar definiert werden. Eventuell spielen Salinartektonik (Halokinese), Neotektonik und besonders ausgeprägte Gezeitenunterschiede für die Diskrepanzen eine wichtige Rolle.

Mittelholozän

Um 8000 BP (Übergang Boreal-Atlantikum), als der Meeresspiegel etwa die -30 m-NN-Marke erreicht hatte, war Großbritannien vermutlich schon vom Festland getrennt. Dies dürfte eine erhebliche Änderung der Strömungs- und Gezeitenverhältnisse bewirkt haben indem sich nunmehr ein Zusammenspiel zweier Gezeitenwellen entwickelte, das heute noch Bestand hat. Die erste (dominierende) Welle verläuft an der Ostküste Schottlands nach SE und dreht gegen den Uhrzeigersinn in die Deutsche Bucht. Die zweite kommt durch den Kanal und dreht in der Südlichen Bucht vor der niederländischen Westküste nach links zur englischen Ostküste.

Die Küstenlinie näherte sich schon um 7000 BP (frühes Atlantikum) ihrer heutigen Position. In der Folgezeit trat eine zunehmende Verlangsamung des Meeresspiegelanstiegs ein. Dadurch kam es um 6000 BP (spätes Atlantikum) zur ersten überregionalen "regressiven Tendenz"; d.h. es entwickelte sich vielerorts im Küstenbereich erstmals ein "schwimmender Torf", es kam dabei seewärtig zur Überlagerung von zuvor gebildeten Watten durch Moorvegetation. Wahrscheinlich gab es zu dieser Zeit bereits eine entsprechend weit entwickelte Küstenbarriere (meist in Form von Platen und Strandwällen), die dem Küstenrandmoor Schutz vor der Meeresbrandung bot. Schon bald darauf setzten erneut Transgressionen ein.

Paläogeographisch ist es bedeutsam, daß das Meer anschließend noch bis zum späten Atlantikum an vielen Küstenbereichen (z.B. im Westteil der belgischen Marsch) seinen direkten Einfluß durch Ausbildung von Watten bis an den heutigen Geestrand vorgeschoben hatte.

Die Küstenlinie lag dadurch entlang weiter Abschnitte flacher pleistozäner Hangneigung (z.B. niederländische Westküste, nordfriesische Küste) bedeutend weiter landeinwärts verschoben als heute.

In der Folgezeit bis zum späten Subboreal kam es je nach Lage und Exposition des Küstenabschnitts wiederholt sowohl zu transgressiven als auch zu regressiven Phasen, die jedoch an der südlichen Nordseeküste keineswegs synchron verliefen. Dabei bestand die Tendenz, eine möglichst ausgeglichene Küstenlinie zu schaffen, und zwar durch Erosion der Geestvorsprünge und Verlandung der Meeresbuchten.

Die folgende überregionale Regressionsphase, die allgemein die mächtigste Torfschicht im Küstenholozän hinterließ, begann zwischen 5000 BP in West-Belgien und 3300/3200 BP im Jadegebiet. Zum letztgenannten Zeitpunkt kam es in Belgien bereits wieder zu Meereseinbrüchen. Daher ist das Ende dieser Moorbildungsphase regional ebenfalls sehr unterschiedlich anzusetzen. In den meisten Fällen fand die Beendigung im Laufe des ersten Jahrtausends v. Chr. statt. Diese mächtige Torflage hat regional spezielle Bezeichnungen wie: "obere Torfschicht" in Belgien, "Hauptlage des Hollandtorfes" in den Niederlanden, "1700 v. Chr.-Torf" in Niedersachsen.

Während dieser Entstehungsphase kann man davon ausgehen, daß die Küstenbarriere besonders gut ausgebildet oder sogar geschlossen war. Reichliche Sedimentzufuhr sowie möglicherweise geringere Tidenhübe sind als Ursachen hierfür denkbar.

Die ursprünglich für die flandrische Nordseeküste konzipierte, später aber vor allem in den Niederlanden angewandte chronostratigraphische Gliederung des Küstenholozäns, die sog. "Calais-Dünkirchen-Klassifikation", beruht auf einer starren Einteilung von schwimmenden Torfen als Leithorizonte für Transgressionen und Regressionen. Da diese jedoch an der gesamten südlichen Nordseeküste, überregional betrachtet, nicht synchron verliefen, kann sie nach Meinung des Verfassers, auf den gesamten Untersuchungsraum bezogen, nicht angewendet werden.

Jungholozän

In der ersten Hälfte des vorchristlichen Jahrtausends (700-600 v. Chr.)[148] begann der Mensch in der Marsch zu siedeln. Besiedelt wurde zunächst zu ebener Erde auf den Uferwällen der Flüsse und Gezeitenrinnen (sog. "Flachsiedlungen"). Doch schon bald führten höher auflaufende Sturmfluten entweder zur Aufgabe der Siedlungen oder, wie stellenweise schon in den Niederlanden, zur Aufhöhung der Wohnplätze, den sog. "Wurten" oder "Terpen" (niederländisch).

Um Christi Geburt bot sich erneut die Möglichkeit zur Errichtung von Flachsiedungen. Im Bereich der niederländischen Nordküste und an der deutschen Küste sind Bodenbildungs- und Torfzersetzungshorizonte als Beweis für eine tatsächliche Absenkung des Meeresspiegels anzusehen.

An der belgischen Küste konnten entsprechende Entwicklungen nicht nachgewiesen werden. Im Gegenteil, die Transgression setzte sich fort. Dort stieg auch in dieser Periode, wie zu allen anderen Zeitabschnitten im Holozän, das Basismoor weiter am pleistozänen Hang hoch. Hieraus wird gefolgert, daß sich an der belgischen Küste der Meeresspiegelanstieg kontinuierlich fortsetzte.

Nach der Zeitenwende erhöhte sich auch in Deutschland die Sturmflutgefahr wieder, so daß man auch hier mit dem Bau von Wurten begann (1. Wurtenperiode). Bis zum 3. und 4. Jh. n. Chr. mußten selbst die meisten Wurten verlassen werden (Völkerwanderung, Auszug der Angelsachsen nach England). Erst im 7. Jh. konnte man nochmals kurzzeitig zu ebener Erde siedeln, bevor im 8. Jh. die 2. Wurtenperiode folgte. Um die Jahrtausendwende begann der Mensch damit, das Marschenland gegen Überflutungen mit Deichen zu schützen. Auch heute würden diese Gebiete ohne Deichschutz nicht bewohnbar sein.

"Schwimmende" Torfe konnten in der nachchristlichen Zeit nicht mehr neu gebildet werden. Die genauen Ursachen hierfür sind noch unbekannt. Gegenwärtig ist überall an der südlichen Nordseeküste ein Meeresspiegelanstig und ein natürlicher Abbruch zu verzeichnen.

II. AUSBLICK

Meeresspiegelniveau und Weltklima standen stets in engem Zusammenhang. Tritt das Klima in eine kältere oder wärmere Phase ein, so sinkt bzw. steigt der Meeresspiegel. Es kam im Laufe des Quartärs während der Kaltzeiten zu glazial-eustatisch bedingten Meeresspiegelabsenkungen mit Beträgen zwischen maximal 100 bis 200 m, während der letzten (Weichsel-) Kaltzeit um etwa 100 bis 135 m.[149]

Dieser Sachverhalt lag darin begründet, daß bei niedrigeren Temperaturen größere Mengen des flüssigen Wassers auf der Erde in Form von Landeiskappen gespeichert und somit den Ozeanen entzogen worden waren.

Die größten, gegenwärtig noch existierenden Landeiskappen be finden sich über der Antarktis und Grönland. Würden sie vollkommen abschmelzen, so hätte man im Falle der Antarktis mit einem glazial-eustatischen Meeresspiegelanstieg um ca. 60 m und im Falle Grönlands um weitere 5 m zu rechnen.[150]

Für die nahe und mittlere Zukunft dürften sich diese Verhältnisse wohl noch nicht einstellen. Das Augenmerk richtet sich in diesem Fall auch nur auf die kommenden 100 Jahre. Weltweit ist inzwischen ein beachtlicher Meeresspiegelanstieg zu beobachten. Bei der gegenwärtigen Bevölkerungsverteilung auf der Erde verbunden mit einer starken Zunahme in der Dritten Welt bedeutet eine Küstenlinienverschiebung um einige km in der Horizontalen schon eine Existenzbedrohung für Millionen Menschen. Häufig sind nämlich niedrig gelegene Küstenlandstriche besonders dicht besiedelt, nicht zuletzt wegen der hohen Tragfähigkeit der Böden in diesen Gebieten (z.B. Marschen böden). Als Beispiel mag hier das Ganges-Delta gelten.

Aber auch in unserer Nachbarschaft, den deutschen, niederländischen oder belgischen Nordseemarschen, könnte man im Falle eines Anstiegs um nur wenige Meter die jetzige Küstenlinie, unter wirtschaftlichen Gesichtspunkten gesehen, nicht mehr halten. Das Interesse an dieser Problematik wird in den kommenden Jahren weiter zunehmen, was sich auch in einer stetig steigenden Zahl der Publikationen zu diesem Thema ausdrückt. Zum Schluß dieser Arbeit soll daher noch kurz auf mögliche Entwicklungen eingegangen werden.

Prognosen:

Für die letzten 100 Jahre ergab sich nach J. JENSEN (1984: 468) ein mittlerer (säkularer) Meeresspiegelanstieg an der deutschen Nordseeküste von 26 cm für das MThw. Hier gab es gute Übereinstimmungen mit Angaben von der Ostküste der USA.

Die Zunahme der Tideverhältnisse stehen nach J. JENSEN (1984: 510) in engem Zusammenhang mit Erosionen an den Nordseeinseln und im Küstenvorfeld. Bisher war man von einer Bemessungsgrundlage für den säkularen Anstieg des MThw von 20 bis 30 cm/ 100 a ausgegangen. Von 1959 bis 1983 ergaben neue Untersuchungen jedoch einen Anstieg des MThw von 64 cm/ 100 a.[151)] Der Betrag hat sich demnach verdoppelt. Verantwortlich für den Meeresspiegelanstieg sind nach J. JENSEN (aaO) großräumige klimatische Veränderungen.

R.H. THOMAS (1986: 19ff) geht sogar davon aus, daß bei einem Anstieg der globalen Durchschnittstemperatur an der Erdoberfläche bis zum Jahre 2100 um 3°C der mittlere Meeresspiegel wahrscheinlich um 1 m steigen wird.[152)] Die Gründe hierfür sind sowohl im Abchmelzen eines Teils des Inlandeises als auch in einer thermal bedingten Expansion eines wärmeren Ozeans zu suchen (Abb. 74 und 75, folgende Seiten).

Bereits K. DUPHORN (1976: 858) wies darauf hin, daß bei der Frage, ob bald mit einer neuen Eiszeit zu rechnen sei, grundsätzlich der anthropogen beeinflußten CO_2-Bilanz die entscheidende Rolle in der Zukunft zukomme. Dadurch werde ein Klimarückschlag zu eiszeitlichen Verhältnissen nicht nur verhindert, es komme sogar zu einer deutlichen weltweiten Erwärmung.

H. FLOHN (1980) machte sich Gedanken über die durch den Menschen hervorgerufenen Klimaveränderungen, besonders die Zunahme vom Kohlendioxyd (CO_2) in der Atmosphäre. Es entsteht bei der Verbrennung fossiler Brennstoffe (Kohle, Erdöl, Erdgas). Der dadurch ausgelöste "Glashauseffekt" führt zu einer Erwärmung, die in den Polargebieten am größten sein wird. Sie könnte dort schon in 200 Jahren einen Temperaturanstieg von 5 bis 10°C bewirken (ebenda: 8).

Unter diesen Voraussetzungen könnte die Westantarktis "ins Schwimmen geraten".[153)] H. FLOHN (1980: 16) verwies auf Parallelen in der Vergangenheit. Ein "Aufschwimmen" des marinen Eisschildes der Westantarktis fand vermutlich zuletzt im Eem-Interglazial (vor 120000 Jahren) statt. Dadurch stieg der Meersspiegel allgemein um 5 bis 7 m an. Durch den plötzlichen Einbruch des Meeres in die vereiste Hudson-Bay kurz nach 8000 BP stieg der Meeresspiegel innerhalb von nur 200 Jahren um 7 bis 8 m an (belegt durch ^{14}C-Daten). In diesem Zusammenhang deutete er auf die große Gefahr an den Flachküsten hin, die durch Überflutungen in höchstem Maße gefährdet seien.

A. FÜHRBÖTER & J. JENSEN (1985: 98f) listeten die wichtigsten Konsequenzen auf, die sich aus der Zunahme des Tidenhubes in Verbindung mit einer Erhöhung des Meeresspiegels für die deutsche Nordseeküste ergeben:

a) Die Sicherheitsreserve, die man bisher bei der Bemessung der Deichhöhen zugrunde legte, würde aufgezehrt werden.

b) Eine Erhöhung des MThw führt zur größeren Wassertiefe im Bereich der Watten und Außensänden. Daraus ergeben sich größere Wellenhöhen mit höheren Orbitalgeschwindigkeiten und Brandungsenergien, die zu großflächigen Erosionen führen können.

c) Höhere Tidenhübe führen in den Tiderinnen zu größeren Strömungsgeschwindigkeiten, die die Ausräumungen begünstigen.

d) Erhöhte Tideströme verstärken die Erosionstätigkeit an den Inselsockeln und verstärken Dünen- und Kliffabbrüche.

H. LASSEN et al. (1984: 124) fanden heraus, daß die Setzungsvorgänge bei Pegeln im Bereich der deutschen Nordseeküste bedeutend größer als bisher angenommen sind. Dadurch wurden die Meeresspiegelanstiegsraten meist viel zu hoch angenommen.[154)] Der Betrag der Senkung an der Küste aufgrund tektonischer Aktivität war wegen des kurzen Beobachtungszeitraumes (ca. 100 Jahre) schwierig zu bestimmen. Trotzdem "scheint sich die geologisch begründete Abschätzung von 0,1 mm/a als Ausmaß der tektonischen Aktivität ... zu bestätigen." (H. LASSEN et al. aaO).

Wie man abschließend sieht, wären die Folgen eines Meeresspiegelanstiegs von nur 2 m wahrscheinlich katastrophal. Im Bereich der südlichen Nordseeküste wären davon schon bei einem Anstieg von wenigen Metern vor allem die dicht besiedelten Marschen der westlichen Niederlande betroffen. Sie befinden sich schon heute weitgehend unter dem Meeresspiegel. Aber auch die Marschen Belgiens, der Bundesrepublik Deutschland und Dänemarks könnten nur mit großem Aufwand geschützt werden.

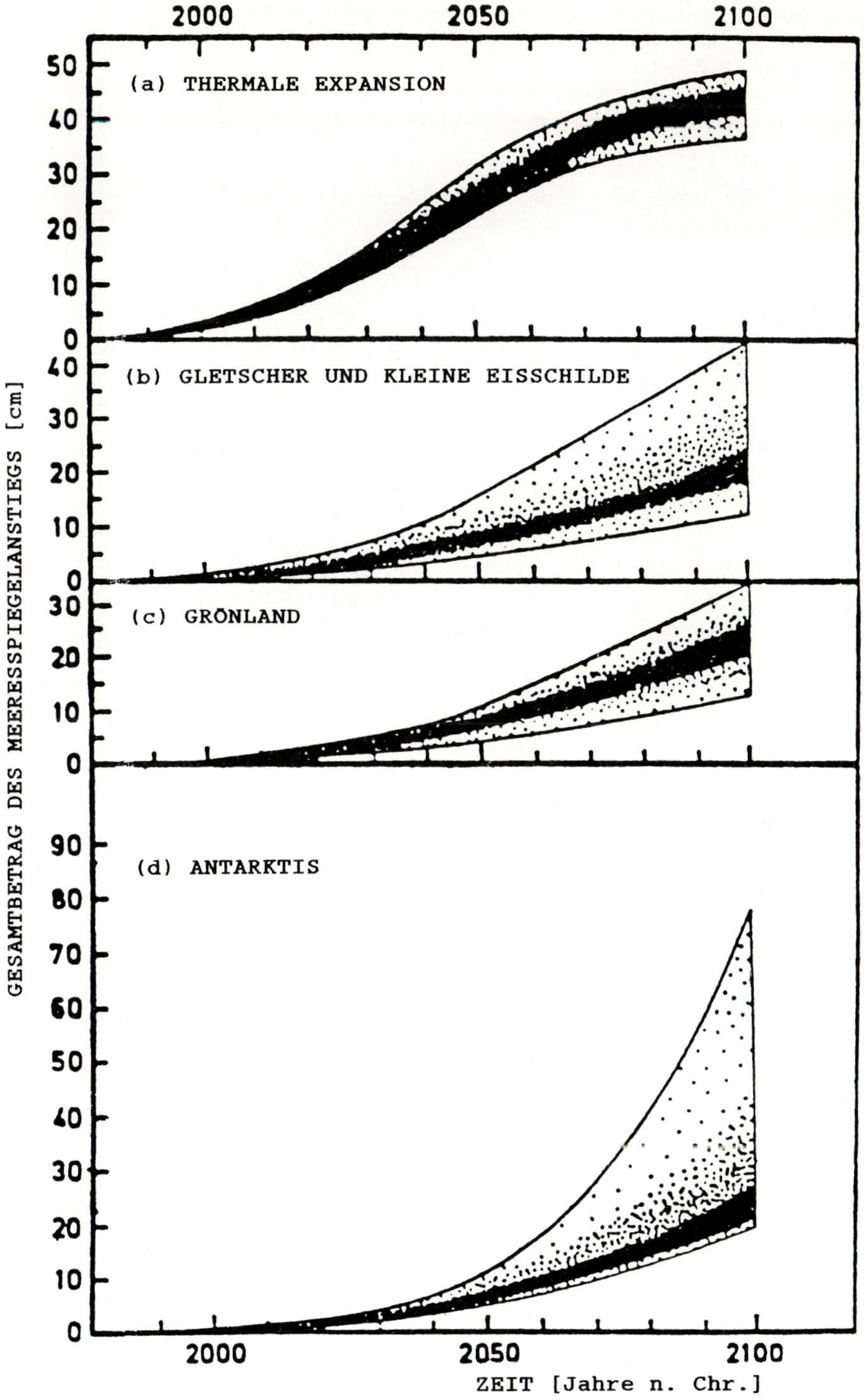

Abb. 74: Schätzungen zum eustatisch bedingten Meeresspiegelanstieg im nächsten Jahrhundert. In den Kurven a bis d werden jeweils die Beiträge zum Meeresspiegelanstieg angegeben, für die die folgenden Wirkungsfaktoren verantwortlich sein werden: (a) thermal bedingte Expansion des Wassers; (b) Schmelzen der Gletscher und sonstiger kleinerer Eisschilde; (c) Abschmelzen des grönländischen Inlandeises; und (d) allmählicher Abschmelzprozeß des antarktischen Inlandeises (n. R.H. THOMAS 1986: Fig. 2).

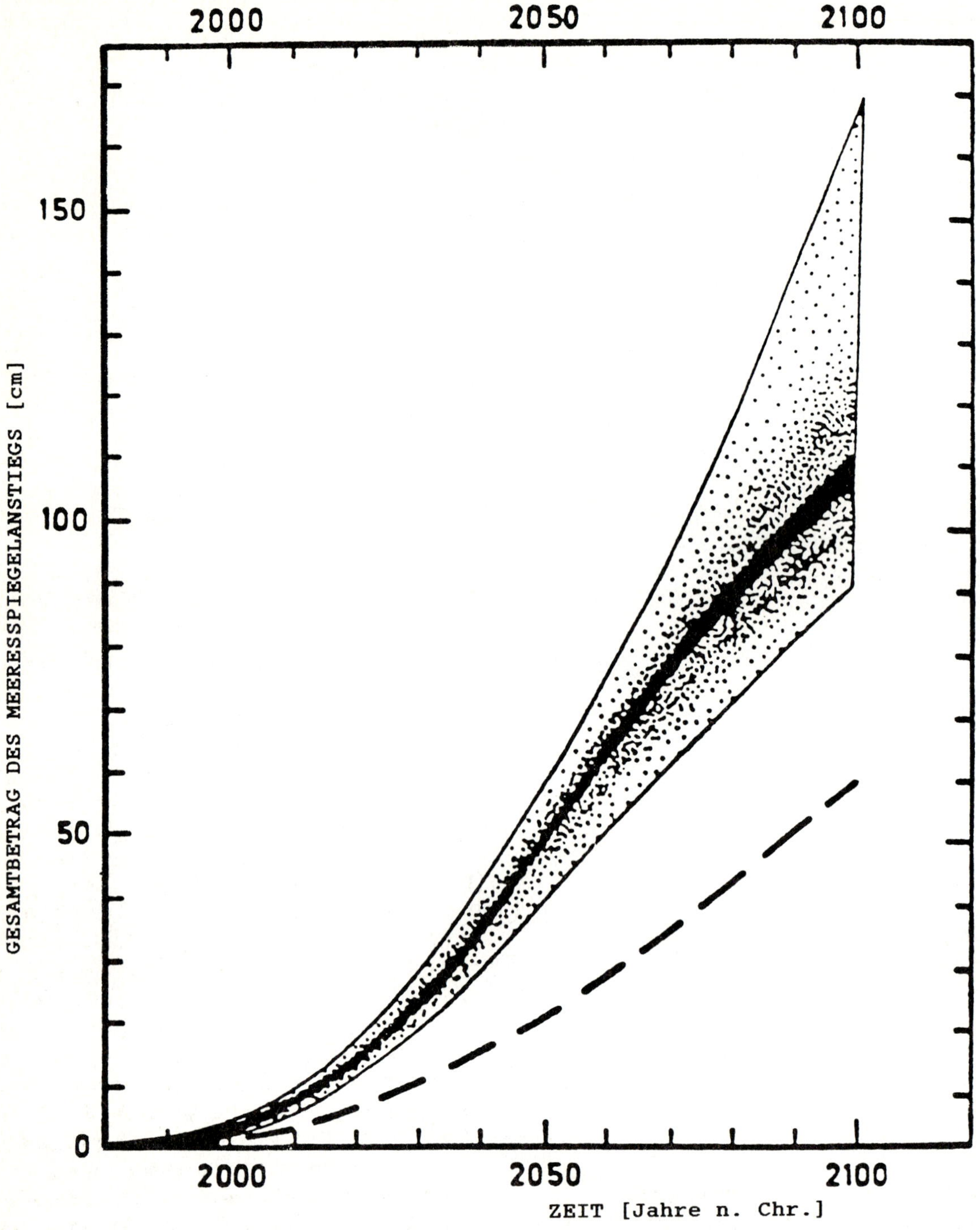

Abb. 75: Geschätzter Gesamtbetrag des Meeresspiegelanstiegs im nächsten Jahrhundert. Die dunkle (durchgezogene) Linie veranschaulicht den wahrscheinlichsten Trend, der sich aus der Summe der Teilkurven von Abb. 74 (a) bis (d) ergeben würde. Die gestrichelte Linie bezieht sich auf einen Erwärmungstrend, der sich bei einer verzögerten Erwärmung einstellen könnte, die die thermale Trägheit des Ozeans verursacht. Eine globale Erwärmung von 6°C bis zum Jahre 2100 (bisher angenommener Maximalwert) würde sogar zu einem Meeresspiegelanstieg um 2,3 m führen. Dieser Wert ist aber mit großer Unsicherheit behaftet (n. R.H. THOMAS 1986: Fig. 5).

VERZEICHNISSE

1. Literaturverzeichnis

ABRAHAMSE, J., JOENJE, W. & LEEUWEN-SEELT, N. VAN (1984): Wattenmeer. Ein Naturraum der Niederlande, Deutschlands und Dänemarks. - Hsg. von Landelÿke Vereniging tot Behoud van de Waddenzee, Harlingen und Vereniging tot Behoud van Natuurmonumenten in Nederland, 's-Graveland, deutsche Übersetzung von U. MUUSS: 372 S., Wachholtz, 4. Auflage; Neumünster.

AMERYCKX, J.B. (1952): Verklarende tekst bÿ de kaartbladen Middelkerke 21, W & Oostende 21, E. - Bodemkaart van België, uitgegeven onder de auspiciën van het Instituut tot aanmoediging van het Wetenschappelÿk Onderzoek in Nÿverheid en Landbouw (I.W.O.N.L.).

-"-(1953): Verklarende tekst bÿ de kaartbladen De Haan 10, W & Blankenberge 10, E. - Bodemkaart van België, uitgegeven onder de auspiciën van het Instituut tot aanmoediging van het Wetenschappelÿk Onderzoek in Nÿverheid en Landbouw (I.W.O.N.L.).

-"-(1954a): Verklarende tekst bÿ het kaartblad Heist 11, W. - Bodemkaart van België, uitgegeven onder de auspiciën van het Instituut tot aanmoediging van het Wetenschappelÿk Onderzoek in Nÿverheid en Landbouw (I.W.O.N.L.).

-"-(1954b): Verklarende tekst bÿ de kaartbladen Westkapelle 11, E & Het Zwin. - Bodemkaart van België, uitgegeven onder de auspiciën van het Instituut tot aanmoediging van het Wetenschappelÿk Onderzoek in Nÿverheid en Landbouw (I.W.O.N.L.).

-"-(1954c): Verklarende tekst bÿ het kaartblad Bredene 22, W. - Bodemkaart van België, uitgegeven onder de auspiciën van het Instituut tot aanmoediging van het Wetenschappelÿk Onderzoek in Nÿverheid en Landbouw (I.W.O.N.L.).

-"- (1958a): Verklarende tekst bÿ het kaartblad Houtave 22, E. - Bodemkaart van België, uitgegeven onder de auspiciën van het Instituut tot aanmoediging van het Wetenschappelÿk Onderzoek in Nÿverheid en Landbouw (I.W.O.N.L.).

AMERYCKX, J.B. (1958b): Verklarende tekst bÿ het kaartblad Brugge 23, W. - Bodemkaart van België, uitgegeven onder de auspiciën van het Instituut tot aanmoediging van het Wetenschappelÿk Onderzoek in Nÿverheid en Landbouw (I.W.O.N.L.).

-"- (1960): Hoe ontstonden de Belgische zeepolders ? - *Wetenschappelÿke Tÿdingen 6:* 241-252.

-"- (1975): Verklarende tekst bÿ het kaartblad Diksmuide 51, E. - Bodemkaart van België, uitgegeven onder de auspiciën van het Instituut tot aanmoediging van het Wetenschappelÿk Onderzoek in Nÿverheid en Landbouw (I.W.O.N.L.).

BAETEMAN, C. (1978): New Evidences on the marine Holocene in the Western Belgian Coastal Plain. - *Bull. Belg. Ver. voor Geologie V 87, deel 1:* 49-54, 2 Fig.; Brüssel.

-"- (1981a): De Holocene ontwikkeling aan de Westelÿke kustvlakte (België). - Diss. Vrÿe Universiteit Brussel.

-"- (1981b): An alternative classification and Profile Type Map applied to the Holocene deposits of the Belgian coastal plain. - *Bull. Belg. Ver. voor Geologie V 90, deel 4:* 257-280; Brüssel.

-"- (1985a): Development and evolution of Sedimentary Environments during the Holocene in the Western coastal plain of Belgium. - *Eiszeitalter und Gegenwart 35:* 23-32; Öhringen.

-"- (1985b): The Origin of De Moeren. - In: Recent trends in Physical Geography. Liber Amicorum Prof. Dr. L. PEETERS. - *Study Series of the Vrÿe Universiteit Brussel. New Series No. 20:* 31-44.

-"- (1986): Optimaal en verantwoord gebruik van geologische natuurlÿke rÿkdommen: 63 S., o.O.

-"- (1987a): Historiek van het Geologisch Onderzoek. - In: THOEN, H. (Hrsg.): De Romeinen langs de Vlaamse kust. - Ausstellungskatalog Gemeentekrediet: 10-17; o.O.

-"- (1987b): Ontstaan en evolutie van de kustvlakte (tot 2000 jaar voor heden). - In: H. THOEN (Hrsg.): De Romeinen langs de Vlaamse kust. - Ausstellungskatalog Gemeentekrediet: 18-22; o.O.

BAETEMAN, C. (1987c): De Westelÿke Kustvlakte in de Romeinse tÿd. - In: H. THOEN (Hrsg.): De Romeinen langs de Vlaamse kust. - Ausstellungskatalog Gemeentekrediet: 22; o.O.

-"- (1987d): Het landschap in de omgeving van de Romeinse zoutwinningssite van Leffinge II. - In: H. THOEN (Hrsg.): De Romeinen langs de Vlaamse kust. - Ausstellungskata log Gemeentekrediet: 31-32; o.O.

-"- CLEVERINGA, P. & VERBRUGGEN, C. (1981): Het paleomilieu rond het Romeins zoutwinningssite van Leffinge. - *Prof. Paper 7, 186:* 33 S.; Brüssel.

-"- LAMBRECHTS, G. & PAEPE, R. (1974): Autosnelweg Brugge-Calais. Boringen en Geologisch Profiel Sectie: Veurne-Franse Grens. - Professional Paper : 55 S.; Brüssel.

-"- & VERBRUGGEN, C. (1979): A new approach to the evolution of the So-Called Surface Peat in the Western Coastal Plain of Belgium. - *Prof. Paper 11, 167:* 21 S.; Brüssel.

BALSON, P. S. & CAMERON, T.D.J. (1985): Quaternary mapping offshore East Anglia. - *Modern Geology 9:* 221-239.

BANTELMANN, A. (1966): Die Landschaftsentwicklung an der schleswig-holsteinischen Westküste, dargestellt am Beispiel Nordfriesland. Eine Funktionschronik durch fünf Jahrtausende. - *Die Küste 14, 2:* 5-99.

-"- HOFFMANN, D. & MENKE, B. (1984): Veränderungen des Küstenverlaufs. Ursachen und Auswirkungen. - In: G. KOSSACK, K.-E. BEHRE & P. SCHMID (Hrsg.): Archäologische und naturwissenschaftliche Untersuchungen an ländlichen und frühstädtischen Siedlungen im deutschen Küstengebiet vom 5. Jahrhundert v. Chr. bis zum 11. Jahrhundert n. Chr.. - cta Humaniora 1: 51-68, Dt. Forschungsgemeinschaft, Weinheim.

BARCKHAUSEN, J. (1969): Entstehung und Entwicklung der Insel Langeoog. - *Oldenburger Jb. 68:* 239-281, Oldenburg.

-"- (1970): Erläuterungen zu Blatt Baltrum Nr. 2210 und Blatt Ostende-Langeoog Nr. 2211. - Geol. Karte von Niedersachsen 1:25000, 44 S., 5 Abb., 4 Tab., 1 Kt., 1 Taf.; Hannover.

-"- (1984): Erläuterungen zu Blatt Emden Nr. 2609. - Geologi sche Karte von Niedersachsen 1:25000; Hannover.

BARCKHAUSEN, J. & MÜLLER, H. (1984): Ein Pollendiagramm aus der Leybucht. - *Probl. Küstenforsch. i. südl. Nordseegebiet 15:* 127-134; Hildesheim.

-"- PREUSS, H. & STREIF, H. (1977): Ein lithologisches Ordnungsprinzip für das Küstenholozän und seine Darstellung in Form von Profiltypen. - *Geol. Jb. A 44:* 45-74, 7. Abb., 3 Tab.; Hannover.

-"- & STREIF, H. (1978): Erläuterungen zu Blatt Emden-West Nr. 2608. - Geol. Karte von Niedersachsen 1:25000, 80 S., 5 Abb., 1 Tab., 3 Kt.; Hannover.

BEHRE, K.-E. (1970): Die Entwicklungsgeschichte der natürlichen Vegetation im Gebiet der unteren Ems und ihre Abhängigkeit von den Bewegungen des Meeresspiegels. - *Probl. Küstenforsch. i. südl. Nordseegeb. 9:* 13-47; Hildesheim.

-"- (1977): Acker, Grünland und natürliche Vegetation während der römischen Kaiserzeit im Gebiet der Marschensiedlung Bentumersiel/Unterems. - *Probl. Küstenforsch. i. südl. Nordseegeb. 12* 67-84; Hildesheim.

-"- (1978): Vegetationsverhältnisse während der römischen Kaiserzeit. - In: J. BARCKHAUSEN & H. STREIF: Erläuterungen zu Blatt Emden-West Nr. 2608. - Geol. Karte von Niedersachsen 1:25000: 56-59; Hannover.

-"- (1979): Zur Rekonstruktion ehemaliger Pflanzengesellschaf ten an der deutschen Nordseeküste. - In: R. TÜXEN (Hrsg.): Berichte der internationalen Symposien der Internationalen Vereinigung für Vegetationskunde - Werden und Vergehen von Pflanzengesellschaften: 181-214; Vaduz.

-"- (1982): Die Geschichte des Jadebusens und der Jade. - In: H.-E. REINECK (Hrsg.): Das Watt - Ablagerungs- und Lebensraum: 39-49, 3. Auflage; Frankfurt am Main.

-"- (1984): Rade/Weser Fossil river-bank forest. - In: INQUA-SUBCOMMISSION ON SHORELINES OF NORTHWESTERN EUROPE (Hrsg.): Excursion Guide North Sea Coastal Zone between Jade Bay and Jammer Bight: 11-12; Hannover.

-"- (1986a): Meeresspiegelverhalten und Besiedlung während der Zeit um Christi Geburt in den Nordseemarschen. - *Offa 43:* 45-53; Neumünster.

BEHRE, K.-E. (1986b): Ackerbau, Vegetation und Umwelt im Bereich früh- und hochmittelalterlicher Siedlungen im Flußmarschgebiet der unteren Ems. - *Probl. Küstenforsch. 16:* 99-125; Hildesheim.

-"- (1987a): Der Anstieg des Meeresspiegels in den letzten 10000 Jahren. - NORDWESTDEUTSCHE UNIVERSITÄTSGESELLSCHAFT e.V. (Hrsg.): Wilhelmshavener Tage : 13-18, Wilhelmshaven.

-"- (1987b): Meeresspiegelbewegungen und Siedlungsgeschichte in den Nordseemarschen. - *Vorträge der Oldenburgischen Landschaft* 17, 47 S., 19 Abb., Oldenburg.

-"- (1987c): Meeresspiegelverhalten und Besiedlung während der Zeit um Christi Geburt in den Nordseemarschen. - Kurzfassungen der Vorträge auf der 54. Tagung der Arbeitsgemeinschaft Nordwestdeutscher Geologen, Norderney, 9. bis 12. Juni 1987: 9; Norderney.

-"- DÖRJES, J. & IRION, G. (1984): Ein datierter Sedimentkern aus dem Holozän der südlichen Nordsee. - *Probl. Küstenforsch. südl. Nordseegeb.* 15 135-148, 6 Abb., 3 Tab., Hildesheim.

-"- & HAARNAGEL, W. (1984): Siedelräume, III. Niedersachsen. - In: G. KOSSACK, K.-E. BEHRE & P. SCHMID (Hrsg.): Archäologische und naturwissenschaftliche Untersuchungen an ländlichen und frühstädtischen Siedlungen im deutschen Küstengebiet vom 5. Jahrhundert v. Chr. bis zum 11. Jahrhundert n. Chr., *Acta Humaniora* 1: 68-82, Deutsche Forschungsgemeinschaft, Weinheim.

-"- & MENKE, B. (1969): Pollenanalytische Untersuchungen an einem Bohrkern der südlichen Doggerbank. - *Dt. Akad. Wiss. Berlin, Beiträge zur Meereskunde* 4/25: 122-129, 2 Abb., 1 Tab., Berlin.

-"- MENKE, B. & STREIF, H. (1979): The Quaternary geological development of the German part of the North Sea. - In: OELE, E. et al. (Hrsg.): The Quaternary History of the North Sea. - Acta Univ. Ups. Symp. Univ. Ups. Annum Quingentesimum Celebrantis, 2: 85-113; Uppsala.

-"- & STREIF, H. (1980): Kriterien zu Meeresspiegel- und darauf bezogene Grundwasserabsenkungen. - *Eiszeitalter u. Gegenwart* 30: 153-160; Hannover.

BENNEMA, J. (1954a): Bodemen zeespiegelbewegingen in het Nederlandse kustgebied. - *Boor en Spade* 7: 1-96; Wageningen.

-"- (1954b): Holocene movements of land and sea-level in the coastal area of the Netherlands. - *Geol. en Mÿnbouw N.S.* 16: 254-264; Den Haag.

BLANCHARD, R. (1906): La Flandre. - Librairie Armand Colin: 530 S.; Paris.

BLOEMERS, J.H.F., LOUWE KOOIJMANS, L.P. & SARFATIJ, H. (1986): Verleden land - Archeologische opgravingen in Nederland: 192 S., 2. Auflage, Meulenhoff Informatief; Amsterdam.

BLOOM, A.L. (1971): Glacial-eustatic and isostatic controls of sea-level since the last glaciation. - In: K.K. TUREKIAN (Hrsg.): Late Cenocoic glacial ages: 355-379; Yale University Press.

-"- (1983): Sea Level and Coastal Morphology of the United States through the Late Wisconsin Glacial Maximum. - In: H.E. WRIGHT jr. (Hrsg.): Late-Quaternary Environments of the United States, Vol. 1: 215-229; London.

BOUÉ, A. (1875): Einiges zur paläogeographischen Geographie. - *Sitz. Ber. math.-nat. Kl.K.K., Akad. d. Wiss.* 71: 305-425; Wien.

BRAND, G., HAGEMAN, B.P., JELGERSMA, S. & SINDOWSKI, K.H. (1965): Die lithostratigraphische Unterteilung des marinen Holozäns an der Nordseeküste. - *Geol. Jb.* 82: 365-384, 10 Abb., 3 Tab.; Hannover.

BRANDT, K. (1981): Siedlungsgeschichte und historische Entwicklung. - In: H. STREIF (Hrsg.): Geologische Karte von Niedersachsen 1:25000, Erläuterungen zu Blatt Nr. 2414 Wilhelmshaven: 73-83, Hannover.

-"- (1984): Siedelräume, 1.2.2. Niedersachsen. - In: G. KOSSACK, K.-E. BEHRE & P. SCHMID (Hrsg.): Archäologische und naturwissenschaftliche Untersuchungen an ländlichen und frühstädtischen Siedlungen im deutschen Küstengebiet vom 5. Jahrhundert v. Chr. bis zum 11. Jahrhundert n. Chr., *Acta Humaniora* 1: 147-166, Deutsche Forschungs gemeinschaft; Weinheim.

BREMER, J. (1983): De wording van de westelÿke Waddenzee. - *De Nieuwe Geografenkrant Jg. 7, Nr.* 1: 3-5; Amsterdam.

BRESSAU, S. & SCHMIDT, R. (1979): Ergebnisse einer Auswertung von Bohrungen zur Frage der Sandbewegung an der Westküste Schleswig-Holsteins. - In: Abschlußbericht Deutsche Forschungsgemeinschaft: Sandbewegung im Küstenraum, 64-79; Boppard.

BRIQUET, A. (1930): Le littoral du Nord de la France et son évolution morphologique. - Librairie Armand Colin: 439 S.; Paris.

BROCKMANN, C. (1941): Das Ergebnis der Diatomeenuntersuchungen. - *Probl. Küstenforsch. i. südl. Nordseegeb.* 2: 15ff; Hildesheim.

BÜLOW, K. VON (1941): Geologie für Jedermann. - 1. Aufl., 256 S.; Stuttgart.

BUNDESANSTALT FÜR GEOWISSENSCHAFTEN UND ROHSTOFFE in Zusammenarbeit mit den Geologischen Landesämtern der Bundesrepublik Deutschland (1973): Geologische Übersichtskarte 1:200000, Blatt CC 2310 Helgoland; Hannover.

-"- in Zusammenarbeit mit den Geologischen Landesämtern der Bundesrepublik Deutschland (1975): Geologische Übersichtskarte 1:200000, Blatt CC 3110 Bremerhaven; Hannover.

-"- in Zusammenarbeit mit den Geologischen Landesämtern der Bundesrepublik Deutschland (1980): Geologische Übersichtskarte 1:200000, Blatt CC 2318 Neumünster; Hannover.

-"- in Zusammenarbeit mit den Geologischen Landesämtern der Bundesrepublik Deutschland und benachbarter Staaten (1982): Geologische Übersichtskarte 1:200000, Blatt CC 3102 Emden; Hannover.

CAMERON, T.D.J., LABAN, C. & SCHÜTTENHELM, R.T.E. (1984): Flemish Bight, 2 Kartenblätter 52°N-02°E. 1:250000 Series Geologie van het Kwartair/Quaternary geology und Holocene en oppervlaktesedimenten/Sea bed sediments and Holocene - British Geological Survey & Rÿks Geologische Dienst (Hrsg.).

-"- LABAN, C., MESDAG, C. & SCHÜTTENHELM, R.T.E. (1986): Indefatigable, Kartenblatt 53°N-02°E. 1:250000 Series Geologie van het Kwartair/Quaternary geology - British Geological Survey & Rÿks Geologische Dienst (Hrsg.).

CAMERON, T.D.J., STOKER, M.S. & LONG, D. (1987): The history of Quaternary sedimentation in the UK sector of the North Sea Basin. - *Journ. Geol. Soc.* 144: 43-58, 9 Abb., London.

CASTON, V.N.D. (1979): A new isopachyte map of the Quaternary of the North Sea. - In: E. OELE et al. (Hrsg.): The Quaternary History of the North Sea. - Acta Univ. Ups. Symp. Univ. Ups. Annum Quingentesimum Celebrantis, 2: 23-28, 2 Abb.; Uppsala.

CEUNYNCK, R. DE (1985): The Evolution of the Coastal Dunes in the Western Belgian Coastal Plain. - *Eiszeitalter und Gegenwart* 35: 33-41, Hannover.

-"- (1987a): Ontstaan en Ontwikkeling van de Duinen. - In: THOEN, H. (Hrsg.): De Romeinen langs de Vlaamse kust. - Ausstellungskatalog Gemeentekrediet, 26-29, o.O.

-"- (1987b): Stuifmeelanalyse. - In: H. THOEN (Hrsg.): De Romeinen langs de Vlaamse kust. - Ausstellungskatalog Gemeentekrediet, 34-38, o.O.

-"- TERMOTE, J. & VAN STRYDONCK, M. (1986): Laat Middeleeuwse Veenwinning rond De Moeren. - *Westvlaamse Archeologica* 2, 2: 61-71.

CURRAY, J.R. (1965): Late Quaternary history, continental shelves of the United States. - In: H.E. WRIGHT, jr. & D.G. FREY (Hrsg.): The Quaternary of the United States: 723-735; New Jersey.

DACQUÉ, E. (1915): Grundlagen und Methoden der Paläogeographie; Jena.

DEBRAY, H. (1873): Etudes géologiques et archéologiques de quelques tourbières du littoral flamand et du département de la Somme. - *Mém. Soc. Sc. Agr. Arts Lille:* 53 S.

-"- (1874): Torbières du littoral flamand et du département de la Somme. - *Bull. Soc. Géol. France* 2: 46-49.

DENTON, G.H. & HUGHES, T.J. (1981): The Last Great Ice Sheets; New York, Chichester, Brisbane, Toronto.

DEUTSCHER PLANUNGSATLAS, Band Schleswig-Holstein (1958): Blatt Geologie (Hrsg.: Ministerpräsident des Landes Schleswig-Holstein, Landesplanung, in Verbindung mit der Akademie für Raumforschung und Landesplanung).

DEUTSCHES HYDROGRAPHISCHES INSTITUT (1958): Seekarte "Nordsee mit Großbritannien und Irland" im Maßstab 1:2000000, 4. Ausgabe; Hamburg.

DEWERS, F. (1941): Das Alluvium. - In: F. DEWERS, K. GRIPP & F. OVERBECK (Hrsg.): Das Känozoikum in Niedersachsen: 268-454, Abb. 117-190, Tab. 7-15; Oldenburg.

DIENEMANN, W. & SCHARF, W. (1931): Zur Frage der "neuzeitlichen Küstensenkung" an der deutschen Nordseeküste. - *Jb. Preuß. Geol. L.A.* 52: 317-390, 8 Abb., 3 Tab., 1 Taf.; Berlin.

DITTMER, E. (1952): Die nacheiszeitliche Entwicklung der schleswig-holsteinischen Westküste. - *Meyniana* 1: 138-168, 7 Abb., Neumünster.

-"- (1960): Neue Beobachtungen und kritische Bemerkungen zur Frage der "Küstensenkung". - *Die Küste 8:* 29-44; Heide (Holst.).

D'OLIER, B. (1981): Sedimentary events during Flandrian sea-level rise in the south-west corner of the North Sea. - In: S.-D. NIO, R.T.E. SCHÜTTENHELM & T.C.E. VAN WEERING (Hrsg.): *Spec. Publs. int. Ass. Sediment. 5:* 221-227; Oxford, London, Edinburgh, Boston, Melbourne.

DONOVAN, D.T. (1973): The Geology and Origin of the Silver Pit and other closed basins in the North Sea. - *Proc. Yorkshire Geol. Soc. 39, 2:* 267-293, 6 Abb.

DUBOIS, G. (1924): Récherches sur les terrains quaternaires du Nord de la France. - *Mémoires de la Société Géologique du Nord 8:* 355.

DÜMMLER, H. & MENKE, B. (1970): Der Einfluß der Holozänentwicklung auf Landschaft und Böden der Broklandsauniederung (Dithmarschen). - *Meyniana 20:* 9-16, 4 Abb.; Kiel.

DUPHORN, K. (1976): Kommt eine neue Eiszeit? - *Geol. Rundschau 65:* 845-863; Stuttgart.

EDELMAN, T. (1954): Tectonic movements as resulting from the comparison of two precision levellings. - *Geol. en Mÿnbouw N.S. 16:* 209-213; Den Haag.

EHLERS, J. (1983): Glacial deposits in North-West Europe; Rotterdam.

EISMA, D., JANSEN, J.H.F. & VAN WEERING, T.C.E. (1979): Sea-floor morphology and recent sediment movement in the North Sea. - In: E. OELE et al. (Hrsg.): The Quaternary History of the North Sea. - Acta Univ. Ups. Symp. Univ. Ups. Annum Quingentesimum Celebrantis, 2: 217-231; Uppsala.

-"- MOOK, W.G. & LABAN, C. (1981): An early Holocene tidal flat in the Soutern Bight. - In: S.-D. NIO, R.T.E. SCHÜTTENHELM & T.C.E. VAN WEERING (Hrsg.): *Spec. Publs. int. Ass. Sediment., :* 229-237, 6 Abb., 1 Tab.; Oxford, London, Edinburgh, Boston, Melbourne.

EMERY, K.O. (1969): The continental shelves. - *Scientific American 221, 3:* 106-126; New York.

ENTE, P.J. (1977): Geologische opbouw van het Holoceen. - In: C.J. VAN STAALDUINEN (Hrsg.): Geologisch onderzoek van het Nederlandse waddengebied: 58-63; Haarlem.

ERDMANN, E. (1982): Rund um das "Schwimmende Moor", 30 S.; Oldenburg.

FIGGE, K. (1980): Das Elbe-Urstromtal im Bereich der Deutschen Bucht (Nordsee). - *Eiszeitalter u. Gegenwart 30:* 203-211, 6 Abb.; Hannover.

FLOHN, H. (1980): Modelle der Klimaentwicklung im 21. Jahrhundert. - In: H. OESCHGER, B. MESSERLI & M. SVILAR (Hrsg.): Das Klima - Analysen und Modelle, Geschichte und Zukunft: 3-17; Berlin, Heidelberg, New York.

FÜHRBÖTER, A. (1986): Veränderungen des Säkularanstieges an der deutschen Nordseeküste. - *Wasser + Boden 9:* 456-460.

-"- & JENSEN, J. (1985): Säkularänderungen der mittleren Tidewasserstände in der Deutschen Bucht. - *Die Küste 42:* 78-100; Heide (Holst.).

GIERLOFF-EMDEN, H.-G. (1961): Nehrungen und Lagunen. - *Peterm. Geogr. Mittlgn. 15, 3:* 81-92, 162-176.

GIFFEN, A.E. VAN (1910): Het dalingsvraagstuk der Alluviale Noordzeekusten in verband met bestudeering der terpen. - *Tÿdschr. Gesch. Land- en Volkenk. 25:* 257-294.

-"- (1936): Der Warf in Ezinge, Prov. Groningen, Holland, und seine westgermanischen Häuser. *Germania 20:* 350ff.

GIFFEN, A.E. VAN (1954): Archäologische Bemerkungen zur Frage der Niveauveränderungen im niederländischen Küstengebiet. - *Geol. en Mÿnbouw N.S. 16:* 226-231; Den Haag.

GÖHREN, H. (1975): Zur Dynamik und Morphologie der hohen Sandbänke im Wattenmeer zwischen Jade und Eider. - *Die Küste 27* 28-49; Heide (Holst.).

GREENSMITH, J.T. & TUCKER, E.V. (1973): Holocene transgressions and regressions on the Essex coast, Outer Thames estuary. - *Geol. Mÿnbouw 52:* 193-202.

GRIEDE, J.W. (1978): Het ontataan van Frieslands Noordhoek. - Dissertation: 186 S.; Amsterdam.

GRIPP, K. (1944): Entstehung und künftige Entwicklung der Deutschen Bucht. - *Arch. deutsch. Seewarte 63*; Hamburg.

GROHNE, U. (1957): Zur Entwicklungsgeschichte des ostfriesischen Küstengebietes auf Grund botanischer Untersuchungen. - *Probl. d. Küstenforsch. i. südl. Nordseegeb.* 6: 1-45; Hildesheim.

HAARNAGEL, W. (1950): Das Alluvium an der deutschen Nordseeküste. - *Probl. Küstenforsch. i. südl. Nordseegeb.* 4: 90 S.; Hildesheim.

-"- (1969): Die jüngere geologische Entwicklung des Jadegebietes, insbesondere im Raum von Wilhelmshaven. - In: A. GRUNEWALD (Hrsg.): Wilhelmshaven, Tidekurven einer Stadt: 17-31; Wilhelmshaven.

-"- (1973): Vor- und Frühgeschichte des Landes Wursten. - In: E. VON LEHE (Hrsg.): Geschichte des Landes Wursten: 19-128; Bremerhaven.

HAGEMAN, B.P. (1969): Development of the western part of the Netherlands during the Holocene. - Geologie en Mÿnbouw 48, (4): 373-388.

HALLEWAS, D.P. & VAN REGTEREN ALTENA, J.F. (1980): Bewoningsgeschiedenis en landschapsontwikkeling rond de Maasmond. - In: A. VERHULST & M.K.E. GOTTSCHALK (Hrsg.): Transgressies en occupatiegeschiedenis in de kustgebieden van Nederland en België: 155-207; Gent.

HARTUNG, W. (1967): Das Gebiet zwischen Jade und Weser im Wandel der jüngsten Erdgeschichte. - *Die Weser* 41, 1: 2-5; Bremen.

HAYES, M.O. (1979): Barrier Island Morphology as a Function of Tidal and Wave Regime. - In: S.P. LEATHERMAN (Hrsg.): Barrier Islands - From the Gulf of St. Lawrence to the Gulf of Mexico: 1-27, Academic Press; New York, San Francisco, London.

-"- & KANA, T.W. (1977): Terrigenous clastic depositional environments, some modern examples. - Coastal Research Division, Dept. of Geology, Univ. of South Carolina; Columbia.

HECK, H.-L. (1936): Die nordfriesische neuzeitliche Küstensenkung als Folge diluvialer Tektonik. - *Jb. Preuß. Geol. L.A.* 57.

HOFFMANN, D. (1981): War das Gebiet der nordfriesischen Marscheninseln und Halligen in der römischen Kaiserzeit zur Besiedlung geeignet? - *Offa* 38: 211-217; Neumünster.

-"- (1984): The coastal zone of North Friesland. -In: INQUA-SUBCOMMISSION ON SHORELINES OF NORTHWESTERN EUROPE (Hrsg.): Excursion Guide North Sea Coastal Zone between Jade Bay and Jammer Bight: 59-71; Hannover.

-"- (1985): The Holocene Marine Transgression in the Region of the North Frisian Islands. - Eiszeitalter u. Gegenwart 35: 61-69, 5 Fig.; Hannover.

-"- (1987): Schwankungen des Mittleren Tidehochwassers an der schleswig-holsteinischen Westküste während der letzten 3000 Jahre. - Kurzfassungen der Vorträge auf der 54. Tagung der Arbeitsgemeinschaft Nordwestdeutscher Geologen, Norderney, 9. bis 12. Juni 1987: 7-8; Norderney.

-"- KÜHN, H.J. & HIGELKE, B. (1984): Landschafts- und Siedlungsgeschichte im Bereich der heutigen Marscheninseln und Watten Nordfrieslands. - *Siedlungsforschung. Archäologie-Geschichte-Geographie* 2: 165-185.

HOMEIER, H. (1962): Historisches Kartenwerk 1:50000 der Niedersächsischen Küste. - Beiheft zur Historischen Karte Nr. 7; Norderney.

-"- (1969): Der Gestaltenwandel der ostfriesischen Küste im Laufe der Jahrhunderte - Ein Jahrtausend ostfriesischer Deichgeschichte. - In: OHLING, J. (1969): Ostfriesland im Schutze des Deiches 2: 3-75; Leer.

HOMEIER, H. & STEPHAN, H.-J. (1982): Historisches Kartenwerk 1:50000 der Niedersächsischen Küste. - Beiheft zur Historischen Karte Nr. 10; Norderney.

HOUBOLT, J.J.H.C. (1968/1976): Recent sediments in the Southern Bight of the North Sea. - *Geol. Mÿnbouw* 47, 4: 245-273; s'Gravenhage. - In: G. DE VRIES KLEIN (Hrsg. 1976): Holocene Tidal Sedimentation. - *Benchmark Papers in Geology* 30: 295-312; Stroudsburg, Pennsylvania.

HUMMEL, P. & CORDES, E. (1969): Holozäne Sedimentation und Faziesdifferenzierung beim Aufbau der Lundener Nehrung (Norderdithmarschen). - *Meyniana* 19: 103-112, 6 Abb.; Kiel.

INSTITUT FÜR LANDESKUNDE (Hrsg., 1961): Geogr. Landesaufnahme 1: 200000, Naturräuml. Gliederung Deutschlands, Blatt 56 Bremen; Bad Godesberg.

JACOBSEN, N.K. (1964): Töndermarskens Naturgeografi. - *Folia Geographica Danica. Tom.VII.NO.1:* 341 S.; Kobenhavn.

JANSEN, J.H.F., VAN WEERING, T.C.E. & EISMA, D.

(1979): Late Quaternary sedimentation in the North Sea. - In: E. OELE et al. (Hrsg.): The Quaternary History of the North Sea. - Acta Univ. Ups. Symp. Univ. Ups. Annum Quingentesimum Celebrantis, 2: 175-187, 5 Abb.; Uppsala.

JARDINE, W.G. (1979): The western (United Kingdom) shore of the North Sea in Late Pleistocene and Holocene times. - In: E. OELE et al. (Hrsg.): The Quaternary History of the North Sea. - Acta Univ. Ups. Symp. Univ. Ups. Annum Quingentesimum Celebrantis, 2: 159-174; Uppsala.

JELGERSMA, S. (1961): Holocene Sea level changes in the Neth erlands. - *Meded. Geol. Sticht., C, VI, 7,* 100 S.; Maastricht.

-"- (1979): Sea-level changes in the North Sea basin. - In: E. OELE et al. (Hrsg.): The Quaternary History of the North Sea. - Acta Univ. Ups. Symp. Univ. Ups. Annum Quingentesimum Celebrantis, 2: 233-248, 7 Abb.; Uppsala.

-"- (1983): The Bergen inlet, transgressive and regressive Holocene shoreline deposits in the northwestern Netherlands. - *Geol. en Mÿnb. 62:* 471-486.

-"- BEETS, D. & SCHÜTTENHELM. R.T.E. (1985): Een geologische kÿk op de kust. - *Polytechnisch tÿdschrift 40, 11:* 3-8.

JELGERSMA, S. & ENTE, P.J. (1977): Genese van het Holoceen. - In: C.J. VAN STAALDUINEN (Hrsg.): Geologisch onderzoek van het Nederlandse waddengebied: 23-33; Haarlem.

-"- JONG, J. DE, ZAGWIJN, W.H. & REGTEREN ALTENA, J.F. VAN (1970): The coastal dunes of the western Netherlands; geology, vegetational history and archeology. - *Med. Rÿks Geol. Dienst, N.S., 21:* 93-167; Maastricht.

-"- OELE, E. & WIGGERS, A.J. (1979): Depositional History and coastal development in the Netherlands and the adjacent North Sea since the Eemian. - In: E. OELE et al. (Hrsg.): The Quaternary History of the North Sea. - Acta Univ. Ups. Symp. Univ. Ups. Annum Quingentesimum Celebrantis, 2: 115-142; Uppsala.

JENSEN, J. (1984): Änderungen der mittleren Tidewasserstände an der Nordseeküste. - Leichtweiß--Institut für Wasserbau der Technischen Universität Braunschweig, Mitteilungen, Heft 83: 435-550; Braunschweig.

JONG, H. DE (1984): Fysisch-geografische streekbeschrÿving nr. 6 Texel. - *K.N.A.G. Geografisch Tÿdschrift XVIII Nr. 1:* 26-37.

JONG, J.D. DE (1967): The Quaternary of the Netherlands. - In: K. RANKAMA (Hrsg.): The Quaternary 2: 301-426; New York, London, Sydney.

-"- (1971): The scenery of the Netherlands against the background of Holocene geology; a review of the recent literature. - *Revue de géographie physique et de géologie dynamique (2), Vol. XIII, Fasc. 2,:* 143-162, Paris.

-"- ZONNEVELD, I.S. & ZONNEVELD, J.I.S. (1962): Air-trip to the Delta Area. - *Mededel. v. de Geol. Sticht. N.S. 15:* 9-20.

KIDSON, C. (1986): Sea-level changes in the Holocene. - In: O. VAN DE PLASSCHE: Sea-level research: a manual for the collection and evaluation of data: 27-64; Great Yarmouth.

KNUDSEN, K.L. (1985): Foraminiferal stratigraphy of Quaternary deposits in the Roar, Skjold and Dan fields, central North Sea. - *Boreas 14, 4:* 311-324, 9 Abb.; Oslo.

KNUDSEN, K.L. (1986): Middle and Late Quaternary Foraminiferal Stratigraphy in the Southern and Central North Sea Area. - In: L.-K. KÖNIGSSON (Hrsg.): Nordic Late Quaternary Biology and Ecology. - *Striae 24:* 201-205; Uppsala.

KÖSTER, R. (1979): Dreidimensionale Kartierung des Seegrundes vor den Nordfriesischen Inseln. - In: Abschlußbericht Deutsche Forschungsgemeinschaft: Sandbewegung im Küstenraum, 146-168, 13 Abb.; Boppard.

KOLP, O. (1976): Submarine Uferterrassen in der südlichen Ost- und Nordsee als Marken des holozänen Meeresanstiegs und der Überflutungsphasen der Ostsee. - *Petermanns Geogr. Mitt. 120, 1:* 1-23, 15 Abb., 13 Tab., 1 Taf.; Gotha/Leipzig.

KOOPSTRA, R. (1977): Kaartbeschrÿvingen, Geologische Kaart van het waddengebied. - In: C.J. VAN STAALDUINEN (Hrsg.): Geologisch onderzoek van het Nederlandse waddengebied: 64-68; Haarlem.

KOSSACK, G., BEHRE K.-E. & SCHMID, P. (1984): Archäologische und naturwissenschaftliche Untersuchungen an ländlichen und frühstädtischen Siedlungen im deutschen Küstengebiet vom 5. Jahrhundert

v. Chr. bis zum 11. Jahrhundert n. Chr., *Acta Humaniora 1:* 461 S., Deutsche Forschungs gemeinschaft; Weinheim.

KROG, H. (1979): Late Pleistocene and Holocene shorelines in Western Denmark. - In: E. OELE et al. (Hrsg.): The Quaternary History of the North Sea. - Acta Univ. Ups. Symp. Univ. Ups. Annum Quingentesimum Celebrantis, 2: 75-83; Uppsala.

KUENEN, P. (1941): De relatieve en absolute daling van onzen bodem. - *Geol. en Mÿnbouw N.S. 3:* 213-218; Amsterdam.

LABAN, C., CAMERON, T.D.J. & SCHÜTTENHELM, R.T.E. (1984): Geologie van het Kwartair in de Zuiderlÿke Bocht van de Noordzee. - *Meded. Werkgr. Tert. Kwart. Geol. 21, (3):* 139-154, 11 Fig.; Leiden.

-"- & SCHÜTTENHELM, R.T.E. (1981): Some new evidence on the origin of the Zeeland ridges. - In: S.-D. NIO, R.T.E. SCHÜTTENHELM & T.C.E. VAN WEERING (Hrsg.): *Spec. Publs. int. Ass. Sediment., 5:* 239-245, 3 Abb., 2 Tab.; Oxford, London, Edinburgh, Boston, Melbourne.

LANG, H.D. (1959): Über den Aufbau der Butjadinger Marsch. - *Geol. Jb. 76:* 541-552, 5 Abb.; Kiel.

LANGE, W. & MENKE, B. (1967): Beiträge zur frühpostglazialen erd- und vegetationsgeschichtlichen Entwicklung im Eidergebiet, insbesondere zur Flußgeschichte und zur Genese des sogenannten Basistorfes. - *Meyniana 17:* 29-44; Kiel.

LASSEN, H., LINKE, G. & BRAASCH, H.W. (1984): Säkularer Meeresspiegelanstieg und tektonische Senkungsvorgänge an der Nordseeküste. - *Vermessungswesen und Raumordnung 42/2:* 106-126; Bonn.

LEATHERMAN, S.P. (1979): Barrier Islands - From the Gulf of St. Lawrence to the Gulf of Mexico: 1-27, Academic Press; New York, San Francisco, London.

LENTACKER, F. (1972): La sédimentation poldérienne dans la plaine maritime flamande en Belgique et aux Pays-Bas. Inventaire bibliographique et mise au point des interprétations nouvelles liées aux recherches récentes. - *Cah. géogr. Physique 1:* 3-28; Lille.

LINKE, G. (1969): Die Entstehung der Insel Scharhörn und ihre Bedeutung für die Überlegungen zur Sandbewegung in der Deutschen Bucht. - *Hamburger Küstenforsch. 11:* 45-84; Hamburg.

-"- (1981): Ergebnisse und Aspekte zur Klimaentwicklung im Holozän. - *Geol. Rundschau 70, 2:* 774-783; Stuttgart.

-"- (1982): Der Ablauf der holozänen Transgression der Nordsee aufgrund von Ergebnissen aus dem Gebiet Neuwerk/Scharhörn. - *Probl. d. Küstenforsch. i. südl. Nordseegebiet 14:* 123-157; Hildesheim.

-"- (1984): Arensch (south of Cuxhaven). - In: INQUA-- SUBCOMMISSION ON SHORELINES OF NORTHWESTERN EUROPE (Hrsg.): Excursion Guide North Sea Coastal Zone between Jade Bay and Jammer Bight: 22-27; Hannover.

LONG, D., LABAN, C., STREIF, H., CAMERON, T.D.J. & SCHÜTTEN HELM, R.T.E. (1988): The sedimentary record of Quaternary climatic variation in the Southern North Sea. - The past three million years: Evolution of climatic variability in the North Atlantic region, philosophical transactions. -In: *Proceedings of the Royal Society B 318:* 523-537, 4 Fig.; London.

LONG, D. & STOKER, M.S. (1986): Channels in the North Sea: the Nature of a Hazard. - *Advances in Underwater Technology, Ocean Science and Offshore Engineering 6:* 339-351, 7 Abb.

LOUWE KOOIJMANS, L.P. (1976): Prähistorische Besiedlung im Rhein-Maas-Deltagebiet und die Bestimmung ehemaliger Wasserhöhen. - *Prob. Küstenforsch. i. südl. Nordseegeb. 11:* 120-143; Hildesheim.

LUDWIG, G., MÜLLER, H. & STREIF, H. (1979): Neuere Daten zum holozänen Meeresspiegelanstieg im Bereich der Deutschen Bucht. - *Geol. Jb. D 32, 2 Abb., 7 Tab.; Hannover.*

-"- (1981): New dates on Holocene sea-level changes in the German Bight. - In: S.-D. NIO, R.T.E. SCHÜTTENHELM & T.C.E. VAN WEERING (Hrsg.): *Spec. Publs. int. Ass. Sediment. 5:* 211-219, 2 Abb., 1 Tab.; Oxford, London, Edinburgh, Boston, Melbourne.

LÜDERS, K. (1953): Die Entstehung der ostfriesischen Inseln und der Einfluß der Dünenbildung auf den geologischen Aufbau der ostfriesischen Küste. - *Probl. Küstenforsch. i. südl. Nordseegeb. 5:* 5-14; Hildesheim.

-"- & LUCK, G. (1976): Kleines Küstenlexikon. Natur und Technik an der deutschen Nordseeküste, 3. Auflage; Hildesheim.

MACLAREN, C. (1842): The Glacial Theory of Prof. Agassiz. - *The American Journal of Science and Arts*

42 346-366; New Haven.

MARSCHALLEK, K.H. (1973): Die Salzgewinnung an der friesischen Nordseeküste. - *Probl. Küstenforsch. i. südl. Nordseegeb. 10:* 127-150; Hildesheim.

MATTHES, H.W. (1969): Die Grundlagen der Paläogeographie. - *Wiss. Z. Univ. Halle, XVIII'69M, H. 4:* 357-367; Halle (Saale).

MEISEL, S. (1961): Geographische Landesaufnahme 1: 200000, Naturräumliche Gliederung Deutschlands (Hrsg.: Institut für Landeskunde): Die naturräumlichen Einheiten auf Blatt 56 Bremen; Bad Godesberg.

MENKE, B. (1968): Ein Beitrag zur pflanzensoziologischen Auswertung von Pollendiagrammen, zur Kenntnis früherer Pflanzengesellschaften in den Marschrandgebieten der schleswig-holsteinischen Westküste und zur Anwendung auf die Frage der Küstenentwicklung. - *Mittlgn. der Floristisch-soziol. Arbeitsgem. N.F. H. 13:* 195-224; Todenmann/Rinteln.

MENKE, B. (1969a): Vegetationskundliche und vegetations geschichtliche Untersuchungen an Strandwällen. - *Mittlgn. der Floristisch-soziol. Arbeitsgem. N.F. H. 14:* 95-120 Festschrift R. TÜXEN; Todenmann/Rinteln.

-"- (1969b): Vegetationsgeschichtliche Untersuchungen und Radiocarbon-Datierungen zur holozänen Entwicklung der schleswig-holsteinischen Westküste. - *Eiszeitalter und Gegenwart 20:* 35-45; Öhringen.

-"- (1976): Befunde und Überlegungen zum nacheiszeitlichen Meeresspiegelanstieg (Dithmarschen und Eiderstedt, Schleswig-Holstein). - *Prob. Küstenforsch. i. südl. Nordseegeb. 11:* 145-161; Hildesheim.

-"- (1984): Holocene shorelines and barrier systems in Dithmarschen and Western Eiderstedt. - In: INQUA SUBCOMMISSION ON SHORELINES OF NORTHWESTERN EUROPE (Hrsg.): Excursion Guide North Sea Coastal Zone between Jade Bay and Jammer Bight: 47-58; Hannover.

MERKT, J. (1984): Bederkesa Area, "Land Hadeln" - Shoreline displacement and lake development in the Bederkesa area. - In: INQUA-SUBCOMMISSION ON SHORELINES OF NORTHWESTERN EUROPE (Hrsg.): Excursion Guide North Sea Coastal Zone between Jade Bay and Jammer Bight: 32-41; Hannover.

MERTZ, E.L. (1924): Oversigt over de sen- og postglaciale Niveauforandringer i Danmark. Résumé en français. - *Dan. Unders. II, 41,* 50 S.

MÖRNER, N.-A. (1971): The Holocene eustatic sea--level problem. - *Geol. en Mÿnb. 50, (5):* 699-702.

-"- (1980): The Northwest European 'sea-level laboratory' and regional Holocene eustasy. - *Paleogeography, Paleoclimatology, Paleoecology 29:* 281-300.

MOOR, G. DE (1979): Recent beach evolution along the Belgian North Sea coast. - *Bull. Belg. Ver. voor Geologie V. 88, deel 2:* 143-157; Brüssel.

-"- (1981): Erosie aan de Belgische kust. - *De Aardrÿkskunde, 1981-1/2:* 279-294.

MOSTAERT, F. (1987a): De Oostelÿke Kustvlakte in de Romeinse tÿd. - In: H. THOEN (Hrsg.): De Romeinen langs de Vlaamse kust. - Ausstellungskatalog Gemeentekrediet, 23-25; o.O.

MOSTAERT, F. (1987b): De Reie te Brugge gedurende de Romeinse periode. - In: THOEN, H. (Hrsg.): De Romeinen langs de Vlaamse kust. - Ausstellungskatalog Gemeentekrediet, 30-31; o.O.

MÜLLER, W. (1977): 1.4 Geologie. - *Mitteilgn. Dtsch. Bodenkundl. Gesellschaft 24:* 24-29.

-"- (1985): Zur Genese der Verteilungsmuster der Marschböden und Diskussion verschiedener Entstehungstheorien. - *Geol. Jb. F 19:* 3-73, 24 Abb., 2 Tab., 6 Taf., Hannover.

MULDER, E.F.J. DE & BOSCH, J.H.A. (1982): Holocene stratigraphy, radiocarbon datings and Paleogeography of Central and Northern North-Holland (The Netherlands). - *Mededelingen Rÿks Geologische Dienst 36-3:* 111-160.

MÜNSTERMANN, D. (1986): Eine selbständig angefertigte "Küstengeologische Kartierung" am Jadebusen im Raum Schweiburg. - Diplomarbeit Universität Hannover (unveröff.).

NIEDERSÄCHSISCHES LANDESAMT FÜR BODENFORSCHUNG (Hrsg., 1963): Bodenkundlich-geologische Karte der Marschengbiete 1:25000, Blatt 2313 Hohenkirchen; Hannover.

-"- (Hrsg., 1964): Bodenkundlich-geologische Karte der Marschengbiete 1:25000, Blatt 2312 Carolinensiel; Hannover.

NIO, S.-D., SCHÜTTENHELM, R.T.E. & VAN WEERING, T.C.E. (1981): Holocene Marine Sedimentation in the North Sea Basin. - *Spec. Publs. int. Ass. Sediment.* 5; Oxford, London, Edinburgh, Boston, Melbourne.

OESCHGER, H., MESSERLI, B. & SVILAR, M. (1980): Das Klima - Analysen und Modelle, Geschichte und Zukunft; Berlin, Heidelberg, New York.

OELE, E. (1969): The Quaternary geology of the Dutch part of the North Sea, north of the Frisian isles. - Geol. Mÿnbouw 48, 5: 467-479, 4 Abb., 2 Taf.; s'Gravenhage.

-"- (1971a): Late Quaternary geology of the North Sea south-east of the Dogger Bank. - In: F.M. DELANY (Hrsg.): The Geology of the East Atlantic Continental Margin, 3, Europe: 25-34; London.

-"- (1971b): The Quaternary geology of the southern area of the Dutch part of the North Sea. - *Geol. Mÿnbouw 50, 3:* 461-473, 3 Abb., 1 Kt.; Rotterdam.

OELE, E. & SCHÜTTENHELM, R.T.E. (1979): Development of the North Sea after the Saalian glaciation. - In: E. OELE et al. (Hrsg.): The Quaternary History of the North Sea. - Acta Univ. Ups. Symp. Univ. Ups. Annum Quingentesimum Celebrantis, 2: 191-215, 2 Abb.; Uppsala.

-"- SCHÜTTENHELM, R.T.E. & WIGGERS, A.J. (1979): The Quaternary History of the North Sea. - Acta Univ. Ups. Symp. Univ. Ups. Annum Quingentesimum Celebrantis, 2: 248 S.; Uppsala.

OHLING, J. (1969): Ostfriesland im Schutze des Deiches, 4 Bände; Leer.

OLDEWAGE, H. (1941): V. Der Geologische Aufbau der Festland-Ecke bei Wilhelmshaven. - In: W. HÄNTZSCHEL, E. BRAND, C. BROCKMANN, H. OLDEWAGE & K. PFAFFENBERG: Zur jüngsten geologischen Entwicklung der Jade-Bucht. - *Senckenbergiana 23 Nr. 1/3:* 95-122; Frankfurt a. Main.

OOIJEVAAR, D.P. (1975): De Moeren. - Int. Rapp. Inst. v. Aardwetenschappen, Vrÿe Universiteit Amsterdam.

OVERBECK, F. (1975): Botanisch-geologische Moorkunde unter besonderer Berücksichtigung der Moore Nordwestdeutschlands als Quellen zur Vegetations-, Klima- und Siedlungsgeschichte: 719 S., 263 Abb.; Neumünster (Wachholtz).

PAEPE, R. (1971): Autosnelweg Brugge-Calais. - Professional Paper 2: 59 S.; Brüssel.

PANNEKOEK, A.J. (1954): Tertiary and Quaternary subsidence in the Netherlands. - Geol. en Mÿnbouw N.S. 16: 156-164; Den Haag.

-"- (1956): Geologische Geschiedenis van Nederland. 154 S., Staatsuitgeverÿ; Den Haag.

PENCK, A. (1882): Schwankungen des Meeresspiegels. - *Jb. der Geogr. Ges. zu München 7;* München.

PLASSCHE, O. VAN DE (1982): Sea-level change and water-level movements in The Netherlands during the Holocene, Dissertation Amsterdam; *Mededelingen Rÿks Geologische Dienst 36-1:* 1-93.

-"- (1986): Sea-level research: a manual for the collection and evaluation of data: 618 S.; Great Yarmouth.

PLASSCHE, O. VAN DE & ROEP, T.B. (1989): Sea--level changes in the Netherlands during the last 6500 years: basal peat vs. coastal barrier data. - In: D.B. SCOTT et al. (Hrsg.): Late Quaternary Sea-Level Correlation and Applications, 41-56, Kluwer Academic Publishers.

PONS, L.J., JELGERSMA, S., WIGGERS, A.J. & JONG, J.D. DE (1963): Evolution of the Netherlands coastal area during the Holocene. - *Verhandelingen van het Koninklÿk Nederlands geologisch mÿnbouwkundig genootschap, Geologische serie, deel 21-2:* 197-208, 3 Fig., 9 Beilagen; Den Haag.

-"- & WIGGERS, A.J. (1959/60): De Holocene wordingsgeschiedenis van Noordholland en het Zuidezeegebied. - *Tÿdschr. v. h. Kon. Ned. Aardr. Gen. Deel 1: 76, (1959): 104-152; Deel 2: 77, (1960):* 3-57; Leiden.

-"- (1961): Enkele opmerkingen betreffende de Holocene zeespiegel- en bodembewegingen in Nederland. - *Geogr. Tÿdschrift 14:* 202-211.

POST, J. (1976): Hydrodynamisch-numerische Untersuchungen der M2 + S2 Mitschwingzeit in der Nordsee mit verschiedenen Meeresspiegelabsenkungen unter besonderer Berücksichtigung der Gezeitenanregung durch den englischen Kanal. - Dipl.-Arbeit Univ. Hamburg: 1-40, 26 Abb.; Hamburg (unveröff.).

PRANGE, W. (1963): Das Holozän und seine Datierung in den Marschen des Arlau-Gebietes, Nordfriesland. - *Meyniana 14:* 47-76, 11 Abb.; Kiel.

-"- (1967a): Über die Beziehungen zwischen Schichtfolge und Meeresspiegelanstieg im Holozän der Nordseemarschen. - Geol. Rundschau 56, 3: 709-726; Stuttgart.

-"- (1967b): Geologie des Holozäns in den Marschen des nordfriesischen Festlandes. - *Meyniana 17:* 45-94, 20 Abb., 2 Taf., 1 Tab.; Kiel.

-"- (1971): Geologisch-archäologische Untersuchungen zu den Entstehungsbedingungen der Marschen in Nordfriesland. - *Zeitschrift für Pflanzenernährung und Bodenkunde 130, 2:* 151-160; Weinheim.

PRATJE, O. (1937): Das Werden der Nordsee. - *Bremer Beiträge zur Naturwiss. 4, (3)*; Bemen.

-"- (1948): Die Stadien in der Entwicklung der Insel Helgoland. - *Erdkunde 2:* 322-330; Bonn.

PREUSS, H. (1979): Die Holozäne Entwicklung der Nordseeküste im Gebiet der östlichen Wesermarsch. - *Geol. Jb. A 53:* 3-84, 25 Abb., 5 Tab.; Hannover.

-"- & STREIF, H. (1984): Pleistocene and Holocene development of the Weser valley near Aschwarden. - In: INQUA-SUBCOMMISSION ON SHORELINES OF NORTHWESTERN EUROPE (Hrsg.): Excursion Guide North Sea Coastal Zone between Jade Bay and Jammer Bight: 7-10; Hannover.

REID, C. (1913): Submerged forests. - Cambridge.

REINECK, H.-E. (1982): Das Watt - Ablagerungs- und Lebensraum, 3. Auflage; Frankfurt am Main.

REINECK, H.-E. (1985): Aktuogeologie klastischer Sedimente; Frankfurt/Main.

REINHARD, H. (1974): Genese des Nordseeraumes im Quartär. - *Fennia 129:* 96 S., Helsinki.

ROELEVELD, W. (1974): The Groningen Coastal Area: A study in Holocene geology and low-land physical geography. - *Berichten Rÿksdienst Oudheidkundig Bodemonderzoek 20-21, 1970-1971:* 7-25,*24, 1974:* 5-132.

ROEP, T.B. & VAN REGTEREN ALTENA, J.F. (1988): Paleotidal levels in tidal sediments (3800-3635 BP); compaction, sea level rise and human occupation (3275-2620 BP) at Bovenkarspel, NW Netherlands. - In: P.L. DE BOER, A. VAN GELDER & S.D. NIO (Hrsg.): Tide-Influenced Sedimentary Environments and Facies, 215-231; Dordrecht, Boston, Lancaster, Tokio.

ROHDE, H. (1984): New aspects concerning the increase of sea level on the German North Sea coast. - In: B.L. EDGE (Hrsg.): Coastal Engineering - Proceedings of the International Conference Houston, Texas, Vol. 1: 899-911; New York.

-"- (1987): Vorwort zu: DE RONDE, J.G. & DE RUIJTER, W.P.M. (Verf.): Die Auswirkungen eines verstärkten Meeresspiegelanstiegs auf die Niederlande. - *Die Küste 45:* 124-127; Heide (Holst.).

RONDE, J.G. DE & DE RUIJTER, W.P.M. (Verf.): Die Auswirkungen eines verstärkten Meeresspiegelanstiegs auf die Niederlande. - *Die Küste 45:* 123-163; Heide (Holst.).

ROSS, P.-H. (1973): Ingenieurgeologische Planungskarte 1:5000, Blatt St. Michaelisdonn, Erl.; Kiel.

ROSS, P.-H. (1981): Ingenieurgeologische Planungskarte 1:5000, Blatt Marne, Erl., 42 S., 9 Abb.; Kiel.

RUMMELEN, F.F.F.E. VAN (1965): Toelichtingen bÿ de Geologische Kaart van Nederland 1:50000, bladen Zeeuwsch-Vlaanderen West en Oost: 81 S., Haarlem.

RUTOT, A. (1897a): Nouvelles observations sur le Flandrien. - *Bull. Soc. belge Géol. 11:* 160-165.

-"- (1897b): Les origins du quaternaire de la Belgique. - *Bull. Soc. belge Géol. 11 (mém.):* 1-40.

-"- (1900): Note sur la position stratigraphique de la Corbicula fluminalis dans les couches quaternaires du bassin Anglo-Franco-Belge. - Mém. Soc. belge Géol. 14: 1-24.

SAGER, G. (1963): Atlas der Elemente des Tidenhubs und der Gezeitenströme für die Nordsee, den Kanal und die Irische See. - Deutsche Akademie der Wissenschaften zu Berlin, Institut für Meereskunde; Rostock.

SCHEER, K. (1953): Die Bedeutung von Phragmites communis Trin. für die Fragen der Küstenbildung. - *Probl. Küstenforsch. i. südl. Nordseegeb. 5:* 15-25; Hildesheim.

SCHMIDT-THOMÉ, P. (1987): Helgoland, seine Dünen-Insel, die umgebebden Klippen und Meeresgründe. - *Sammlung Geolog. Führer 82*, M. GWINNER (Hrsg.); Stuttgart, Berlin.

SCHOORL, H. (1980): The significance of the Pleistocene landscape of the Texel-Wieringen region for the historical development of the Netherland coast between Alkmaar and East Terschelling. - In: A. VERHULST & M.K.E. GOTTSCHALK (Hrsg.): Transgressies en occupatiegeschiedenis in de kustgebieden van Nederland en België: 115-153; Gent.

SCHRAPS, W.G. (1962): Das Quartär des Jadegebietes. - Dissertation Braunschweig.

SCHUCHERT, C. (1929): The Making of Paleogeographic Maps. - In: J. WALTHER (Hrsg.): Leopoldina, Amerika-Band, *Ber. d. Kaiserl. Leopold. Deut. Akad. d. Naturforscher zu Halle 4:* 116-125; Leipzig.

SCHUCHT, F. (1903): Beitrag zur Geologie der Wesermarschen. - Inaugural. Diss. Universität Rostock: 80 S., 4 Abb., Geol. Kt. 1:300000; Halle/Saale.

SCHÜTTE, H. (1908): Neuzeitliche Senkungserscheinungen an unserer Nordseeküste. - Jb. Olderb. Ver. Altertumskde. Landesgeschichte 16 398-441, 2 Abb.; Oldenburg.

-"- (1913): Geologie der Heimat. - *Heimatkde. Herzogtum Oldenburg 1:* 137-218, 13 Abb.; Oldenburg.

-"- (1927): Krustenbewegungen an der deutschen Nordseeküste. - *Aus der Heimat 40, (11):* 325-356, 26 Abb.; Stuttgart.

-"- (1934): Blatt 5-8. - In: Atlas Niedersachsen. - Natur und Bevölkerung, Siedlungs-, Wirtschafts- und Verkehrsverhältnisse eines deutschen Kultur- und Lebensraumes - Übersichten für Wirtschafts- und Siedlungsplanung. 121 Bl., 1 Beilageblatt. Hrsg. GESSNER, Bearb. K. BRÜNING, Stalling; Oldenburg i.O.

-"- (1935): Das Alluvium des Jade-Weser-Gebiets. - *Veröff. Wirtschaftswiss. Ges. Stud. Nieders. 13 (2 Teile),* Stalling; Oldenburg.

-"- (1939): Geologische und hydrographische Veränderungen im Jade-Weser-Gebiet seit 8000 Jahren. - *Deutsche Geogr. Blätter 42, (1-4)* Bremen.

SCHÜTTENHELM, R.T.E. (1980): The Superficial Geology of the Dutch sector of the North Sea. - *Marine Geology 34:* M27-M37; Amsterdam.

SCHWABEDISSEN, H. (1951): Zur Besiedlung des Nordseeraumes in der älteren und mittleren Steinzeit. - In: K. KERSTEN (Hrsg.): Festschrift für GUSTAV SCHWANTES zum 65. Geburtstag: 59-77; Neumünster.

SCHWARZ, C. (1986): Selbständige küstengeologische Kartierung südöstlich des Jadebusens, Diplomarbeit Universität Hannover (unveröff.).

SEEDORF, H.H. (1977): Topographischer Atlas Niedersachsen und Bremen; Neumünster.

SHENNAN, I. (1986): Flandrian sea-level changes in the Fenland. I: The geographical setting and evidence of relative sea-level changes. - *Journal of Quaternary science 1 (2):* 119-154; II: Tendencies of sea-level movement, altitudinal changes, and local and regional factors. - *Journal of Quaternary science 1 (2):* 155-179.

SINDOWSKI, K.-H. (1962): Nordseevorstöße und Sturmfluten an der ostfriesischen Küste seit 7000 Jahren. - *Geogr. Rundsch. 14, 8:* 322-329.

-"- (1968): Das Küsten-Holozän im nördlichen Teil der Hadelner Bucht (Raum Cuxhaven-Otterndorf). - *Beih. Ber. Naturh. Ges. 5, Keller-Festschrift:* 299-311; Hannover.

-"- (1969a): Erläuterungen zu Blatt Altenwalde Nr. 2117. - Geol. Karte von Niedersachsen 1:25000, 63 S., 23 Abb., 17 Tab., 1 Kt., 1 Taf.; Hannover.

-"- (1969b): Erläuterungen zu Blatt Wangerooge Nr. 2213. - Geol. Karte von Niedersachsen 1:25000, 49 S., 15 Abb., 17 Tab., 1 Kt.; Hannover.

-"- (1969c): Geologische Entwicklung von Ostfriesland. - In: J. OHLING (Hrsg.): Ostfriesland im Schutze des Deiches 1: 3-48; Leer.

-"- (1970a): Erläuterungen zu Blatt Spiekeroog Nr. 2212. - Geol. Karte von Niedersachsen 1:25000, 56 S., 18 Abb., 19 Tab., 1 Kt.; Hannover.

-"- (1970b): Das Quartär im Untergrund der Deutschen Bucht (Nordsee). - *Eiszeitalter u. Gegenwart 21:* 33-46; Öhringen.

-"- (1972): Zur Geologie des Jadebusen-Gebietes. - *Oldenb. Jb. 72:* 175-181.

-"- (1973): Das ostfriesische Küstengebiet. Inseln, Watten und Marschen. - Sammlung Geologischer Führer 57; Berlin, Stuttgart.

-"- (1975): Geologische Karte von Niedersachsen 1:25000, Erläuterungen zu Blatt Nr. 2120 Brunsbüttel: 23 S., 4 Abb., 5 Tab., 1 Kt., Hannover.

-"- (1979): Zwischen Jadebusen und Unterelbe. -

Sammlung Geologischer Führer 66; Berlin, Stuttgart.

-"- & STREIF, H. (1974): Das Küstenholozän. Die Geschichte der Nordsee am Ende der letzten Eiszeit und im Holozän. - In: P. WOLDSTEDT & K. DUPHORN (Hrsg.): Norddeutschland und angrenzende Gebiete im Eiszeitalter, 3. Auflage: 411-431; Stuttgart.

SJÖRRING, S. (1983): The glacial history of Denmark. - In: J. EHLERS (Hrsg.): Glacial deposits in North-West Europe: 163-226; Rotterdam.

SOMMÉ, J. (1969): La plaine maritime. - *Annales de la Société Géologique du Nord 89:* 117-126; Lille.

-"- (1977): Les plaines du Nord de la France et leur bordure. - Librairie champion: 810 S.; Paris.

-"- (1979): Quaternary coastlines in northern France. - In: E. OELE et al. (Hrsg.): The Quaternary History of the North Sea. - Acta Univ. Ups. Symp. Univ. Ups. Annum Quingentesimum Celebrantis, 2: 147-158; Uppsala.

STAALDUINEN, C.J. VAN (Hrsg., 1977): Geologisch onderzoek van het Nederlandse waddengebied: 77 S.; Haarlem.

-"- (1979): Toelichtingen bÿ de Geologische Kaart van Nederland 1:50000, blad Rotterdam West (37 W): 140 S.; Haarlem.

STOCKMANS, F. & VANHOORNE, R. (1954): Etude botanique du gisement de tourbe de la région de Pervÿze (Plaine Maritime Belge). - *Verh. Kon. Belg. Inst. Natuurwet. 130:* 144 S.

STRAATEN, L.M.J.U. VAN (1965): Coastal barrier deposits in South- and North-Holland, in particular in the areas around Scheveningen and IJmuiden. - *Med. Geol. Sticht., N.S. 17:* 41-75, 4 Tab., 26 Fig., 5 Taf.

STREIF, H. (1971): Stratigraphie und Faziesentwicklung im Küstengebiet von Woltzeten in Ostfriesland. - *Beihefte zum Geol. Jb. 119*, 59S., 10 Abb. , 6 Tab., 3 Taf., Hannover.

-"- (1981): Geologische Karte von Niedersachsen 1:25000, Erläuterungen zu Blatt Nr. 2414 Wilhelmshaven: 111 S., 5 Abb., 3 Tab., 3 Kt., Hannover.

-"-(1982): Geologie des Untergrundes. - In: H.-E. REINECK (Hrsg.): Das Watt - Ablagerungs- und Lebensraum: 19-38, 3. Auflage; Frankfurt am Main.

-"- (1984a): Sehestedter Moor area, Jade Bay, The coastal Holocene on the eastern side of Jade Bay. - In: INQUA-SUBCOMMISSION ON SHORELINES OF NORTHWESTERN EUROPE (Hrsg.): Excursion Guide North Sea Coastal Zone between Jade Bay and Jammer Bight: 13-18; Hannover.

-"- (1984b): Dodo Wildvangs Befunde und Deutungen zur Geolo gie des Emsmündungsgebietes aus heutiger Sicht. - *Veröffent. Naturwiss. Ges. Emden 1984 (3), Beitr. Geol. 1*, 1984: 1-34.

STREIF, H. (1985a): Südliche Nordsee im Eiszeitalter - Überflutungen und Eisvorstöße. - *Forschung, Mittlgn. DFG 1/85:* 9-11; Bonn.

-"- (1985b): Geologische Karte von Niedersachsen 1:25000, Erläuterungen zu Blatt Nr. 2314 Hooksiel: 102 S., 4 Abb., 2 Tab., 4 Kt., Hannover.

-"- (1986a): Zur Altersstellung und Entwicklung der Ostfriesischen Inseln. - *Offa 43:* 29-44, Neumünster.

-"- (1986b): Exkursionspunkt 1: Aschwarden, Osterstader Marsch. - In: DEUTSCHE QUARTÄRVEREINIGUNG (Hrsg.), 23. Tagung, Exkursion A: 2-4, Hannover.

-"- (1986c): Exkursionspunkt 5: Sehestedter Außendeichsmoor. - In: DEUTSCHE QUARTÄRVEREINIGUNG (Hrsg.), 23. Tagung, Exkursion A: 12-13, Hannover.

-"- (1986d): Exkursionspunkt 6: Abriß der Geologie im Bereich der Jade. - In: DEUTSCHE QUARTÄRVEREINIGUNG (Hrsg.), 23. Tagung, Exkursion A: 17, Hannover.

-"- (1987): Die Entwicklung der Ostfriesischen Inseln, Watten und Marschen als Reaktion auf den Meeresspiegelanstieg. - Kurzfassungen der Vorträge auf der 54. Tagung der Arbeitsgemeinschaft Nordwestdeutscher Geologen, Norderney, 9. bis 12. Juni 1987: 3-5; Norderney.

-"- & KÖSTER, R. (1978): Zur Geologie der deutschen Nordseeküste. - *Die Küste 32:* 30-48; Heide (Holst.).

-"- UFFENORDE, H. & VINKEN, R. (1983): Untersuchungen zum pleistozänen und holozänen Transgressionsgeschehen im Bereich der südlichen Nordsee. - Abschlußbericht zum DFG-Forschungsvorhaben; Hannover (unveröff.).

-"- & ZIMMERMANN, B. (1973): Das Küstenholozän

von Rysum/Knock im Gebiet der Emsmündung (Nordsee). - *Geol.Jb. A 9:* 3-20, 4 Abb., 1 Tab.; Hannover.

STRIDE, A.H. (1959): On the Origin of the Dogger Bank, in the North Sea. - *Geol. Magazine 96:* 33-44; Hertford.

STRYDONCK, M. VAN (1987): Radiokoolstof-datering. - In: H. THOEN (Hrsg.): De Romeinen langs de Vlaamse kust. - Ausstellungskatalog Gemeentekrediet, 38-43; o.O.

TESCH, P. (1924): De geschiedenis van de Noordzee. - *Haagsch Maandblad.*

TESCH, P. (1942): De Noordzee van historisch-geologisch standpunt. - *Mededel. Rÿks Geol. Dienst, Ser. A, 9:* 23 S.; Den Haag.

THENIUS, E. (1977): Meere und Länder im Wechsel der Zeiten. Die Paläogeographie als Grundlage für die Biogeographie; Berlin, Heidelberg, New York.

THOEN, H. (1978): De Belgische kustvlakte in de Romeinse Tÿd. - *Verhandelingen van de Koninklÿke Academie voor Wetenschappen, Letteren en Schone Kunsten van België XL, 88:* 254 S.; Brüssel.

-"- (1987): De Romeinen langs de Vlaamse kust. - Ausstellungskatalog Gemeentekrediet, o.O.

THOMAS, R.H. (1986): Future Sea Level Rise and Its Early Detection by Satellite Remote Sensing. - In: J.G. TITUS (Hrsg.): Effects of changes in stratospheric ozone and global climate, Vol. 4: Sea Level Rise, 19-36; o.O.

TIETZE, G. (1983a): Das Jungpleistozän und marine Holozän nach seismischen Messungen nordwestlich Eiderstedts/ Schleswig-Holstein, Diss. Universität Kiel, 118 S.; Kiel.

-"- (1983b): Die deutsche Nordseeküste von der Eiszeit bis zur Gegenwart. - *Geowissenschaften in unserer Zeit, 1. Jg., Nr. 5:* 165-167; Weinheim.

TITUS, J.G. (1986): Effects of changes in stratospheric ozone and global climate, Vol. 4: Sea Level Rise; o.O.

VALENTIN, H. (1952): Die Küsten der Erde. - Ergänzungsheft Nr. 246 zu "Petermanns Geogr. Mittlgn.: 118 S.; Gotha.

-"- (1957): Die Grenze der letzten Vereisung im Nordseeraum. - Tagungsber. u. wissensch. Abh. d. Deut. Geographentages Hamburg 1955, 30: 359-366; Wiesbaden.

VANSIELEGHEM, L. (1980): De Duinkerkiaan transgressies te Bredene, faciëssen, verspreiding en invloed op de fysische landschapsgenese. - Licentiaats-proefschrift Rÿksuniversiteit Gent.

VEENSTRA, H.J. (1965): Geology of the Dogger Bank area. - *Marine Geology 3:* 245-262; Amsterdam.

-"- (1982): Size, shape and origin of the sands of the East Frisian Islands (North Sea, Germany). - *Geol. Mÿnbouw 61:* 141-146.

VEENSTRA, H.J. (1984): Struktur und Dynamik des Gezeitenraumes. - In: J. ABRAHAMSE, W. JOENJE & N. VAN LEEUWEN-SEELT: Wattenmeer. Ein Naturraum der Niederlande, Deutschlands und Dänemarks. - Hsg. von Landelÿke Vereniging tot Behoud van de Waddenzee, Harlingen und Vereniging tot Behoud van Natuurmonumenten in Nederland, 's-Graveland, deutsche Übersetzung von U. MUUSS: 19-45, Wachholtz, 4. Auflage; Neumünster.

VERHULST, A. & GOTTSCHALK, M.K.E. (1980): Transgressies en occupatiegeschiedenis in de kustgebieden van Nederland en België; Gent.

VISSER, W.A. (1980): Geological Nomenclature. - Bohn, Scheltema & Holkema; Utrecht und Martinus Nÿhoff; Den Haag, Boston, London.

VRIES KLEIN, G. DE (1976): Holocene Tidal Sedimentation. - *Benchmark Papers in Geology 30*; Stroudsburg, Pennsylvania.

WILDVANG, D. (1911): Eine prähistorische Katastrophe an der deutschen Nordseeküste und ihr Einfluß auf die spätere Gestaltung der Alluviallandschaft zwischen der Ley und dem Dollart. - 67 S., 5 Abb., 1 Taf., 1 Kt.1:50000, W. Haynel; Emden und Borkum.

-"- (1915): Das Alluvium zwischen der Ley und der nördlichen Dollartküste. - Selbstverlag: 236 S., 15 Fig., 6 Taf., 6 Beilagen; Aurich.

-"- (1920): Das Rheiderland; Aurich.

-"- (1933): Versuch einer stratigraphischen Eingliederung der ostfriesischen marschenmoore im Alluvialprofil und die sich dabei ergebenden Folgerungen in Bezug auf Bodenschwankungen. - *Jb. Preuß. geol. L.-A. 54:* 642-685, 13 Abb., 2 Taf.; Berlin.

-"- (1935): Das Profil von Uttum und seine Bedeutung für die geschichtliche Entwicklung des ostfriesischen Marschenalluviums. - *Abh. Naturwiss. Ver. Bremen* 29 *(3/4):* 252-280; Bremen.

-"- (1936): Der tiefere Untergrund der ostfriesischen Nordseeinseln. - *Ver. Nat. Ges. Emden:* 1-56, 10 Abb., 1 Taf., 1 Lageplan 1:200000; Emden.

-"- (1938): Die Geologie Ostfrieslands. - *Abh. Preuß. Geol. L.-A., N.F., H. 181:* 211 S., 36 Abb., 23 Taf., 1 geol. Übersichtskarte 1:100000; Berlin.

WOLDSTEDT, P. & DUPHORN, K. (1974): Norddeutschland und angrenzende Gebiete im Eiszeitalter, 3. Auflage; Stuttgart.

WRIGHT, H.E. jr. (1983): Late-Quaternary Environments of the United States, Vol. 1; London.

ZAGWIJN, W.H. (1974): The paleogeographic evolution of the Netherlands during the Quaternary. - *Geol. en Mÿnb. 53 (6):* 369-385.

-"- (1985): Atlas van Nederland in 20 delen: Deel 13 Geologie: 23 S., Stichting Wetenschappelÿke Atlas van Nederland, Staatsuitgeverÿ; 's-Gravenhage (Den Haag).

-"- (1986): Nederland in het Holoceen. - Geologie van Nederland, Deel 1, 46 S.; 's-Gravenhage (Den Haag).

-"- & VEENSTRA, H.J. (1966): A pollen-analytical study of cores from the Outer Silver Pit, North Sea. Marine Geology 4: 539-551; Amsterdam.

ZIEGLER, P.A. & LOUWERENS, C.J. (1979): Tectonics of the North sea. - In: E. OELE et al. (Hrsg.): The Quaternary History of the North Sea. - Acta Univ. Ups. Symp. Univ. Ups. Annum Quingentesimum Celebrantis, 2: 7-22; Uppsala.

2. Verzeichnis der Abbildungen

Abb. (Nr.) **Titel**

3. Verzeichnis der Tabellen

4. Verzeichnis der Beilagen im Kartenband

[1] von griech. palaios "alt"

[2] vgl. E. THENIUS (1977:1)

[3] zit. bei E. DAQUÉ (1915:11) und H.W. MATTHES

[4] zit. bei C. SCHUCHERT (1929: 117)

[5] zit. bei H.W. MATTHES (1969: 357)

[6] siehe Schlußbetrachtung, Kap. II: Ausblick, Abb. 74 und 75

[7] Als *"Basismoore"* i.S.v. W. LANGE & B. MENKE (1967: 42f) werden die Moore bezeichnet, die sich direkt auf dem pleistozänen Ausgangsrelief unter dem direkten Einfluß des Meeresspiegel- oder Flußspiegelanstiegs entwickelten. Ihre fossilen Überreste sind die *"Basistorfe"*. Im Gegensatz dazu stehen die Begriffe "Basalmoor" bzw. *"Basalmoor"* nur für eine reine Lagebezeichnung ohne genaue Kenntnis der paläoökologischen Entwicklung.

[8] vgl. 2. Hauptteil, Kap. I, Seite

[9] Generell war es sehr schwierig, die Grenzen der einzelnen Landschaftseinheiten genau zu ziehen, da der Übergang im allgemeinen fließend war und das Datenmaterial nicht für alle Gebietsbereiche ausreichte, so daß der Verfasser die Lücken durch eigenes Vorstellungsvermögen schließen mußte. Es muß daher noch einmal betont werden, daß die Karten als Versuche einer Darstellung zu bewerten sind, die keinen Anspruch auf Vollständigkeit erheben. Weitere Untersuchungen werden hierzu in der Zukunft nötig sein.

[10] An dieser Stelle soll diese Methode zur Altersbestimmung kurz erläutert werden:

Kosmische Strahlung verursacht in den höheren Lagen der Atmosphäre einen Neutronenfluß, der den anwesenden Stickstoff fortwährend in das radioaktive Kohlenstoffisotop ^{14}C umsetzt. Das Kohlensäuregas der Atmosphäre und der Ozeane enthält darum einen geringen Anteil dieses Isotopes, das wegen der Kohlensäureassimilation der Pflanzen auch in alle übrige Lebewesen gelangt. Nach dem Absterben eines Organismusses wird kein Kohlenstoff mehr aufgenommen und die Menge an ^{14}C nimmt durch den radioaktiven Verfallsprozess fortlaufend ab. Nach ca. 5700 Jahren (sog. "Halbwertzeit") ist nur noch die Hälfte der Anfangsmenge vorhanden, nach weiteren 5700 Jahren nur noch ein Viertel usw.

Diese Methode läßt sich in der Praxis bei Altersbestimmungen kohlenstoffenthaltender Fossilien mit einem Maximalalter von 50000 bis 70000 Jahren anwenden. Die am besten geeigneten Materialien sind: Holzkohle, Holz und Torf, daneben unter bestimmten Voraussetzungen auch Muscheln und Knochen. Mit dieser Altersangabe ist untrennbar eine statistische Unsicherheit (sog. "Standardabweichung") verknüpft, die mit dem Zeichen (in Jahren) angehängt wird.

Anfänglich ging man davon aus, daß die Produktion von ^{14}C durch die kosmische Strahlung im Laufe der Zeit immer konstant gewesen ist. Danach würde ein ^{14}C-Alter auch wirklichen Kalenderjahren entsprechen. Dies ist jedoch nicht der Fall. Mit Hilfe von Messungen an Jahresringen sehr alter Bäume (lebend oder fossil) kann die Wissenschaft der *Dendrochronologie* eine tatsächliche zeitliche Einordnung bewerkstelligen. Nachdem man nun die datierten Jahresringe auf ihren ^{14}C-Gehalt untersucht hat, können die bei den Altersangaben miteinander verglichen werden. Das Ergebnis ist die Abweichung der ^{14}C-Jahre von den wirklichen Kalenderjahren. Sie ist zurückverfolgbar bis 7000 BP (Jahre vor heute).

[11] Leider gab es bis Anfang 1988 in der gesamten belgischen Marsch erst ca. 60 dieser "gestoken boringen", deren Beschreibung dem Verfasser freundlicherweise von Frau C. BAETEMAN überlassen wurde. Im südlichen Jadegebiet gab es noch weniger Bohrungen von guter Qualität.

[12] ebenso der ostfriesische Lehrer D. WILDVANG (1911: 34f)

[13] H. STREIF (1984b: 9f) wies darauf hin, daß D. WILDVANG dabei seine "Viergliederung des Marschenalluviums" nicht widerrief. Allerdings erklärte er auch nicht, "wie die 4 Senkungs- und 3 Hebungsphasen in sein System einzufügen oder anzuhängen wären ... [man gewinnt] den Eindruck, WILDVANG habe sich dem Druck einer übergeordneten Instanz gefügt." Dieser könnte durch "die hohe fachliche Kompetenz und das zur Polemik neigende Temperament SCHÜTTEs" entstanden sein.

14) vgl. K.-H. SINDOWSKI (1973: 53)

15) zur weiteren Erläuterung siehe weiter unten

16) Häufig kommt es vor, daß bestimmte Transgressionsschichten im überregionalen Bereich nicht geschlossen vorkommen. Das gleiche gilt für Torflagen. So kam es vor, daß zum gleichen Zeitpunkt an einem Ort an der Küste Torfe entstanden, während es in der Nachbarregion schon zur Ablagerung transgressiver Sedimente kam. Dadurch entstand das komplizierte Bild der Abfolge von klastischen marinen Sedimenten mit den eingeschalteten "schwimmenden Torfen", das schon kleinräumig große Unterschiede aufweisen kann. Diesem Sachverhalt konnte die Calais-Dünkirchen-Klassifikation nicht gerecht werden; denn sie setzte stets überregional vorkommende Transgressionsschichten oder Torflagen als Leithorizonte voraus, die aber zumindest an der deutschen Küste nicht immer der Regelfall sind. Für den Paläogeographen bedeutet das Lithologische Ordnungsprinzip nach J. BARCKHAUSEN et al. (1977) eine genauere Möglichkeit der Eingrenzung bestimmter Ablagerungsmilieus zur Rekonstruktion fossiler Landschaftseinheiten, sofern ausreichend ^{14}C-Daten vorhanden sind. Dadurch kann er sowohl die zeitliche als auch räumliche Ausdehnung des Milieus hinreichend gut erfassen, ohne sich über die genauen Verhältnisse in den Nachbargebieten Gedanken machen zu müssen.

17) weitere Angaben hierzu s.u. bei L.J. PONS & A.J. WIGGERS (1961)

18) Das starke Absinken der Holozänbasis im äußersten NE der Holozänbasiskarte (vgl.Abb. 33, "Het Ewin" entstand durch Hinzuziehung der niederländischen Holozänbasiskarte für das Blatt Zeeuwsch-Vlaanderen P.P.P.E. VAN RUMMELEN 1965), ohne Beleg durch belgische Bohrungen.

19) C.BAETEMAN (1988 pers. Mittlgn.) machte darauf aufmerksam, daß die älteren Torfproben evtl. in einer Mulde gewachsen waren, wodurch für die älteren Zeitabschnitte u.U. auf ein zu hohes Niveau geschlossen wurde.

20) An dieser Stelle sei noch auf eine heftig umstrittene Theorie hingewiesen (vgl. S.JELGERSMA 1979 234, Fig. v-10. hier Abb.26): Als Reaktion auf die anhaltende postglaziale Landhebung Skandinaviens und Schottlands soll in den Randzonen der ehemals vergletscherten Gebiete (vgl. Abb. 8) als Ausgleich eine leichte Absenkung erfolgen. Sie sollte zum ehemaligen Eisrand hin am gößten sein und nach SW abnehmen. Daraus könnte sich die stärkere Senkungstendenz im NE der Niederlande gegenüber dem SW erklären.

21) Die Annahme begründet sich auf die Berechnungen von J.POST (1976 Abb. 15c,25b)

22) BGD = Belgischer geologischer Dienst. Brüssel

23) F.MOSTAERT (1987a: 24) nimmt die Ausformung des "Zwin" schon ab 2500 BP an.

24) Während J. SELGERSMA (1979: Fig. V-12) für den mittleren Wasserstand um 5400 BP eine Höhe von ca. -6,5 m NN veranschlagte, zeigt die hier vorgestellte Kurve für Belgien (Abb. 32) dagegen schon ein Niveau von -4m NN an. Dieser Wert ist jedoch durchaus für das Untersuchungsgebiet annehmbar, denn nach W.H. ZAGWIJN (1986: 33) betrug der mittlere Wasserstand um 5300 BP an der niederländischen Küste ca. -6 m NN, jedoch ca. -4 m NN für die südwestliche Niederlande (Zeeland)

25) Die Flußbettverlagerung wurde anhand der Profilschnitte durch das Küstenholozän, die der Verfasser anfertigte, bewiesen.

26) vgl. J.B.AMERYCKX (1953: 10)

27) vgl. F.F.F.E. RUMMELEN (1965: 7). Er datiert den Zwin-Einbruch erst in das 3. Jh. n. Chr.

28) Die gleiche Situation ist in Abb. 40 dargestellt.

29) Zitat A: BAETEMAN (1981a: 251): " Met de belangryke nieuwe invasie van de zee, waarschynlyke rond 2000 J.B.P., was een marien sedimentatiegebied reeds ver landwartstot stand gekomen in relatief korte tya. De mariene invioed reikte daarby geleidelyk aan, maar zonder stillstanden van betekenis, verder en verder het land binnen, waardoor langzamernand het sedimentatiegebied steeds groten werd en uiteindelyktot ongever de noogtelyn van +3 m belgischer Zee = 0,66 m NN reikte. Het is daarom niet uitgesloten dat in deze periode rond 2000 J.B.P. de zeespiegel een iets hoger niveau kende dan tegenwordig."

30) zur näheren Erläuterung dieser Rinne siehe weiter unten (Kap. II.B.1, Seite...)

31) Die Jade entwässerte ständig nach N und nicht nach E zur Weser (vgl. K.-H. SINDOWSKI 1972: 176; 1973: 117f).

32) Anmerkung: An dieser Stelle muß ausdrücklich darauf hingewiesen werden, daß für die zeitliche Einordnung der Sedimente die Anzahl der ^{14}C-Daten sehr gering war. Der Verfasser ist sich mit *Hinweis auf seinen Vortrag am 19.05.1989* in der Stadthalle zu Wilhelmshaven im Rahmen der "Meereswirtschaftlichen Woche" darüber im klaren, daß noch weitere Untersuchungen stattfinden müssen, um eine genaue Fixierung der zeitlichen Einstufungen zu erreichen. Bis zum fragwürdigen Zeitpunkt war es ihm *nicht möglich*, mit weiteren als den hier aufgeführten Quellen zu arbeiten.

33) im Sinne von W. LANGE & B. MENKE (1967: 42f)

34) Diese Aussage steht im Gegensatz zu der widerlegten Auffassung von H. SCHÜTTE (1935: Blatt 7), der die holozäne marine Transgression auf Landsenkungen zurückführte.

35) s. hierzu das Vorwort

36) siehe auch weiter unten im Text

37) Definition "Salzmarsch, Außengroden, (Heller)" nach W.A. VISSER (1980: 179): "salt marsh; (high marsh); salting, the area above mean high-tide level, covered by sea water during the highest tides only; usually covered with a thick mat of halophytic vegetation./ kwelder (Netherlands); gors (province of South Holland); schor; schorre (province of Zeeland) / schorre; herbu; marais salé / Salzmarsch; Außengroden; (Heller) / marisma; saladar" - Synonyme auf niederländisch / französisch / deutsch / spanisch
W.A. VISSER (ebenda: 209): "salt marsh, - plant-covered area along a shore, usually situated for the greater part above mean high-tide level, and flooded regularly or from time to time by saline or brackish water./ schor; kwelder / marais
salé; littoral / Salzmarsch / marisma" - Synonyme wie oben

38) Der Übergangsbereich zwischen dem "Schwimmenden Moor" und dem Watt des Jadebusens ist laufend Veränderungen unterworfen. E. ERDMANN (1982: 51) bemerkte hierzu: "Im Niemandsland - Wo die Dargen gelegen haben, bleiben größere oder kleinere flache Lachen zurück, deren Form sich durch Aufschlickung oder Abtragung des Bodens, durch Wellenschlag oder Strömung laufend verändern kann. Die 'Seenplatte' ist das Kennzeichen des Niemandslandes. Es ist ein Gebiet, das dem Moor verlorenging, von dem der Groden aber noch nicht voll Besitz ergriffen hat. Doch lange bleibt der trostlose Anblick der kahlen Flächen nach einer Sturmflut nicht bestehen. Sie grünen in wenigen Jahren wieder ein." - Der Verfasser entschied sich speziell im Fall des Sehestedter Außendeichsmoores dafür, die Übergangszone Moor-Watt wegen ihres ständig wechselnden Aussehens dem marinen Milieu anzugliedern.

39) Als Beweis wird Bohrung GE 60 (Blatt 2515) angesehen (vgl. H. STREIF 1984a: Fig. 1). Dort wurden zwischen zwei datierten Torflagen in der Zeit von 4185 60 BP bis 3065 70 BP nur brackische Sedimente abgelagert.

40) Im Bereich des Sehestedter Außendeichsmoores war die Entwicklung verzögert: flächenhafte Vermoorung ab 3000 BP, zunächst mit Schilf-Seggentorfen, später Bruchwaldtorf, ab 1900 BP Hochmoortorf (H. STREIF 1986c: 12).

41) Die Bildung dieser Torfschicht erfolgte an der Küste Niedersachsens anderenortes schon ab 1700 v. Chr, daher der Name 1700v. Chr.-Torf.

42) s. hierzu 2. Hauptteil, Kap. V.E.1.c), Seite 224f.

43) Def. n. W.A. VISSER (1980: № 2461): "An offshore ridge of unconsolidated material (not necessarily attached to a headland), emerging (at least partly) at high tide.

44) Beispielsweise erreicht der holozäne Sedimentkörper im Bereich der Ostfriesischen Inseln eine Mächtigkeit bis zu 35 m (H. STREIF 1986a: 31). Dieser hohe Wert gilt für Rinnenfüllungen oder für Querschnitte im Bereich des Inselkörpers.

45) ohne anzugeben, ob Grund- oder Endmoräne

46) Als "Schwimmende Torfe" bezeichnet man die im Bereich des Küstenholozäns in der vertikalen Abfolge oben und unten von minerogenen Sedimenten eingeschlossenen Torflagen.

47) Bei Sturmfluten kann es vorkommen, daß im Bereich von Küstenrandmooren der Torf teilweise aufschwimmt. Dabei dringt Salzwasser keilförmig zwischen ein schwimmendes Oberteil und ein am pleistozänen Grund haftendes Unterteil. Im "Salzwasserkeil" werden minerogene Sedimente abgelagert., die nach Rückzug des Wassers als "Klappklei" im Torfprofil verbleiben. Zu beobachten ist dieses Phänomen an der deutschen Nordseeküste nur noch im Sehestedter Außendeichsmoor am Jadebusen.

48) Diese Bezeichnung entstand, weil diese Torflagen in Holland verbreitet und mit großer Regelmäßigkeit vorkommen (W.H. ZAGWIJN et al. 1985:18).

49) vgl. J. BARCKHAUSEN et al. (1977)

50) zur zeitlichen Einordnung s. Zusammenfassung (Deutsche Küste, 3700 bis 1950 BP, Kap. V.E.3., Seite 236)

51) L.P. LOUWE KOOIJMANS (1976: 125): "Der Effekt der tektonischen Senkung ist global zu bestimmen aus der Datierung und Tiefenlage von viel älteren Ablagerungen, namentlich des Eem. Auf Grund der hierbei zu beobachtenden Fehlergrenzen können wir nicht mehr als die Größenordnung angeben: in unserem Arbeitsgebiet durchschnittlich 1,5-3,5 cm per Jahrhundert, d.h. 50 20 cm seit römischer Zeit ..."

52) Die Proben der Küstenbarriere bestanden aus: 1. der Basis des trockenen aufgewehten Sandes, 2. dem höchstgelegenen marinen Einschnitt, 3. dem Bereich zwischen Sprudel- ("bubble") Sand und strukturlosem Sand, 4. der tiefsten "low-angle bar" (ebenda: Fig. 11).

53) W.H. ZAGWIJN (aaO) bezieht die Tiefenangabe auf den niederländischen Pegel, dem N.A.P. (Normaal Amsterdams Peil). 0 m NN = +0,016 m N.A.P.; NN und N.A.P. werden in dieser Arbeit näherungsweise gleichgesetzt. Beide Bezugsniveaus entsprechen etwa dem mittleren Wasserstand der Nordsee (E. OELE et al. 1979: Fig. 1-1).

54) Zum Niveau des lokalen Wasserstandes merkt L.P. LOUWE KOOIJMANS (1976: 126) folgendes an: "Ein ... regional wirken der Effekt verläuft senkrecht zur Küste, namentlich längs der Flußunterläufe. Wir nennen ihn den *'Gradienteffekt'* und bezeichnen damit die allmähliche Anhebung des Niveaus in der Gefällelinie der Flüsse, bis sie (innerhalb des sog. perimarinen Gebietes; HAGEMAN 1969) die marine Einflußsphäre verlassen haben und vollständig durch das fluviatile Regime beherrscht werden. Im Prinzip tritt der Gradienteffekt schon unmittelbar hinter der Mündung auf, bei den ersten 10-20 km ist er si cherlich noch zu vernachlässigen und wird durch andere Effekte überdeckt, besonders dem Stau und der Abschwächung des MThw."

55) für 10000 BP liegen keine Angaben vor

56) für 10000 BP liegen keine Angaben vor

57) für 10000 BP liegen keine Angaben vor

58) Weitere Angaben hierzu finden sich in Kap. II., Seite 133.

59) vgl. O. PRATJE (1937: Karte 11; K. v. BÜLOW (1941: Abb. 324); W. HAARNAGEL (1950: Abb. 11)

60) Der Basismoorgürtel muß sich verhältnismäßig schnell auf den pleistozänen Hang geschoben haben, ohne daß es zeitweilig zu einem regressiven Übergreifen der Torfe über die Wattsedimente kommen konnte; denn der rasche Meeresspiegelanstieg von 2 m pro Jahrhundert (vgl. S. JELGERSMA et al. 1985: 5, Fig. 4) ließ dies nicht zu. Das Basismoor muß sich weiterhin in ständigem Abbruch befunden haben, dem marine Wattbedingungen folgten. Ein Schilfgürtel konnte zumindest an den nach NW frei exponierten Küsten, z.B. Nordküste der Doggerbank aufgrund des hohen Tidenhubes (wie ihn S. JELGERSMA et al. 1985: 5 angenommen haben) ebenfalls nicht bestanden haben, da Flut- und Sturmflutströmungen die hierzu notwendigen Ablagerungen verhinderten (vgl. K. SCHEER 1953: 24).

61) Im mittleren Bereich der südlichen Nordsee müssen zu den Tiefenangaben in m -SKN noch ca. 1,5 m hinzuaddiert werden, um die mittlere Meerestiefe in m -NN zu erhalten (vgl. K.-E. BEHRE et al. 1984: 139).

62) W.G. JARDINE (1979) bezog seine Angaben zum Meeresspiegel auf das britische Bezugsniveau (O.D. = Ordnance Datum Newlyn), das sich um 0,219 m unter NN befindet (vgl. E. OELE et al. 1979: Fig. 1-1). Im Rahmen dieser Arbeit wird diese Differenz jedoch vernachlässigt.

63) Vor der Küste Norfolks (East Anglia, Großbritannien) datierte H. GODWIN (1960: 316, zit. bei W.G. JARDINE 1979: 169) einen Torf in einer Tiefe von -37 m O.D. (Erläuterung s. Fußnote 1 auf dieser Seite) auf 8425 170 BP. Daraus folgt, daß das Meeresniveau um 8700 BP dort noch deutlich unter -37 m NN gelegen haben muß, also niedriger als im Themsemündungs gebiet.

64) Es sei daran erinnert, daß in der Deutschen Bucht für 8700 BP ein bedeutend niedriger Meeresspiegelstand angenommen wird (um -47 m NN, s.o.).

65) S. JELGERSMA (1961: Fig.46) ging von einer schnelleren marinen Transgression in der Südlichen Bucht aus, die sie später korrigierte (1979).

66) vgl. S. JELGERSMA et al. (1985: 5). Demnach erfolgte die Abtrennung Großbritanniens erst um 7900 BP.

67) vgl. O. KOLP (1976: 22, Tafel 1: Bohrung Station 3), s.a. Beilage 3.

68) vgl. P. SCHMIDT-THOMÉ (1987: 60)

69) S. JELGERSMA et al. (aaO) gehen hierbei von einer langsameren Transgression aus als bei S. JELGERSMA (1979) und D. EISMA & W.G. MOOK (unveröff., zit. bei J.H. JANSEN et al. 1979: 183). Die Gründe für den Unterschied werden nicht genannt. Möglicherwise wurden Daten, die aus Gebieten mit tektonischer Absenkung stammen, korrigiert und neu verglichen.

70) Die Angaben hierzu sind widersprüchlich: nach S. JELGERSMA (1979: Fig. V-15) um 8300 BP, nach S. JELGERSMA et al. (1985: 5) erst um 7900 BP.

68) vgl. P. SCHMIDT-THOMÉ (1987: 60)

69) S. JELGERSMA et al. (aaO) gehen hierbei von einer langsameren Transgression aus als bei S. JELGERSMA (1979) und D. EISMA & W.G. MOOK (unveröff., zit. bei J.H. JANSEN et al. 1979: 183). Die Gründe für den Unterschied werden nicht genannt. Möglicherwise wurden Daten, die aus Gebieten mit tektonischer Absenkung stammen, korrigiert und neu verglichen.

70) Die Angaben hierzu sind widersprüchlich: nach S. JELGERSMA (1979: Fig. V-15) um 8300 BP, nach S. JELGERSMA et al. (1985: 5) erst um 7900 BP.

71) vgl. Deutsches Hydrographisches Institut, Hamburg (Hrsg.): Seekarte Nr. 238 "Nordsee mit Großbritannien und Irland, Maßstab 1:200000", 4. Ausgabe: 1958, IV.

72) J. SOMMÉ (1979: 156, Fig. IV-46) leitete dies aus dem Profil von Vieux Bac (vgl. Abb. 59) ab.

73) Auch nach W.H. ZAGWIJN (1986: 29) befand sich die Küstenlinie zu Beginn des Atlantikums schon in der Nähe der heutigen. H. STREIF (1985a: 11) nimmt für 5100 v. Chr. einen Meeresspiegelstand von -15 m an. Dies paßt zu der Annahme von S. JELGERSMA et al. (1985: 5), siehe oben.

74) H. STREIF (1985a: 11) führt dazu aus, daß sich zwischen 5100 und 4500 v. Chr. (~ 7100 BP bis 6500 BP, unkorrigierte ^{14}C-Werte) der Meeresspiegelanstieg auf durchschnittlich 0,65 m pro Jahrhundert verlangsamte, nachdem er vor 5100 v. Chr. um mehr als 2 m im Jahrhundert angestiegen war.

75) L.M.J.U. VAN STRAATEN (1965: 73, Fig. 26) hebt dabei den großen Anteil des küstenparallelen Materialtransportes hervor.

76) Diese Ausführungen besitzen auch heute noch Gültigkeit.

77) Den Ausführungen B.P. HAGEMANs (1969: 377ff) zufolge betrug der relative Meeresspiegelanstieg im Atlantikum nur noch durchschnittlich 0,5 m pro Jahrhundert.

78) vgl. W.H. ZAGWIJN et al. (1985: 15)

79) siehe unter 2. Hauptteil, Kap. III.E.1.a)

80) zu deutsch: die Steine

81) zu deutsch: der Kopf von Nord-Holland; noch zur Römerzeit war nach H. SCHOORL (1980: Fig. 6) hier ein Landvorsprung so deutlich ausgeprägt, daß er der Form eines Kopfes ähnelte. Er wurde später weitgehend erodiert, so daß er heute als solcher nicht mehr zu erkennen ist. (vgl. H. SCHOORL 1980: 123; J. BREMER 1983: 4f).

82) Eine ausführliche Beschreibung der Inselgenese findet sich im Kap. IV.E.1.a)

83) zur Lage s. Abb. 63

[84] Das Alter der Basaltorfe aus den Rinnesohlen der Jadearme (vgl. K.-H. SINDOWSKI (1969b: 22ff, Abb. 8; 1970a: Geolog. Karte, Schnitt A-B) läßt den Schluß zu, daß diese schon im Atlantikum (8000 BP bis 5000 BP) bestanden.

[85] vgl. BUNDESANSTALT FÜR GEOWISSENSCHAFTEN UND ROHSTOFFE (1982): Geologische Übersichtskarte, Blatt CC 3102 Emden.

[86] vgl. (aaO) jeweils außerdem die Karte der präholozänen Schichten und Höhenlage der Holozänbasis bzw. Karte der Lage der Holozänbasis mit Bohrpunkten.

[87] vgl. NIEDERSÄCHSISCHES LANDESAMT FÜR BODENFORSCHUNG (Hrsg., 1963; 1964): Schnitte zur Bodenkdl.-Geolog. Karte der Marschengebiete 1: 25000, Blätter 2312 und 2313; K.-H. SINDOWSKI (1973: Abb. 4); s. Abb. 63 in dieser Arbeit.

[88] vgl. (aaO.): In den meisten Tälern wurdern Basaltorfe gefunden. Somit waren die Täler entstanden, bevor es zur marinen Ingression kam. Folglich konnten sie nicht erst durch die Gezeitenströmung ausgespült worden sein. Es wird keine Aussage über Basaltorfe in der Jade-Hauptrinne gemacht.

[89] vgl. H. STREIF (1981: Schnitt A-D auf der Profiltypenkarte des Holozäns)

[90] vgl. H. STREIF (1986c: 12): "Neuere Bohrkampagnen im Südteil von Butjadingen widersprechen dieser Auffassung von einem Einmünden der Weser in den sog. Urjadebusen. Wahrscheinlicher ist das Einschneiden auf ein System von Gezeitenrinnen zurückzuführen, daß sich vom Urjadebusen ausgehend in östliche Richtung verzweigt, aber nicht bis zur Weser gereicht hat."

[91] vgl. Holozänbasis auf der Geologischen Übersichtskarte 1: 200000, Blatt CC 3110 Bremerhaven, Hrsg.: BUNDESANSTALT FÜR GEOWISSENSCHAFTEN UND ROHSTOFFE (1975).

[92] zur Lage der im Text erwähnten geographischen Ortsbezeichnungen s. Abb. 64, zur Paläogeographie um 5400 BP s. Abb. 57 und Beilage 4.

[93] H. STREIF (1986b: 3) nahm an, "daß die Dünenbildung im wesentlichen schon vor 6000 Jahren abgeschlossen gewesen sein muß."

[94] vgl. Geogr. Landesaufnahme 1:200000, Naturräumliche Gliederung Deutschlands, Inst. f. Landeskunde (Hrsg.), Blatt 56 Bremen, Bad Godesberg 1961

[95] Die Ortslagen sind in Abb. 65 dargestellt.

[96] vgl. S. BRESSAU & R. SCHMIDT (1979: 75).

[97] vgl. E. DITTMER (1952: 145)

[98] Dies entspricht auch den Interpretationen von A. BANTELMANN (1966: Abb. 1).

[99] vgl. Abb. 65

[100] vgl. R. KÖSTER (1979: 164)

[101] vgl. BUNDESANSTALT FÜR GEOWISSENSCHAFTEN UND ROHSTOFFE (1980): Geologische Übersichtskarte 1:200000, Blatt CC 2318 Neumünster.

[102] vgl. R. KÖSTER (1979: Abb. 12, Abb. 13)

[103] Möglicherweise liegt hier ein Druckfehler vor; denn auf S. 7 bringt P. SCHMIDT-THOMÉ (1987) die 12 m-Tiefenlinie mit 6500 Jahren vor heute in Bezug.

[104] vgl. H. STREIF (1984b: Abb. 3)

[105] Die hier angesprochenen Orte in Dänemark finden sich auf Abb. 66.

[106] Die Darstellung der Landschaftseinheiten an der im Wash-Gebiet auf Beilage 5 (3700 BP) ist nur tendenziell zu werten, da Aussagen über genaue Landschaftsgrenzen bisher nicht gemacht wurden.

[107] vgl. S. JELGERSMA et al. (aaO)

[108] s. hierzu weiter unten (S. 183) die Ausführungen von S. JELGERSMA et al. (1985) zur Veränderung des Gezeitenregimes.

[109] vgl. auch E.F.J. DE MULDER & J.H.A. BOSCH (1982: 144ff); S. JELGERSMA (1983: 471)

[110] s. Abb. 61

[111] auch nach S. JELGERSMA & P.J. ENTE (1977: 26)

[112] zur Lage s. Abb. 60

[113] s. hierzu im 2. Hauptteil, Kap. V.D.1.a)

[114] vgl. W.H. ZAGWIJN (1986: 30)

[115] vgl. B.P. HAGEMAN 1969: 379) - Dieser Torf ist dem "1700 v. Chr.-Torf" in Niedersachsen (K.-H. SINDOWSKI 1969c: 30) vergleichbar.

[116] vgl. W.H. ZAGWIJN (1986: Beilagen-Karten 3 und 4): Es handelt sich dort offenbar um hoch aufgeschlickte ehemalige Watten. Sie befanden sich oberhalb der Hochwasserlinie, das Milieu war marin bis brackisch, hauptsächlich Klei war abgelagert worden.

[117] vgl. W.H. ZAGWIJN (1986: Beilagen-Karte 5)

[118] J. BARCKHAUSEN (1969: 259) stellte fest, daß die Sandplate "gegen Ende der Bildungszeit der Midlum-Schichten hochwasserfrei" wurde, und sie hat "damit als 'Insel Langeoog' existiert". Die Midlum-Schichten bildeten sich nach G. BRAND et al. (1965: Tab. 3) von 1900 v. Chr. bis zur Zeitenwende.

[119] Der Zusammenhang zwischen der Konfiguration der Barriereinseln und der Gezeiten ist gut dargestellt bei M.O. HAYES & T.W. KANA (1977: 94ff) und M.O. HAYES (1979: 5ff).

[120] Im südlichen Bereich des Blattes Wangerooge (Wangerooger Inselwatt) findet man nach K.-H. SINDOWSKI (1969b: 16f, Abb. 2) verbreitet Basaltorf in einem Niveau zwischen -13 und -3 m NN vor. Sein Alter schwankt je nach Höhenlage zwischen Atlantikum und Subboreal.

[121] vgl. geologische Schnitte der bodenkundlich-geologischen Karten 2312 Carolinensiel und 2313 Hohenkirchen (hrsg. von NIEDERSÄCHSISCHEN LANDESAMT FÜR BODENFORSCHUNG 1964 bzw. 1963)

[122] Die Zeitangaben sind bei K.-H. SINDOWSKI (1979: 42f) in "Jahren v. Chr." angegeben, die hier entsprechend in konv. ^{14}C-Jahre BP umgesetzt worden.

[123] zur Lage s. Abb. 65

[124] Nach B. MENKE (1969b: 42) begann sie an der Eider und im Raum Braaken um 1900/1800 v. Chr. und dauerte bis spätestens 1100 v. Chr. (3900 bis 3100 BP).

[125] in Nord-Dänemark, vgl. Abb. 66

[126] vgl. P.J. ENTE (1977: 62, Beilage 3 West): Muscheln in Lebenshaltung in einer ehem. Rinne auf Texel ergaben ein Alter von 2111 BP.

[127] Süd-Texel wurde erst in nachchristlicher Zeit durch die Schaffung des Marsdieps zu einer Insel (W.H. ZAGWIJN 1986: 29).

[128] vgl. W.H. ZAGWIJN (1986: 29)

[129] vgl. J.H.F. BLOEMERS et al. (1986: 69f): Die ältesten Siedlungsspuren in der Wurt "Ezinge" datieren von 700-600 v. Chr.

[130] vgl. W.H. ZAGWIJN (1986: 41f)

[131] vgl. J. BARCKHAUSEN (1969: 259)

132) vgl. H. STREIF (1986: 38)

133) Diese marin-litoralen Sedimente werden unter dem Begriff "Küstensand" zusammengefaßt und beeinhalten die Ablagerungen des Inselsockels mit den aufgewehten Dünen (H.-E. REINECK 1985, zit. bei H. STREIF 1986a: 31).

134) Für die Zeit um 3000 BP geht H. STREIF (1981: 72) von einer tatsächlichen Meeresspiegelabsenkung aus. Als Beweis gilt der flächenhafte Umschlag vom Niedermoor zum Hochmoor, der hier innerhalb des "Oberen Torfes" nachgewiesen wurde.

135) vgl. auch K.-E. BEHRE et al. 1979: 103f

136) vgl. K.-E. BEHRE (1987b: 25, 31). Dies ist als erste Wurtenperiode an den deutschen Nordseemarschen anzusehen. In den Niederlanden (Friesland und Groningen) wurden schon ab 500 v. Chr. Flachsiedlungen zu Wurten aufgehöht. - Die zweite Wurtenperiode begann an der deutschen Küste erst ab dem 8. Jh. n. Chr.

137) gemeint ist wohl die Dünkirchen I-Transgression von 2500 bis 2200 BP

138) Zur Lage der geographischen Ortsbezeichnungen s. Abb. 65

139) vgl. auch B. MENKE (1969 95)

140) In diesem Stadium befinden sich heute noch die nordfriesischen Inseln Sylt, Amrum und Föhr.

141) vgl. K.-E. BEHRE et al. (1979 103)

142) Die Ursachen für die zeitlichen Differenzen in der Wiederbesiedlung der Marschen um Chr. Geb. liegen nach K.-E. BEHRE (1987b 24) nicht an den natürlichen Gegebenheiten, sondern an den Bevölkerungsverhältnissen in den benachbarten Geestgebieten, dem Ursprungsland der Neusiedler. Am Ende des 1. Jh. n. Chr. waren die deutschen Marschen bis auf die vermoorten Sietländer allgemein besiedelt.

143) vgl. K.-E. BEHRE (1987b 30)

144) zur Lage der Ortsbezeichnungen s. Abb. 66

145) vgl. D.-P. HALLEWAS 4 J.-P. VAN REGTEREN ALTERA (1986 168ff). Dort werden im Mündungsgebiet von Rhein und Maas spätbronzezeitliche bis früheisenzeitliche Siedlungsspuren beschrieben.

146) An der belg. Küste wurde nichts entsprechendes berichtet (vgl. 1. Hauptteil Kap. 1.B.6.)

147) s. hierzu die anschließende Schlußbetrachtung (Kap. II. Ausblick Abb. 74 und 75)

148) vgl. J.H.F. BLOEMERS et al. (1986: 69ff)

149) vgl. W.H. ZAGWIJN (1986: 11)

150) vgl. W.H. ZAGWIJN (1986: 11)

151) Nach H. ROHDE (1987: 124f) beträgt gegenwärtig der Anstieg des "Mean Sea Level" (Tidemittelwasser) etwa 15 cm/ 100 a. An der deutschen Nordseeküste ging man seit langem davon aus, daß sich die Zunahme des MThW im Durchschnitt eine Erhöhung von ca. 25 cm/ 100 a erfährt. Dieser Wert hatte bis 1950 Gültigkeit.
Nach A. FÜHRBÖTER (1986: 459f) verliefen die Fluktuationen des MThw und MTnw an der Deutschen Bucht bis etwa 1950 weitgehend gleichgerichtet. Für die Zeit danach ist eine auffallende Änderung festzustellen. So ergibt sich allein für die 25 Jahre vor 1983 bereits eine Zunahme des MThw von durchschnittlich 16 cm, verbunden mit einem Abfall des MTnw von ca. 3 cm. Diese Werte resultieren in einer *Zunahme des Tidenhubes* um 19 cm in 25 Jahren. Extrapoliert man den Betrag der MThw-Zunahme auf ein Jahrhundert, so erhält man einen Säkularanstieg füt das MThw von 64 cm/ 100 a. A. FÜHRBÖTER (ebenda: 460) weist ausdrücklich darauf hin, daß man dieses Ergebnis nur als "formale Extrapolation" und nicht als Prognose zu betrachten hat.

152) H. ROHDE (1984: 908; 1987: 125) legt legt eine mittlere Erwärmung der Atmosphäre um 4°C innerhalb des nächsten Jahrhunderts zugrunde, verbunden mit einem Anstieg des MSL (Tidemittelwasser) um 0,56 bis 3,45 m bis zum Jahre 2100.

153) Nach J.H. MERCER (1978: zit. bei H. FLOHN 1980: 16) wäre dazu eine lokale Erwärmung von 5°C notwendig.

[154]) Zitat H. LASSEN et al. (1984: 124): "Von den bisher für den Zeitraum Mitte 19. Jahrhundert - Anfang 20. Jahrhundert abgeleiteten Anstiegsbeträgen von 29 bis 30 cm/Jh. gehen 26(!) cm/Jht. zu Lasten der Setzung." Die Messungen erfolgten am Pegel Cuxhaven, an den anderen Pegeln herrschen vermutlich ähnliche Verhältnisse.

GEOGRAPHISCHE

GESELLSCHAFT

ZU

HANNOVER

Geschäftsjahr 1988/89 und 1989/90

BEIRAT UND KÖRPERSCHAFTLICHE MITGLIEDER IM GESCHÄFTSJAHR 1987/88

Vorstand:

1.	Vorsitzender:	Prof. Dr. H. J. Buchholz
2.	Vorsitzender:	Prof. Dr.- Ing. Dr. phil. h. c. G. Hake
3.	Vorsitzender:	StDir. a. D. E. Steinmeyer
1.	Schatzmeister:	Hanna Eriksen
2.	Schatzmeister:	Jobst Buße
1.	Schriftführer:	Prof. Dr. A. Arnold
2.	Schriftführer:	Dr. E. Kulke

Beirat:

Dr. U. Braun

G. Buhmann

OStadtDir. a. D. R. Coldewey

OStr. H. Forberich

Prof. Dr. D. Grothenn

Dr. K. Haubner

Prof. Dr. Th. Mosimann

Rektor a. d. F. Rennemann

Prof. Dr. J. K. Rippel

Prof. Dr. L. Schätzl

Prof. Dr. H. H. Seedorf

OStD. Dr. H. U. Steckhan

StD. U. Wemuth

Körperschaftliche Mitglieder:

Brauerei Herrenhausen, Hannover

Braunschweig. - Hann. - Hypothekenbank Hannover

BEB Erdgas und Erdöl GmbH, Hannover

Dresdner Bank AG Hannover

HASTRA Hannover-Braunschweig. Stromversorgung. AG, Hannover

Norddeutsche Landesbank, Girozentrale, Hannover-Braunschweig

Stadtsparkasse Hannover

Bericht über das Geschäftsjahr 1988/89

Im Berichtsjahr wurden je 5 Vorträge zu den Rahmenthemen "Globale Umweltprobleme" und "Sozialistische Länder Europas" sowie drei Sondervorträge gehalten. Die große Exkursion im Frühjahr 1989 nach Kreta/Santorin, unter der Leitung von Prof. Dr. D. Kelletat, Essen, war so gefragt, daß sie zweimal hintereinander mit zusammen 56 Teilnehmern durchgeführt wurde. Eine Wanderexkursion führte Prof. Dr. H. H. Seedorf in den Deister.

Die Zahl der Mitglieder stieg von 598 auf 603 Personen. Der Kassenbestand veränderte sich von DM 65.669,- auf 57.708,- zum 30.9.1989.

Am 3. Dezember 1988 verstarb unser Mitglied, Herr Kurt Hartmann. Über 26 Jahre lang hatte er das Amt des 1. Schatzmeisters in vorbildlicher Pflichterfüllung ausgeübt. Daß die Finanzen der Gesellschaft heute wohlgeordnet sind, ist vor allem sein Verdienst. Die Geographische Gesellschaft, die ihn 1978 zu ihrem Ehrenmitglied ernannte, wird ihm ein ehrendes Gedenken bewahren.

Bericht über das Geschäftsjahr 1989/90

Die ordentliche Hauptversammlung am 3. Dezember 1990 war von 97 Mitgliedern besucht. Im Geschäftsjahr 1989/90 wurden je 5 Voträge zu den Rahmenthemen "Ehemalige deutsche Kolonien - Entwicklungsländer der Gegenwart" und "Die Weltmeere" sowie drei Sondervorträge gehalten. Die große Exkursion wurde von Frau Dr. Riemann nach Südfrankreich geführt. Daneben fanden zwei Tagesexkursionen in den Ostharz (Prof. Meibeyer, Prof. Seedorf) sowie eine Zweitagesexkursion nach Lüchow-Dannenberg und in das westliche Mecklenburg (Prof. Arnold) statt.

Die Zahl der Mitglieder sank von 603 auf 585 zum 30.9.1990. Das Vermögen der Gesellschaft belief sich zum gleichen Stichtag auf DM 66.646,-.

Adolf Arnold

JAHRBÜCHER DER GEOGRAPHISCHEN GESELLSCHAFT ZU HANNOVER

1.-23. Jahrbuch 1924 bis 1967 (vergriffen)
24. Jahrbuch für 1968 (vergriffen)
Die Landschaft der Porta Westfalica
Teil I: F.-D. Miotke, Die Naturlandschaft (3. Aufl.)
25. Jahrbuch für 1969
Mensching, H., Gießner, K., Stuckmann,G. (+): Sudan-Sahel-Sahara
26. Jahrbuch für 1970
Achenbach, H.: Agrargeographische Entwicklungsprobleme Tunesiens und Ostalgeriens
27. Jahrbuch für 1971 (vergriffen)
Die Landschaft an der Porta Westfalica
Teil II: A. Arnold, Die Kulturlandschaft
28. Jahrbuch für 1972
Janke, B.: Naturpotential und Landnutzung im Nigertal bei Niamey/Rep. Niger
29. Jahrbuch für 1973
Miotke, F.-D.: Der Karst im zentralen Kentucky bei Mammoth Cave
30. Jahrbuch für 1974
Möller, H.-G.: Sozialgeographische Untersuchungen zum Freizeitverkehr auf der Insel Fehmarn
31. Jahrbuch für 1975
Schrader, M.: Northeim, Einbeck, Bad Gandersheim - Zentrale Orte im Leinebergland
32. Jahrbuch für 1976
Arnold, A.: Untersuchungen zur Wirtschaftsgeographie Tunesiens und Ostalgeriens
33. Jahrbuch für 1977
Franzen, J.: Gastarbeiter - Raumrelevante Verhaltensweisen.
Migrationsmodell und empirische Studie am Beispiel jugoslawischer Arbeitskräfte in Hannover
34. Jahrbuch für 1978
Eriksen, W., Arnold, A. (Hrsg.): Hannover und sein Umland. Festschrift zur 100-Jahr-Feier der Geographischen Gesellschaft zu Hannover (mit Kartenband)
35. Jahrbuch für 1979
Gerold, G.: Untersuchungen zum Naturraumpotential in Südostsizilien im Hinblick auf ihre Bedeutung für die agrare Landnutzung
36. Jahrbuch für 1980
Gerold, G.: Agrarische Inwertsetzung SO-Siziliens. Die Entwicklung der Landwirtschaft nach 1950 in einer insularen zentralmediterranen Region
37. Jahrbuch für 1981
Jung,H.-U.: Regionales Wachstum und Veränderung der räumlichen Verteilung von Bevölkerung und wirtschaftlichen Aktivitäten. Eine Untersuchung am Beispiel Hessens für den Zeitraum 1960-1980
38. Jahrbuch für 1982
Hahn, B.: Die Insel Zypern: Der wirtschafts- und politisch-geographische Entwicklungsprozeß eines geteilten Kleinstaates
39. Jahrbuch für 1983
Meyer, H.-H.: Untersuchungen zur Landschaftsentwicklung des Stauchendmoränenzuges Kellenberg-Hoher Sühn (Landkreis Diepholz, Rehburger Eisrandlage)
40. Jahrbuch für 1984
Corvinus, F.: Probleme der Energieversorgung eines tropischen Entwicklungslandes - Das Beispiel Malaysia

41. Jahrbuch für 1985
Eriksen, W. (+) et al.: Bolivien - Beiträge zur physischen Geographie eines Andenstaates
42. Jahrbuch für 1986
Kulke, E.: Hemmnisse und Möglichkeiten der Industrialisierung peripherer Regionen von Entwicklungsländern - Empirische Untersuchungen über Industriebetriebe in Kelantan/West Malaysia
43. Jahrbuch für 1987 (vergriffen)
Riemann, I. (Hrsg.): Region Ostsizilien - Arbeitsgrundlage und Quellenmaterial für den Erdkundeunterricht der Oberstufe. Teil A. Lehrerband. Teil B. Schülerband.
44. Jahrbuch für 1988
Gerold, G. (Hrsg.): Lateinamerikaforschung, Beiträge zum Gedächtniskolloquium W. Eriksen

HANNOVERSCHE GEOGRAPHISCHE ARBEITEN

45 - 1991 Wolfgang Köhn:
Die Nacheiszeitliche Entwicklung der südlichen Nordsee

SONDERHEFTE

1.-6. Hannover 1967 - 1972 (vergriffen)
7. Ibrahim, F.-N.: Das Handwerk in Tunesien - eine wirtschafts- und sozialgeographische Strukturanalyse, Hannover 1975
8. Ante, U.: Die Verstädterung zwischen Hannover und Hildesheim - bevölkerungsgeographische Untersuchung eines zwischenstädtischen Bereichs, Hannover 1975
9. Jordan, E.: Landschaftshaushaltsuntersuchungen im Bereich der nördlichen Lößgrenze bei Hannover, Hannover 1984
10. Meyer, H.- H.: Geographisch-geologischer Exkursionsführer für Diepholz und Umgebung, Hannover 1984
11. Schätzl, L. (Hrsg.): Regionalpolitik zwischen Ökonomie und Ökologie, Hannover 1984
12. Koschatzky, K.: Trendwende im sozioökonomischen Entwicklungsprozeß West-Malaysias? Theorie und Realität, Hannover 1987
13. Meier,K.-D.: Studien zur periglaziären Landschaftsformung in Finnmark (Nordnorwegen), Hannover 1987
14. Meyer, H.-H. (Hrsg.): Ausgewählte Exkursionen zur Landeskunde von Niedersachsen, Hannover 1988